“十四五”时期国家重点出版物出版专项规划项目
智能汽车关键技术丛书

智能网联与多车协同

张荣庆　程　翔　李　冰　著

机械工业出版社

随着智能网联汽车的快速发展，智能化、协同化、多样化的车辆应用日渐丰富，多车协同智能是未来智能网联汽车发展的必然趋势，将会极大地提升交通安全和通行效率，改善驾驶体验，低时延、高可靠的车联网技术为多车协同应用提供了有力的保障和支持。本书循序渐进、全面系统地阐述了新一代车联网系统及智能网联赋能多车协同的重要应用和关键技术。其中，第1章介绍了智能网联汽车的发展与现状，以及新一代车联网的主要特征和关键技术。第2章介绍了多车协同定位感知系统架构，以及多车协作机会定位、车路协同感知与追踪和多车协作 SLAM 等关键技术。第3章聚焦车联网赋能的多车协同雾计算，系统介绍了车联网雾计算的概念和架构，以及不同场景下多车协同雾计算的策略和方案设计。第4章介绍了智能网联赋能的多车协作决策的关键技术，包括多车协作事件决策、电动汽车协作能量交易、交叉路口多车协作通行以及多车协作路径规划。

本书适用于智能网联汽车、自动驾驶等行业的专业人员学习参考，也可作为大专院校通信网络、智能交通和汽车相关专业师生的参考书。

图书在版编目（CIP）数据

智能网联与多车协同 / 张荣庆，程翔，李冰著．北京：机械工业出版社，2024．12．--（智能汽车关键技术丛书）．-- ISBN 978-7-111-77347-4

Ⅰ．U463．67

中国国家版本馆 CIP 数据核字第 2025Z9J266 号

机械工业出版社（北京市百万庄大街22号　邮政编码100037）

策划编辑：孙　鹏　　　　责任编辑：孙　鹏　丁　锋

责任校对：张昕妍　张　征　　封面设计：鞠　杨

责任印制：李　昂

涿州市般润文化传播有限公司印刷

2025年6月第1版第1次印刷

169mm×239mm · 17．75印张 · 306千字

标准书号：ISBN 978-7-111-77347-4

定价：149．90元

电话服务　　　　网络服务

客服电话：010-88361066　　机　工　官　网：www．cmpbook．com

010-88379833　　机　工　官　博：weibo．com/cmp1952

010-68326294　　金　书　网：www．golden-book．com

封底无防伪标均为盗版　　机工教育服务网：www．cmpedu．com

前　言

2019 年 9 月，中共中央、国务院发布《交通强国建设纲要》，指出要“加强智能网联汽车（智能汽车、自动驾驶、车路协同）研发，形成自主可控完整的产业链”。“推动大数据、互联网、人工智能、区块链、超级计算等新技术与交通行业深度融合”。车联网被认为是实现智慧交通、智能驾驶、车载娱乐等智能网联汽车应用的核心基础。一般而言，车联网是指借助新一代信息和通信技术，实现车辆内部、车与车、车与路、车与行人、车与服务平台的全方位网络连接，即 V2X（X 代表 Everything，车辆对万物），有效支撑了智能网联汽车和智慧交通服务的新业态，对于信息产业与汽车工业的深度融合，以及智能网联汽车及其智能化、网联化应用的发展具有重要的意义。

随着智能网联汽车的快速发展，智能化、协同化、多样化的车辆应用日渐丰富，但单一智能车辆的感知、计算、决策能力往往具有一定的局限性，很难满足大规模、多样化、时延敏感的智能任务处理需求，无法实现区域交通系统的整体优化，因而，多车协同智能是未来智能网联汽车发展的必然趋势，将会极大地提升交通安全和通行效率，改善驾驶体验，并进一步支撑自动驾驶汽车的大规模应用。车联网赋能的低时延、高可靠智能网联技术为多车协同智能的可行性和有效性提供了有力的保障和支持。在系统架构方面，车路云一体化的智能网联架构可以支持车辆之间以及车辆和基础设施之间海量实时的信息交互和资源共享；在协同驾驶应用方面，多车协同环境感知和协同驾驶决策需要低时延网联数据传输通道以及边缘算力的支撑，弹性网联协同技术是推进智能网联汽车协同智能应用的关键解决方案；在产业化进程方面，随着智能网联汽车产业化的不断推进，相关技术和产品也在不断成熟和完善，这不仅提高了智能网联汽车的性能，也为多车协同提供了更多可行的技术和解决方案。目前车联网赋能的多车协同智能应用是领域的研究热点，但大规模、独立理性、移动车辆智能体之间的有效协同机制和策略仍然是一个极具挑战性的开放问题。

本书聚焦智能网联汽车的多车协同智能应用，循序渐进、全面系统地阐述了新一代车联网及智能网联赋能多车协同的关键技术和重要应用。其中，第 1 章介绍了智能网联汽车的发展与现状，以及新一代车联网的主要特征和关键技术。而后，本书分别从多车协同定位与感知、多车协同雾计算以及多车协作决策三个方面系统论述了智能网联赋能多车协同的重要应用场景和其中的关键技术。第 2 章首先介绍了多车协同定位感知系统架构，然后阐述了多车协作机会定位、车路协同感知与追踪以及多车协作 SLAM 等多车协同定位与感知技术。第 3 章聚焦车联网赋能的多车协同雾计算，系统介绍了车联网雾计算的概念和架构，以及不同场景下多车协同雾计算的策略和方案设计。第 4 章从四个智能网联汽车典型决策应用场景出发，介绍了智能网联赋能的多车协作决策的关键技术，包括多车协作事件决策、电动汽车协作能量交易决策、交叉路口多车协作通行决策以及多车协作路径规划。

本书是一本全面阐述车联网赋能多车协同应用和关键技术的书籍，其中包含新一代车联网系统介绍，以及智能网联赋能的多车协同定位与感知、多车协同计算和多车协作决策等多车智能协同的关键应用场景和技术方案。本书涵盖的内容对车联网、智能驾驶以及智能交通系统的相关研究人员和工程师具有重要的指导意义。

恳请读者对本书的内容和章节安排等提出宝贵意见，并对书中存在的错误及不当之处提出批评和修改建议，以便本书再版修订时参考。

作　者

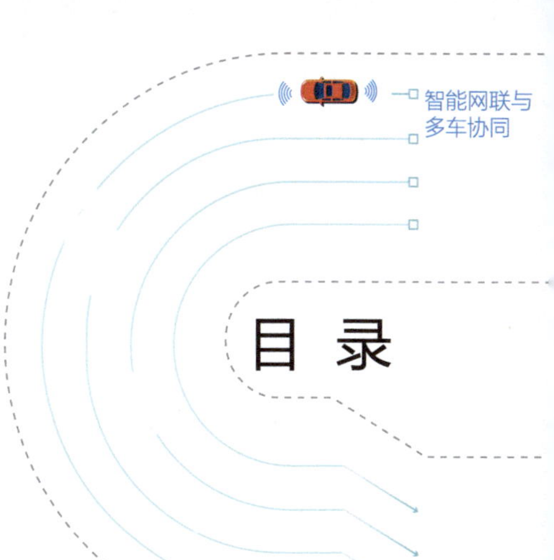

目录

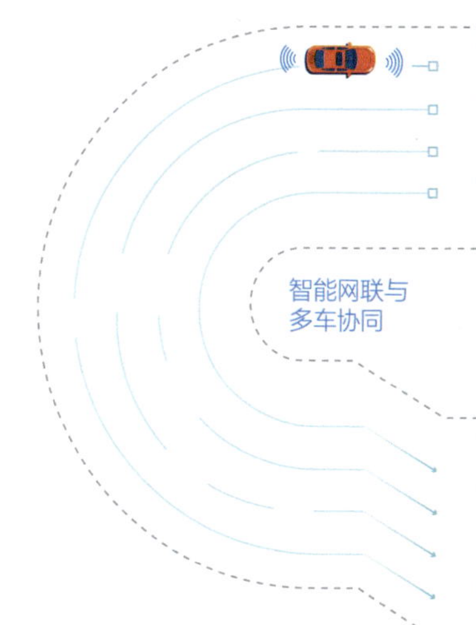

第 1 章 新一代车联网系统

1.1 智能网联汽车的发展与现状

1.1.1 智能网联汽车的发展历史

智能网联汽车，作为整合了尖端计算、互联网、数据通信及车载电子信息技术等多领域成果的新型汽车系统，实现了车与车、车与路、车与行人之间的智能交互与网络通信。通过整合传感器、雷达、摄像头等设备，汽车具备了感知自身运动状态和周边环境的能力。通过结合高精度地图和算法，智能网联汽车能够实现精准导航、智能决策和自主控制，显著提升交通效率与安全性。智能网联汽车不仅预示着未来出行方式的革命性变革，也推动了交通、信息通信与人工智能等领域的深度融合与创新。

智能网联汽车的进化不仅深植于丰富的技术探索，也蕴藏着人类对未来移动出行的无限设想。其历史可追溯至 20 世纪初。1925 年，美国陆军电子工程师 Francis P. Houdina 在纽约街头首次演示了无人驾驶汽车的概念。他在一辆汽车内通过无线电波控制另一辆车的方向盘、离合器和制动器。尽管技术不够成熟且存在安全问题，但这是无人驾驶技术的初步尝试。随后，20 世纪 30 年代末，通用汽车在纽约世界博览会上展示了自动驾驶城市模型，这被视为智能网联汽车和智能交通的早期构想。然而，这一愿景在当时并未实现。接下来的二十年间，自动驾驶技术发展缓慢，突破有限。

进入 20 世纪 60 年代后，随着计算机和信息技术的快速发展，自动驾驶技术迎来了快速发展期。1966 年，美国斯坦福大学研究所（SRI）的人工智能研究中心开始研发一款名为 Shakey 的多功能机器人，配备车轮结构。尽管 Shakey 可能需要数小时才能完成如开关灯的简单任务，但其内置的传感器和软件系统开创了自动导航功能的先河。1977 年，日本筑波工程研究实验室开始尝试利用视觉设备进行无人驾驶，这是基于摄像头导航的自动驾驶汽车的初步实现。

自 20 世纪 80 年代起，美国国防部高级研究计划局（Defense Advanced Research Projects Agency，DARPA）等机构资助了一系列项目，加速了车辆自动化的发展。1986 年，美国卡内基梅隆大学开始探索无人驾驶，该团队改装了一辆雪佛兰，安装了五台便携式计算设备，打造了第一辆无人驾驶原型车 NavLab 1，不过行驶速度仅达到 20km/h。1989 年，卡内基梅隆大学率先使用神经网络来引导自动驾驶汽车，奠定了现代控制策略的基础。同年，日本科学家提出了道路－汽车通信系统（Road/Automobile Communication Systems，RACS），为车辆与路边设备之间提供短距离 V2I 通信，主要用于导航辅助和信息分发。在德国，慕尼黑联邦国防军大学的 Ernst Dickmanns 教授开创了系列“动态视觉计算”研究项目，并开发出多款自动驾驶原型车。1993 年至 1994 年，Dickmanns 团队改装了一辆奔驰 S500 轿车，为其配备了摄像头和其他多种传感器，用来实时监测道路周围的环境和反应，实现了在普通交通环境下超过 1000km 的自动驾驶。到 1995 年，卡内基梅隆大学的 NavLab 发展到了第五代，其通过在车辆上搭载便携式计算机、风窗玻璃摄像头、全球定位系统（Global Position System，GPS）接收器等辅助设备，可以控制方向盘并保障安全性能，成功完成了从匹兹堡到洛杉矶的“不手动”驾驶之旅——整个过程大约有 98.2% 的里程是完全无人驾驶。随着便携式计算机、摄像头、GPS 等设备的广泛应用，自动驾驶技术取得了实质性进展。

进入 21 世纪，随着计算机技术的进一步发展，自动驾驶技术开始迅猛发展。2004 年，DARPA 举办了全球首届面向真实越野环境的长距离自动驾驶汽车挑战赛——DARPA 挑战赛，旨在通过竞赛加速自动驾驶汽车在真实场景中的应用。2004 年首届比赛无一团队成功完成比赛，但在 2005 年第二届比赛中，几乎所有决赛团队都超越了上一年的最佳成绩。到了 2007 年，尽管规则更为严苛，仍有团队成功完成比赛。DARPA 挑战赛的成功标志着自动驾驶技术从实验室迈向现实应用。此后，随着技术的进步，无人驾驶汽车的功能愈发复杂，开始学会处理复杂交通关系，包括路上的行人、其他车辆、信号和障碍物等。2009 年，在 DARPA 的支持下，谷歌启动了无人驾驶汽车项目，并通过一辆改装的丰田普锐斯在太平洋沿岸行驶了 1.4 万 mile（1mile＝1.6km）。2011 年 7 月 14 日，红旗 HQ3 首次完成了从长沙到武汉 286km 的高速公路全程无人驾驶测试，平均时速 87km。到 2013 年，奥迪、宝马、福特、日产和沃尔沃等传统整车厂纷纷入局，致力于开发自动驾驶和智能汽车。2014 年，谷歌对外发布了“完全自主设计”的无人驾驶汽车，并于 2015 年推出了第一辆可上路测试的原型车。2015 年，梅赛德斯 – 奔驰发布超现实 F015 概念无人驾驶汽车。同年 12 月，百度宣布其无人驾驶车已在国内首次实现城市、环路及高速道路混合路况下的全自动驾驶，测试最高车速达到 100km/h。2016 年 4 月 17 日，长安汽车完成了 2000km 的超级无人驾驶测试项目。至此无人驾驶进入了发展的快车道。

得益于中国互联网产业的快速发展，智能网联汽车在中国迅速成熟并引领出行变革。目前，中国已在多地开展智能网联汽车的试点工作，测试规范和应用场景持续推进。同时，百度、阿里巴巴、腾讯等互联网巨头在新能源和智能网联汽车的投资，促进了国内汽车产业的智能化进程。随着自动驾驶技术的进步、相关法规的完善以及实测基地的建立，智能网联汽车的应用落地正逐步成为现实，其周边生态系统也日趋成熟。

1.1.2　智能网联汽车的现状

智能网联汽车目前正处于快速发展的阶段，并已取得显著的商业化进展，对汽车产业、交通系统和出行方式产生了深刻影响。

1. 商业化部署逐渐成熟

智能网联汽车已成为全球汽车产业的重要发展方向。在此领域内，各类汽车制造商和科技公司积极投入资源，推动其商业化部署，涵盖了从高级驾驶辅助系统（Advanced Driving Assistance System，ADAS）到自动驾驶技术的多个领域。IDC 预测，到 2025 年，全球网联汽车规模将达 7830 万辆，5 年复合增长率预计为 11.5%。到 2026 年，全球自动驾驶车辆规模预计将达到 8930 万辆，5 年复合增长率预计为 14.8%。为了验证和展示智能网联汽车技术的可行性，众多城市和地区已启动试点项目，允许消费者在真实道路环境中测试和体验自动驾驶技术。部分项目还提供自动驾驶出租车和共享汽车服务，为用户增加出行选择。目前，自动驾驶出租车和共享汽车正逐渐成为智能网联汽车商业化应用的一部分，一些城市已开始运营自动驾驶出租车服务，共享汽车平台也试图将自动驾驶汽车纳入其车队。

随着智能网联汽车的商业化，新的商业模式相继出现。一些公司开始提供基于订阅的自动驾驶服务，而非传统的购车模式。同时，车辆数据的商业化利用也逐渐兴起，为企业开辟了新的盈利途径。随着时间的推移，消费者对智能网联汽车的接受度逐渐上升，原因是 ADAS 技术的广泛采用增强了消费者信任。

公众对自动驾驶的认知也在不断提高，有助于消除误解和顾虑。

综上所述，智能网联汽车的商业化部署正呈现出积极的发展趋势。汽车制造商、科技公司、城市政府以及消费者共同推动了该领域的增长，为未来的出行方式和交通系统带来了深刻的变革。然而，随之而来的挑战包括安全性、法规制定、数据隐私和技术成熟度等方面，仍然需要不断努力和合作来解决。

2. 自动驾驶级别逐步提升

根据中国国家标准《汽车驾驶自动化分级》（GB/T 40429—2021）和国际自动机工程师学会（Society of Automotive Engineers，SAE）发布的自动驾驶分级标准，自动驾驶主要分为 6 个级别（L0 到 L5，从人工驾驶到完全自动驾驶）。随着智能网联汽车领域的不断发展，自动驾驶技术的级别也逐步提升。

根据工信部数据，2022 年，具备组合辅助驾驶功能（L2 级）的乘用车新车渗透率达到了 34.5%。当前行业正处于 L2 向 L3 驾驶过渡的阶段。随着智能化软硬件的不断发展，L3 技术与功能已日趋成熟。国外在自动驾驶方面领先的有美国的特斯拉和谷歌，特斯拉的 Autopilot 被认定为属于自动驾驶 L3 级别的范畴，即有条件的自动化，在一定的环境中有自动驾驶的能力，但遇到紧急情况时，还需要驾驶员进行接管。中国国内的自动驾驶技术主要以百度和华为为代表。目前，华为已经实现了 L3 级别的自动驾驶，而百度已经基本达到了 L4 级别。L4 级无人驾驶现在主要有乘用车的 Robotaxi 和商用车特定场景无人货车。在商用车应用场景中，现在的部分港口、矿山等封闭场景已经可以实现 L4 级别自动驾驶。L4 及以上汽车有望于 2025 年于中国市场销售。

自动驾驶技术正逐步成熟，不仅在特定场景下表现优异，也在城市及其他复杂环境中取得显著进展，已能有效应对繁忙交通、道路施工、多变天气条件以及与行人互动等多种场景挑战。随着感知、决策和控制能力的持续提升，自动驾驶系统越来越能适应复杂驾驶任务的需求。此外，通过仿真测试、闭环测试和实际道路测试等多样化的测试项目，自动驾驶技术的成熟度得到了进一步提高。

自动驾驶技术的持续进步预示着对未来出行方式和交通系统的深刻变革。随着自动驾驶级别的逐渐提高，智能网联汽车预计将在更多场景中实现更高水平的自动化，从而显著增强出行的便捷性与安全性。

3. 智能交通基础设施建设完善

随着自动驾驶技术的不断进步，智能交通基础设施的升级和完善成为确保智能网联汽车顺利运行的关键之一。

首先，高精度地图和数据在智能网联汽车中扮演着至关重要的角色。这些地图不仅包含了基本的道路布局和位置信息，还提供了实时的交通、天气和道路状况等数据。一些城市已经积极投资于高精度地图的建设，以支持自动驾驶车辆的运行。这些地图通常通过车辆感知设备和卫星导航系统生成，并上传到云端，供其他车辆访问和更新，从而为智能交通提供了重要的信息基础。其次，通信基础设施的发展对于智能交通至关重要。第五代移动通信技术（fifth generation，5G）的推广为车辆提供了更快速和可靠的连接，支持车辆之间的实时通信和数据传输。这种高速连接不仅增强了车辆互联性，还赋予了交通管理部门更多的能力来监测交通流量、实施智能交通管理以及提高交通安全性。另外，交通信号和感知设备也在不断升级和部署。智能交通信号灯可以根据实际交通情况进行智能化调整，提高道路的流量利用率。同时，感知设备如摄像头、雷达和激光雷达已广泛部署在道路上，用于监测交通状况和检测障碍物。这些设备的数据被实时传输到云端，为自动驾驶车辆提供了重要的环境感知信息。最后，云计算和数据中心在处理和分析大规模车辆数据方面发挥了关键作用。它们能够存储、处理和分析传感器数据，为自动驾驶系统提供实时的环境感知和决策支持。这些数据中心通常由科技公司、汽车制造商和云服务提供商共同运营，以确保数据的安全性和可用性。

智能交通基础设施的不断发展为智能网联汽车的实际应用提供了关键的技术支持。高精度地图和数据、通信基础设施、交通信号和感知设备、云计算和数据中心等方面的建设相互协作，为更安全、高效和便捷的交通系统创造了条件。这些基础设施的进一步完善将推动智能网联汽车技术的成熟和商业化应用。

1.2 车联网技术

在智能网联汽车的快速发展中，车联网技术（Internet of Vehicles，IoV）作为其关键支撑，扮演了至关重要的角色。车联网提供的V2X（Vehicle to Everything）通信能力，使得智能网联汽车不仅能够依赖自身传感器获取周围环境的信息，还能通过与其他车辆、基础设施、行人和云端服务的信息交互，增强车辆的感知与决策能力，为自动驾驶和智慧交通系统的构建提供坚实的技术基础。

1.2.1 5G/B5G 移动通信系统介绍

车联网中的智能网联汽车已超越了传统交通工具的界限，转变为高度复杂的移动计算节点，实时处理来自传感器、应用、车载设备及更广泛交通生态系统的海量数据。在这种密集互联的环境中，4G LTE 网络在关键方面，如数据传输速率、网络延迟、可靠性及设备连接密度方面遭遇瓶颈。而 5G 和 B5G（Beyond 5G）移动通信系统，作为技术进步的代表，将为智能网联汽车提供前所未有的机会，不仅保证了车辆之间无缝的互联互通，而且能够支持实时数据的快速处理和决策，从根本上增强了道路的安全性和整体交通流的效率。

1.5G 在车联网中的核心特征

1）超高速数据传输：5G 网络的一大亮点是其超高带宽，理论峰值速度可达 10Gbit/s，较 4G LTE 网络提速近百倍。在车联网应用中，此速度使得车辆能够几乎实时接收和发送大量信息。从路况信息、高清地图到实时视频，均可无延迟共享，显著提高道路安全与运行效率。

2）极低延迟：5G 技术提供了少于 1ms 的极低网络延迟，这对车联网极为关键。在紧急制动或其他突发事件中，毫秒级的响应时间至关重要。5G 技术的低延迟允许车辆更迅速响应，有助于避免事故。

3）高密度连接：5G 网络支持每平方千米连接上百万个设备，这一能力确保在高密度的城市交通环境中，各车辆、交通信号灯及其他基础设施能够在网络中顺畅连接与通信。

4）高可靠性和服务质量（Quality of Service，QoS）：在关键交通场景中，网络的高可靠性是不可或缺的。5G 网络以高达 99.999% 的可靠性和先进的 QoS 管理，保证关键应用在需要时始终能够获得所需的网络资源。

2. B5G 移动通信系统

随着智能终端的普及以及网络化、信息化时代的到来，人们对于移动通信的需求不断增长，全新的应用场景不断涌现，可以预见 5G 将很快到达其性能的极限，难以满足未来通信需求。以 5G 网络为基础，向下一代通信系统的演进称为 B5G（Beyond fifth Generation）。近 2 年，业界开始关注 B5G 技术，思考通信技术变革的需求、5G 网络的持续演进和未来网络的发展。目前，B5G 的热点研究方向包括：

1）高频频谱的利用：将频谱进一步扩展到太赫兹频段（0.1～10THz），以实现超高速传输和低延迟通信。太赫兹频段具备极宽的频谱资源，支持1Tbit/s的传输速率，适用于短距离的高带宽应用，如全息通信和虚拟现实。然而，太赫兹频段的信号衰减和穿透能力较差，需要解决长距离传输的问题。为了解决这一问题，B5G需要通过创新的天线设计、多跳技术和智能中继站部署，确保高频信号在长距离传输时仍然保持稳定。同时，B5G还将结合智能波束成形技术，以提高信号在复杂环境中的传播性能，实现更高效的频谱利用。

2）超低时延与超高可靠性通信：进一步降低时延至毫秒甚至亚毫秒级，以支持无人驾驶、远程手术等关键应用。通过优化信道编码和冗余机制，B5G将确保通信的高可靠性，避免数据丢失或中断。在无人驾驶场景中，车辆需要即时响应周围环境，而在远程医疗中，手术操作需要高度同步和精准。B5G系统不仅支持这些高要求的应用，还能广泛应用于工业自动化和智能制造，保障各类关键任务的安全与实时性。

3）大规模设备连接与智能物联网：进一步提升物联网设备的连接密度和通信效率，预计每平方千米可支持数百万个设备接入。这一能力适用于智能城市、智慧交通和工业物联网等大规模应用场景。B5G将优化大规模机器类通信（mMTC），确保物联网设备在低功耗条件下保持长期稳定运行，提升设备的能效。城市基础设施、环境传感器、智能家居等设备将通过B5G实现互联互通，推动城市管理和生活的智能化升级，满足未来物联网的广泛需求。

4）AI与通信网络的深度融合：引入AI技术，优化网络资源调度和自动化管理，提升网络的智能化程度。AI可以实时分析网络状况，预测用户需求，动态调整频谱和流量分配，确保最佳通信体验。通过AI驱动的智能网络管理，B5G网络将具备自适应能力，能够自动检测并修复故障，提升网络的稳定性和效率。此外，AI还将通过网络切片技术，根据不同应用场景提供定制化服务，支持自动驾驶、远程医疗等多种高要求的应用。

5）空天地一体化通信：构建空天地一体化通信网络，整合地面基站、低轨道卫星（Low Earth Orbit，LEO）和无人机通信平台，提供全球无缝覆盖。低轨道卫星将提供广域高速通信，特别适用于偏远地区和海洋的连接需求。无人机通信平台则为灾区救援和应急通信提供灵活、快速部署的支持。空天地一体化网络将覆盖传统网络难以覆盖的区域，为全球范围内的智能交通、远程物流和应急通信提供可靠的连接，推动全球通信的全面互联。

3. B5G 对车联网的未来展望

1）提升车辆间通信的实时性和可靠性：通过 B5G，车辆间的通信延迟将大幅降低，几乎达到零延迟的通信体验，这对于自动驾驶车辆而言至关重要。车辆能够实时获取周围环境和其他车辆的状态信息，从而做出快速且准确的决策，极大地提高道路安全性。

2）支持高密度车辆连接：在高交通密集区，比如繁忙的市区或高速公路，B5G 将能有效处理大量车辆的实时数据交换。每个车辆都可以成为网络中的一个节点，与其他车辆、交通基础设施甚至行人进行实时通信，使得交通管理更加智能和高效。

3）高精度定位：结合 B5G 网络，车联网将能提供比现有技术更精确的定位服务，这对自动驾驶车辆、精准停车和高效导航等应用来说是一个巨大的进步。准确的定位还能改善交通流量管理，减少拥堵，降低事故风险。

4）丰富的车载娱乐和信息服务：B5G 将使车内的网络带宽得到巨大提升，车内信息娱乐系统将因此而变革。驾驶员和乘客可以享受高清流媒体、无缝视频会议和快速云服务等，极大地丰富了行车体验。

5）先进的交通管理系统：通过 B5G 连接的车辆和交通基础设施将构成一个高度集成的系统。交通管理将基于实时数据，包括车辆位置、速度、行驶方向等，使得交通调度、事故响应和道路维护等更加迅速和精准。

B5G 技术预计将大大推动车联网的发展，为用户带来更安全、更便捷、更高效的出行体验，同时也为城市交通管理和智能交通系统的未来发展打下坚实的基础。未来，随着 B5G 相关技术的不断成熟和商用，车联网将进入一个全新的发展阶段。

1.2.2 车联网的主要特征和应用需求

在探讨车联网的核心内容时，我们需要深入了解其主要特征以及市场和技术发展所带来的需求。这些特征和需求不仅定义了车联网的基本框架，也揭示了其未来发展的方向。

1. 车联网的主要特征

1）数据交换和共享：车联网的一个显著特征是其能够在车辆之间、车辆与基础设施之间以及车辆与云服务器之间进行数据交换和共享。这种数据交换涵盖了多种类型的信息，包括车辆的位置、速度、驾驶行为、环境感知数据以及其他相关信息。这些数据的实时传输和共享使得车辆可以更好地感知周围环境、预测交通状况，以及更有效地协同行驶。

2）实时性和低时延：车联网系统须具备高度实时性和低时延的通信能力。这是因为在车辆之间的互动和与基础设施的通信中，时延较高可能会导致危险或交通事故。因此，车联网必须能够在毫秒级的时间内传递信息，以确保车辆能够迅速做出反应并采取适当的行动。

3）安全性和隐私保护：车联网系统须具备高度的安全性，以保护车辆和乘客的安全，防止恶意攻击和未经授权的访问。此外，隐私保护也是关键问题，车主和乘客的个人信息需要受到有效的保护，不被滥用或泄露。因此，车联网系统必须采用加密、身份验证和访问控制等安全机制，以确保数据的保密性和完整性。

4）灵活性和可扩展性：车联网系统须具备灵活性和可扩展性，以适应不断变化的需求和技术进展。它应该能够支持不同类型的车辆，包括乘用车、商用车和自动驾驶车辆，以及各种应用场景，如城市交通、高速公路和特殊道路条件。系统的架构和协议应该设计得足够灵活，以便随着时间的推移进行升级和扩展。

2. 车联网的应用需求

1）ADAS 和自动驾驶：ADAS 和全自动驾驶是车联网发展的重要推动力。这些技术依赖于车与车、车与基础设施以及车与行人之间的实时通信，实现环境感知、决策制定和智能执行。例如，通过车联网，车辆可以分享它们的位置、速度和方向，预测可能的碰撞，并采取预防措施。同时，ADAS 可以利用这些信息帮助驾驶员更安全地驾驶，譬如自动制动、车道保持和自适应巡航控制等功能。全自动驾驶技术进一步扩展了这些概念，使车辆能够在没有人为干预的情况下独立操作。车联网在此提供关键的通信链路，确保车辆能够安全、有效地导航，同时与周围环境同步。

2）交通管理：在现代快速发展的城市中，有效的交通管理是至关重要的。车联网技术允许实时的、高分辨率的交通流数据收集，使城市管理者能够监控交通状况，预测拥堵，并采取必要措施进行缓解。例如，通过调整交通灯的配时或提供替代路线建议给驾驶员，能有效减少拥堵和行程延误。更进一步，车联网支持紧急车辆优先权服务，确保救护车、消防车和警车可以迅速通过拥挤的道路。此外，它还促进了更好的事故响应和管理，通过准确的碰撞报告和立即通知紧急服务，以应对各种突发事件。

3）能源效率和环保：随着全球变暖和环境污染问题的加剧，新的环保法规和标准正在推动汽车工业向更可持续的方向发展。电动车辆和混合动力车辆的普及，以及新能源的开发和应用，要求一个更加智能和高效的能源管理系统。车联网在此扮演着关键角色。它可以监控车辆的能源消耗，优化驾驶习惯，减少不必要的能源浪费。智能网联车辆还可以根据能源价格和环境影响在不同时间自动调整充电或加油行为，甚至可以将车辆用作移动能源存储单元，促进可再生能源的利用。智能交通系统通过优化路线，减少拥堵和鼓励共享出行，有助于减少燃料消耗和温室气体排放。例如，车联网可以帮助驾驶员找到最近的充电站，鼓励电动汽车的使用；或者通过智能驾驶辅助减少急加速和急制动，从而提高燃油经济性。

4）智慧城市与智能交通：智慧城市旨在利用先进的技术和解决方案，提高城市管理效率和居民生活质量。而智能交通正是智慧城市中的重要组成部分，它集成了传感器、通信技术、大数据分析和人工智能，为城市提供更为高效、安全和环保的出行选择。车联网在智能交通的推进中扮演了关键角色。车联网不仅实现了车辆与车辆、车辆与基础设施之间的通信，还通过实时数据收集和分析，为交通规划和管理提供了宝贵的决策支持。例如，通过车联网收集的数据，城市管理者可以实时地了解到道路上的交通流量、事故发生率、路况状况等，进而及时调整，避免交通拥堵，提高道路使用效率。此外，车联网还与其他智慧城市组件，如智能电网、智能建筑和公共安全系统等，紧密地集成在一起。例如，通过车联网和智能电网的结合，电动汽车在需要充电时可以自动选择电价较低的时段，从而节约能源成本，并减少电网的负担。在智慧城市的构建中，车联网与智能交通的结合，不仅改善了城市交通，还为城市的可持续发展、环境保护和居民生活质量的提高做出了积极的贡献。

5）货运和物流：货运和物流在全球经济中发挥着举足轻重的作用，它们是生产力和消费需求之间的桥梁。随着经济全球化和电子商务的快速发展，这个行业面临着前所未有的挑战和机遇。车联网技术在此领域的应用为提升效率、降低成本、增强客户服务体验提供了强有力的技术支撑。通过车联网，物流公司可以实时追踪车辆和货物的位置，确保货物安全，并准时到达目的地。这不仅减少了货物丢失和损坏的风险，还提高了运输透明度，增强了消费者的信心。此外，通过实时数据分析，车联网还可以帮助物流公司优化配送路线，避免交通拥堵，减少不必要的燃料消耗和排放，实现更加绿色、高效的运输方式。在仓储管理方面，车联网和物联网的结合使得自动化和智能化仓储成为可能。系统可以根据实时数据自动调整库存，预测货物需求，从而减少存储空间，降低仓储成本。在未来，随着无人车辆和无人机配送技术的成熟，车联网将在货运和物流领域发挥更加重要的作用，推动物流服务更加个性化、快捷。

6）新型移动应用：车联网的普及和发展将催生一系列新型移动应用，极大地丰富人们在出行中的体验。车辆将不再只是一个简单的交通工具，而变成一个综合性的移动平台，融合娱乐、信息获取、社交、健康监测等多种功能。例如，车载娱乐系统可以根据乘客的喜好和习惯，提供个性化的音乐、电影、新闻和游戏服务。车载健康监测系统可以实时监测驾驶员的生理指标，如心率、血压等，一旦发现异常，系统可以自动发出警报，甚至直接联系医疗服务。此外，随着自动驾驶技术的发展，车内空间将不再受驾驶的限制，可以被重新设计为工作或休息的空间。人们可以在车内开会、工作、学习，甚至休息和锻炼。这将极大地提高出行时间的利用率，改变人们的工作和生活方式。

车联网通过构建车辆、基础设施和云端之间的实时信息交互网络，实现多车协同的高效通信和决策支持，使智能网联汽车能够感知更广泛的交通环境，实现车辆间的协同决策与自适应控制，推动自动驾驶与智能交通系统的发展，提升整体交通系统的安全性和效率。

1.2.3　5G/B5G 车联网关键技术

随着智能交通系统（Intelligent Traffic System，ITS）和车联网技术的发展，传统的车辆通信技术已逐渐无法满足新兴服务的需求。5G/B5G 技术因其超高速率、低延迟和高可靠性而成为支撑未来智能交通的关键。以下是在 5G/B5G 车联网中的几项关键技术。

1. V2X 通信

车联网通过新一代信息通信技术，实现车与车（Vehicle to Vehicle，V2V）、车与云平台（Vehicle to Cloud，V2C）、车与基础设施（Vehicle to Infrastructure，V2I）、车与人（Vehicle to Pedestrian，V2P）、车与网络（Vehicle to Network，V2N）等的全方位网络连接。这种全面的连接性为各种交通参与者的安全和效率提供了保障。

在 5G/B5G 背景下，V2X 的实现不仅依赖于传统的无线接入技术，还需要

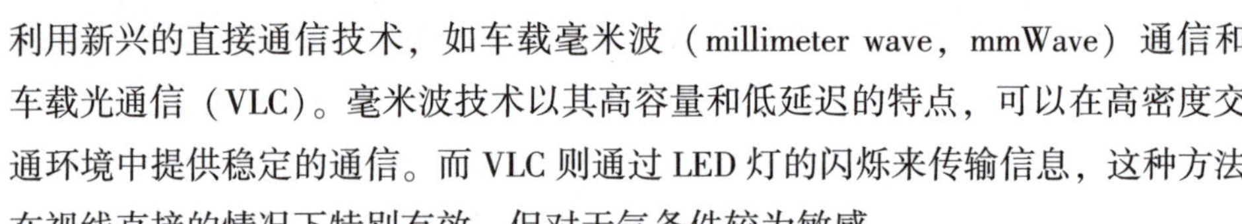

利用新兴的直接通信技术，如车载毫米波（millimeter wave，mmWave）通信和车载光通信（VLC）。毫米波技术以其高容量和低延迟的特点，可以在高密度交通环境中提供稳定的通信。而 VLC 则通过 LED 灯的闪烁来传输信息，这种方法在视线直接的情况下特别有效，但对天气条件较为敏感。

2. 移动边缘计算

移动边缘计算（Mobile Edge Computing，MEC）旨在解决日益增长的数据处理需求，其核心思想是在网络边缘（接近数据产生的地方，例如基站附近或者用户设备）进行计算处理。MEC 的核心优势在于其能够显著减轻中央数据中心的负担，缩短数据传输距离，提高数据处理速度和应用的响应时间，从而能够更好地支持实时决策和服务。

在这一框架下，车辆边缘计算应运而生，它是 MEC 的一种特殊应用形式。不同于传统的边缘计算模式，车辆边缘计算是在车辆本身上集成计算资源，将车辆转变为一个功能强大的移动计算节点。在车联网的环境中，这种技术展现出巨大的潜力，尤其是在自动驾驶和 ADAS 等领域，这些应用对实时性和可靠性的需求极为苛刻。车辆边缘计算的实施，使车辆不仅能够实时处理和分析从各种传感器和设备收集来的海量数据，而且还能立即做出响应。这种即时数据处理能力是至关重要的，因为在高速行驶的车辆中，即便是最微小的延迟也可能导致严重后果。此外，通过车辆边缘计算，不需要将所有数据都发送到云端中心，车辆可以将初步处理和分析后的关键信息上传到云端，以便进行更深层次的分析和长期存储。此技术不仅提高了车联网的整体效率，减少了对带宽的需求，还为驾驶员和乘客提供了更快、更安全的服务。

3. 网络切片（Network Slicing）

5G 网络切片是一种按需组网的网络架构，可以满足不同垂直行业服务水平协议（Service Level Agreement，SLA）的差异化需求，在车联网这类具有多样化应用的领域中显示出价值。通过网络切片，物理网络被分割为多个虚拟网络，每个网络切片都能独立运行，拥有从物理网络中分配来的专用资源和定制的网络策略。这种独立性确保了各种服务和应用场景能够根据其独特的性能和管理要求得到满足。

在车联网的环境中，网络切片不仅提高了资源利用率，还确保了更灵活、更高效的服务质量。例如，可以专门为紧急响应车辆创建一个特定的网络切片，这个切片具有低延迟和高可靠性的特点，用于保障在紧急情况下的通信不会受到其他非关键服务的影响。通过这种方式，紧急服务通信能够实时传递，确保了公众安全和服务效率。同时，其他切片可以被配置为支持高数据吞吐量，适用于高清视频流、实时导航更新或其他大量数据传输的应用，这些在自动驾驶车辆和娱乐系统中尤为常见。这不仅提升了用户体验，也使得网络资源能够根据具体应用的需求进行动态调整和分配。此外，网络切片的设计还允许运营商为不同的业务伙伴和客户提供差异化的网络服务，这在多租户的环境中特别有价值。运营商可以根据服务协议和用户需求，提供个性化的网络切片，以满足不同的市场需求和商业模式。

4. 人工智能和机器学习

在 5G/B5G 车联网的框架下，人工智能（Artificial Intelligence，AI）和机器学习（Machine Learning，ML）技术发挥着至关重要的作用，成为该领域不可或缺的驱动力。这些技术的引入极大地推动了车联网技术的革新，特别是在处理海量数据、提高交通系统效率、提升安全性以及改善用户体验等方面。

首先，AI 和 ML 能够有效处理通过车载传感器、摄像头、雷达以及其他信息采集设备所产生的大量数据。通过高级算法，这些技术能够实时预测交通流量变化、识别最优驾驶路线，并且迅速响应各种突发状况。例如，它们可以分析复杂的交通模式，帮助预测并减少交通拥堵，或是为自动驾驶车辆提供准确的决策支持，提高道路使用效率。

其次，AI 和 ML 技术在车辆维护和故障预测方面具有重要价值。它们可以监控车辆的各项性能指标，并通过持续收集和分析车辆数据，智能预测潜在的维护需求或故障。当识别到风险增加或性能下降时，系统能及时向驾驶员或管理团队发出通知。这种预防性策略不仅有助于避免故障和事故，而且显著提升了车辆的服务寿命与运行效率。

最后，AI 和 ML 的应用也极大地丰富了驾驶员和乘客的用户体验。系统能够学习用户的行为模式和偏好，从而提供定制化的旅行建议和个性化的娱乐内容选择，甚至能够自动调整车内环境设置，以匹配用户的舒适度需求。例如，基于用户过往的行驶路线和时间数据，系统能够推荐最佳出行时间和路线，或者基于驾驶员的习惯，自动调整座椅和空调等车内设置，进一步丰富驾驶与乘坐体验。

5. 安全与隐私保护技术

随着车联网在交通和通信领域中的广泛应用，安全和隐私保护成为其中不可忽视的核心议题。车联网不仅涉及传统的网络通信，还与各种高度集成的车载系统相连接，因此，它可能面临的安全威胁比传统网络更加复杂。无论是数据泄露、恶意软件攻击，还是智能车辆的实体安全方面，这些威胁都必须得到妥善的解决。

在5G/B5G的车联网环境中，为了确保数据通信的安全性和用户隐私的保护，采用了多种前沿技术。其中，加密技术发挥了关键作用。新一代的加密技术，如量子加密，不仅可以保护当前的通信，而且考虑到了未来量子计算机可能带来的解密威胁，从而为长期的数据安全提供了保障。而对于用户身份的验证，除了传统的用户名和密码之外，更加高级和安全的生物识别技术如指纹识别、面部识别和声纹识别等，也被广泛引入，提供了多重验证机制，大大增强了安全性。此外，区块链技术也为车联网的数据安全带来了突破。它通过其去中心化和数据不可篡改的特点，确保了数据的完整性和真实性。与此同时，对于隐私保护的问题，车联网也采取了一系列措施。例如，匿名凭证系统可以在不暴露用户真实身份的情况下验证其权限，差分隐私技术则可以在不泄露具体用户信息的前提下，对大量用户数据进行分析和挖掘。

6. 集成通信技术

在5G/B5G车联网的发展中，集成通信技术将各种不同的通信技术整合在一起，创造一个多层次、高效率的通信网络。这种整合不仅要求系统能够管理多种通信模式，还需要在不同的应用场景和地理环境中，智能地选择最佳通信策略。

5G/B5G车联网中的集成通信技术包括了多个方面。首先，蜂窝通信技术，如LTE和5G，提供了稳定的高速数据连接，这对于动态的、需要快速数据交换的城市环境是非常重要的；其次，Wi-Fi技术，尤其是新一代的Wi-Fi 6和Wi-Fi 6E，能够在短距离内提供高数据吞吐量，适用于停车场、收费站等场所；再者，毫米波技术在高频段提供了极高的数据传输速率，非常适合大量数据的快速传输。同时，卫星通信在车联网中也占有一席之地。尤其是在偏远地区或是地形复杂的区域，卫星通信能够弥补地面基础通信网络的不足，确保车辆在任何地点都能保持连接。它的广覆盖特性对于实现全球范围内的车联网系统至关重要。这些不同的通信技术各有优劣，关键在于如何根据实际应用需求和外部环境的变化，智能地进行选择或是结合使用。例如，在城市快速道路上，系统可能优先选择蜂窝网络以实现流畅的高速数据传输；而在偏远山区，卫星通信则可能成为唯一可行的选项。这种灵活性不仅大大提高了车联网的可靠性和服务质量，也更加经济和高效。

基于 5G/B5G 的车联网系统实现了车辆与车辆、基础设施以及云端之间的实时高效通信，为智能网联汽车的多车协同、自动驾驶以及智慧交通管理奠定了坚实基础。5G/B5G 不仅显著改善了信息交互的可靠性和实时性，使得复杂交通环境下的多车协同决策成为可能，还为未来车联网技术的发展提供了广阔的应用前景。通过整合 5G/B5G 的创新技术，车联网将在提升交通安全、优化交通流量、实现智能交通管理等方面发挥关键作用。

1.3 基于车联网的智能网联体系架构

基于车联网的智能网联体系架构可以理解为一个“端 – 管 – 云”三层体系结构，将车辆、通信网络和云端平台有机结合，实现信息的高效传递与协同决策。每一层分别承担不同的功能，通过紧密协作共同支撑车联网的高效运作。

1. 端层（Edge Layer）

构成：端层主要由智能网联汽车、路侧单元（Road Side Unit，RSU）、传感器、摄像头、雷达和车载终端设备等组成。

功能：端层是数据的主要采集与执行层。智能网联汽车通过传感器、雷达、摄像头等设备实时感知周围环境，包括道路信息、交通状况、车辆状态等，并将这些数据通过车载终端设备上传至网络。同时，端层设备也能够接收来自云端和管层的指令，执行自动驾驶、车队协同、路径规划等控制任务。RSU 作为端层的重要节点，负责采集道路基础设施的状态信息，并通过 V2I 通信与车辆交互，提升道路信息感知的覆盖范围和精度。

2. 管层（Network Layer）

构成：管层由 5G/B5G 蜂窝网络、专用短程通信（DSRC）、V2X 通信协议、边缘计算节点和核心网等组成。

功能：管层是实现信息传递与数据处理的中间枢纽，主要负责数据的高速传输、实时计算与信息交互。通过5G/B5G蜂窝网络和V2X通信技术，管层可以在车辆、路侧单元和云端之间建立低延迟、高可靠的通信链路。边缘计算节点部署在靠近数据源的位置，可实现就近数据处理与决策，大幅降低时延。核心网作为管层的骨干，负责管理网络资源、保障通信的安全性与可靠性，并为云端提供稳定的数据传输服务。管层的高效运作确保了端层数据能够实时上传至云端，同时将云端的决策快速反馈给车辆，支撑多车协同和复杂场景的实时响应。

3. 云层（Cloud Layer）

构成：云层由云计算平台、大数据处理中心、人工智能算法引擎、车联网平台、智慧交通系统等组成。

功能：云层是智能网联体系的“大脑”，负责数据的存储、分析与高级决策。云计算平台通过大数据处理中心，汇集来自端层的海量数据，并利用人工智能算法进行深度学习和模式识别，生成实时的交通预测、路径规划和车队管理策略。车联网平台整合车辆状态、道路信息、交通流量等多维度数据，为车辆提供动态路况、危险预警等服务。智慧交通系统能够对全局交通进行实时监控与调度，提高交通效率，减少事故发生率。云层的核心功能是通过强大的计算与分析能力，为端层提供精准的控制指令和策略建议，实现智能网联汽车的协同运作与自动驾驶。

三层架构通过上下互通、数据实时流动的逻辑关系，使得车联网系统能够在复杂的交通环境中高效、稳定地运行。

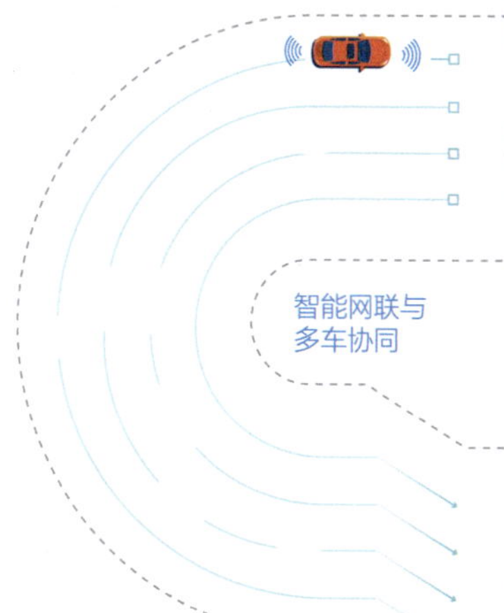

第 2 章
多车协同定位与感知

随着自主移动系统在包括智能交通、自动仓储和环境监测等多个重要领域[1]内的广泛应用，多车协同定位与感知逐渐凸显出其不可或缺的价值。在多车系统中，单一车辆的运行性能往往受限于其局部视野和处理能力，但通过协同合作，各车辆可以实现更加全局和精确的定位与感知，从而显著提升系统整体性能。这一领域涉及信息融合、资源优化、算法设计等多个关键问题，解决这些问题不仅有助于提升单一车辆的性能，更是实现群体智能和更高级别任务的前提。

本章旨在全面深入地探讨多车协同定位与感知的核心技术和应用。首先介绍车辆目标感知和定位的基础理论和架构设计，以提供对该主题全面的认识。紧接着，本章将专注于基于联盟博弈理论的多车协作定位，探讨如何通过复杂的博弈理论模型解决多车系统中的资源分配和优化问题。其后，本章将涉及基于车路协同的车辆感知与追踪，展示如何通过与基础设施的深度融合实现更为鲁棒和精确的目标感知。最后，本章将探索多车协作 SLAM 技术，重点介绍如何在多车环境下构建和维护一致性地图，进一步加强群体的环境感知能力。

2.1 多车协同定位感知系统

在现代智能交通系统和车联网实时应用（如自动驾驶应用）中，车辆目标感知和定位是两个至关重要的组成部分。这两个概念密切相关，共同构成了车辆与外界环境交互的基础。简而言之，车辆目标感知是通过各种传感器（如雷达、激光雷达、摄像头等）获取周围环境信息，这些信息包括其他车辆、行人、障碍物等。定位则是确定车辆自身在地理空间中的精确位置，通常涉及全球定位系统（Global Positioning System，GPS）、惯性导航系统（Inertial Navigation

System，INS）和地图数据等。本节主要介绍车辆目标感知和定位中涉及的技术类型以及全局感知环境设计。

2.1.1 车辆定位感知技术与传感器类型

在面对复杂和多变的交通环境时，车辆需要依赖先进的目标感知和定位技术来确保安全、有效地运行。车辆感知定位技术如图2-1所示，包括车载传感器、V2X和基于数据融合的技术[2]。其中，数据融合不是一种直接感测位置的方法，而是一种后处理定位感测技术。其目标是融合各种传感器的测量结果，以获得比单个传感器更好的结果。

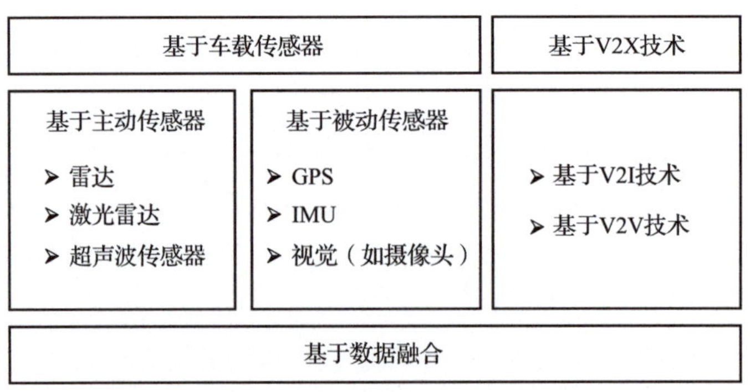

图2-1 车辆感知定位技术示意图

1. 基于主动传感器的感知定位

基于车载传感器的感知定位技术包括基于主动和被动传感器的技术，依靠车载传感器感知周围环境，然后估计车辆位置。基于主动传感器的定位通过车载传感器（包括激光雷达、雷达和超声波传感器）主动感知周围环境以估计车辆位置。它们的测距原理是相同的，都是基于到达时间（Time of Arrival，TOA）方法。区别在于信号载体，即激光雷达、雷达和超声波传感器的激光、无线电和超声波。信号载波波长的差异导致这些传感器的成本和精度的显著变化。例如，激光雷达通常成本最高，但精度最好，超声波的情况正好相反[3]。

（1）雷达

雷达（Radar）用于射频检测和测距，是一种广泛应用于车辆目标感知和定位的传感器。它主要负责测量目标物体与车辆之间的距离和速度，并在高级应用中能够判断物体的方向。其工作原理基于发射射频（Radio Frequency，RF）信号并接收这些信号的反射。当发射的射频波触及一个物体并反射回来时，雷达计算该波返回所需的时间，以确定物体的距离。通过对多次测量结果进行数据分析，雷达也能够推算出物体的速度和运动方向。

雷达的主要优点包括强大的环境适应性，即使在恶劣的天气条件下（如雨、雾、雪）也能保持稳定的性能。此外，由于射频波的特性，雷达不易受到其他电子设备的干扰，具有较高的可靠性。它还能够直接测量目标物体的相对速度，这一点是许多其他类型的传感器所不能达到的。然而，雷达也有其局限性，如分辨率相对较低，这在需要精细观测目标物体形状或特征时可能成为一个问题。另一个局限是雷达的形状和大小，这通常要求更多的安装空间，有时还会影响车辆的整体外观。

在实际应用场景中，雷达被广泛用于多种交通和导航任务，特别是在需要长距离、高速度或在恶劣环境下进行目标检测和跟踪的场合，如自适应巡航控制（Adaptive Cruise Control，ACC）或车道保持辅助（Lane Keeping Assistant，LKA）。举例来说，在一辆装有雷达的自动驾驶汽车上，雷达可以实时检测前方车辆的速度和距离，以自动调整车速或触发紧急制动，从而避免碰撞。

（2）激光雷达

激光雷达（Light Detection and Ranging，LiDAR）是另一种在车辆目标感知和定位中具有重要作用的传感器。与雷达使用射频波不同，激光雷达利用光波进行测距和目标识别。通过发射短脉冲的激光束并接收其反射回来的光，激光雷达能够准确地测量目标物体与传感器之间的距离。基于激光雷达的定位通常需要预先构建参考地图，以与点云数据或激光雷达反射强度数据相匹配。

激光雷达的工作原理相似于雷达，但由于使用光波，激光雷达在分辨率和精度方面具有显著优势。这使得它特别适用于需要高精度地感知和定位目标物体的场景。例如，在自动驾驶应用中，激光雷达能够生成高度详细的三维点云数据，用于识别和跟踪周围物体，包括行人、自行车和其他车辆。然而，激光雷达成本相对较高，这在商业应用中可能成为一个制约因素。其次，激光雷达对环境条件比较敏感，例如，在强雾或雨的情况下，其性能可能会下降，并且更容易受到来自其他光源（如太阳光）的干扰。

在车辆目标感知和定位的各种应用场景中，激光雷达通常与其他类型的传感器（如雷达和摄像头）结合使用，以实现更全面和准确的目标识别和定位。例如，在复杂的城市交通环境中，激光雷达可以提供额外的数据层，以帮助系统更准确地识别和预测行人或其他车辆的动作，从而提高自动驾驶系统的安全性和效率。

(3) 超声波传感器

超声波传感器（Ultrasonic Sensor）在车辆目标感知和定位中是一种较为特殊的传感器类型。它通过发射和接收超声波来测量与目标物体的距离。由于超声波在遇到障碍物时会产生回声，通过计算发送和接收回声之间的时间差，传感器可以准确地确定物体的位置。

在车辆目标感知和定位领域，超声波传感器通常用于近距离的物体检测和测距。由于它对环境因素（如光线、雨雾等）影响较小，并且成本相对较低，经常被用于车辆的停车辅助系统、盲点检测以及近距离障碍物的识别。

然而，超声波传感器也存在一些局限性。首先，它的测距范围通常较短，一般不超过几米，这限制了它在长距离目标感知和定位中的应用。其次，超声波传感器可能受到环境噪声、温度和其他物体（如风、植被等）的影响，这些因素可能导致测距准确性下降。最后，由于超声波传感器主要是用于近距离目标检测，在复杂的驾驶环境中，如高速公路或复杂的城市交通，它可能不是最佳的选择。

2. 基于被动传感器的感知定位

基于被动传感器的定位被动地接收环境信息，从而计算车辆位置。传感器包括 GPS、IMU 和视觉（例如，单目或双目摄像头）。根据空间三角测量方法，GPS 需要在开阔的天空区域中通过三颗或更多的卫星来获取车辆位置（2 ~ 10m）。GPS 的优点是成本低，但在城市环境中，它经常遭受多径和 nonline-of-sight（NLOS）误差以及缓慢位置更新率的影响。IMU 使用高频采样率（ > 100Hz）测量车辆加速度和角速度。因此，可以通过给定初始姿态的航位推算来推导车辆的位置和方向[4]。尽管 IMU 具有快速的位置刷新率和高可靠性，但也容易出现大量累积错误。基于视觉的定位通过使用来自单目或双目摄像头的图像作为输入来估计车辆位置。这类似于根据平面三角测量确定障碍物位置的人类视觉系统。图像中丰富的环境信息可以在适当的照明条件下提供令人满意的定位性能，但消耗大量的内存和计算资源。

(1) 全球定位系统

全球定位系统是一种由美国国防部设计和运营的全球导航卫星系统。该系统依赖于至少 24 颗运行在地球同步轨道上的卫星，这些卫星周期性地发送时间和位置信息。接收器通过接收至少三颗卫星的信号，计算其与每颗卫星之间的距离，进而使用三维三角测量的方法来精确地定位自己的地理坐标。

在车联网环境中，GPS 扮演了至关重要的角色。首先，准确的定位信息是实现车辆间通信、道路安全和交通管理的基础。通过 GPS，车辆可以实时获取自身的位置信息，并通过车载通信系统与其他车辆或基础设施进行信息交换。例如，在智能交通系统中，通过 GPS 获取的车辆位置信息可以用于预警系统，以避免交通拥堵或事故。

尽管 GPS 在车联网应用中具有广泛的用途，但也存在一些局限性。最明显的一点是，在复杂的地理环境（如山区、城市建筑密集区、隧道等）下，GPS 信号可能会受到严重的遮挡或多径效应的影响，从而导致定位不准确。此外，GPS 也可能受到电子干扰或信号欺骗等安全问题的影响。为了克服上述 GPS 的局限性，研究人员和工程师已经探讨了多种补充和优化手段。其中之一就是通过车联网的多车协作定位来提高定位的准确性和可靠性。多车协作定位通常依赖于车辆之间的相对位置信息和其他传感器（如 IMU、LiDAR 等）提供的数据。

（2）惯性测量单元

惯性测量单元（Inertial Measurement Unit，IMU）是惯性导航系统的一个组件，通常由加速度计、陀螺仪和磁力计组成，用于测量物体在三维空间中的加速度、角速度和磁场方向。这些传感器共同工作以提供关于物体运动的实时数据，该数据可以用于推算物体的位置、速度和方向，并具有强大的抗干扰能力[5]。除此之外，IMU 还具有独立性优势，即它不依赖外部信号或基准点进行操作。因此，在 GPS 不可用或信号较弱的情况下，IMU 仍能提供相对稳定和可靠的定位信息。尽管 IMU 在长时间运行中可能受到误差累积的影响，但在短时间内，它仍然能够提供高精度的定位信息，其数据可以与 GPS、雷达等其他定位手段进行融合，从而提供更高的定位精度和鲁棒性。

（3）视觉传感器

单目摄像头（Monocular Camera）是在车辆目标感知和定位应用中常见的一种视觉传感器。这种摄像头只有一个视觉传感器，并且通常被安装在车辆的前部或其他位置，以捕捉前方或周围环境的二维图像。尽管只能捕获二维信息，但单目摄像头具有成本低廉、尺寸小巧以及易于集成的优点，这使其在各种交通应用场景中得到广泛应用。例如，在自动驾驶和驾驶辅助系统中，单目摄像头常用于车道识别、交通标志检测以及其他静态目标的感知。

相对于单目摄像头，双目摄像头（Stereo Camera）使用两个平行排列的视觉传感器来捕捉环境信息。通过比较两个不同视角的图像，双目摄像头能够重构三维空间信息，从而提供更丰富和准确的数据用于车辆目标感知和定位。这种传感器在需要高精度测距和物体识别的场景中特别有用。比如，在自动驾驶车辆中，双目摄像头可以用于精确地测量车辆与前方障碍物或其他车辆的距离，从而做出更准确的行驶决策。然而，因为需要两个摄像头和更高的数据处理能力，双目摄像头的总体成本通常高于单目摄像头。另外，双目摄像头需要更复杂的标定和数据融合算法，以确保两个视角的图像能够准确地对齐和重构。

车辆目标感知和定位常用传感器分类见表 2-1。

表 2-1　车辆目标感知和定位常用传感器分类

分类	说明
雷达	功能描述：用于测量物体距离、速度和方向 工作原理：发射射频信号，并接收反射回来的信号 优缺点：在恶劣天气下仍能工作，但局限于距离和速度的测量 应用场景：用于车道变换、自适应巡航控制
激光雷达	功能描述：用于精确地测量物体与车辆之间的距离 工作原理：发射激光束，然后测量反射回来的激光束的时间 优缺点：高精度但成本高，受天气影响 应用场景：用于自动驾驶，特别是在复杂的城市环境中
超声波传感器	功能描述：用于测量近距离内物体的距离 工作原理：发射超声波，并测量其反射回来所需的时间 优缺点：低成本，但测量范围有限 应用场景：用于停车辅助、近距离障碍物检测
GPS	功能描述：测量物体在地球上的精确位置，提供速度和时间信息 工作原理：接收多个卫星的射频信号，利用时间差计算物体的位置 优缺点：提供全球范围内高精度定位，广泛用于各种场景，但在室内、隧道或者密集的城市环境中信号可能会受到干扰或丢失 应用场景：广泛用于车辆导航系统、自适应巡航控制和精确测量车辆之间的距离
IMU	功能描述：测量物体在三维空间中的加速度、角速度和磁场方向 工作原理：加速度计测量加速度，陀螺仪测量角速度，磁力计测量磁场方向。这些传感器的输出可以用于推算物体的位置、速度和方向 优缺点：高频率的动态信息输出，独立于外部信号，因此在 GPS 不可用的环境下仍能工作。但是长时间使用可能导致误差累积 应用场景：在多车协作感知定位中用于提供高精度和高鲁棒性的定位信息，尤其适用于动态和不确定环境
单目摄像头	功能描述：捕捉二维视觉信息，常用于车道识别、交通标志检测以及其他静态目标的感知 工作原理：通过视觉传感器捕获前方或周围环境的二维图像 优缺点：成本低廉、尺寸小巧、易于集成，但只能提供二维信息 应用场景：广泛用于自动驾驶和驾驶辅助系统，特别是在车道识别和交通标志检测中

（续）

分类	说明
双目摄像头	功能描述：通过两个视觉传感器捕获图像，重构三维空间信息 工作原理：两个平行排列的摄像头捕获不同视角的图像，通过比对这两个图像来重构三维信息 优缺点：能提供丰富和准确的三维数据，但成本较高，且需要复杂的数据处理和标定 应用场景：常用在需要高精度测距和物体识别的自动驾驶和驾驶辅助系统中

3. 基于 V2X 的感知定位

基于 V2X 的感知定位方法与周围环境节点（例如，相邻车辆或基础设施）通信，以接收其位姿信息，包括基于车辆对车辆（Vehicle to Vehicle，V2V）和车辆对基础设施（Vehicle to Infrastructure，V2I）的技术，这些技术可以为定位算法提供多个参考坐标。基于 V2V 的目标车辆通过使用专用短程通信（Dedicated Short Range Communication，DSRC）或长期演进（LTE）技术来确定其他车辆的位姿，从而提高车辆的位置精度。基于 V2I 的目标车辆和静态基础设施之间的通信，使用它们的精确已知位置来确定目标车辆位置。基础设施的类型包括磁性标记、射频识别标签、路边单元（Roadside Unit，RSU）和 GPS 基站[6]。基于 V2X 的定位具有广泛的全局感知范围（300m[7]），但可能会受到网络延迟和城市拥堵的影响。

2.1.2　多车全局感知环境构建

在车辆自动化和智能交通系统的发展过程中，构建车辆全局感知环境成为一个迫切和关键的任务。这一任务不仅需要处理大量复杂、动态的信息，还必须在实时或近实时的条件下，为车辆提供准确和可靠的环境理解。由于其固有的复杂性和多维性，单一的研究角度或方法难以全面地解决问题。本节构建车辆感知状态系统模型，介绍全局感知环境，并介绍多车协作感知环境的框架。

1. 车辆感知状态系统模型

为了精确描述多车协作中的全局感知环境，首先考虑其系统模型。在此模型中，车辆使用各种传感器，如 GPS、IMU 和 LiDAR 来获取关于其环境的信息。对于此类系统，通常采用状态空间模型进行数学描述。状态和观测方程可以表示为以下形式：

$$x[k]=f(x[k-1],\ u[k],\ w[k]) \tag{2-1}$$

$$z[k]=g(x[k],\ v[k]) \tag{2-2}$$

式中，$x[k]$表示在时刻k的系统状态；$u[k]$是控制输入；$w[k]$和$v[k]$分别代表过程和测量噪声，并通常被假设为高斯白噪声。

对于大多数驾驶系统，特别是在考虑车辆的位置和速度时，状态更新通常可以通过线性方程进行描述。这可以表示为

$$x[k]=\boldsymbol{A}x[k-1]+\boldsymbol{B}u[k]+w[k] \tag{2-3}$$

式中，$\boldsymbol{A}$和$\boldsymbol{B}$是描述系统动力学的矩阵。例如，在二维空间中，一个常见的状态变量集合可能包括车辆的位置$(x_i,\ y_i)$、速度$(\dot{x}_i,\ \dot{y}_i)$和提供加速的车辆驱动过程$(F_{i,x},\ F_{i,y})$，对应的状态和输入矩阵可能为

$$\boldsymbol{x}_i=\begin{pmatrix}x_i\\ \dot{x}_i\\ y_i\\ \dot{y}_i\end{pmatrix},\ \boldsymbol{u}_i=\begin{pmatrix}F_{i,x}\\ F_{i,y}\end{pmatrix},\ \boldsymbol{w}_i=\begin{pmatrix}w_{x_i}\\ w_{\dot{x}_i}\\ w_{y_i}\\ w_{\dot{y}_i}\end{pmatrix} \tag{2-4}$$

$$\boldsymbol{A}=\begin{pmatrix}1&0&\mathrm{d}t&0\\ 0&1&0&0\\ 0&0&1&\mathrm{d}t\\ 0&0&0&1\end{pmatrix} \tag{2-5}$$

$$\boldsymbol{B}=\begin{pmatrix}\frac{\mathrm{d}t^2}{2}&0\\ \mathrm{d}t&0\\ 0&\frac{\mathrm{d}t^2}{2}\\ 0&\mathrm{d}t\end{pmatrix} \tag{2-6}$$

式中，$\mathrm{d}t$是时间间隔。

2. 车辆全局感知环境构建

本节根据数据融合方法、地图构建与更新、动态物体跟踪与预测，以及感知到决策的接口四个部分构建车辆全局感知环境。

（1）数据融合方法

在构建车辆全局感知环境中，数据融合方法起着至关重要的作用。数据融合通常涉及从多种传感器，包括雷达、激光雷达、摄像头和超声波传感器获得的信息，然后整合这些信息以创建一个全面和准确的车辆周围环境模型[8]。其中，卡尔曼滤波[9]常被用于融合来自不同传感器的数据，因为它能有效地估计

系统状态，并处理不同类型的噪声和不确定性。粒子滤波是另一种常用方法，尤其适用于非线性和非高斯问题。近年来，深度学习技术，尤其是卷积神经网络（CNN）和循环神经网络（RNN），也被广泛应用于传感器数据的融合[10]。这些网络模型能够学习从原始传感器数据中提取复杂的特征，并自动地进行数据融合。它们已经在多个实际应用中，例如自动驾驶汽车和无人机导航，显示出卓越的性能。

对于动态环境中的物体跟踪，数据融合还需要实时地整合新收集到的信息。这通常涉及时间序列分析，其中卡尔曼滤波和扩展卡尔曼滤波等算法用于预测物体的未来状态，并与新的观测数据相结合，以提供更准确的全局感知。此外，数据融合不仅局限于单一车辆的传感器信息。在车队和车联网的 V2X 环境中，数据融合也可以涉及多个车辆和基础设施元素（如交通信号和路标）之间的信息共享，从而实现更为全面和准确的全局感知。

数据融合方法是构建车辆全局感知环境的关键技术之一，它不仅涉及多种算法和技术，还需要在实时性、准确性和可靠性之间取得平衡。这一综合性的处理方式是实现车联网应用中高级驾驶辅助系统和自动驾驶等应用的基础。

（2）地图构建与更新

地图构建与更新是全局车辆感知环境的另一重要组成部分，主要负责创建和维护一个静态或动态的环境模型。这一模型为车辆提供了空间参照，以便于执行高级任务，如路径规划和障碍物避让。在地图构建的初始阶段，通常需要一系列的传感器数据以捕捉环境的基础特征。这些传感器通常包括但不限于 GPS、IMU、激光雷达和摄像头。基于这些数据，使用一系列的算法来生成初步的地图模型。比如在自动驾驶领域，同步定位与地图构建（SLAM）技术[11]利用激光雷达和摄像头等传感器，为车辆提供精确的环境定位与实时地图信息，以确保安全和高效地导航。

然而，由于环境总是在变化，静态的地图并不能满足长期或复杂任务的需求。因此，地图更新成为一个必不可少的环节。这通常涉及动态对象检测（如行人、其他车辆等）和短期或长期地图更新的策略。例如，短期更新可能涉及基于雷达或摄像头的动态物体跟踪，而长期更新则可能需要考虑如何整合更多的环境信息（例如，路面状况、交通规则等）。此外，地图的精度和更新频率也是关键评估指标，它们直接影响到车辆能否准确和高效地感知其环境。较高的精度和更新频率通常需要更先进的传感器和更复杂的算法，但这也会增加计算和存储的负担。

地图构建与更新不仅是全局感知环境的基础，也是车辆与外界交互的关键媒介。通过有效地构建和维护地图，车辆能够更加安全、高效地在复杂的交通环境中导航。

(3) 动态物体跟踪与预测

动态物体跟踪与预测在构建全局车辆感知环境中占有不可忽视的地位。与静态环境不同，交通场景中总是包含诸如其他车辆、行人或动物等动态元素。理解这些动态元素的运动模式和意图是实现高级驾驶辅助系统和自动驾驶功能的前提。

一般来说，动态物体跟踪通常从数据关联开始，即将连续时间帧中的观测数据与预先识别的物体实例进行关联。这一步通常涉及数据关联算法，例如基于成本函数的最优分配算法，或者更为复杂的多目标跟踪算法。关联成功后，可以利用滤波算法，如卡尔曼滤波器或粒子滤波器，对物体状态进行估计。预测方面，典型的方法包括基于运动模型的预测和基于数据驱动的预测。前者如常速模型或者高斯过程，后者则通常依赖于机器学习算法，比如循环神经网络。预测的准确性非常依赖于跟踪算法的精度，同时也受到所用模型复杂性和计算能力的限制。

对动态物体进行有效的跟踪和预测不仅增加了车辆对即将发生事件的理解和应对能力，而且也在很大程度上决定了整个系统的反应时长和决策质量。因此，这一环节在车辆目标感知和定位中具有核心价值。

(4) 感知到决策的接口

在全局车辆感知环境的构建过程中，感知到决策的接口是一个至关重要的链路。该接口的主要职责是确保由各种传感器和算法生成的丰富感知数据能够有效地转化为实际驾驶操作或控制命令。一种常用的实现方式是通过中间表示，比如“场景图”或“状态空间”，来对感知数据进行高级抽象。这些中间表示形式通常包含关于环境和车辆自身状态的多维信息，例如障碍物的位置、速度以及可能的行为模式等。这样的抽象不仅方便了后续决策算法的快速处理，而且也有助于跨模块或跨平台的数据共享和解释。

为了实现高效的数据传递和命令执行，感知到决策的接口往往需要满足低延迟和高可靠性的要求。这通常通过实时操作系统、高效的数据序列化方法，以及稳健的通信协议来实现。此外，对接口的设计还需考虑到模块间的解耦和扩展性。一个良好的接口应当能容易地与其他系统模块进行集成，同时也应能适应不同算法或硬件平台的更替和升级。

3. 多车协作感知框架

多车协作感知框架在车辆全局感知环境中发挥了至关重要的作用，特别是考虑到单一车辆在复杂和密集的交通环境中可能存在的感知局限性。基于车辆全局感知环境的构建，图 2-2 给出了一种多车协作感知环境框架。为了确保车辆能够获得全面和准确的环境信息，该框架集成了多车的数据资源，并依赖于高效的数据融合技术。这样的融合不仅涉及从各车辆收集的 GPS 和 IMU 数据，还需要考虑其他传感器数据，如激光雷达和摄像头。为了实现实时的数据共享和交互，高效且可靠的车辆间通信机制也是至关重要的。此外，多车协作感知还涉及地图的动态构建和更新。这需要车辆访问一个共享的、持续更新的环境地图，其中不仅包括静态特征，如道路和建筑物，还需要涵盖动态信息，如其他车辆和行人的实时位置和预期轨迹。在这种环境下，识别和跟踪动态物体成为一个核心任务，不仅要实时地识别其他车辆、行人和其他可能的障碍物，还需要基于这些信息预测其未来的行动轨迹，从而为车辆决策提供关键信息。在整个多车协作感知框架中，数据不仅被用于实时感知，还被用作后续的决策和控制的关键输入，确保车辆可以安全、准确地响应复杂的驾驶环境。

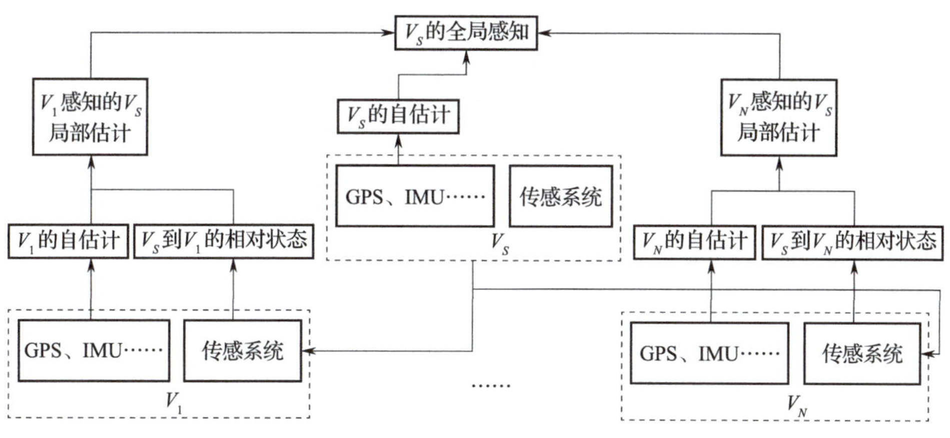

图 2-2　多车协作感知环境框架

2.2 基于联盟博弈的多车协作机会定位

在车联网和自动驾驶系统中，定位是一项基础但至关重要的功能。传统上这一任务主要依赖全球定位系统（Global Positioning System，GPS）来实现[12]。然而，GPS 并不是万能的解决方案，在特定的环境如城市的街道峡谷、隧道或车库中，卫星信号可能被遮挡或反射，导致 GPS 无法提供准确和可靠的定位信息。这种局限性催生了对更为精细、适应性更强的定位方法的需求，特别是在多车协作的场景中。

基于联盟博弈的多车协作定位便是其中一种有前景的解决方案。这种方法不仅能提高定位的准确性和可靠性，还能在多车环境下实现资源的高效利用。本节将从多个角度对这一主题进行深入的研究和讨论。

2.2.1 多车协作定位技术

1. 基于 GPS 的车辆定位方案

在现代交通系统中，车联网和自动驾驶技术的快速进步带来了对准确、高效定位方法的紧迫需求。目前，最常用的车辆定位手段依然是全球定位系统。尽管 GPS 在许多情况下表现出色，但也有一些明显的局限性。例如，在城市的街谷、隧道或者车库这样的环境中，GPS 信号往往受到接收质量、大气环境、系统误差和多径传播等因素影响[11]，在实际使用中最好也只能达到 5 ~ 10m 的精度，有时甚至更差。特别是在城市环境中由于高楼的遮挡，GPS 信号很容易被遮挡，造成可见卫星数目减少，定位精度大幅度降低。在市区使用车载 GPS 导航系统，经常会出现主路和辅路无法区分的情况。由此可见，这样的精度很难达到车联网对于导航的要求，就更不用说用于车辆防撞等安全类应用了。一般来说，车辆定位的精度需要在 3m 以内，即车道宽度这个级别。

在这些复杂和多变的场景中，单纯依赖 GPS 往往不能满足定位的高精度和高可靠性需求。为了提高 GPS 定位的精度，近年来出现不少它的改进方法，比如差分全球定位系统（Differential Global Positioning System，DGPS）[13]、载波相位差分（Real-Time Kinematic，RTK）[14]、辅助全球卫星定位系统（Assisted Global Positioning System，A-GPS）[15]、星基增强系统（Satellite-Based Augmentation System，SBAS）[16]和地基增强系统（Ground-Based Augmentation System，GBAS）[17]，它们都可以用于提高车联网定位的精度。DGPS 的特点是需要有一个已知自身精确位置的基准站，它利用自身接收到的 GPS 信息校正用户的误差。但是，由于在市区环境下容易受到多径的影响，DGPS 的精度会有较明显的下降，并且不能通过差分的手段进行纠正。对于 RTK 而言，其定位精度可以达到厘米量级。它和 DGPS 较为相似，同样利用了基准站进行校正，不过采用的是载波相位动态实时差分技术。为了保证 RTK 的正常使用，基准站和用户需要在一段时间内同时搜索到五颗卫星，而这在市区有遮挡的情况下很难实现。A – GPS 技术主要用于手机 GPS 信号很差的环境，基站可以向手机提供信息以减少卫星捕获时间，避免手机解码所有卫星的数据。虽然 A-GPS 能够节约捕获时间，但是它最终的定位精度并没有任何提高，而是和当前 GPS 信号较差环境得到的精度一致。在 SBAS 中，地球同步卫星可以向地面接收机播放各种误差的校正信息，从而提升原有的定位精度。但是 SBAS 信号和 GPS 信号具有相同的缺点，就是穿透性很差，在城市环境下信号很容易被遮挡。此外，对于每个 SBAS 接收机来说也只能接收到 1 ~3 个地球同步卫星发送的信号。GBAS 主要用于飞机的导航，其中多个 GPS 地面站布设于机场附近。它们计算出校正值，然后发送给正在降落的飞机以提供更加精确的定位。

通过以上的介绍可以看出，DGPS、RTK、A-GPS、SBAS 和 GBAS 在理论上都可以用于车联网的定位，但是它们均存在固有缺陷，特别是在车联网的典型应用环境，即城市场景中面临很多使用上的困难。实际上对于车辆定位的研究由来已久，主要是从机器人定位衍生而来的。和现有方法比较接近的研究始于 20 世纪 90 年代初，当时 GPS 刚刚开始得以应用，作者 Durrant-Whyte 提出一种不依赖于 GPS 的基于激光信标的车辆定位方法[18]。之后，研究者提出了多种方法，其中比较典型的有基于地图的车辆定位法[19]。这些方法虽然可以得到优于 GPS 的定位精度，但是局限性也较大，比如它们都严重依赖于地图的精度，在有的方法中甚至路面平坦程度的变化也会对定位产生影响[20]。

2. 基于无线通信的车辆定位方案

与单一依靠 GPS 的定位方案有所不同，基于无线通信的手段实现车联网定位的优点在于可以结合现有的车联网结构来提升定位精度，如 GPS、RSU 和车辆自带的 OBU。此外，相比于基于地图的方法而言，基于无线通信的车联网定位方法不需要更多的车载设备或者新的路边设施，在经济方面也具有明显的优势。近年来，研究者为此提出了多种解决方案。Parker 等人提出一种基于接收信号强度（Received Signal Strength，RSS）测距的车辆定位方法[21]，在 GPS 定位的基础上，相邻车辆之间共享各自位置信息，通过卡尔曼滤波的方法实现车辆定位。但是在后续的研究中已经证明，RSS 测距的方法精度很差，难以作为独立的测距方法用于车辆定位。Caceres 等人提出一种基于无线局域网（Wireless Local Area Network，WLAN）的车辆定位系统[22]，它实现的前提是需要在路边密集布设 WLAN 作为 AP。此外，同 Parker 等人的方法类似，该系统也采用 RSS 测距方式，显然它在精度方面存在不足。Alam 等人提出一种基于载波频率偏移（Carrier Frequency Offset，CFO）的车辆定位方法[23]，车辆在行驶过程中需要发送信号，RSU接收之后检测多普勒频移造成的信号载波频率偏移。该方法的机理在于车速和入射角度均会改变多普勒频移，因此RSU接收到的频移是变化的，通过合理设计滤波器同时结合道路信息可以得到车辆的具体位置。在这个算法的基础上，作者又分别加入了RSS测距[24]以及车载惯性传感器[25]作为辅助手段，进一步提高定位精度。不过基于CFO的车辆定位方法存在一个比较大的缺陷，就是它严重依赖于RSU，而且需要有一对RSU同时检测载波频率偏移才可以保证最终估计出车辆的位置。为了解决车辆定位的问题，Drawil等人独辟蹊径，从另一个角度提高GPS的定位精度[26]。在该研究中主要目的是降低多径对GPS造成的影响，通过车辆之间的协作找出多径最少或者没有多径的车辆作为基准节点，以此提高定位精度。

3. 基于多车协作的车辆定位方案

根据以上的介绍和分析可以看出，现有的GPS替代方法或者增强方式一般可以归纳为两种，分别是非协作定位[27-29]和协作定位[30-32]。

在非协作定位中，每一个代理节点（Agent Node）至少需要通过三个基准节点（Anchor Node）以实现精准定位，这也被称为三角定位（Triangulation）。如图2-3所示，三角定位的原理可以这样理解：首先三个基准节点测出各自与代理节点之间的距离，然后以测出的距离为半径，自身为圆心画圆，三个圆的交点就是需要定位的代理节点的位置。

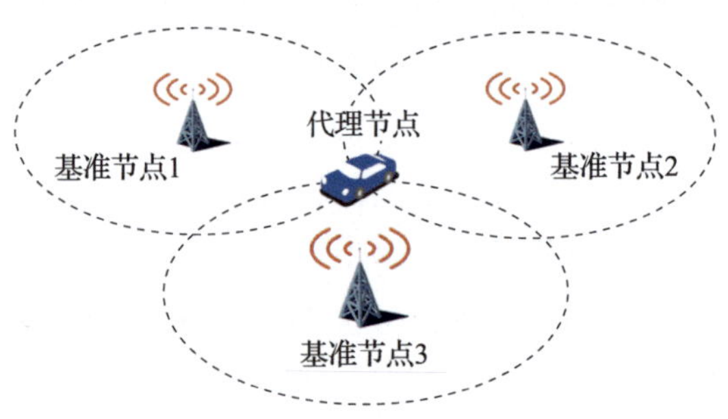

图2-3 三角定位原理

然而，在实际系统中代理节点很难找到三个基准节点。特别是在车联网环境中，如果布设大量的RSU以充当基准节点的话会造成高昂的成本。为了解决这个问题，Patwari等人提出协作定位技术[30]。它的定位机制不仅需要基准节点，同时还需要周边代理节点提供各自的位置信息，由此形成协作。图2-4给出了最基本的协作定位示意图，其中包括三个基准节点和两个代理节点。如果按照非协作定位方式，代理节点1只能从基准节点1和基准节点3获取位置信息，类似地，代理节点2也只能与基准节点2和基准节点3通信。根据三角定位准则，这两个代理节点是无法准确定位的，从图2-4的两个问号处可以看出，它们各自存在一个可能的错误位置。如果代理节点1和代理节点2能够相互提供位置信息，即进行协作定位，它们各自可以实现三角定位从而实现精确定位。

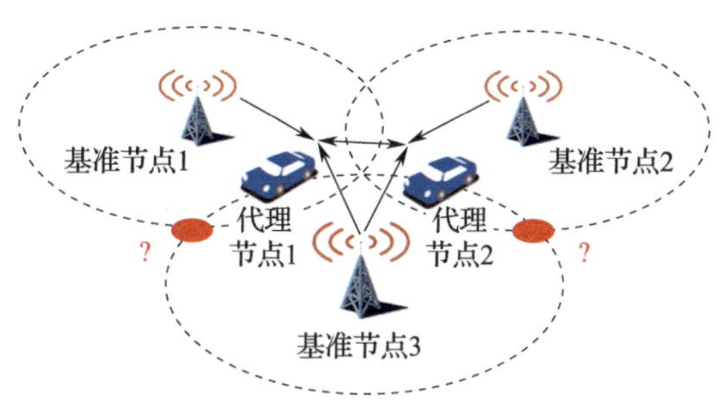

图2-4　多车协作定位示意图

协作定位的优势在于通过节点之间的协作，每一个代理节点可以求助于更多的节点（包括基准节点和代理节点），这样的话能够在传统三角定位无法实现的场景中进行精确定位，同时还可以带来更高的定位精度。因此，协作定位技术自从被提出以来受到了广泛的关注，很多研究者对协作定位技术做了深入的研究，比如定位理论[31]和网络测试[32]。最近，研究者主要着眼于协作定位中遇到的一些瓶颈，包括计算量[33]、分布式调度[34]和能量效率[35-36]问题等。

协作定位可以根据算法实现的不同分为基于贝叶斯和非贝叶斯两类。两种最为经典的非贝叶斯协作定位算法分别是最小均方（Least Square，LS）估计器[37]和最大似然（Maximum Likelihood，ML）估计器[38]。它们的特点是构建含有测量值的代价函数，通过循环迭代最小化估计器的代价函数从而得到最终的估计位置。对于贝叶斯协作定位算法，它和非贝叶斯算法最大的不同在于前者还利用了先验信息，因此一般来说具有更高的精度。近年来发表的文章更多采用贝叶斯协作定位，比如蒙特卡洛序列估计（Monte-Carlo Sequential Estimation）[39]、非参数置信度传播（Nonparametric Belief Propagation）[40]和无线网络中的和积算法（Sum-Product Algorithm over a Wireless Network，SPAWN）[41]。其中最后一种方法，即Wymeersch等人[41]提出的SPAWN相比于其他的贝叶斯协作定位算法在性能方面有较大的提升。

协作定位还可以进一步分为两类，即中心式协作定位和分布式协作定位。对于中心式协作定位，文献[42]中提到代理节点通过多跳的方式将自身的位置信息传递给中心处理器，然后在中心处理器内计算出每个代理节点的具体位置。可以明显地看出，由于受到中心处理器的制约，中心式协作定位的扩展性不佳，很难应用于诸如车联网这样的点对点网络中。因此，现在越来越多的研究者将重点集中在分布式协作定位上。和中心式算法不同，分布式协作定位不需要中心处理器，代理节点各自通过多次迭代实现最终的精确定位。在每一次迭代开始前，代理节点从周边的节点获取位置信息，经过特定的算法得到各自的位置估计值。

考虑到车联网的动态拓扑特性以及高速移动性，本节主要讨论分布式协作定位算法。综合现有的文献，目前的分布式协作定位算法仍然存在不少挑战，总结如下。

第一，尽管越多的节点参与定位某个代理节点可以获得更高的精度，但是由于链路数的增加会带来较高的计算量开销。

第二，在传统的分布式协作定位算法中，所有的代理节点都需要发送自身的位置信息给周边代理节点，由此会带来数据包碰撞和网络拥塞。特别是在贝叶斯协作定位算法中，由于需要发送更多的数据包（如 SPAWN 中发送的信息[41]），网络拥塞情况可能会更加严重。

第三，在网络中总会有某些代理节点定位不准确甚至定位错误，它们自身的位置信息首先是无意义的，如果发送给周边代理节点有时甚至会降低这些节点的定位精度。

第四，在分布式协作定位算法中，代理节点都是通过循环迭代最终收敛出所估计位置的。一般会设定一个循环迭代的次数，只要达到这个预设值，即便没有定位准确整个过程也会停止。然而实际情况是，大部分代理节点并不需要预设的迭代次数，有的甚至只需一两次迭代即可定位准确，因此这样重复迭代定位往往会造成硬件资源的浪费。

截至目前，很少有研究者关注到分布式协作定位算法存在的以上问题。Das 等人提出一种改进贝叶斯克拉默－拉奥界（Cramér-Rao Bound，CRB）[33]，通过蒙特卡洛积分的方法选取最有帮助的链路，从而降低计算复杂度。Wang 等人提出一种分布式调度算法以选取最佳链路[34]。该算法的着眼点是调度，通过它可以有效避免数据包的碰撞、降低复杂度和开销，但是需要强调的是最终只有一条链路被选取而不是一个链路的集合。Hadzic 等人[43]利用类似于博弈论的方法，将节点的克拉默－拉奥界与发送功耗构建为一个效用函数（Utility Function），通过优化效用函数来选取节点的集合，但是随着问题规模的扩张会降低效率。可以说，现有的分布式协作定位算法缺少一种有效的机制以选取最优的链路集合，从而降低整个系统的计算复杂度。

2.2.2 基于重叠联盟博弈的机会链路选择方案

为了解决分布式协作定位问题中存在的计算复杂度高、数据包易碰撞等问题，本节介绍一种基于重叠联盟博弈的机会链路选择方案，利用重叠联盟形成博弈实现能够自组织和自优化的链路选择算法。

1. 机会协作定位介绍

多车协作定位面临多种挑战，包括通信资源的限制、定位精度的需求以及不同场景下的可适应性。在这一背景下，为了解决链路选择问题，引入机会协作定位（Opportunistic Cooperative Localization）作为一种高效的多车协作定位策略。

在传统的协作定位方法中，代理节点通常利用其周围所有可达的节点来实现定位，这样做往往会消耗大量的通信资源并可能降低定位精度。机会通信（Opportunistic Communication）是一种能够有效解决链路选择问题的通信机制。该机制源于对无线通信网络中资源分配和连接质量的深入研究。在多车协作定位的场景中，机会通信可以被视为一个用于链路选择优化的有效工具。不同于传统的确定性或随机的链路选择算法，机会通信通过动态地评估和选择具有最高收益的链路，从而实现更为精确和高效的协作定位。因此，机会协作定位的概念能使每一个代理节点智能地选择对其定位最有利的链路集合，这种选择可以使每一个代理节点选择出对其定位帮助最大的链路集合，而不仅仅是利用周边所有节点来实现定位。

通过调研发现，实现机会协作定位的一种方式称为重叠联盟形成博弈（Overlapping Coalition Formation Game，OCF Game）[44]，它是联盟形成博弈的一种扩展。2009 年，Saad 等人利用联盟博弈论（Coalitional Game）解决通信系统中存在的问题[45]，之后其被研究者广泛应用。联盟博弈可以分为图 2-5 所示三种类型，分别是典型联盟博弈（Canonical Coalitional Game）、联盟形成博弈（Coalition Formation Games，CF Game）和联盟图论博弈（Coalitional Graph Game）。最近几年，重叠联盟形成博弈逐渐开始用于解决无线通信中面临的问题，比如协作计算[46]、干扰管理[47]、无线中继网络[48]、频谱共享[49]和认知无线电[50]。

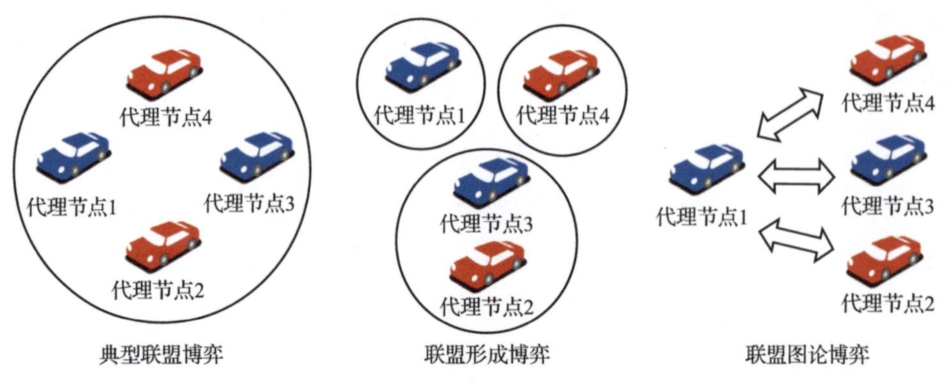

图2-5　联盟博弈种类示意图

从本质上看，重叠联盟形成博弈与传统的联盟形成博弈主要区别在于重叠联盟形成博弈中的联盟（Coalition）是可以相互重叠的（图2-6），而传统联盟形成博弈中的联盟是不允许重叠的。考虑到协作定位中一个代理节点可能同时属于多个联盟，因此重叠联盟形成博弈显然更加适合协作定位。本节主要介绍基于重叠联盟形成博弈的机会协作定位方法。

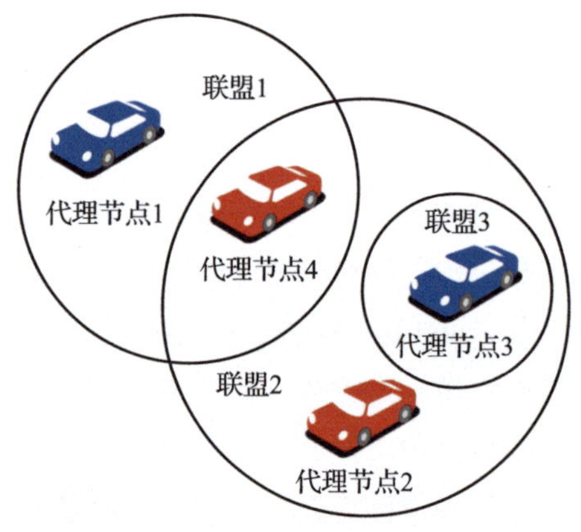

图2-6　重叠联盟形成博弈示意图

2. 分布式协作联盟系统模型

假设无线网络中存在 M 个基准节点（如基站和路侧中心单元）和 N 个代理节点（车辆），它们对应的集合分别为 $\mathcal{M}$ 和 $\mathcal{N}$，其中所有的基准节点位置都是预先设定好的，而代理节点则均为随机分布。为了解决分布式协作定位算法中存在的计算复杂度高、数据包易碰撞等问题，在本节中引入机会协作定位，通过利用重叠联盟形成博弈实现能够自组织和自优化的链路选择算法。为了便于之后介绍具体的重叠联盟形成博弈算法，这一节首先介绍其基本概念。

定义1　一个簇（Cluster）C_i 定义为在代理节点 i 通信范围内的所有节点（不含代理节点本身），包括 M_i 个基准节点和 N_i 个代理节点，它们都可以通过协作的方式参与定位代理节点 i。这里同时定义簇 C_i 中基准节点和代理节点的集合分别为 $\mathcal{M}_i$ 和 $\mathcal{N}_i$。

图2-7给出了一个簇 C_i 的示意图，它是分布式协作定位的基础。从图2-7中能够看出，簇 C_i 包括2个基准节点和3个代理节点，它们对应的集合可以分别表示为 $M_i=\{1, 2\}$ 和 $N_i=\{3, 4, 5\}$。需要强调的是，在一个簇中代理节点与基准节点之间的链路（之后简称为Agent-Anchor链路）均为单向的，由基准节点指向代理节点；而代理节点之间的链路（之后简称为Agent-Agent链路）既可以是单向的也可以是双向的。为了便于表示，在后文中分别用 $i\rightarrow j(j\rightarrow i)$ 和 $i\leftrightarrow j$ 表示单向链路和双向链路。此外，从图2-7还可以看出，簇 C_i 中仅存在2个基准节点是无法满足三角定位准则的，因此代理节点 i 还需要簇中的其他代理节点提供位置信息。图2-8显示了簇之间的协作定位，其中总共有两个簇，分别是 C_i 和 C_j。在网络中某个特定的基准节点或者代理节点可以同时从属于多个簇，比如图2-8中代理节点 j。通过协作以后，代理节点 i 可以获得足够的位置信息从而实现精确的定位。

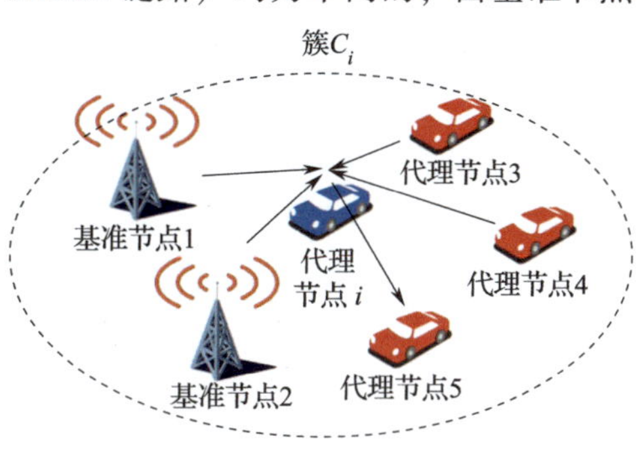

图2-7　簇 C_i 的示意图

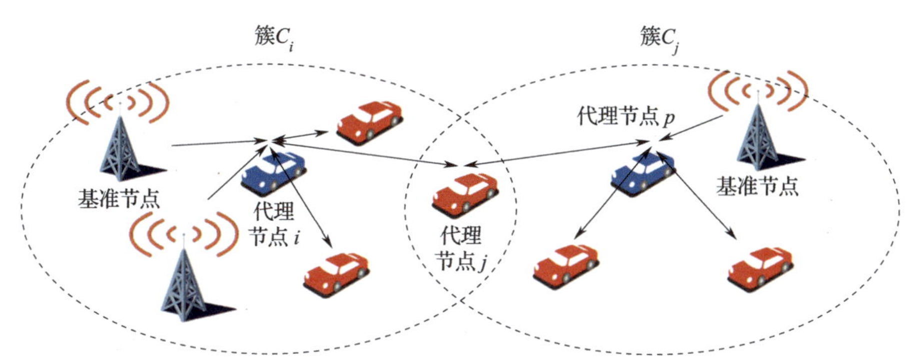

图2-8　簇之间的协作定位

为了便于之后介绍机会链路选择，算法2-1给出了一个基本的协作定位算法，它能够描述现有的绝大多数分布式算法。可以看出算法2-1主要通过前两个步骤实现。在步骤1中首先进行距离的测量，不仅包括代理节点与代理节点之间的测距，还包括代理节点与基准节点之间的测距。接下来在步骤2中，所有代理节点并行地实现循环迭代定位。由于在定位开始前预设了 N_{iter} 次迭代这个条件，唯一可以终止定位过程的就是完成迭代，即步骤3。需要强调的是，在 1-2 和 2-2 步中分别出现了新的集合表示方式 $C_{\to i}$ 和 $C_{\to i}^{(k)}$，它们是簇 C_i 的延伸。其中下标“$\to i$”代表“参与定位代理节点 i”，在后文中还会出现“$i\to$”的表示形式，它则代表“代理节点 i 参与定位”，以上二者是完全不同的。

算法 2-1　传统的分布式协作定位

传统的分布式协作定位（以代理节点 i 为例）
1. 初始化
1-1　代理节点 i 发现周边基准节点与代理节点的集合 M_i 和 N_i，构成簇 C_i
1-2　实现测距 $\hat{z}_{j\to i}=\Vert X_i-X_j\Vert+n_{j\to i}$，其中 $j\in C_{\to i}(C_{\to i}=M_i\cup N_i)$，$n_{j\to i}$ 是测距误差
2. 重复：迭代 $k=1$：N_{iter}
2-1　发送自身上一次迭代估计得到的位置 $\hat{x}_i^{(k-1)}$ 或置信度 $b_{X_i}^{(k-1)}(x_i)$
2-2　接收周边节点上一次迭代估计得到的位置 $\hat{x}_j^{(k-1)}$ 或置信度 $b_{X_j}^{(k-1)}(x_j)$，其中 $j\in C_{\to i}^{(k)}$
2-3　更新当前迭代的估计位置 $\hat{x}_i^{(k)}$ 或置信度 $b_{X_i}^{(k)}(x_i)$
3. 直到：$k=N_{\text{iter}}$ 结束

在传统的协作定位算法中，由于未采用链路选择，簇 C_i 内所有的基准节点和代理节点都会参与定位代理节点 i，因此有 $C_{\to i}=M_i\cup N_i$。对于带有上标“(k)”的 $C_{\to i}^{(k)}$ 则有如下的定义：当迭代次数 $k=1$ 时，$C_{\to i}^{(1)}=M_i$；当迭代次数 $k>1$ 时，$C_{\to i}=M_i\cup N_i$。

这样定义主要是因为步骤 2 中包含两个阶段：在第一个阶段即第一次迭代过程中($k=1$)，因为代理节点完全不知道自身位置，只能依靠周边基准节点提供位置信息，也就相当于传统的非协作定位；在第二个阶段中($k>1$)，由于经过第一次迭代以后代理节点已经获取了位置信息，这样就可以与周边的代理节点和基准节点进行协作定位。

3. 博弈的形成与效用函数

从本质上说，在联盟博弈论中存在一组参与者(Player)，它们设法形成一个相互协作的小组，也称为联盟。特别是在重叠联盟形成博弈中，参与者可以同时加入多个联盟，将自己有限的资源贡献给不同的联盟。对于协作定位场景，在本节中将链路选择问题建模为具有非转移效用(Non-transferable Utility，NTU)的重叠联盟形成博弈，其中代理节点作为参与者。由于在第一次迭代过程中代理节点只能求助于其周边的基准节点，因此基于重叠联盟形成博弈的实现方法从第二次迭代开始工作。针对联盟博弈的实现，介绍如下定义：

定义 2　在第 $k(k>1)$ 次迭代中，具有非转移效用的重叠联盟形成博弈定义为(N, U)，其中N是无线网络中参与者(代理节点)的集合，U是效用函数。需要强调的是$U(\varnothing)=0$。

定义 3　如果代理节点i定位不准确，在第$k(k>1)$次迭代中它对应的联盟为$T_i^{(k)}$，包括作为中心的代理节点i和它通信范围之内的代理节点集合$N_i^{(k)}$。为了便于区分，将这种联盟定义为完整联盟(Full Coalition)。如果代理节点i已经定位准确，那么它对应的联盟$T_i^{(k)}$只包括代理节点i本身，称为单独联盟(Single Coalition)。

在一个完整联盟中，$N_i^{(k)}$可以是簇C_i中代理节点集合N的任意子集，因此有$N_i^{(k)} \subseteq N_i$。最终组成完整联盟$T_i^{(k)}$的集合可以写为$T_i^{(k)}=\{i \cup N_i^{(k)}\}$。直观地看，可以发现完整联盟的结构是星形的，因此在后文中分别将代理节点i和$N_i^{(k)}$称为完整联盟$T_i^{(k)}$的中心和周边节点。

图 2-9 给出了第k次迭代时两个完整联盟$T_i^{(k)}$和$T_p^{(k)}$的一种可能组合，它们是由图 2-8 衍生而来的。根据图 2-9 可以总结出联盟具有的一些特性。

第一，联盟中并不含有基准节点。

第二，连接代理节点i和代理节点j的 Agent-Agent 链路既可以是单向的也可以是双向的。

第三，完整联盟$T_i^{(k)}$中代理节点i周边的节点（即除了代理节点i以外的节点）可以归纳为三类：第一类代理节点向代理节点i提供位置信息，它们的集合表示为$N_{\to i}^{(k)}$；第二类代理节点接收代理节点i的位置信息，其集合定义为$N_{i\to}^{(k)}$；第三类代理节点既可以用于定位代理节点i也可以收到代理节点i的位置信息，即同时属于集合$N_{\to i}^{(k)}$和$N_{i\to}^{(k)}$。

从图 2-9 可以观察到，在完整联盟$T_i^{(k)}$中代理节点j属于第一类，而在完整联盟$T_p^{(k)}$中代理节点j则属于第三类。总结以上三类代理节点有$N_{\to i}^{(k)} \cup N_{i\to}^{(k)} = N_i^{(k)}$。

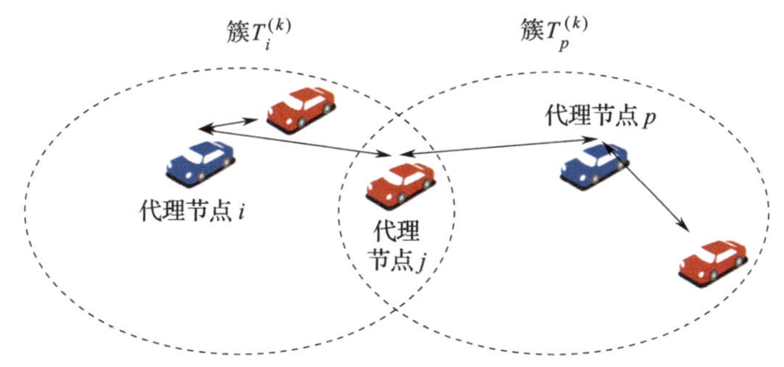

图 2-9　第k次迭代时联盟间协作定位示意图

定义4 服从(N, U)的重叠联盟结构定义为$CS^{(k)}=\{T_1^{(k)}, \cdots, T_N^{(k)}\}$，其中$N$是网络中的代理节点数目。

引理1 根据之前的定义，联盟之间可以相互重叠，所以$\exists T_m^{(k)}, T_n^{(k)} \in CS^{(k)}$，其中$m \neq n$，有$T_m^{(k)} \cap T_n^{(k)} \neq \varnothing$。

处于重叠状态的代理节点不仅发送自身位置信息，还可以充当完整联盟的中心以接收必要的位置信息。如前所述，在本节中机会链路选择算法只涉及代理节点。为了选取出对定位最有帮助的Agent-Agent链路集合，可以引入利益模型对协作带来的收益和代价进行建模。将利益模型采用拟人化的方法解释为如下的形式：如果某个人对他人提供帮助，那么他能获得加分；如果他只是一味获取别人的帮助，那么只能得负分。对于第k次迭代时的联盟结构$CS^{(k)}$，定义完整联盟$T_i^{(k)}$对应的效用函数为

$$U(T_i^{(k)})=\alpha \sum_{j=1}^{|N_i^{(k)}|} w_{j,i}^{(k)}-\beta \sum_{p=1}^{|N_{\to i}^{(k)}|} w_{i,p}^{(k)}-\gamma \operatorname{cost}(|N_{\to i}^{(k)}|) \tag{2-7}$$

式中，$w_{j,i}^{(k)}$为第k次迭代时代理节点i为代理节点j提供位置信息带来的好处，也可以理解为代理节点j通过与代理节点i协作误差降低的程度。因此，式（2-7）右侧第一项代表了代理节点i为周边代理节点集合$N_{\to i}^{(k)}$总共提供的帮助，为正数；而第二项则表示周边代理节点集合$N_{\to i}^{(k)}$总共为代理节点i提供的帮助，为负数。换言之，如果一个代理节点只是获取位置信息而不分享自己的，那么它的效用函数将持续下降，反之亦然。此外，在一些情况下$N_{\to i}^{(k)}$不一定等于$N_{\to i}^{(k)}$，这主要是因为通过机会链路选择后，完整联盟$T_i^{(k)}$对应的Agent-Agent链路更有可能是单向的而不是双向的。至于式（2-7）右侧第三项则是一个代价函数。为了平衡式中的三个部分，这里引入α、β和γ作为平衡因子。这三个因子与链路选择的方法、代理节点和基准节点的密度均有关系，因此需要预先设置好。最后需要强调的是，式（2-7）给出的是完整联盟的效用函数，而对于单独联盟而言，它们因为已经定位准确不需要继续定位，所以并没有效用函数的表达式。

特别地，对于式（2-7）中的$w_{j,i}^{(k)}$，它是连接现实的定位问题与数学表示方式间的桥梁，具有至关重要的作用。$w_{j,i}^{(k)}$提供了一种数学方式，用以表示代理节点之间的相互关系。一般来说它可以通过多种方式得到，其中最常用的方法是计算克拉默-拉奥界[33]。此外，也可以通过计算条件MSE[34]得到协作带来的收益。

接下来讨论代价函数。通过研究发现，在绝大多数分布式协作定位算法中，

单个代理节点的复杂度可以表示为 $O(Q|C_{\to i}^{(k)}|)$，其中 Q 与定位信息的表示方式有关。虽然 $C_{\to i}^{(k)}$ 中包括代理节点和基准节点，但是由于基准节点数目少且知道精确位置，因此在算法中只考虑代理节点的选择，默认所有基准节点全部参与定位。从直观上看，在第 k 次迭代时代理节点 i 的复杂度与参与定位它的 Agent-Agent 链路数 N 成正比。为了表示出代价函数 $\text{cost}(|N_{\to i}^{(k)}|)$ 的特性，这里将其建模为关于 $|N_{\to i}^{(k)}|$ 的单调增函数，具体的代价函数定义为

$$\text{cost}(|N_{\to i}^{(k)}|) = -\log\left(1-\left(\frac{|N_{\to i}^{(k)}|-\Delta}{N_i}\right)^2\right) \tag{2-8}$$

在式（2-8）中，当 $|N_{\to i}^{(k)}|<N_i$ 时，则将 Δ 定义为介于 0 到 1 之间的较小常数（如 0.1）。引入 Δ 可以避免当 $|N_{\to i}^{(k)}|=N_i$ 时 $\text{cost}(|N_{\to i}^{(k)}|)$ 为正无穷的情况发生。图 2-10 给出了代价函数的示意图，总共比较了 $N_i=3$，5，7 三种情况，其中横轴为 $|N_{\to i}^{(k)}|$，纵轴为代价。可以看出当 $|N_{\to i}^{(k)}|=0$ 时代价为 0，随着 Agent-Agent 链路数的增加，代价函数 $\text{cost}(|N_{\to i}^{(k)}|)$ 开始上升比较平缓，随后会出现一个急剧的上升。这说明随着参与定位代理节点 i 的链路数增加，尽管定位精度可以提高，但是由此产生的计算量也会快速增加。

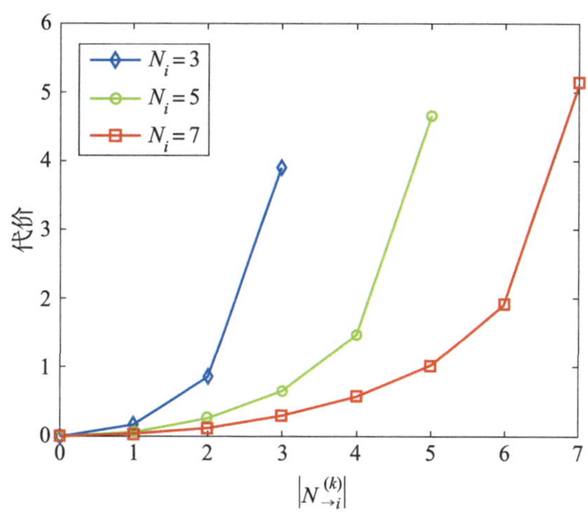

图 2-10　代价函数示意图

4. 机会链路选择算法与定位终止准则

（1）机会链路选择算法

机会链路选择算法在每一次迭代过程中都要运行一遍，在它开始工作之前需要进行特殊的初始化处理。准确说就是判断网络中所有代理节点里哪些定位不准确、哪些已经定位准确，从而区分完整联盟和单独联盟，实际上这个初始

化处理就是定位终止准则。

尽管本节中机会链路选择算法的主要目的是降低复杂度、去除无用的 Agent-Agent 链路，但是定位过程还需要尽量满足三角定位准则。换句话说，每个代理节点需要三个节点（包括基准节点和代理节点）对其进行定位，也就是准则 1。

准则 1 对于选取出来的 Agent-Agent 链路集合 $N_{\to i}^{(k)}$，它需要满足 $|N_{\to i}^{(k)}|+M_i\geqslant 3$，否则代理节点 i 无法准确定位。如果 $M_i<3$，则所需的最小的 Agent-Agent 链路数 $|N_{\to i}^{(k)}|_{\min}$ 需要满足 $|N_{\to i}^{(k)}|_{\min}=3-M_i$，否则令 $|N_{\to i}^{(k)}|_{\min}=1$。

实际上，在第 k 次迭代需要满足的条件 $|N_{\to i}^{(k)}|+M_i\geqslant 3$ 有两个假设。第一个假设是在第 $k-1$ 次迭代中代理节点 i 定位不准确，因此它是完整联盟的中心。第二个假设是在第一个假设基础上提出的，即周边的所有基准节点都无条件帮助定位代理节点 i。以图 2-9 为例，其中簇 C_i 包括两个基准节点和三个代理节点。为了满足准则 1，至少需要有 1 条指向代理节点的 Agent-Agent 链路。类似地，对于簇 C_p，至少两条 Agent-Agent 需要参与定位代理节点 p。

为了在分布式协作定位中实现机会链路选择，需要首先定义两种顺序（Order），分别是合并顺序（Merge Order）与分离顺序（Split Order）。实际上合并顺序和分离顺序定义了在何种情况下代理节点加入或者离开一个完整联盟。在博弈论算法中，顺序是构成新的联盟的一种常用方法，但是对于不同的场景和应用，顺序的定义方式存在较大不同。在本节中，为了比较两种不同联盟结构的“优劣”，所采用的判断标准是“联盟的效用函数能否增加”。

首先介绍一下合并顺序的具体定义。假设在第 k 次迭代时一种可能的联盟结构为 $CS_P^{(k)}=\{T_1^{(k)},\cdots,T_i^{(k)},\cdots,T_m^{(k)},\cdots,T_N^{(k)}\}$，其中代理节点 i 在代理节点 m 的通信范围内（它是完整联盟 $T_m^{(k)}$ 的中心，其效用值为 $U(T_m^{(k)})$），但是在应用合并顺序之前它并不为 $T_m^{(k)}$ 提供任何位置信息。需要强调的是，代理节点 i 存在两种可能性。对于第一种情况，代理节点 i 是完整联盟 $T_i^{(k)}$ 的中心，也就意味着它的效用函数为 $U(T_i^{(k)})$。在第二种情况中，代理节点 i 独立构成单独联盟，因此它没有效用值，即 $U(T_i^{(k)})=0$。

定义 5（合并顺序） 如果代理节点 i 向代理节点 m 提供位置信息构成一个新的联盟 $T_m^{(k)*}$，其效用值变为 $U(T_m^{(k)*})$ 对于代理节点 i，如果 $U(T_i^{(k)})=0$，完整联盟 $T_i^{(k)}$ 变为 $T_i^{(k)*}$，其效用值从 $U(T_i^{(k)})$ 变为 $U(T_i^{(k)*})$。与此同时，网络中的联盟结构由 $CS_P^{(k)}$ 变为 $CS_Q^{(k)}$，其中 $CS_Q^{(k)}=\{T_1^{(k)},\cdots,T_i^{(k)*},\cdots,T_m^{(k)*},\cdots,T_N^{(k)}\}$。为了满足以上条件，合并顺序 $\rhd_M$ 定义为

$$CS_Q^{(k)} \rhd_M CS_P^{(k)} \Leftrightarrow \begin{cases} U(T_m^{(k)*}) > U(T_m^{(k)}) \\ U(T_i^{(k)*}) > U(T_i^{(k)}) \end{cases} \tag{2-9}$$

如果 $T_i^{(k)}$ 是一个单独联盟，则 $CS_Q^{(k)} = \{T_1^{(k)}, \cdots, T_i^{(k)}, \cdots, T_m^{(k)*}, \cdots, T_N^{(k)}\}$，此时合并顺序 $\rhd_M$ 定义为

$$CS_Q^{(k)} \rhd_M CS_P^{(k)} \Leftrightarrow U(T_m^{(k)*}) > U(T_m^{(k)}) \tag{2-10}$$

从定义 5 可以看出，其中代理节点 i 总共有两种可能性，最后分别衍生出式（2-9)和式（2-10)。如果代理节点 i 是完整联盟 $T_i^{(k)}$ 的中心，合并顺序 $\rhd_M$ 潜在的含义是只要新构成的两个联盟 $T_i^{(k)*}$ 和 $T_m^{(k)*}$ 对应的效用值超过之前的效用值，那么新的 Agent-Agent 链路 $m \to i$ 就会建立起来。此外需要强调的是，尽管代理节点 i 向代理节点 m 提供位置信息，但是它不一定会离开之前的联盟。如果代理节点 i 是一个单独联盟，合并顺序 $\rhd_M$ 成立的条件则更为简单，只要完整联盟 $T_m^{(k)*}$ 的效用值比之前 $T_m^{(k)}$ 有增加，代理节点 i 就向代理节点 m 发送位置信息。

通过类比合并顺序，可以较为简单地给出分离顺序的定义。假设第 k 次迭代时可能的联盟结构为 $CS_E^{(k)} = \{T_1^{(k)}, \cdots, T_i^{(k)}, \cdots, T_r^{(k)}, \cdots, T_N^{(k)}\}$，其中代理节点 i 属于联盟 $T_r^{(k)}$ 并且提供位置信息给位于中心的代理节点 r。如果代理节点 i 是完整联盟 $T_i^{(k)}$ 的中心，它对应的效用值表示为 $U(T_i^{(k)})$。需要强调的是，在应用分离顺序之前，Agent-Agent 链路 $i \to r$ 或 $i \leftrightarrow r$ 均有可能存在。

定义 6（分离顺序）　如果代理节点 i 不再向代理节点 r 提供位置信息，联盟 $T_r^{(k)}$ 变为 $T_r^{(k)+}$，其效用值也变为 $U(T_r^{(k)+})$。如果代理节点 i 的效用值 $U(T_i^{(k)}) \neq 0$，则完整联盟 $T_i^{(k)}$ 变为 $T_i^{(k)+}$，效用值也由 $U(T_i^{(k)})$ 变为 $U(T_i^{(k)+})$。与此同时，网络中的联盟结构由 $CS_E^{(k)}$ 变为 $CS_F^{(k)}$，其中 $CS_F^{(k)} = \{T_1^{(k)}, \cdots, T_i^{(k)+}, \cdots, T_r^{(k)+}, \cdots, T_N^{(k)}\}$。为了满足以上条件，分离顺序 $\rhd_S$ 定义为

$$CS_F^{(k)} \rhd_S CS_E^{(k)} \Leftrightarrow \begin{cases} U(T_r^{(k)+}) > U(T_r^{(k)}) \\ U(T_i^{(k)+}) > U(T_i^{(k)}) \end{cases} \tag{2-11}$$

如果 $T_i^{(k)}$ 是一个单独联盟，则 $CS_F^{(k)} = \{T_1^{(k)}, \cdots, T_i^{(k)}, \cdots, T_r^{(k)+}, \cdots, T_N^{(k)}\}$，此时分离顺序 $\rhd_S$ 定义为

$$CS_F^{(k)} \rhd_S CS_P^{(k)} \Leftrightarrow U(T_r^{(k)+}) > U(T_r^{(k)}) \tag{2-12}$$

对于以上给出的分离顺序 $\rhd_S$ 定义，仍旧不考虑其实现以后代理节点 i 是否留在其他联盟中或维持单独联盟的状态。此外，为了避免增加不必要的重复计算开销，这里引入 $h_i^{(k)}$ 作为第 k 次迭代时代理节点 i 的历史集合。在 $h_i^{(k)}$ 中存

储了第 k 次迭代中所有与代理节点 i 有过连接的代理节点集合。实际上，这些存储在 $h_i^{(k)}$ 里的集合已经被证明是次优的。当采用合并顺序和分离顺序生成新的联盟结构时，代理节点 i 需要检查当前组合是否以前曾经尝试过，如果尝试过就换另一种组合。

在算法 2－2 中给出了结合机会链路选择和定位终止准则以后的协作定位算法。和算法 2－1 相比，它们最大的不同在于算法 2－2 中明确给出了阶段 2，机会链路选择就在这一阶段中实现。需要强调的是，对于算法 2－1 中给出的传统分布式协作定位算法，所有节点都需要从第二次迭代一直运行到第 $k = N_{\text{iter}}$ 次迭代，这样会造成大量没有必要的计算。相比而言，在算法 2－2 里已经定位准确的代理节点不需要在下一次迭代中定位，这样就可以节约可观的硬件资源。

算法 2－2　结合机会链路选择和定位终止准则的协作定位

结合机会链路选择和定位终止准则的协作定位（以代理节点 i 为例）

1. 初始化

1－1　代理节点 i 发现周边基准节点与代理节点的集合 M_i 和 N_i，构成簇 C_i

1－2　实现测距 $\hat{z}_{j\to i} = \left\| X_i - X_j \right\| + n_{j\to i}$，其中 $j \in C_{\to i}$（$C_{\to i} = M_i \cup N_i$），$n_{j\to i}$是测距误差

2. 阶段 1：迭代 $k=1$

2－1　每一个基准节点发送自身的位置 $\hat{x}_j^{(0)} = x_j$ 或置信度 $b_{X_j}^{(0)}(x_j)$，其中 $j \in M_i$

2－2　接收通信范围内基准节点发送的位置 $\hat{x}_j^{(0)}$ 或置信度 $b_{X_j}^{(0)}(x_j)$

2－3　更新得到位置估计 $\hat{x}_i^{(1)}$ 或置信度 $b_{X_i}^{(1)}(x_i)$

3. 阶段 2：迭代 $k=2$：N_{iter}

重复

3－1　机会链路选择初始化：判断在上一次迭代中得到的位置估计或置信度是否精确。如果精确就终止对代理节点 i 继续定位；否则的话进行下一步

3－2　为实现机会链路选择代理节点之间交换位置信息（比如贝叶斯估计需要的均值和协方差矩阵）

3－3　参考 $h_i^{(k)}$，根据不同的 $N_{\to i}^{(k)}$ 和 $N_{i\to}^{(k)}$ 的组合计算 $U(T_i^{(k)})$

3－4　(a) 基于合并顺序$\rhd_M$，代理节点 i 决定是否加入一个新的联盟

3－4　(b) 基于分离顺序$\rhd_S$，代理节点 i 决定是否离开当前的联盟

直到：收敛到一个稳定的联盟结构 $CS_{\text{opt}}^{(k)}$，其中代理节点 i 对应的集合为 $N_{\to i,\text{opt}}^{(k)}$ 和 $N_{i\to,\text{opt}}^{(k)}$

3－5　如果 $N_{\to i,\text{opt}}^{(k)} \neq \varnothing$，发送位置估计 $\hat{x}_i^{(k-1)}$ 或置信度 $b_{X_i}^{(k-1)}(x_i)$；否则不发送任何位置信息

3－6　接收第 $k-1$ 次迭代的位置估计 $\hat{x}_p^{(k-1)}$ 或置信度 $b_{X_p}^{(k-1)}$ (x_p)，其中 $p \in C_{\to i}^{(k)} = M_i \cup N_{i,\text{opt}}^{(k)}$

3－7　更新位置估计 $\hat{x}_i^{(k)}$ 或置信度 $b_{X_i}^{(k)}$ (x_i)

直到：$k = N_{\text{iter}}$ 结束或者代理节点 i 已经定位准确满足定位终止准则

这里有必要说明的是算法2-2中的3-3和3-4这两步，实际上它们包括了三个阶段。

在阶段1，基于3-2步中代理节点交互的内容，每个代理节点计算所有可能的链路组合，选取出那些可以提高自身效用值的组合。

在阶段2，代理节点之间交换这些组合寻找是否有两两之间能够匹配的。

在阶段3，这些可以匹配的组合在 $h_i^{(k)}$ 的辅助下寻找出最优值。实际上阶段3就是算法2-2中的3-4步，即合并顺序与分离顺序。最终可以得到第 k 次迭代时最优的联盟结构 $CS_{\text{opt}}^{(k)}$。

通过以上的方法，每一个代理节点都可以自己做出决定而不需要中心处理器的协助，因此和中心式算法相比具有明显的优势。

定理1 在每一次迭代中重叠联盟形成博弈算法都可以保证收敛。

证明： 由于参与重叠联盟形成博弈的代理节点数目固定，那么所有可能的重叠联盟结构的总数是一个有限值。假设第 k 次迭代初始的重叠联盟结构为 $CS_0^{(k)}$，经过多次循环重叠联盟结构的变化过程可以表示为以下的形式：

$$CS_0^{(k)} \to CS_1^{(k)} \to CS_2^{(k)} \to \cdots \tag{2-13}$$

在第 l 次循环以后，联盟结构由 $CS_{l-1}^{(k)}$ 变为 $CS_l^{(k)}$。对于网络中的任意一个代理节点，都有可能合并进入新的联盟或者离开之前的联盟。由于每一种代理节点的重新组合都要求新的完整联盟效用值必须大于之前的效用值。并且由于在代价函数表达式中引入的常数可以避免效用函数产生无穷大的情况，因此所有完整联盟的效用值之和一定是有限值。综合以上几点，最终重叠联盟结构可以保证收敛。

考虑到合并顺序以及分离顺序，重叠联盟形成博弈算法得到的最终联盟结构 $CS_{\text{opt}}^{(k)}$ 是稳定的。这是因为如果得到的联盟结构 $CS_{\text{opt}}^{(k)}$ 是不稳定的，那么一定会有代理节点试图加入或离开某个或某些联盟，从而使得联盟结构从 $CS_{\text{opt}}^{(k)}$ 变为一个新的联盟结构 $CS_{\text{opt}}^{(k)*}$，这与 $CS_{\text{opt}}^{(k)}$ 是算法得到的收敛联盟结构相互矛盾。

(2) 定位终止准则

算法2-1的终止条件是预先设定的 N_{iter} 次迭代全部运行完，一般的仿真设置将 N_{iter} 设为7~10。但是根据仿真发现，网络中很多代理节点只需要两三次迭代即可定位准确，因此这样的“重复定位”会造成无谓的系统开销。这也就是现有分布式协作定位算法存在的不足，即代理节点不知道自己在第几次迭代中定位准确。

为了使得代理节点能够知道自身定位的精度，从而及时终止定位过程、降低复杂度，唯一的办法就是分析上一次迭代更新得到的位置估计或置信度。以置信度 $b_{X_i}^{(k-1)}(x_i)$ 为例，通过最小化 Kullback-Leibler（KL）散度可以很容易得到它的均值 $\boldsymbol{\mu}_i^{(k-1)}$ 与协方差矩阵 $\boldsymbol{\Lambda}_i^{(k-1)}$：

$$\{\boldsymbol{\mu}_i^{(k-1)}, \boldsymbol{\Lambda}_i^{(k-1)}\} = \arg\min_{\{\boldsymbol{\mu},\boldsymbol{\Lambda}\}} D(b_{X_i}^{(k-1)}(x_i) \| N(\boldsymbol{\mu}, \boldsymbol{\Lambda})) \tag{2-14}$$

利用式（2-14）得到的协方差矩阵 $\boldsymbol{\Lambda}_i^{(k-1)}$ 的迹可以很好地表示其对应置信度的集中程度。一般来说越小的迹 trace（$\boldsymbol{\Lambda}_i^{(k-1)}$）意味着代理节点 i 的置信度越集中。如果满足

$$\mathrm{trace}(\boldsymbol{\Lambda}_i^{(k-1)}) / |C_{\to i}^{(k-1)}| < T_h \tag{2-15}$$

那么可以认为第 $k-1$ 次迭代得到的置信度 $b_{X_i}^{(k-1)}(x_i)$ 足够集中，其中 T_h 是预先设定的阈值。如果无法满足式（2-15），那么认为代理节点 i 定位不准确，还需要更多次迭代以获得收敛。在许多文章中协方差矩阵的迹 $\mathrm{trace}(\boldsymbol{\Lambda}_i^{(k-1)})$ 被认为是判断节点是否定位准确的唯一测度。但是通过仿真发现，$\mathrm{trace}(\boldsymbol{\Lambda}_i^{(k-1)})$ 在一些场景中并不可靠。比如说在仿真中多次出现大量节点参与定位某个代理节点，定位精度很高但是计算得到的 $\mathrm{trace}(\boldsymbol{\Lambda}_i^{(k-1)})$ 却相对较大的情况。为了解决这个问题，在本节中引入 $|C_{\to i}^{(k-1)}|$ 作为 $\mathrm{trace}(\boldsymbol{\Lambda}_i^{(k-1)}) / |C_{\to i}^{(k-1)}|$ 的分母。这样做的好处是当参与定位的节点数较多时，$|C_{\to i}^{(k-1)}|$ 会将 $\mathrm{trace}(\boldsymbol{\Lambda}_i^{(k-1)}) / |C_{\to i}^{(k-1)}|$ 降低到一个合理的范围内。如果 $\mathrm{trace}(\boldsymbol{\Lambda}_i^{(k-1)})$ 本身就很小，即使引入 $|C_{\to i}^{(k-1)}|$ 也不会改变式（2-15）的判断结果。总结以上内容，可以得到定位终止准则。

准则 2 在第 k 次迭代开始时，对于代理节点 i，如果 $|C_{\to i}^{(k-1)}| \geq 3$ 并且其置信度 $b_{X_i}^{(k-1)}(x_i)$ 满足 $\mathrm{trace}(\boldsymbol{\Lambda}_i^{(k-1)}) / |C_{\to i}^{(k-1)}| < T_h$，那么认为代理节点 i 已经定位准确，定位过程即刻终止；否则的话认为代理节点 i 定位尚未准确，直到它满足式（2-15）或者完成 N_{iter} 次迭代，整个定位过程才会终止。

准则 2 位于算法 2-2 中的第 3-1 步，在它完成之后网络中的 N 个代理节点就会分成两类。其中第一类是那些定位不准确的代理节点，它们构成完整联盟的中心，对应的集合标记为 $N^{(k)}$。第二类则是已经定位准确的代理节点，它们自己形成单独联盟，所有与其相连的 Agent-Agent 链路均为单向的，由第二类代理节点发送位置信息给第一类代理节点。这里需要特别强调的是，对于大部分情况有 $N^{(k)} \neq N$，尤其是随着迭代的进行，越来越多的代理节点定位准确。

2.2.3 SPAWN 算法以及应用

1. SPAWN 算法介绍

在多车协作定位问题中，SPAWN 算法提供了一种完全分布式的解决方案，

大大增强了系统的灵活性和可扩展性。在本节中采用 SPAWN 算法实现分布式协作定位。该算法由 Wymeersch 和 Win 等人[31]提出，结合了因子图（Factor Graph，FG）和和积算法（Sum Product Algorithm，SPA）的思想。因子图是一种用于描述多变量全局函数分解的图形模型，它能够将复杂的联合概率分布或者成本函数分解成更简单、可管理的部分。这种分解使得信息可以在图中的各个节点间高效地传播。和积算法则是一种用于在因子图中进行推断的通用算法，它能够对局部信息进行有效的整合和优化。这两者的结合允许 SPAWN 算法在没有中央协调者的情况下，通过局部交互和信息交换，实现全局优化。每个车辆（作为一个代理节点）都可以使用其局部观察和收到的信息，通过因子图和和积算法进行自我定位和邻居定位。这种方式极大地减少了传输和计算的复杂性，使得算法更适合于资源受限和动态变化的车联网环境。

因子图可以被视作为一个函数因式分解后的图解表达式，假设一个函数 $f(X_1, X_2, X_3, X_4)$ 可因式分解为 $f(X_1, X_2, X_3, X_4)=f_A(X_1)f_B(X_1, X_2)f_C(X_1, X_3, X_4)$，其中 X_1，X_2，X_3，X_4 是变量，f_A，f_B，f_C 是因子，则图 2-11 是对应的因子图。

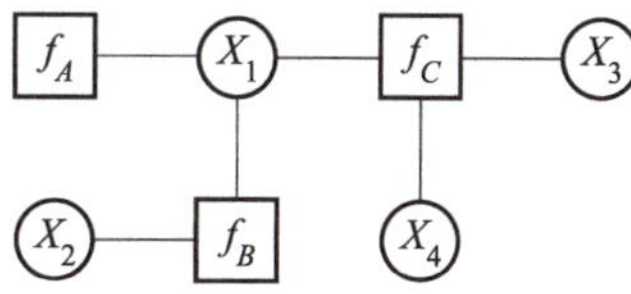

图 2-11　因子图示意图

SPAWN 算法利用了网络的拓扑结构构建因子图，可以很好地表示信息的传递。为了构建出合理的因子图，首先需要建立网络中变量之间的关系并且对其进行因式分解，随后，结合每个节点的本地信息可以建立整个网络的因子图。具体的推导流程可以参考文献［31］，在此不做过多描述。

算法 2-3 给出了 SPAWN 算法的整个流程。尽管算法 2-3 里还没有加入前文中提到的机会链路选择和定位终止准则，根据算法 2-1 中的步骤很容易在算法 2-3 中实现。

算法 2-3　协作定位算法 SPAWN

协作定位算法 SPAWN（以代理节点 i 为例）
1. 初始化
1-1　代理节点 i 发现周边基准节点与代理节点的集合 M_i 和 N_i，构成簇 C_i
1-2　实现测距 $\hat{z}_{j\to i}=\lVert X_i-X_j\rVert+n_{j\to i}$，其中 $j\in C_{\to i}(C_{\to i}=M_i\cup N_i)$，$n_{j\to i}$是测距误差
2. 重复：迭代 $k=1$：N_{iter}
2-1　发送 $k-1$ 次迭代得到的置信度 $b_{X_i}^{(k-1)}(x_i)$
2-2　接收周边节点的置信度 $b_{X_j}^{(k-1)}(x_j)$，其中 $j\in C_{\to i}^{(k)}$
2-3　由节点 j 传递给代理节点 i 的信息
2-4　通过乘法运算得到更新后的置信度
3. 直到：$k=N_{\text{iter}}$ 结束

2. 静态场景下 SPAWM 仿真结果分析

仿真场景如图 2-12 所示。在静态场景下，测试仿真的区域为一个 60m × 60m 的正方形，其中包含 5 个固定位置的基准节点(红色正方形)和 12 个随机分布的代理节点(蓝色圆形)，它们的通信距离均为 17m。这里的基准节点数目和通信范围都相对较小，主要是为了仿真出一个较为恶劣的静态环境。在仿真中定义测距的方差 $\delta_{j\to i}^2 = (10\text{cm})^2$，同时这也是室内测距的标准值[31]。从图 2-12 可以看出，虽然仿真场景中有 5 个基准节点(其通信范围如图 2-12 中 5 个圆环所示)，但是它们很难覆盖整个正方形区域范围。考虑到在实际的室内定位系统中基准节点需要无缝覆盖，所以在实际仿真时做了折中，即所有代理节点在保证随机分布的前提下能够落在至少一个基准节点的通信范围内。

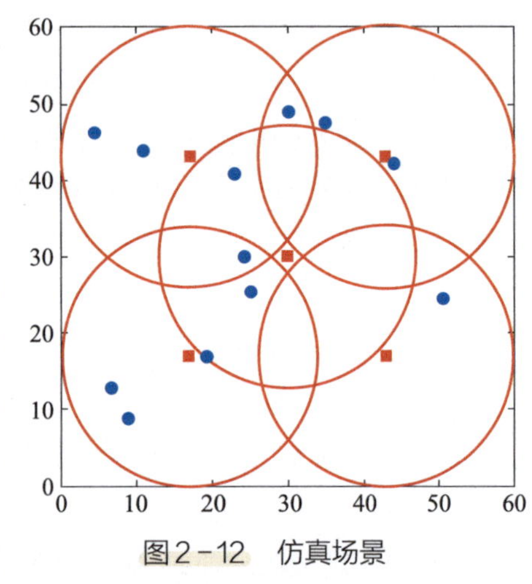

图 2-12　仿真场景

仿真结果显示平均每个代理节点可以与 1.22 个基准节点通信，因此如果按照传统的三角定位(即非协作定位)，网络中大部分代理节点都无法准确定位。而采用协作定位以后，每个代理节点平均可以通过 3.82 个节点获取位置信息，这些节点包括基准节点和代理节点，因此大部分节点可以较为准确地实现定位。

根据图 2-12 给出的基准节点与代理节点的位置可以仿真得到采用机会链路选择算法前后的情况，如图 2-13 和图 2-14 所示。它们分别代表 $k=2$ 次迭代时，采用机会链路选择前后 Agent-Agent 链路与联盟的演化。从图 2-13b 可以看出，网络中大部分代理节点对应的联盟都是相互重叠的，这也就意味着传统的联盟形成博弈很难在此场景中应用。在第一次迭代中因为代理节点 3 可以通过三个基准节点实现准确定位，所以不需要进一步定位，它自己构成单独联盟。在图 2-13a 中可以清楚地看到所有与代理节点 3 相连的 Agent-Agent 链路都不指向代理节点 3，反之它向周边的代理节点 1、9、10 提供置信度。此外，由于代理节点 2 通信范围内没有其他代理节点，且上一轮迭代中定位结果不准确(第一次迭代中只能找到一个基准节点)，它只能构成仅有自己的完整联盟。因此，网络中除了代理节点 2 和代理节点 3 以外，在利用机会链路选择算法之前，其他代理节点只要能够相互通信，那么它们之间的 Agent-Agent 链路就是双向的。

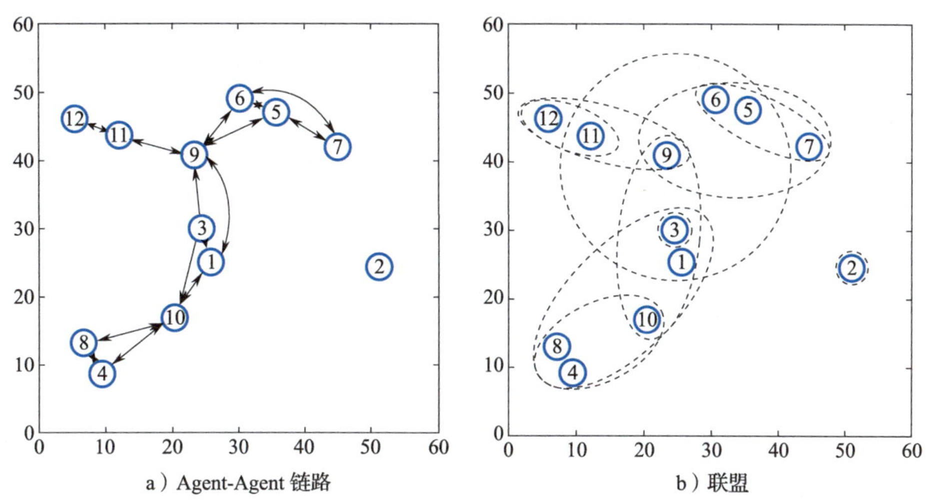

图 2-13　机会链路选择前的 Agent-Agent 链路与联盟示意图（k =2）

如图 2-14 所示，利用基于重叠联盟形成博弈的机会链路选择算法之后，Agent-Agent 链路数大幅度减少。与图 2-13a 相比，许多原有的链路彻底消失了，比如 3→9、3→10 和 1↔10。类似地，一些双向的 Agent-Agent 链路变为单向的，如 5↔7 和 9↔11。为了获得较高的效用值，一部分代理节点倾向于离开原有较大的联盟，比如图 2-14b 中的代理节点 1 和代理节点 10。总之，利用机会链路选择算法以后置信度的传播更加高效，定位的复杂度以及网络拥塞程度均能得到较大幅度的降低。

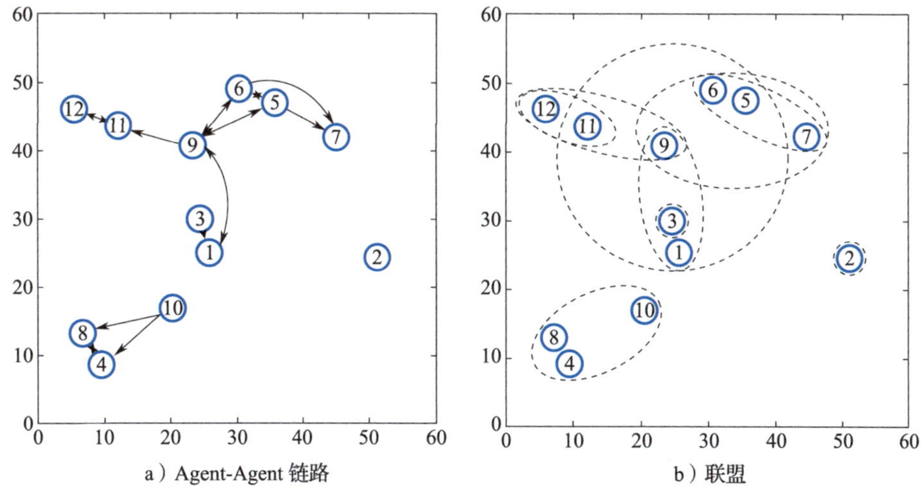

图 2-14　机会链路选择后的 Agent-Agent 链路与联盟示意图（k =2）

基于之前的讨论和分析，造成以 SPAWN 为代表的传统分布式协作定位算法复杂度较高的原因主要有两方面。首先，对于一个具体的代理节点，它的计算复杂度与参与定位它的链路数成正比，如图 2-15 所示。如果每个代理节点都可以选取对它最有帮助的 Agent-Agent 链路集合以取代所有可能的链路，那么它自身的计算复杂度就可以降低。其次，对于整个网络的复杂度，它不仅与单个代理节点的复杂度有关，还与网络中需要定位的代理节点数目有关，如图 2-16 所示。简而言之，如果那些定位准确的代理节点能够及时终止定位，那么网络中总的复杂度还可以进一步降低。

从图 2-15 可以看出，如果采用机会链路选择算法，从第二次迭代开始平均每个代理节点所需的链路数就会显著降低。需要强调的是，尽管本节中的算法只关注最优的 Agent-Agent 链路，但是图中所示的总链路数不仅包括 Agent-Agent 链路，还包括 Agent-Anchor 链路。在第一次迭代中，无论是否采用机会链路选择，代理节点都只能依靠周边的基准节点，因此图 2-15 的两条曲线具有相同的初始值。而在之后的迭代过程中，传统的 SPAWN 算法所需链路数保持在一个较高值(平均 3.82 条链路)。相比而言，当定位收敛以后，采用机会链路选择的 SPAWN 算法平均所需链路降低到 0.7 条。最后再根据图 2-16 分析网络中总的计算复杂度变化。可以观察到在机会链路选择算法的帮助下，平均需要定位的代理节点数从原先的 12 个降低到 4 个。因此，网络中总的计算复杂度也可以得到降低。

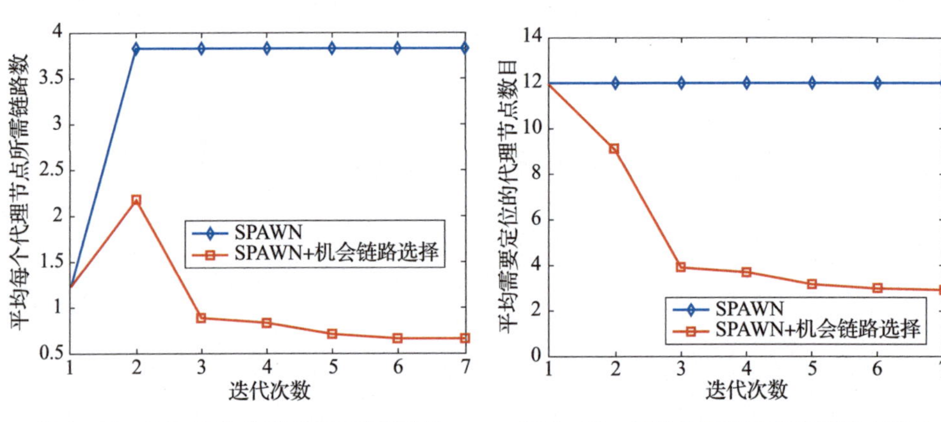

图 2-15　平均每个代理节点所需链路数　　图 2-16　平均需要定位的代理节点数目

图 2-17 和图 2-18 分别给出了不同算法和迭代次数对应的互补累积分布函数(CCDF)以及均方根误差(RMSE)的比较。图 2-17 首先给出第一次迭代的 CCDF 曲线(蓝色曲线)作为参考。需要说明的是根据算法 2-1，无论是否采用

机会链路选择，在第一次迭代时网络中所有的代理节点都只能依靠周边的所有基准节点实现定位。因此，这两种情况下第一次迭代得到的 CCDF 曲线是一致的。对于图 2 - 17 中另外两条曲线，它们都是在第七次迭代后得到的结果。一般来说，越多的代理节点共享位置信息意味着更高的精度。但是采用基于重叠联盟形成博弈的机会链路选择算法以后，大量之前曾经相连的链路被舍弃，这样造成的结果就是精度不可避免地有所下降。类似的结果也可以从图 2 - 18 中显示的 RMSE 曲线看出，当迭代结束的时候两条 RMSE 曲线均可以趋于收敛。需要强调的是，对于所有基于博弈论的链路选择算法，它们都面临精度下降的问题。不过从图 2 - 17 和图 2 - 18 中可以观察到采用本节算法后精度上的降低还是比较小的，甚至可以忽略。

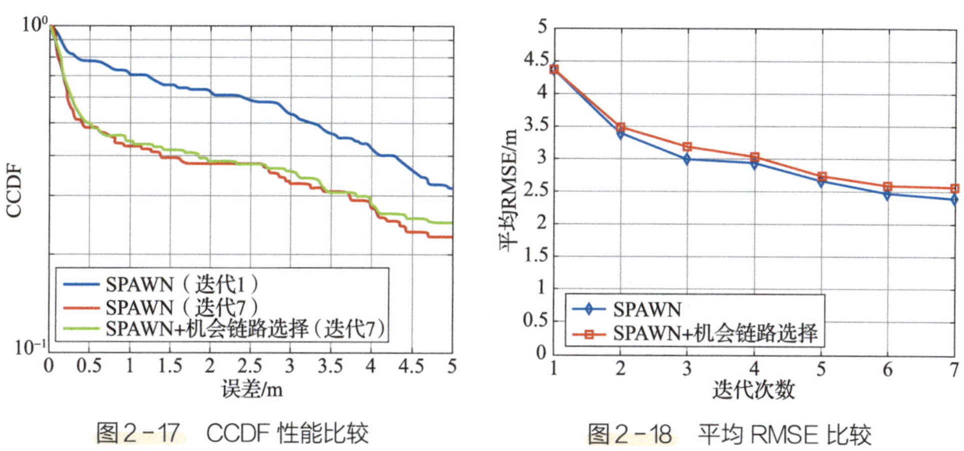

图 2 - 17　CCDF 性能比较　　图 2 - 18　平均 RMSE 比较

2.2.4　基于粒子滤波的混合协作定位方案

从现有的基于无线通信的车辆定位方法可以看出，它们的不足主要有两点。第一，许多算法的测距方式并不合理，特别是在车联网中测距误差会显著上升，由此影响最终的定位精度；第二，不少方法需要依靠 RSU 来实现定位，如果离开 RSU 的协助就很难实现定位，因此这些方法的适应性不佳。

车载混合协作定位的系统结构包括 GPS、车 - 车测距、车 - RSU 测距和 OBU 惯性传感器四个模块。在车辆行驶过程中，车上天线同时接收 GPS 的伪距信号、车与车之间的超宽带（Ultra Wideband，UWB）测距信号以及车与 RSU 之间基于 IEEE 802.11p 的测距信号。在收集到以上距离信息以后，车内处理器利用粒子滤波器（Particle Filter，PF）算法将它们进行融合，从而大幅度提高 GPS 的定位精度。

1. 车载混合协作定位系统模型

图2-19给出了车载混合协作定位的系统模型，它由三部分组成，分别是车辆、RSU和GPS卫星。假设无线网络中存在M个RSU、N辆车以及S个卫星，它们对应的集合分别为$\mathcal{M}$、$\mathcal{N}$和$\mathcal{S}$。在车联网中，RSU和车辆具有不同的通信半径r_{RSU}和r_{vehicle}，即图2-19中的点画线圆圈和虚线圆圈。虽然网络中S个GPS卫星理论上均可与地面的车辆通信，但是考虑到城市环境中的楼房和树木容易造成严重的信号遮挡，并不是所有的卫星在任何时刻都可见。对于路上行驶的车辆m，认为它可以观测到的GPS卫星集合为$\mathcal{S}_m^{(t)}$，其中$\mathcal{S}_m^{(t)}\subseteq\mathcal{S}$，不同时隙的$\mathcal{S}_m^{(t)}$可能变化。此外，类似给出的簇$\mathcal{C}_i$的定义，在本节中假设车辆$m$在第$t$个时隙可以与$M_m^{(t)}$个RSU以及$N_m^{(t)}$辆汽车进行通信，它们对应的集合分别为$\mathcal{M}_m^{(t)}$和$\mathcal{N}_m^{(t)}$，二者共同组成簇$\mathcal{C}_m^{(t)}$。

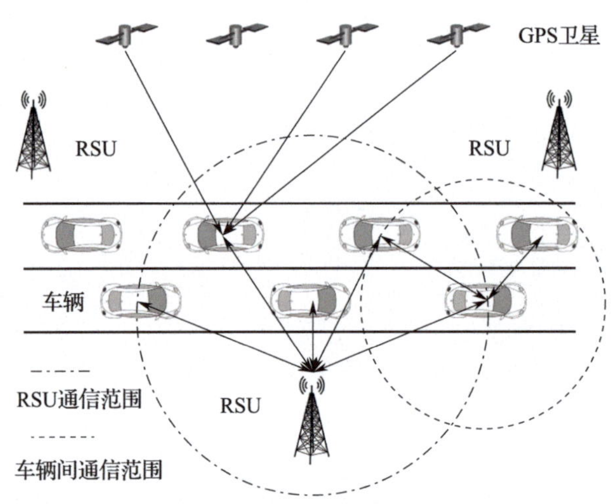

图2-19 车载混合协作定位系统模型

因为在定位开始前车辆并不知道自身位置，所以将它们定义为代理节点。RSU和GPS卫星由于知道自身确切位置，可以作为基准节点来使用。需要注意的是，虽然RSU和GPS卫星自身位置是确定的，但是由于其测距误差相对较大，具体精度无法和静态场景或者室内环境中的基准节点测距结果相提并论。

GPS总共有24颗卫星，它们每隔12h便可绕地球一周，从理论上说在地球任意位置都可以同时观测到至少四颗卫星。GPS定位的原理是测量出卫星与用户之间的距离，用户的GPS终端结合多颗卫星与其的距离最终计算出自身的位置。其中GPS卫星的位置可以通过星历和星载时钟获取，不过由于多种因素的影响，用户获得的距离并不是实际距离，因此称为伪距(Pseudo Range)。一般来说，在取消 SA 以后 GPS 伪距测量的误差包括星历误差(Ephemeris Error)、电离层误差(Ionosphere Error)、对流层误差(Troposphere Error)、多径误差(Multipath Error)和接收机时钟误差。对于以上各项误差的模型，将第 t 个时隙的伪距建模为如下的形式：

$$\hat{\rho}_{s\to m}^{(t)} = \|p_s^{(t)} - p_m^{(t)}\| + b_m^{(t)} + \xi_{s\to m}^{(t)} \tag{2-16}$$

式中，$b_m^{(t)}$ 是由时钟偏差引起的误差；$p_s^{(t)}$ 和 $p_m^{(t)}$ 分别为当前时隙卫星和车辆的三维坐标，因此 $\|p_s^{(t)} - p_m^{(t)}\|$ 代表卫星与车辆间的实际距离。为了简便起见，由星历、电离层、对流层和多径等因素造成的误差合并表示为式中的 $\xi_{s\to m}^{(t)}$，认为它是一个服从 $N(0, {\sigma_{s\to m}^{(t)}}^2)$ 分布的高斯白噪声。

在车载混合协作定位中，测距的精度最终会决定定位精度，它与信道环境和测距系统的设计（如带宽、测距信号的发送次数、判决方法等）均有关系。为了提高车与车测距的精度，在本节中采用 UWB 测距方式，如 IEEE 802.15.4a 标准[51]。对于车与 RSU 之间的测距，可以基于 RTT 测距方式。考虑到车与车之间测距采用的 UWB 技术传输距离只有几十米，而相邻 RSU 之间的距离有上百米甚至几百米，因此很难继续使用 UWB 实现车与 RSU 间的测距。一种不改变车联网结构的方法是利用 IEEE 802.11p 标准，一方面保证车与车、车与 RSU 之间的通信联系，另一方面实现车与 RSU 间的测距功能。之所以这样做的主要依据是 802.11 协议族不需要修改就可以支持 RTT 测距模式，现有的许多文章已经充分证明了采用 IEEE 802.11 标准进行 RTT 测距的可行性。车与车测距模型和车与 RSU 之间的测距模型如下所示：

$$\hat{z}_{n\to m}^{(t)} = \|p_n^{(t)} - p_m^{(t)}\| + \zeta_{n\to m}^{(t)} \tag{2-17}$$

$$\hat{z}_{r\to m}^{(t)} = \|p_r^{(t)} - p_m^{(t)}\| + \eta_{r\to m}^{(t)} \tag{2-18}$$

式中，$p_n^{(t)}$，$p_m^{(t)}$，$p_r^{(t)}$ 分别是车辆 n、m 和 RSU 的位置坐标；$\zeta_{n\to m}^{(t)}$ 和 $\eta_{r\to m}^{(t)}$ 是类似于 $\xi_{s\to m}^{(t)}$ 的误差项。

2. 粒子滤波器介绍

迄今为止，有许多种算法可以实现车载混合协作定位，比较常见的包括卡尔曼滤波、SPAWN 算法、粒子滤波器和置信度压缩滤波器。其中最传统也是实现起来最简便的方法是卡尔曼滤波，不过在实际车联网环境下，位置状态和测量结果的关系有可能是非线性的，测量误差也不一定是高斯分布，因此，卡尔曼滤波对于这样的场景具有一定的局限性。SPAWN 算法虽然理论上可以用于车联网环境，但是通过调研发现，GPS 定位的误差并不是一个二维高斯分布，而是一种介于瑞利分布和 $\beta=2$ 的威布尔分布之间的分布。如果按照参数化信息表示法来对置信度进行建模[52]，无法找到一个合适的分布类型。此外，SPAWN 算法对于三维空间的定位还存在不足。粒子滤波器是目前定位精度最高的[53]，它采用蒙特卡洛方法，通过大量撒点计算后验概率，可以用于非线性和非高斯的场景，因此非常适合车载混合协作定位。

在本节中使用粒子滤波的方法实现车载混合协作定位，其主要原因有以下两点。第一，粒子滤波的定位精度在集中滤波算法中最高；第二，虽然在静态场景的分析中假设测距误差为高斯分布，但是如果在不久的将来证明其分布为其他类型，采用粒子滤波的方法可以便于更正，因为它同样适用于非高斯误差的场景。和 SPAWN 算法一样，粒子滤波器算法遵循最优贝叶斯估计，最终目的是利用序列重要性采样在状态预测过程中得到粒子的后验概率分布。以 t 时刻的车辆 m 为例，在其二维后验概率即置信度的表达式 $p(x_m^{(t)} \mid \hat{z}_m^{(1:t)})$ 中，$\hat{z}_m^{(1:t)}$ 是前 t 个时隙的测距结果，$x_m^{(t)}$ 是当前时刻的位置或者状态。粒子滤波算法为了最终计算得到 $p(x_m^{(t)} \mid \hat{z}_m^{(1:t)})$，需要知道上一个时隙估计的后验概率 $p(x_m^{(t-1)} \mid \hat{z}_m^{(1:t-1)})$、车辆的运动模型 $p(x_m^{(t)} \mid x_m^{(t-1)})$ 以及测距似然函数 $p(\hat{z}_m^{(1:t)} \mid x_m^{(1:k)})$ 等信息。具体来说，粒子滤波总共分为两步，第一步是状态预测，第二步是状态更新。状态预测方程利用上一个时隙的后验概率和运动模型通过积分运算，在状态更新中通过最优贝叶斯估计推断出下一个时隙粒子所在的位置。然而，积分运算仅可以对线性高斯系统求得解析解，而对于非线性和非高斯的系统则无能为力。为了解决这个问题，在粒子滤波器算法中采用蒙特卡洛方法将积分运算转化为有限样本点的求和。用 N_p 个粒子的加权和表示 $p(x_m^{(t)} \mid \hat{z}_m^{(1:t)})$：

$$p(x_m^{(t)} \mid \hat{z}_m^{(1:t)}) \approx \sum_{i=1}^{N_p} w_m^{(t)i} \delta(x_m^{(t)} - x_m^{(t)i}) \tag{2-19}$$

式中，$w_m^{(t)i}$ 和 $x_m^{(t)i}$ 是粒子的权重和位置坐标。$x_m^{(t)i}$ 可以通过车辆的运动模型进行估计，而权重由以下公式通过似然函数得出：

$$w_m^{(t)i} = w_m^{(t-1)i} p(\hat{z}_m^{(t)} \mid \hat{x}_m^{(t)i}) \tag{2-20}$$

$$\begin{aligned} p(\hat{z}_m^{(t)} \mid x_m^{(t)i}) = & \prod_{s \in S_m^{(t)}} p_{sm}(\hat{\rho}_{s \to m}^{(t)} - p_s^{(t)} - p_m^{(t)i} - b_m^{(t)i}) \\ & \prod_{n \in N_m^{(t)}} p_{nm}(\hat{z}_{n \to m}^{(t)} - \hat{p}_n^{(t)} - p_m^{(t)i}) \\ & \prod_{r \in M_m^{(t)}} p_{rm}(\hat{z}_{r \to m}^{(t)} - p_r^{(t)} - p_m^{(t)i}) \end{aligned} \tag{2-21}$$

粒子滤波器算法中存在的主要问题是随着迭代次数的增加，利用序列重要性采样不可避免地容易产生粒子数匮乏的现象。换句话说就是少部分粒子具有较大的权重，而大部分粒子的权重接近于零或等于零，这样粒子会丧失多样性，从而造成定位精度的下降。因此，在每一次迭代完成以后还需要进行重采样（Resampling）。它的核心思想是增加权重较大的粒子数目，其中最常用的重采样方法为随机采样法[54-56]。

3. 基于粒子滤波的车载混合协作定位

算法 2-4 给出了基于粒子滤波的车载混合协作定位算法，其中定位过程分为两个阶段。在第一个阶段里（时隙 $t=1$），车辆只获取与 GPS 卫星之间的伪距信息，由此得到初始的位置。在第二个阶段中（时隙 $t>1$），车辆结合车与 GPS 间的伪距、车与车之间的测距以及车与 RSU 之间的测距信息进行粒子滤波。其中算法 2-4 的第 2-3 步可以认为是状态预测，而 2-4 步则是状态更新过程，通过多次迭代来实现。

算法 2-4　基于粒子滤波的车载混合协作定位算法

基于粒子滤波的车载混合协作定位算法
1. 阶段 1：时隙 $t=1$
1-1　车辆 m 寻找可见卫星集合 $S_m^{(1)}$
1-2　车辆 m 获取与卫星之间的伪距 $\hat{\rho}_{s\to m}^{(1)}$
1-3　利用伪距信息对车辆进行定位，得到其位置的均值 $\hat{p}_m^{(1)}$ 和协方差 $\Lambda_m^{(1)}$
2. 阶段 2：时隙 $t=2:N_{TS}$
2-1　车辆 m 寻找可见卫星集合 $S_m^{(t)}$ 以及通信范围内的车辆集合 $N_m^{(t)}$ 和 RSU 集合 $M_m^{(t)}$
2-2　车辆 m 获取与卫星之间的伪距 $\hat{\rho}_{s\to m}^{(1)}$，以及车-车和车-RSU 的测距信息 $\hat{z}_{n\to m}^{(t)}$ 和 $\hat{z}_{r\to m}^{(t)}$。同时，车辆 m 获取卫星坐标 $\hat{p}_s^{(t)}$ 和 RSU 坐标 $\hat{p}_r^{(t)}$
2-3　更新所有粒子的位置 $x_m^{(t)i}$
2-4　**重复**：迭代 $k=1:N_{\text{iter}}$
2-4-1　车辆 m 发送自己上一次迭代得到的均值 $\hat{p}_m^{(t,k-1)}$ 和协方差 $\Lambda_m^{(t,k-1)}$
2-4-2　车辆 m 接收周边车辆发送的均值 $\hat{p}_n^{(t,k-1)}$ 和协方差 $\Lambda_n^{(t,k-1)}$
2-4-3　计算测距的似然函数，更新权重 $w_m^{(t,k)i}$
2-4-4　对所有权重进行归一化，利用归一化后的权重值和粒子位置计算均值 $\hat{p}_m^{(t,k)}$ 和协方差 $\Lambda_m^{(t,k)}$
2-5　**直到**：N_{iter}次迭代完成
2-6　根据 N（$\hat{p}_m^{(t,N_{\text{iter}})}$，$\Lambda_m^{(t,N_{\text{iter}})}$）撒点得到当前时刻粒子的位置 $x_m^{(t)i}$
2-7　利用道次匹配得到精度更高的 $\hat{p}_m^{(t)}$
3. 直到：第 N_{TS}个时隙结束

在之前的介绍中，曾经提到传统的粒子滤波器算法容易造成粒子数匮乏的情况。为了解决这个问题，算法 2-4 第 2-6 步引入了重采样过程。和常用的随机采样法不同，这里利用先前得到的均值和协方差进行重新撒点，从而消除权重低的粒子。由于所有随机撒点产生的粒子权重都是相同的，因此最终通过第 2-4-3 步生成粒子的权重。

此外，在第 2-7 步中引入了道次匹配技术。该技术主要利用 OBU 获取车辆运动方向，同时结合道路的道次信息和之前估计得到的车辆位置坐标 $\hat{p}_m^{(t)}$ 进行优化。不过鉴于在某些路段可能无法获取道次信息，因此第 2-7 步中给出的道次匹配技术是可选项。

作为一种典型的分布式协作定位算法，粒子滤波器同样存在上一章中提到的计算复杂度高、容易产生数据包碰撞和网络拥塞的情况。特别是在车联网中，网络的拥塞可能会对安全造成不利影响，因此在系统设计中需要考虑如何减少网络拥塞发生的概率。针对这一问题，可以在现有的算法 2-4 中结合基于重叠联盟形成博弈的链路选择算法。对应的实现算法不详细展开，参考算法 2-3，根据算法 2-2 中的步骤很容易在算法 2-4 中实现。

4. 车联网场景下车载混合协作定位仿真结果分析

车载混合协作定位的道路场景如图 2-20 所示。在道路场景中总共有 10 辆汽车和 2 个 RSU。需要强调的是实际仿真场景为三维的，为了便于显示，图 2-20 仅给出了场景中的 $X-Y$ 轴平面。它对应道路平面，与该地海拔相同，属于 ENU 坐标系。考虑到城市街谷场景，图 2-20 中将道路设为双向两车道，每条车道随机分布有 5 辆汽车（前后车辆至少保持 20m 的间距）。为了便于在粒子滤波器算法中对车辆位置进行预测，网络中的车辆均以 60km/h 的速度匀速行驶，其中上方车道的车辆由东向西行驶，下方车道的车辆则由西向东行驶。两个 RSU 位于仿真道路的东西两侧。

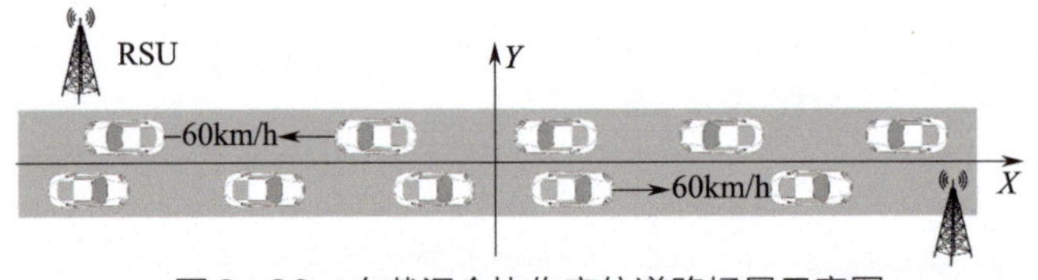

图 2-20　车载混合协作定位道路场景示意图

图 2-21 给出了平均误差的比较，总共有两种基本场景。第一种场景除了车-卫星的伪距信息外只有车-车测距，此时网络中的车辆无法从 RSU 获取任

何信息。这种场景可以验证定位算法的适应性，即在 RSU 不存在的情况下检验协作定位效果如何。在第二种场景下，车辆可以通过车 - 卫星伪距测量、车 - 车测距和车 - RSU 测距获取位置信息。此外，在这两种场景的基础上，每种场景又分别仿真了加入机会链路选择/不加机会链路选择、有道次匹配/无道次匹配的情况，最后总共有八条曲线，如图 2 - 21 所示。

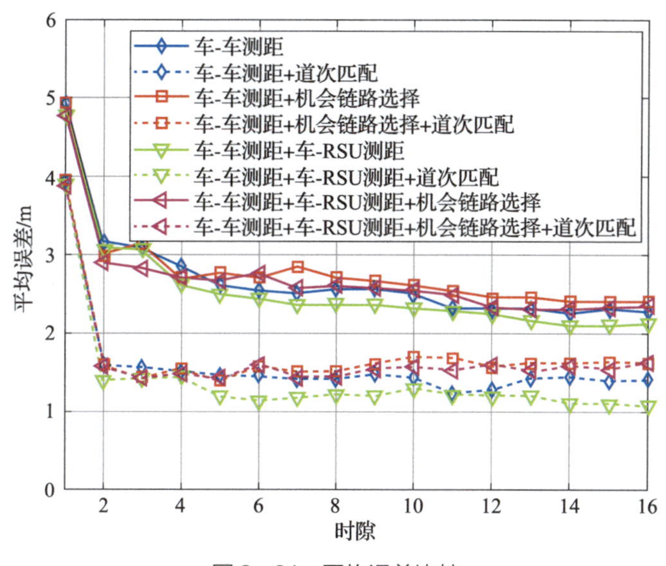

图 2 - 21　平均误差比较

从图 2 - 21 中可以得到以下几个结论。第一，在首个时隙中仅采用 GPS 进行定位的精度约为 5m，即使加入道次匹配也是无法满足道路宽度这个级别的。第二，无论是否加入道次匹配，车载混合协作定位的精度都能够达到车联网对于车辆定位的要求，即道路宽度的量级。第三，加入道次匹配对于定位精度的提升至关重要，它可以将定位误差降低 1 ~ 1.5m。第四，当网络中存在 RSU 时，它们对于定位精度的提升有一定帮助，在不加入机会链路选择时可以达到接近 1m 的精度。第五，在加入机会链路选择算法以后，定位精度不可避免地有所下降，这与静态场景下的仿真结果一致。

图 2 - 22 和图 2 - 23 比较了加入机会链路选择前后的计算复杂度。需要注意的是，由于之前定义机会链路选择从第 5 个时隙开始工作，因此以上两图中在第 5 个时隙曲线才会有明显的下降。在静态场景下，对于单个代理节点来说，它的复杂度与参与定位它的链路数成正比；对于整个网络而言，需要定位的代理节点数目越少，那么总的复杂度也可以降低。在车联网中，以上结论同样可以成立。从图 2 - 22 可以看出，对于传统的粒子滤波器算法，平均每次迭代中

每辆车都有至少 4 条车－车链路参与定位。当加入机会链路选择以后，在第 2 次和第 3 次迭代时平均每辆车所需的链路分别大幅降低到 1 辆和 0.5 辆。图 2－23 中给出了平均需要定位的车辆数目，很显然如果采用传统的粒子滤波器算法，在每一个时隙的每一次迭代中所有 10 辆汽车都需要定位。在加入机会链路选择之后，第 2 次和第 3 次迭代时平均需要定位的车辆数分别降到 4.1 辆和 3.3 辆。综合以上的分析，在车载混合协作定位算法中加入机会链路选择可以有效地降低计算复杂度。

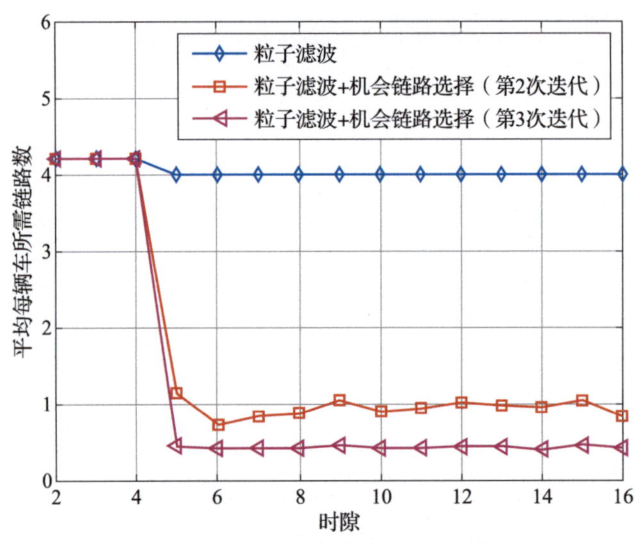

图 2－22　平均每辆车所需链路数

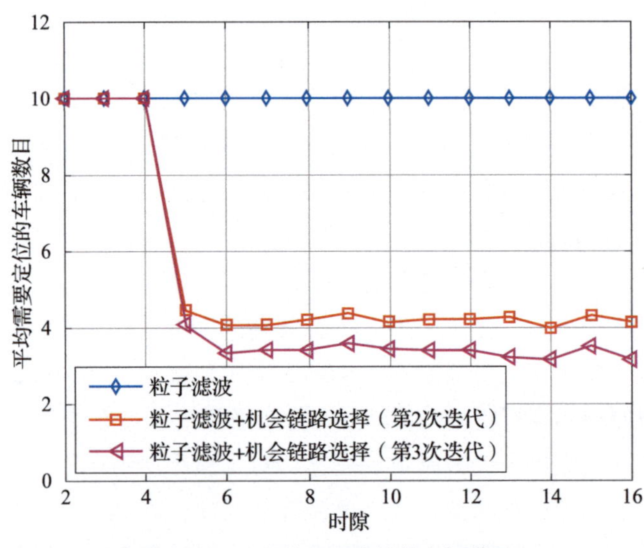

图 2－23　平均需要定位的车辆数目

2.3 基于车路协同的车辆感知与追踪

在车联网的大背景下，车辆的实时感知与追踪在自动驾驶及智能交通系统（Intelligent Transportation System，ITS）中扮演了至关重要的角色。传统的单车辆感知方法，虽然已经相对成熟，但在复杂的城市道路、高速公路等多变的交通环境中，依然存在盲区和误判的情况。特别是在密集的城市地带，单一车辆的感知往往受到遮挡和环境干扰的限制，导致其感知范围和准确性大打折扣。因此，如何更精确地捕捉周边环境信息，确保行驶的安全与流畅，成为业界与学术界都极其关心的问题。

基于车路协同的车辆感知与追踪应运而生，它把车辆与周边的交通设施紧密地结合起来，实现了一种全新的多维度、多源信息融合的感知方式。这种方法不仅可以扩展车辆的感知范围，克服传统感知的局限性，还可以提高追踪的准确度和实时性。在多车、多交通参与者的复杂环境中，基于车路协同的策略为每一个参与者都提供了更宽广、更准确的感知视角，极大地提高了道路交通的整体效率和安全性。本节将详细探讨这一领域的最新研究，介绍核心技术、系统模型、关键算法及其在真实交通场景中的应用效果。

2.3.1　多源异构数据融合

近年来，智能汽车和智能交通系统技术迅速发展。新一代汽车配备了高级驾驶辅助系统（Advanced Driving Assistance System，ADAS），一些可与路边装置（Road Side Unit，RSU）合作。这些系统旨在提高驾驶舒适度，减少错误。然而，仅依赖车辆传感器识别周围环境存在限制。随着 IoT 和 5G 的兴起，技术研究融入生活，如车联网。这种网络通过将车辆视为移动无线节点，实现车辆间的实时通信，构建无线移动网络。

为确保安全驾驶，可以在道路上安装传感器，通过特别设计的多源异构数据融合算法对车辆进行跟踪，并通过车辆网络将结果传输回其他车辆。这对于 ADAS、ITS 和智能汽车至关重要。考虑到环境复杂性和不可预测因素，系统需要在极端条件下提供相对准确的环境感知，确保鲁棒性。即使在极端环境或传感器失败时，系统也应提供尽可能准确的数据以保障安全驾驶。

1. 异构车辆数据融合算法研究现状

目前，在道路环境感测的场景中，经常用到的传感器主要包括摄像头、超声波传感器、毫米波雷达、激光雷达，然而在实际使用中，每一种传感器在不同的场景下存在着各自的优缺点：摄像头在光线充足，视野良好的情况下可以相对简单地获取道路上车辆、行人以及交通信号灯等环境信息以及语义信息，在识别物体类别的准确率方面具有相较其他传感器无可比拟的优势。但是在极端天气如强光、雨雪、大雾等恶劣环境下，摄像头的识别精度会严重下降。此外，使用摄像头识别物体的解决方案，往往需要处理数据的处理器具有强大的计算机视觉能力，如果不能达到这一要求，在识别准确度以及实时性方面会大打折扣。毫米波雷达受天气、环境的影响相较摄像头而言不会那么明显，它的成像原理为通过发射和接收毫米波无线电来探测物体，然后分析波的频率变化来获得物体的信息，如位置和速度。因此，雷达所提供的车辆速度是相当精确的。毫米波雷达在光线不好的情况下，如在晚上，甚至在阴天或者雨天，都有着较为稳定的表现。但是受限于测量原理，毫米波雷达只有在探测带有大面积金属表面且具有一定速度的物体时才有相对良好的表现，同时由于噪声的原因，在最终的成像上会产生很多实际不存在的假目标。至于激光雷达，它以激光作为信号源，通过激光器发射激光脉冲，打到地面的树木、街边道路、桥梁和建筑物上并引起散射，之后一部分的激光反射到激光雷达的接收器上，通过计算得到激光到目标点的距离。激光雷达虽然分辨率高，但在雨、雪、雾霾、沙尘暴等恶劣天气中无法正常使用，且价格昂贵。随着汽车自动驾驶水平越来越高，仅仅依靠单一传感器已经无法满足自动驾驶应对复杂场景与安全冗余的需求，多传感器融合成为必然。

理论上讲，车上安装的传感器越多，车辆就越能有效地检测出周围环境中的风险和障碍物。但这也会带来其他的问题，譬如成本，毋庸置疑车上多装一个传感器就会带来一笔成本的增加，以及海量的数据处理问题，因为这些传感器每天都会产生大量的数据，这必然对芯片的处理能力提出更高的要求。

计算硬件的飞速提升使得大众拥有在可承受价格内提供快速网络功能和高计算能力的系统，包括基于边缘的运动检测[57]、基于硬件的光流估计[58]、对象跟踪[59]及特征检测和点跟踪[60]，以及一些图像处理平台[61]。

文献［62－63］主要介绍了卡尔曼滤波这一技术。卡尔曼滤波器是动态系统的最小方差估计算法，它使用随时间推移观察到的一系列数据（包含噪声和其他不准确性）来更准确地估计未知变量。它由 R. E. Kalman 在 1960 年提出[64]，并成为优化估计的标准方法。由于卡尔曼滤波器具有实时、快速、高效、抗干扰性强的优点，已广泛应用于轨道计算、目标跟踪和导航等领域，例如航天器轨道的计算、机动目标的跟踪、GPS 定位。此外，它还在集成导航和动态定位、传感器数据融合、微观经济学等领域，特别是在数字图像处理领域以及模式识别、图像分割和图像边缘检测等当前热门研究领域中发挥着重要作用。在过去的三十年中，卡尔曼滤波器算法被提出用来推导最佳状态估计。

现有智能汽车解决方案中，有些汽车会通过安装在车辆周围的摄像头收集视觉以及语义数据，有些通过雷达（包括激光雷达和毫米波雷达）数据来感知周围物体的运动速度等参数。通过融合的方式将这些多源异构数据进行融合，一个最主要的难点就是这些传感器数据是从不同的角度来描述现实世界的同一或者不同的物体，需要使用什么类型的传感器、怎么将传感器收集回来的数据进行融合。同时，为了能够实现对于道路环境变化及时做出调整以及反馈，整个系统的实时性也应该得到保证，通常来说，使用的传感器越多，单位时间内产生的数据就会越多，从而对于计算机的计算能力就会有越高的要求，同时需要提升的还有对应搭载的内存和处理器的功耗，诸如此类的问题与缺点还有很多。

文献［65－67］阐述了传统的在融合摄像头和传感器数据时所遇到的问题，其中包括传感器会受到真实物理世界中的噪声影响，这会使得车辆的行驶轨迹变得曲折从而和现实世界不符；同时噪声问题也会引发传感器检测出假目标的问题，即传感器上会出现真实道路上不存在的目标，这些目标难以通过单一传感器进行实时有效的排除；对于摄像头，当出现体积较大的车辆时，有时其内置的算法会识别成两辆大车从而产生问题。

通过使用多传感器进行融合得到更为有效的道路数据的研究在几年之前就已经进行了，文献［68－69］通过将 GPS 数据和汽车内的其他传感器数据相结合进行数据融合。基于这些理论，文献［70］通过基于多模态滤波器（动态模型和静态模型）的定位算法结合车内各式传感器进行融合，最后通过仿真实验并在实时的嵌入式系统中运行来验证算法的性能，最终证明了他们的算法在汽车姿态的定位上取得了不错的成果。

文献［71］通过融合激光雷达和摄像头数据进行道路检测，他们同时考虑了结构化和非结构化道路。文献［72］尝试融合毫米波雷达和单目摄像头以检测道路上的目标，他们采用了合作融合策略以在检测准确度和计算复杂度之间取得平衡。他们在真实环境中搭建了所设计的方法，并达到了 92.36% 的检测准确率和 0% 的错误报警率。文献［73］通过在追踪层面上融合多种传感器，主要是获取物体的外形并使用贝叶斯融合方法。在他们的论文中提出了 6 种融合时可能会遇到的情况，并在实验阶段通过蒙特卡洛模拟评估了车辆的形状结果。

在实际情况中，通过在车辆上安装各种传感器进行数据融合会产生一个问题，即不同传感器产生数据的时间不一致。对于这种情况，文献［74］使用了信息融合矩阵算法（Information Matrix Fusion，IMF）来解决。他们发现 IMF 算法对于中心处理的卡尔曼滤波器有近似的性能，实验证明他们的工作在处理异步信息时表现良好。

文献［75］采用了在路边架设摄像头以获取车辆信息的方法，他们在底层融合了摄像头数据和运动传感器的数据。通过使用 color-fasterCNN 处理图像信息，以获得车辆目标，并通过卡尔曼滤波获得速度信息。通过对算法的优化，他们满足了实时性的要求，但所使用的数据存在一定的限制。文献［76－77］同样尝试了多种方案，以融合多源异构数据。

通过上述研究现状，可以看出多个传感器的融合可以提高结果的精确性，而不仅仅依赖单一传感器。然而，很少有研究者考虑到目前广泛提出的道路车辆协作系统中的通常情况，即许多传感器被设置在道路的一侧。此外，目前的研究工作大多集中在低层次的融合上，然而在实际应用中，传感器有时是不可靠的。因此，这种方法应该具备高度的鲁棒性，以适用于高流动性和复杂的实际环境。

2. 滤波算法理论

滤波算法的诞生主要是因为在现实生活中，在使用传感器采集数据的过程中，传感器本身会由于各种各样的干扰而不可避免地产生异常值。因此，需要对产生的原始数据进行滤波操作，这可以分为电路滤波和算法滤波两种方式。电路滤波是直接在传感器的源头上解决或部分解决此类问题，但相对地会增加传感器的成本。同时，由于噪声的不确定性，即使使用了电路滤波，也无法保证每次采集的数据都是准确的。相比之下，算法滤波的成本较为低廉。其基本思想是采集多次数据后对这一段时间内的数据进行处理，最终得到一个较为可靠的数据输出。

截止到目前，滤波算法通常被分为两类：经典滤波算法，这些算法将噪声简单地视为需要剔除的成分；现代滤波算法，这些算法认为噪声与信号可能相互混合，并采用与统计学相关的原理来处理。这两种方法在原理上采用了不同的策略来处理噪声，并且在实际应用中针对不同场景的噪声表现出不同的效果。

从理论角度来看，经典滤波算法将信号分解为有用成分和无用成分，并假设噪声与需要的信号位于不同的频道，因此可以通过简单的线性滤波器来获得较好的效果。然而，现代滤波算法认为噪声与信号可以相互混合，因此采用了与统计学相关的原理来处理这种混叠情况。

（1）克服大脉冲干扰的滤波算法

这类滤波算法通常用于滤除大脉冲干扰。这种噪声通常由于外部不稳定的环境因素引起，往往难以预测，因此需要一种能够有效应对这些较大干扰噪声的方法。这些算法通常被视为处理传感器和其他仪器数据的第一步，通常采用简单的非线性滤波算法，例如限幅滤波算法和中值滤波算法。

（2）抑制小幅度高频噪声的平均滤波算法

这类滤波算法在处理小幅的高频电子噪声方面表现出色，例如处理 A/D 量化噪声、传感器或其他电子设备的热噪声等。为了有效去除这种类型的噪声，通常采用具有低通特性的线性滤波器。

（3）复合滤波算法

前述的几种滤波算法针对大脉冲干扰和小幅高频噪声这两种噪声中的一种都表现出良好的滤波效果。然而，在实际应用中，通常需要同时处理大幅度脉冲干扰和获得相对平滑的滤波结果。因此，在这种情况下，常常需要将前述的滤波算法组合起来使用，形成所谓的复合滤波算法，例如中位值平均滤波法和限幅平均滤波算法等。

（4）卡尔曼滤波算法

卡尔曼滤波算法（Kalman filter）是一种高效的迭代型滤波器，它可以在系统处于不确定或不稳定情况下，根据上一次的反馈数据对当前状态进行估计，是一种功能强大且具有广泛适用性的滤波算法。卡尔曼滤波算法特别适用于不断变化的系统，其优点包括内存占用较小（只需要保存前一时刻的状态）、处理速度快，因此是一些对实时性要求较高的系统的理想选择。该算法在多个领域都有广泛的应用，包括飞船/航天器等的导航、控制系统，信号处理，计量经济学等需要时间序列分析的领域，并且在机器人的运动控制、路径规划等方面展现出卓越的性能。

前文提到，卡尔曼滤波算法仅需要存储前一个状态在系统中，因此其内存占用较小。这是因为卡尔曼滤波算法在实现过程中采用了一个两步骤的程序。在估计步骤中，卡尔曼滤波算法会生成一个状态估计，其中包括不确定性信息。它只需要观察传感器传来的下一个测量值（考虑到系统环境中的噪声等因素，该值可能与当前真实状态存在某种程度的误差)，通过加权平均来更新当前时刻系统状态的估计值。在这个过程中，确定性较高的测量值将具有更高的权重。卡尔曼滤波算法是迭代的，因此适用于一些实时性要求较高的系统。它仅需要当前的系统状态测量值作为输入，以及之前的状态估计值和每个值的不确定性，无需其他外部参数。

马尔可夫模型是卡尔曼滤波中一个重要的参考思想。在马尔可夫模型中使用一个向量来描述系统在某一时刻的状态。随着时间的推移，当系统状态发生变化时，用于描述系统的这个向量也会相应地发生转变。系统状态的变化过程可以通过一个线性向量来表示，并且不可避免的噪声也可以用一个向量来描述。值得一提的是，卡尔曼滤波的另一个基础是线性代数。

3. 数据融合算法理论

多源异构数据融合技术从理论上来说是一种处理多种类型信息的方法，其中比较著名的理论之一就是贝叶斯理论，它是一种概率推理方法。贝叶斯理论主要是基于贝叶斯公式而发展的。

假设样本 X 具有下面的分布：

$$\{F_\theta(x) \mid \theta \in \Theta\} \tag{2-22}$$

在这个分布中，试图通过已知的 X 推断出 θ。X 的分布提供了一种知识，这个知识虽然不是关于 θ 的具体信息，但对于推断 θ 非常有帮助。另一方面，还有一种知识，即样本 X 本身所包含的关于 θ 的信息。在概率统计中，为了推断 θ，需要结合这两种知识，这是普通统计学的基础。然而，贝叶斯统计的独特之处在于，它引入了额外的知识：对于 θ 取各种值的可能性，即概率分布。从形式上来看，贝叶斯方法将 θ 视为一个随机变量，并且给出了 θ 的概率分布函数 $H(\theta)$。这个概率分布函数 $H(\theta)$ 在观察样本 X（即抽样）之前就已经确定了，因此被称为 θ 的先验分布。这里的“先验”意味着在进行抽样之前就已经有了这个关于 θ 的信息，而不是其他含义。

在某些情况下，假设 θ 的先验分布存在是合理的，但在其他情况下，将参数 θ 视为随机变量可能不太自然。举个例子：在某些情况下，比如需要估计湖泊中重金属含量的百分比，这时将 θ 视为一个随机变量可能似乎有些牵强。即便可以想象将这个湖泊看作是众多类似湖泊中的一个样本，但这种思想显然不太符合实际情况。

因此，在上述情况下，一个比较明智的做法是将 θ 视为一个独立的未知常数。而在另一些情况下，尽管将 θ 视为随机变量可能是合理的，但对其分布已经有了一些先验知识，哪怕这些知识可能无法精确地用一个方程表示。根据贝叶斯理论的观点，即使在这种情况下也需要提出一个相对合理的分布作为 θ 的先验分布。这个分布可以基于粗略的估计，也可以包含人类主观推断的一部分，甚至在某些情况下可以完全主观确定。

通过上述描述，既然已经有了 θ 的分布（先验分布），同时也有了在给定 θ 的条件下 X 的条件分布（样本分布），就可以确定随机变量(θ, X)的联合概率分布。在这个联合概率分布下，X 的边缘分布，通常在概率统计中被称为边际分布，但需要注意的是，这里的 X 的边缘分布并不等同于 X 的样本分布。样本分布仅与 θ 有关，而边缘分布则是样本分布根据 θ 的先验分布进行加权平均得到的，与 θ 无关。因此，贝叶斯统计推断问题可以描述为以下形式：假设有一个随机变量（θ, X），其中它们的联合分布完全已知，但是 θ 不能够被直接观察，只能通过观察 X 来推断 θ。

之前讨论了贝叶斯理论中的先验分布概念，接下来介绍贝叶斯统计中的另一个重要概念：后验分布。后验分布的定义如下：在观察到样本 $X=x$ 后，θ 的后验分布是在给定 $X=x$ 条件下 θ 的条件分布。

后验分布不仅与 x 有关，还与先验分布 H 和 X 的样本分布相关。通常情况下，可以使用概率论中的相关公式来计算后验分布。举例来说，假设 X 的分布具有概率密度函数f（x, θ），而 θ 的先验分布 H 具有密度函数 $h(\theta)$，那么根据概率论中的条件密度计算公式，可以得到 θ 的条件密度，即后验密度，表示为

$$h(\theta \mid x)=\frac{f(x, \theta)h(\theta)}{\int_{\Theta} f(x, \varphi)h(\varphi)\mathrm{d}\varphi} \tag{2-23}$$

在上式中，等式右边的分布仅和 x 有关，却和 θ 无关，正是因为这个原因，在计算的时候，有时分母的值没有计算出来的必要性。

贝叶斯理论普遍认为，样本的主要作用在于将当前 θ 的认知进行更新。通俗地说，人们对某件事情可能的几种结果有一定的估计（先验信息），但在获得新的信息（观察样本后得到后验信息）之后，对这些可能性的估计可能会发生变化。换句话说，原本认为不太可能的结果，在观察后可能会被认为更有可能发生。

使用贝叶斯方法进行统计推断问题的前提是能够提供 θ 的先验分布。因此，在解决现实生活中的问题时，确定这个先验分布的方法非常关键。一般有以下几种方法：

1）客观法：在某些情境下，参数本身具有可解释为频率的随机性，如果以

往的数据可供使用，那么可以通过这些积累的数据来估计先验分布，从而得到相对准确的先验估计。在这种情况下，先验分布是通过估计获得的，由于这一方法不涉及太多主观因素，因此被称为客观法。尽管关于贝叶斯理论仍存在一些争议，但大家普遍认可客观法的有效性。在许多情况下，以往的数据并没有直接提供参数在特定时刻的确切数值，而只是一种估计，或者更一般地说，这些数据可以以某种方式用于贝叶斯推断，这种方法被称为经验贝叶斯方法，最早由 H. Robbins 于 1955 年提出。

2）主观概率法：根据贝叶斯理论，这种方法是通过一种称为“主观反思”的方式来确定先验分布的。通俗来说，就是对于参数 θ 取某个值的可能性有多大，通过深思熟虑，根据个人主观感觉来确定一个数值。主观先验分布应该是反映某个人对于以往 θ 的了解的结果，包括个人的经验知识和理论知识，当然也包括他人的理论与经验知识。这些经验知识经过适当的组织和整理，形成了先验分布。

3）同等无知原则：有时也被称为贝叶斯假设。当对于某个 P 一无所知的情况下，只能先验地认为 P 在某个范围内具有等可能性的随机取值。然而，这种方法存在一个问题，即对 P 一无所知时，实际上对 P^3 也一无所知。如果按照同等无知原则，那么 P^3 也应该被认为在某个范围内随机取值，但这有时与 P 的同等无知原则相矛盾。

4）无信息先验分布：这个方法在某种意义上与同等无知原则类似，但在使用过程中对参数施加了一些限制，因此不会出现同等无知原则中提到的问题。如果先验分布不依赖于原点的选择（这就是无信息先验分布中“无信息”的含义），则它在等长的区间内的先验概率应当相同，也就是说，先验密度应当始终等于 1。

5）共轭先验分布：这是一个完全基于数学的选择。它的定义如下：设 F 为 θ 的一个先验分布，如果对于所有的 $H \in F$ 以及样本值 x，后验分布总是属于 F，那么就称 F 是一个共轭的先验分布。由于后验分布不仅仅依赖于 H 和 x，还依赖于样本的分布，因此某一个指定的先验分布是否具有共轭性还要视样本分布而定。

2.3.2 车路协同车辆感知与追踪

1. 车路协同环境建模

本节将描述所研究的系统模型。首先介绍适用于大多数道路的通用道路 -

车辆协作场景，接下来讨论该系统模型中的一些实际限制。在所讨论的场景中，考虑以下的道路情景：道路上有 N_ν 辆车，将它们的集合记为 $\nu=\{1, \cdots, N_\nu\}$，所有的车辆现在都行驶在该道路上。由于本节讨论的问题只需要考虑车辆在道路上的位置，因此在本节中将问题建模为一个二维平面，即不考虑车辆在垂直方向上的坐标。整个系统的示意图如图 2-24 所示。

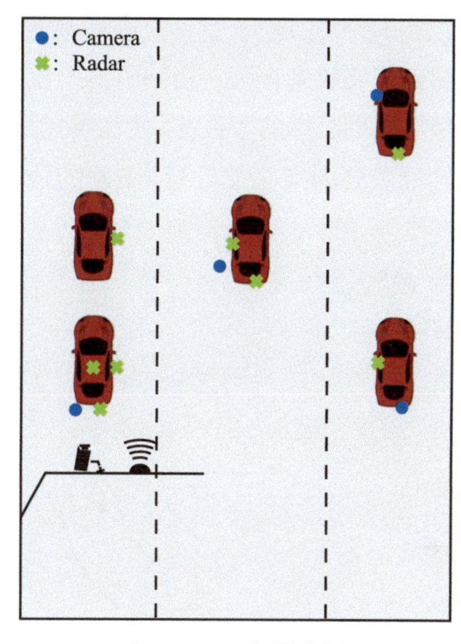

图2-24　场景模型

在时刻 t 将车辆 $i\in\nu$ 的位置信息表示为 $P_{i,t}^{(V)}=[P_{x_i,t}^{(V)}, P_{y_i,t}^{(V)}]\in R^{2\times1}$，并且将车辆的速度表示为 $V_{i,t}^{(V)}=[V_{x_i,t}^{(V)}, V_{y_i,t}^{(V)}]\in R^{2\times1}$。因此，车辆 $i\in\nu$ 的运动学信息可以被表示为状态向量 $\boldsymbol{X}_{i,t}$：

$$\boldsymbol{X}_{i,t}=\begin{bmatrix}P_{i,t}^{(V)}\\ V_{i,t}^{(V)}\end{bmatrix} \tag{2-24}$$

每一辆车 $i\in\nu$ 都在特定的路段上行驶，该路段配备了由摄像头和雷达组成的路侧单元。在时刻 t，摄像头捕捉到了 N_C 辆车在道路上行驶，将这些车辆的集合设置为 $C=\{1, \cdots, N_C\}$（如图 2-24 所示，描述了 $N_C=4$ 的情况）。某一辆车 $j\in C$ 的位置在道路上的投影坐标记为 $P_{j,t}^{(C)}=[P_{x_j,t}^{(C)}, P_{y_j,t}^{(C)}]\in R^{2\times1}$。每一个目标都可能是道路上的一辆真实存在的车辆（有些可能是假目标）。摄像头本身的位置标记为 $P^{(C)}=[P_X^{(C)}, P_Y^{(C)}]\in R^{2\times1}$。道路的方向标记为 $D^R=[D_X^R, D_Y^R]\in R^{2\times1}$，其中 D_X^R，D_Y^R 满足 $D_X^{R2}+D_Y^{R2}=1$。由于雷达的探测距离有限，设定为 100m，同时最短的探测距离为 20m，本节的后续讨论只关注在探测范围内的车辆，表示为 $F^{(C)}=\{j\in C\mid 20\leqslant(P_{j,t}^{(C)}-P^{(C)})D^R\quad 100\}$。探测到的目标 $j\in F^{(C)}$ 的速度可以被测量得到，并记录为 $V_{j,t}^{(C)}=[V_{x_j,t}^{(C)}, V_{y_j,t}^{(C)}]\in R^{2\times1}$。总结上述内容，对象 $j\in F^{(C)}$ 的运动学参数可以被状态向量 $\boldsymbol{\rho}_{j,t}^{C}$ 表示：

$$\boldsymbol{\rho}_{j,t}^{C}=\begin{bmatrix}P_{j,t}^{(C)}\\ V_{j,t}^{(C)}\end{bmatrix} \tag{2-25}$$

雷达方面同理，在同一时刻 t，雷达捕捉到了 N_R 个目标对象，将这些对象的集合表示为 $R=\{1, \cdots, N_R\}$。有些汽车有两个或更多的大型金属反射表面

(如车顶和车尾)，这两个表面都能反射雷达发出的波，如图 2-25 所示。然后，雷达将接收来自同一物体的多个反射波并产生多个目标。基于上述原因，雷达所收集的目标的个数 N_R 往往要比摄像头捕捉到的目标的个数 N_C 要大一点。雷达捕获到的某一个目标 $k \in R$ 的位置坐标在道路上的投影表示为 $P_{k,t}^{(R)} = [P_{x_k,t}^{(R)}, P_{y_k,t}^{(R)}] \in R^{2\times 1}$，速度记为 $V_{k,t}^{(R)} = [V_{x_k,t}^{(R)}, V_{y_k,t}^{(R)}] \in R^{2\times 1}$。要被处理的目标的子集表示为 $F^{(R)} = \{j \in R \mid 20 \leqslant (P_{k,t}^{(R)} - P^{(R)}) D^R \quad 100\}$。因此该目标的运动学参数$k \in F^{(R)}$可以表示为

$$\rho_{k,t}^{R} = \begin{bmatrix} P_{k,t}^{(R)} \\ V_{k,t}^{(R)} \end{bmatrix} \tag{2-26}$$

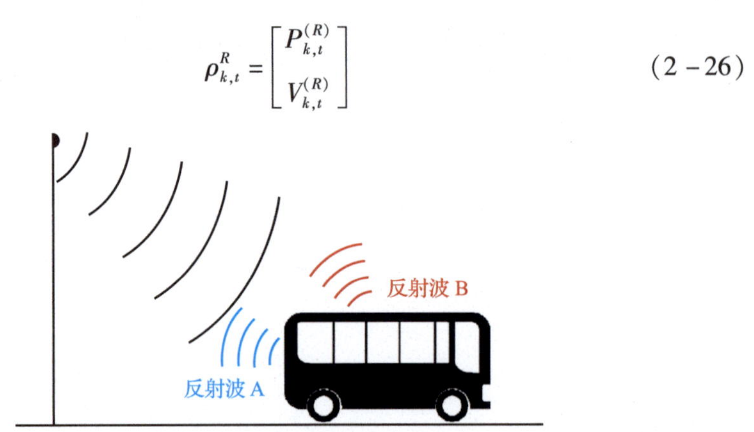

图 2-25　雷达反射示意图

多源数据融合算法的关注重点主要是对运动学参数 $X_{i,t}$ 的预测。这一预测是基于式 (2-26) 中的雷达和摄像头两种传感器获取的目标运动学参数的测量结果，通过这些测量结果来估计系统的真实状态值。具体的系统运行方案将在随后的几章中分别进行详细描述。

该方案在实际的场景中，会存在下述的几种问题与挑战。

1) 噪声问题：这将使车辆的运动轨迹参差不齐，可能会在实际操作中造成一些麻烦。噪声的问题同样会引起假目标的问题。

2) 假目标问题：虚假目标的特点是，虚假目标往往是由一个传感器捕获的，在另一个传感器中无法观察到。对目标进行追踪也是一个重要的问题，当检测像货车和公共汽车这样的大尺寸车辆时，道路上的一个真实物体会有一个以上的检测目标。

3) 高速问题：将摄像头和雷达传感器置于道路上而不是车辆上带来了新的挑战。在传统的车载传感器中，检测到的目标通常具有相对较低的速度，因为它们与车辆在同一方向上移动。因此，同一目标在两个相邻帧中的相对位置变

化不会很大。但在本节中，传感器被安装在道路上，相对于地面是静止的，这意味着地面上高速移动的车辆与传感器之间存在较高的相对速度。由于同一目标在两个相邻帧中具有较大的位移，因此处理噪声和跟踪问题变得更加困难。

考虑到这种客观情况，在实际应用中，道路上的车辆数量、摄像头检测到的物体数量以及雷达检测到的物体数量不一定相等，而且它们之间的映射关系也未知。这意味着无法确定摄像头或雷达检测到的物体中的哪一个代表了道路上的特定车辆，而道路上的一辆车可能会导致多个传感器检测到物体。与传感器安装在车辆上的情况不同，相邻两帧中的同一物体可能具有更大的位移。

2. 数据预处理算法

(1) 组内匹配算法

在数据处理过程中需要处理由于噪声等问题引起的数据抖动、假目标等情况。同时，需要对单个传感器（如摄像头或雷达）的数据进行自跟踪，以确认某一次探测到的物体与上一次探测到的目标中的哪一个目标相对应。这有助于更好地利用历史数据池中的数据，并帮助判断每辆车的运动趋势以及其是否容易发生事故等。

首先，为了应对传感器在工作过程中产生的噪声问题，需要对传感器某一帧接收到的信息与上一帧的数据进行比对，并针对单一传感器的数据执行自匹配算法，这一过程称为跟踪。跟踪的目的是建立目标与历史数据池中的数据之间的联系，以便在后续的滤波等操作中更好地处理数据。同时，目标跟踪也有助于在一定程度上排除由噪声、波反射或目标识别算法引起的假目标。

在这一节中以摄像头目标为例，详细讲解组内匹配算法（跟踪）的过程。雷达的组内匹配算法与摄像头类似，不再进行二次阐述。首先，将查看历史数据池中的所有数据，并对于某一目标，通过历史数据池中的数据进行线性外推，以获取当前帧的目标预估出现范围。由于摄像头数据回传频率为每秒 30 次，因此在短时间内可以假设车辆做匀速直线运动。

接下来分析当前帧摄像头返回的所有目标。如果某辆车的位置处于预估的历史数据池中某个目标的可能范围内，可以将该新目标 O_j 放入该车辆的历史队列 OL_i 中，等待后续操作。在分析了这一帧摄像头回传的所有目标后，如果历史数据池中的某个对象没有更新目标，这意味着该车辆可能被其他车辆遮挡，未被传感器检测到。这时，将根据历史数据的线性外推信息将新目标 NO 添加到该队列的队尾。

在完成上述步骤后需要再次遍历当前帧捕获到的所有对象，这次遍历的目的是检查当前传感器返回的所有目标中是否存在假目标，并将其剔除。如果某个对象 O_j 位于传感器的处理范围内，可以检查它是否与历史数据池中的某个目标队列匹配；如果经过判断，目标 O_j 与历史数据池中的某个目标队列匹配成功，则认为该目标是历史数据池中的目标 OL_i 在这一帧中被捕获到的目标。换句话说，认为 O_j 不是假目标。如果目标 O_j 和历史数据池中的目标都没有匹配成功，则将其与上一步中进行线性外推的目标 NO 进行匹配，匹配条件会稍微放宽一些；如果 O_j 可以与某个外推目标 NO 匹配成功，则认为该目标可以替代 NO，只是由于噪声的缘故，在直接进行匹配时无法与历史数据池中的目标相匹配。此时，将 NO 从队列 OL_i 中删除，并将 O_j 放入队列的尾部。如果经过匹配后，O_j 仍然无法成功匹配任何 NO，则将其视为假目标并将其剔除。

同时，对于雷达传感器需要一步额外的操作，因为由于金属反射面的原因，一辆车可能会同时检测出多个雷达点，需要在自匹配完成后进行分裂点的处理。

对于当前的每一个雷达目标 obj1，找到另外一个不同的雷达目标 obj2，判断 obj1 是否可能为 obj2 的分裂。这里有几个前置条件：

1）obj1 和 obj2 都不是分裂点。

2）obj1 离摄像头更远（认为是车头）或者 obj2 的存活时间超过 15 帧（认为大概率为真实目标）。

如果满足上述条件，接下来判断分裂点 obj1 是否为基本点 obj2 的分裂目标：

1）首先判断两个目标之间的距离，超过 15m 则 obj1 不是 obj2 的分裂点，距离为 5～15m 但是 obj1 和 obj2 车道不同也不行。

2）obj2 和 obj1 之间的原始纵向速度差 5 m/s 以上，则 obj1 不是 obj2 的分裂点。

3）当 obj1 被判断为 obj2 的分裂点，即满足上面两个条件，但同时 obj1 在该时刻自匹配成功了，则需要做个判断，判断 obj1 离它上一帧自匹配成功的目标更近还是离 obj2 更近，如果 obj1 离它上一帧的目标更近，则 obj1 不是 obj2 的分裂点（对应两个小车前后开入的场景）。

通过以上判断，则认为 obj1 是 obj2 的分裂点。当基础点自匹配失败时，使用分裂点来更新当前车辆，更新流程如下：

1）位置和速度都取分裂点和基础点的中点。

2）同时更新存活时间、id 等信息（以存活时间长的目标为准）。

更新完成后删除所有分裂点。

与目标检测不同，需要单独设置雷达的置信度。这是因为毫米波雷达监测到的目标信息可能存在以下问题：一是由于反射，可能会出现假目标；二是体型较大的车辆可能会反射多次，导致多个目标点。为了解决这些问题并为后续的数据融合模块提供支持，可以引入置信度模块。该模块利用时间序列特征和对数函数的特性，对毫米波雷达监测到的目标的真实存在可能性进行尽可能准确的数值量化。

初始置信度：当毫米波雷达监测到目标刚进入其监测范围时，使用以下函数来初始化每辆车目标的置信度：

$$\text{confidence} = \min\left(1,\ \frac{\log\left(\max\left(1,\ \dfrac{\text{MAX}_{\text{DIS}} - D_V}{\text{scaler}}\right)\right)}{\log\left(\dfrac{\text{MAX}\ X_{\text{DIS}}}{\text{scaler}}\right)}\right) \tag{2-27}$$

式中，MAX_{DIS}表示毫米波雷达的最大监测距离；D_V 代表车辆目标到毫米波雷达的距离；scaler 表示缩放因子，在本项目实例中 scaler = 10。通过置信度公式，可以根据车辆距离毫米波雷达的距离来定义初始置信度。当车辆距离毫米波雷达较近时，置信度较高；反之，当在跟踪过程中突然出现车辆目标时，初始置信度较低。这有助于有效抑制假目标的出现。

置信度更新：在车辆跟踪的过程中，每次检测时进行自匹配。如果自匹配成功，将增加目标的置信度；如果自匹配失败，将对目标的置信度进行衰减。同时，使用了 log 函数的特性来实现置信度的衰减效果。当目标连续自匹配失败的时间达到 4s 时，将认为该目标已经离开了监测范围，然后将其从目标列表中删除。总的计算公式如下所示：

组内匹配成功时：

$$\text{confidence} = \min\left(1,\ \text{confidence} + \frac{1}{(1 + e^{-p_{\text{keeptime}} + 10})}\right) \tag{2-28}$$

组内匹配失败时：

$$\text{confidence} = \max\left(0,\ \text{confidence} - \frac{1}{(1 + e^{-n_{\text{keeptime}} + 10})}\right) \tag{2-29}$$

式中，p_{keeptime}表示自匹配成功的次数；n_{keeptime}表示自匹配失败的次数。这一更新规则通过考虑自匹配的成功与失败来实现对置信度的缓慢增加和衰减，从而提高毫米波雷达的检测容错率和精度。

(2) 卡尔曼滤波

在真实的道路环境中，传感器在收集数据时会受到环境噪声的影响，导致检测到的物体数据与真实数据存在一定的偏差。为了应对这种情况，并考虑到路边单元的计算特性，本节采用卡尔曼滤波算法对数据进行滤波。卡尔曼滤波是一种迭代算法，通过历史数据对当前数据进行先验估计，从而修正当前传感器返回的带有噪声的数据。

在完成数据的组内匹配之后得到了一连串连续的队列数据 OL_i，其中队列的最后一个数值代表当前帧传感器测量得到的数据。这个数值受到噪声的影响。卡尔曼滤波算法需要的输入包括当前帧的测量数据和上一帧经过滤波后的数据。在 OL_i 队列中，最后两项数据恰好满足这些要求，因此对这两项数据应用卡尔曼滤波，以处理数据并减少噪声的影响。

在完成上述的算法之后可以获得来自单一传感器的目标数据组。这些数据经过处理后，噪声和测量原理等因素的影响已经在一定程度上降低，同时也消除了大部分假目标。由于在数据处理之前进行了多次坐标系的转换，因此此时摄像头和雷达传感器的数据都已经处于同一统一的世界坐标系中。因此，在接下来的处理中，可以直接比较和操作来自这两个独立传感器的数据。

3. 多源异构数据融合算法架构

(1) 组间匹配算法

组间匹配涉及对数据处理和预处理的某一时刻的雷达/摄像头数据对进行相互匹配的操作。这一步骤的目的是确定在该时刻，哪一对雷达/摄像头目标在现实道路上对应着同一辆车。匹配算法通过比较来自两个不同传感器的这一对数据，以确定它们是否对应同一辆车。匹配结果将作为下一步融合过程的直接输入，融合过程将使用这些匹配的摄像头/雷达数据对来计算车辆的最终位置。因此，这一步骤的准确性直接影响融合过程的最终结果。只有在摄像头和雷达数据匹配成功后，才能进一步进行有关现实系统中车辆的相关计算。

本节采用的匹配算法的主要思想是基于 Kuhn-Munkres 算法，用于确定在同一时刻某个数据源中的对象数据与另一个数据源中的对象数据之间具有最大匹配概率的一对数据。然而，Kuhn-Munkres 算法在实际应用中存在一些限制：它要求两组输入数据具有相同数量的对象。在之前已经分析过，由于噪声、环境或系统因素等原因，摄像头和雷达探测到的目标群中可能存在大量假目标。由于两个传感器产生假目标的原因不同，因此假目标数量在两者之间可能不完全相同。在这种情况下，无法保证每个时刻传入的摄像头/雷达数据对中包含的目标数量完全一致。

为了应对这个问题，首先需要采取一些方法，以使两组数据的大小变得一致。在雷达和摄像头传来的数据中，可以选择包含较少车辆目标数据的那个数据集，并向其中填充一些虚假的目标对象，以确保两者的数据集中包含相同数量的对象。对于填充的对象，可以将其位置等信息的值设置为无穷大，以防止填充的目标对最终结果产生影响。接下来，创建一个 $N \times N$ 的矩阵 WMap，并将矩阵中对应位置的值设置为根据两组数据中对应点的空间距离、所在车道线和当前时刻速度的分数。该分数反映了两个来自不同传感器的目标在实际道路上对应同一辆车的概率，即遵循以下原则：两者的空间距离越近，分值越高；两者所在车道线越接近，分值越高；两者的速度越相近，分值越高。这三个因素的分值分别具有不同的权重。

可以通过一个例子来说明。假设在某一帧中，摄像头数据包含了 m 个目标，同时在同一帧中，相应的雷达目标集合包含了 n 个目标。假设 m 和 n 之间存在以下关系：$n > m$（一般情况下，同一帧内的雷达通常会探测到比摄像头更多的目标，因为雷达更容易受到噪声或反射面的影响，从而产生假目标）。在这种假设下，矩阵 WMap 的尺寸为 $n \times n$，并且矩阵中的某个元素 a_{ij} 的值表示摄像头捕捉到的第 i 个目标与雷达捕获到的第 j 个目标之间的关联得分。

然后，根据这个矩阵 WMap，使用 Kuhn-Munkres 算法来获得摄像头的匹配信息 $\mathrm{MIC}_{\max(n,m)}$ 和雷达的匹配信息 $\mathrm{MIR}_{\max(n,m)}$。如果这两个匹配信阵 $\mathrm{MIC}_{\max(n,m)}$ 和 $\mathrm{MIR}_{\max(n,m)}$ 中的值大于预先设定的阈值，那么认为两个物体成功匹配。

需要注意的一点是，两个传感器在进行数据收集任务时是相互独立的。这意味着它们产生数据的时间不会完全相同。因此，当一个传感器在时刻 T 将这一帧的数据传输到系统内时，系统在进行匹配操作时会选择另一个传感器距离时刻 T 最近的那一个时刻输入的数据进行匹配。为了实现这一目的，在每次融合结束后，都会将摄像头和雷达的原始数据保留在历史数据池中一段时间。

(2) 双层贝叶斯融合

融合过程是在提供了输出匹配对的匹配部分后被唤醒并执行的。这个过程的主要任务是补充一个传感器中缺少的数据，将雷达和摄像头这一对多源异构数据进行融合，以提高共同部分的精确性。同时，在本节中充分考虑了每一辆车在系统历史数据池中的历史位置信息，从而使得得到的结果更为准确。对于存在于两个传感器中的数据，如位置信息，可以通过贝叶斯融合来进行融合。

一般情况下（假设新到达的雷达－摄像头数据对不是第一次被系统识别到），在算法的这一步中，输入端总共有3组数据需要被处理：该车辆上一次融合后的结果信息、当前时刻摄像头捕捉到的信息和当前时刻雷达捕捉到的信息。在这三个输入中，第一个输入提供了上一次该车辆系统检测的数据结果，这一数据可以用作先验信息。整个融合算法基于贝叶斯融合，并且后面两者的信息在融合的过程中有助于使得最终的结果，即车辆当前帧的位置，通过更新迭代后变得更为精准。

因此，在本节中通过使用双层贝叶斯算法来解决车辆位置确定的问题。首先，在第一轮融合过程中，将上一次的位置结果信息 P_{last} 作为先验信息，将摄像头提供的这一帧的位置信息 P_{camera} 作为后验信息，并通过将 P_{last} 和 P_{camera} 这两组信息进行融合得到临时位置信息 $P_{temporary}$。然后，在第二轮融合过程中，将刚刚得到的临时位置信息 $P_{temporary}$ 作为贝叶斯融合的先验信息，同时将雷达捕捉到的车辆当前帧的位置信息 P_{radar} 作为后验信息。最后，将 $P_{temporary}$ 和 P_{radar} 进行融合，得到该车辆当前的位置信息 P。

如果该目标是第一次被系统识别到，即该目标是一个新目标，或者说该目标在现实中意味着某辆刚进入雷达和摄像头探测范围的车辆，那么需要对算法进行一定的调整，因为在这种情况下，该目标在系统历史数据池中不存在历史数据。在这种情况下，可以将摄像头捕捉到的当前时刻车辆的位置信息 P_{camera} 作为先验信息，将雷达捕捉到的当前时刻车辆的位置信息 P_{radar} 作为后验信息。然后，通过将 P_{camera} 和 P_{radar} 这两组位置信息进行贝叶斯融合，得到首次进入探测范围的该车辆的位置信息 P。有无历史信息的融合过程如图2－26和图2－27所示。

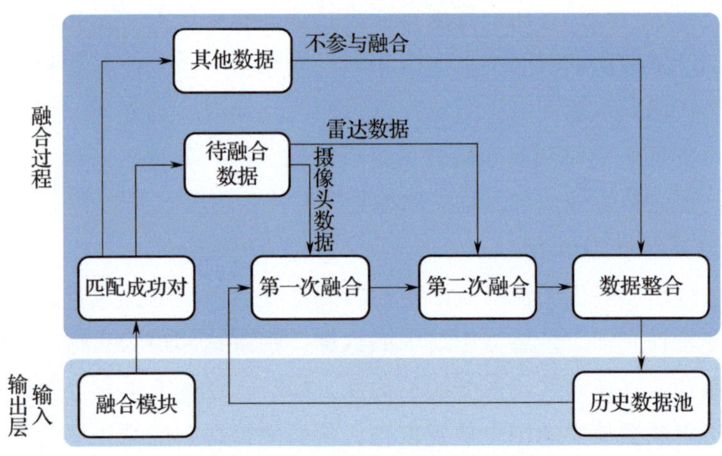

图2－26　拥有历史信息的融合过程

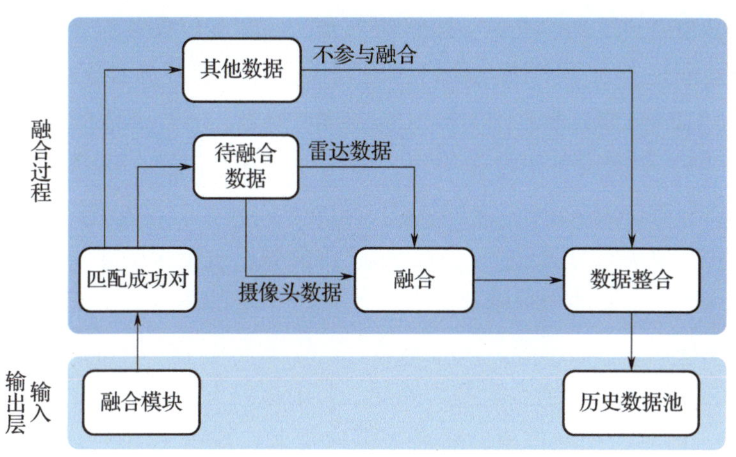

图 2-27　没有历史信息的融合过程

2.3.3　路测实验与性能分析

1. 现实场景实验环境

本节所介绍的算法在中国湖南长沙市的高速公路上进行了安装测试，该道路全长约 3km，在道路上沿街每 100m 装有一套多源传感器路侧单元，算上测试场的路侧单元装置，在长沙市共计安装了 35 套路侧设备及其对应的处理系统。同时在实验测试的初期阶段也在上海市杨浦区长阳路上安装有一套摄像头，图 2-28 和图 2-29 所示为数据收集源的环境。

图 2-28　长沙市实验环境

图 2-29　路侧单元

对于实验用到的具体设备，即路侧单元，一套实验设备包含一个高清摄像头、一个毫米波雷达（MMW radar），处理器使用的芯片为 IMX8，它具有 6 个 Cortex-A（A72 + A53）核心和两个 Cortex-M4 核心，芯片上搭载运行的系统为 Ubuntu 14.04。整套设备架设在路边，使用一根杆子固定，摄像头和雷达架设在道路的上方横杆上。

雷达和摄像头同时对道路上的目标进行探测，由于传感器架设的高度比较高，因此两个传感器的坐标轴都会和水平线呈一定的角度。由于雷达和摄像头的检测原理存在一定的限制，因此限定一套路侧单元的测量距离为 20 ~ 100m。

配备的 RSU 中的设备会有些许差异，其中摄像头的分辨率为 720P（像素为 1280 × 720，前者为横向像素，后者为纵向像素）或者 1080P（像素为 1920 × 1080，前者为横向像素，后者为纵向像素）。

根据现场的路况以及设备在制造过程中的误差，每一个架设在路边的杆子其高度也会存在不同程度的差异，并且为了能够适应道路达到最好的视野，每一个传感器与水平线形成的夹角也不尽相同。其中摄像头和雷达的高度一般在 5 ~ 6.5m 的范围内，且每一套设备都对旋转角度等雷达与摄像头传感器的外参进行了相应的标定，同时由于涉及坐标系之间的相互转化，需要对每一套设备中摄像头的内参也进行相应的较为详细的标定：外参标定中，旋转矩阵精确到小数点后 6 位，而平移矩阵中采用的单位为 m，也精确到小数点后 6 位；内参标定中，前两项 f_x 和 f_y 精确到小数点后 12 位，其余参数精确到小数点后 1 位。在实验中将参数的标定做得较为精确，这是为了尽可能减小实验时的误差。

2. 多源异构车辆数据融合结果分析

实验的主要目的在于算法针对噪声的抗性、对于追踪性能的分析、对于传感器造成的假目标的排除指标分析以及对于算法本身实时性、数据准确度等方面的分析。在以下的分析中，大部分数据都会以图表这种比较直观的方式进行呈现。

（1）多源异构车辆数据融合算法结果

正如之前所述，由传感器等设备产生的噪声将导致接收到的数据出现较大的角度抖动，这显然与实际车辆行驶轨迹不符。图 2 – 30 展示了一般情况下融合后的结果示意图，左上图描述了目标车辆在整个检测范围内道路上的行驶轨迹，右上图标出了目标车辆，下方的图则将轨迹上的某一段进行了放大处理从而方便对比。其中，黑色线代表道路的分隔线，红色线表示通过算法融合后的车辆行驶轨迹，而蓝色和绿色线分别代表摄像头和雷达检测到的车辆轨迹。

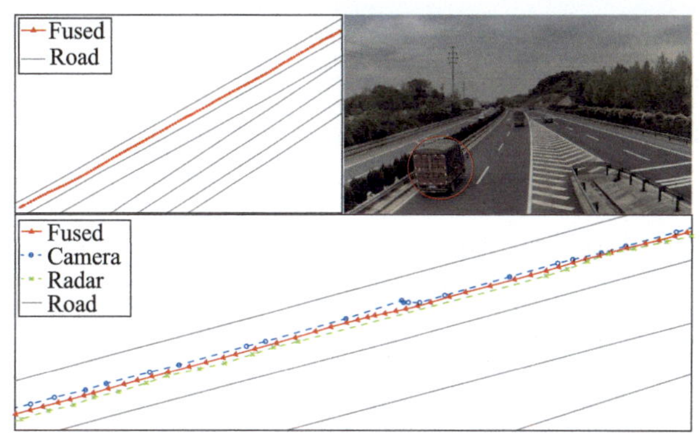

图 2-30　融合后的结果图

从图 2-30 中可以清楚地看到多源异构车辆数据融合算法在对噪声的抗性方面有显著的提升效果。其中，红色的线是实验结果图，而黑色的线代表道路的分割线。可以观察到，红色的行进路线更为稳定。与绿色的雷达数据和蓝色的摄像头数据相比，这种优势在放大后的图中更加明显。特别是蓝色的摄像头行进路线，由于摄像头对物体的检测是通过图像识别技术实现的，因此在获得识别结果时，图像上几个像素之间的差异可能导致在道路上产生几分米甚至米级的误差。这种量级的误差在真实的辅助驾驶系统中是致命的。然而，通过多源异构车辆数据融合算法，结果得到了很好的优化。此外，后续的实验展示将显示车辆的速度等数值也变得更为稳定且更接近真实值。

(2) 算法对车辆追踪的结果分析

在之前的内容中提到，对于车辆辅助驾驶系统而言，相对于检测，车辆的跟踪更为重要，需要对同一辆车进行持续不断的跟踪。因此，在数据融合的过程中采用组内匹配和组间匹配的方法，对道路上的每一辆车进行持续跟踪。图 2-31 展示了本算法在车辆跟踪性能方面的表现。

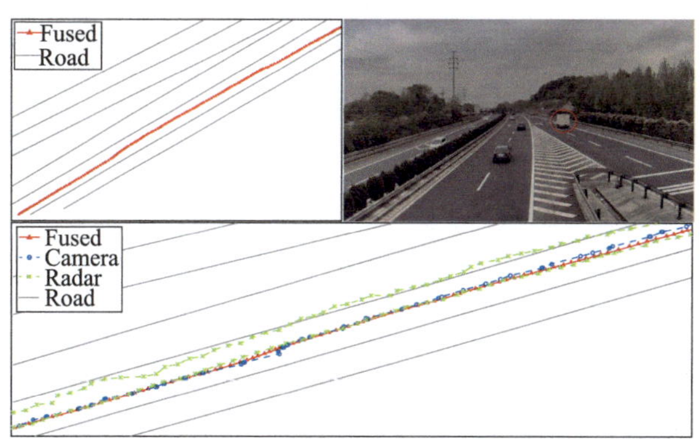

图 2-31　算法在车辆跟踪性能上的展示

从图 2-31 中可以观察到对于同一个车辆目标，雷达数据产生了两个对象。这是因为该车辆是一辆大型货车（实际上，在高速公路场景下，许多车辆都是这样的大型集装箱货车），其侧面和后面都有两个大的金属反射面，会有效地反射雷达发出的毫米波，从而被识别为一个独立的目标。在这种场景下，异构数据融合算法有效地选择了两个目标并将它们融合成一个目标。与之前的实验结果一样，融合后车辆的行驶路线轨迹显得更加稳定。

(3) 算法对假目标剔除的结果分析

本小节将讨论算法在剔除假目标方面的效果。假目标的主要产生原因包括传感器所处的环境噪声以及雷达探测过程中发生的毫米波多次反射。之前的内容中也已经有相关图片进行描述，在算法中通过多种方法，如多次匹配等，最大限度地剔除了假目标。

如果一个目标在一个传感器的检测数据中被捕获，而在另一个传感器的检测数据中附近没有检测到任何物体，那么将该目标视为由噪声产生的假目标，并在检测到后将其剔除。在实验中，一共有 19802 个摄像头目标和 13253 个雷达目标，在经过多源数据融合算法处理后，总共剩下 10317 个融合后的目标。大部分由噪声产生的假目标在两个传感器中都被成功剔除。摄像头检测到的目标数量相对雷达较多，这是因为雷达的毫米波检测范围仅为 100m，而摄像头能够识别超出此范围的车辆目标，因此摄像头相对于雷达具有更多的目标物体。

(4) 算法综合性能分析

本实验设想，在多源异构车辆数据融合算法对数据进行融合后，所有关于道路情况的数据将被发送给该道路上的所有车辆。这样，车主就可以观察到目前该道路上的一些车辆数据情况，以及当前道路上是否存在潜在的危险。因此，对于数据处理的实时性非常重要。在实验中，每次输入 30min 内收集到的道路数据，随后系统都能在 10min 内完成所有数据的处理和输出。这表明这一算法具有很好的实时性。

最终，对所有实验数据进行统计，发现整体匹配率可以达到 98%（2790 辆车中有 2742 辆车能够成功匹配）。从中也可以看到，多源异构车辆数据融合算法取得了非常好的结果，大多数未成功融合的目标都是假目标。

对于摄像头、雷达和融合后的数据，本部分仅基于目标的坐标位置对它们的速度进行了计算（而非根据各自传感器的原理计算得到），并将结果在图 2-32 和图 2-33 中展示。

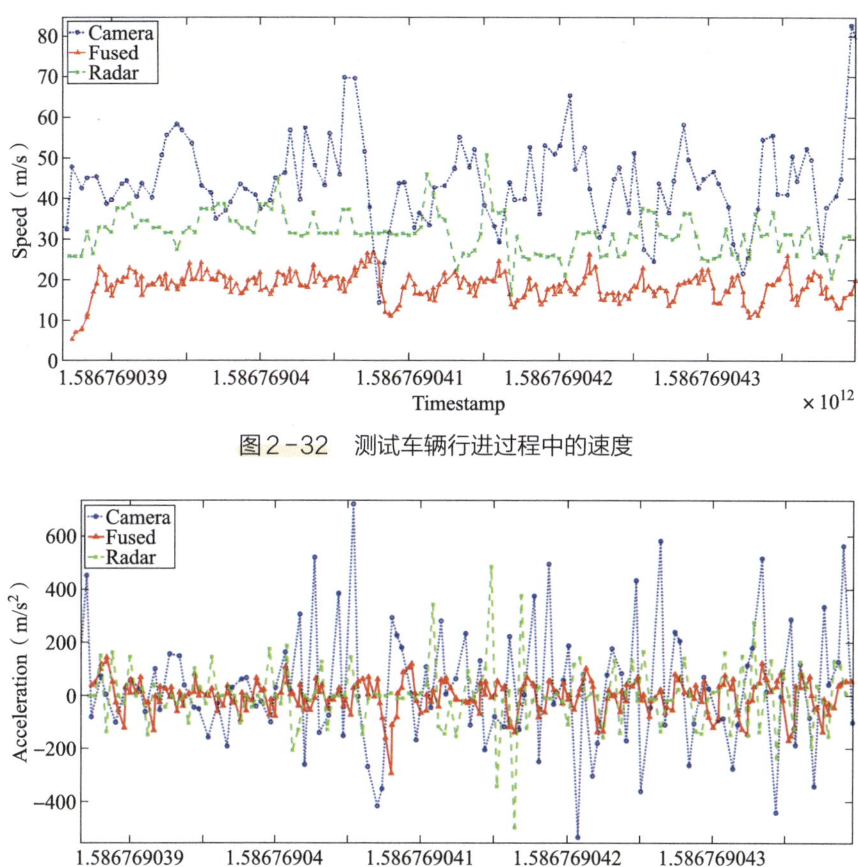

图 2-32　测试车辆行进过程中的速度

图 2-33　测试车辆行进过程中的加速度

从上述结果中可以看出，通过异构数据融合算法，车辆的稳定性得到了显著提升。直观地感觉，车辆的速度在一定的时间内抖动更少，更符合实际情况。从客观数据来看，测试车辆在测试期间以 5266ms 匀速通过了整个测试路段，路段长度为 80m，即在本次测试中，车辆的平均速度为 15m/s，与融合后得到的平均速度更为接近。此外，通过计算车辆的加速度可以看到，该方法基于车辆坐标点计算的速度差值更加稳定。数据显示，该车辆更倾向于匀速直线运动，与测试场景更为吻合，异构数据融合算法得到的结果更为稳定。

在上述实验结果中，摄像头得到车辆位置坐标的计算方法是通过视觉识别得到车辆在三维空间内的碰撞盒（bounding box），然后取该碰撞盒后部底下的边计算其中心点，并将该中心点作为整个车辆的位置进行计算。这种取值方法的主要原因是雷达的成像原理是通过车辆金属表面的反射，由于整套传感器安装的位置关系，雷达接收到的毫米波通常来自车辆的尾部，因此在摄像头位置进行上述取值。

如前所述，由于图像识别的原因，摄像头的像素级误差在映射到道路上后会被放大成为分米级甚至米级，而且由于摄像头的成像原理，该误差在距离摄像头较远的地方会被放大。这也是为什么在实验结果中，雷达数据的抖动相对距离来说更为稳定，而摄像头的抖动会随着距离的增加而增加。然而，由于使用了融合方法，实验结果的抖动值虽然会随着距离的增加而轻微增加，但由于历史数据和多源数据的修正，异构数据融合算法在稳定性方面相较于单一传感器数据有着显著提升。

图 2－34 中展示了所有测试车辆在经过被测路段时的抖动程度。从上述实验结果来看，异构数据融合算法在最终的结果上平均稳定性得到了巨大的提升（在图 2－34 中，数值越小代表越稳定），在稳定性上的平均值为 0.0058，并且最大偏差只有 0.0177。这意味着经过融合处理之后车辆的行进路线相比而言更加光滑，这一点在现实道路上的解释也更为一致。

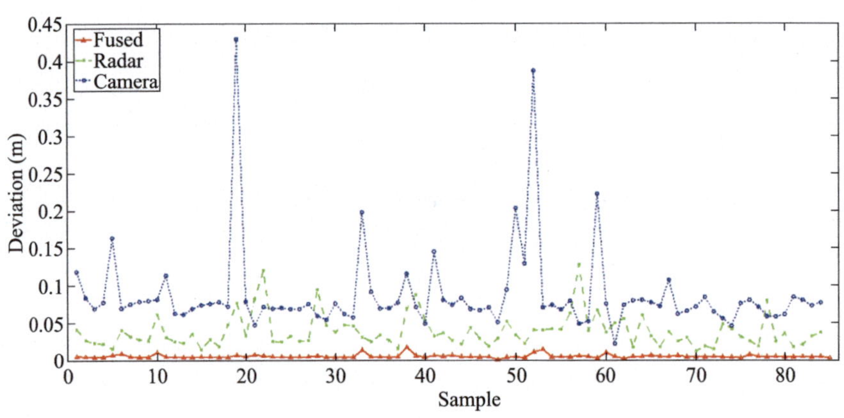

图 2－34　车辆轨迹的稳定性

2.4 多车协作 SLAM

在自动驾驶及智能交通系统的研究领域，同时定位与地图构建（simultaneous localization and mapping，SLAM）技术一直是一个热门和关键的话题。传统的 SLAM 方法主要依赖单一车辆的传感器，如激光雷达、摄像头等，来捕捉环境信息，并在此基础上建立一个连续更新的地图模型。这种方法在某些环境下已经取得了相当不错的效果，但在动态变化的、复杂的多车交通场景中，单一车辆的 SLAM 面临许多困难和挑战，如环境遮挡、感知盲区以及传感器的误差累积等。

为了充分利用多车环境中的资源和信息，多车协作 SLAM 逐渐受到研究者的关注。在这种新型的 SLAM 策略中，多辆车共享其感知的环境信息，协同完成定位和地图构建任务。通过多车间的信息交换和数据融合，系统可以有效地补偿单车 SLAM 中的不足，实现更广泛、更准确的环境感知。此外，多车协作还能显著降低单车辆的计算和传感负担，提高整体系统的稳定性和鲁棒性。本节将重点讨论多车协作 SLAM 的核心思想、关键技术和算法，并展示其在实际交通场景中的应用优势。

2.4.1　SLAM 技术与 LOAM 算法介绍

SLAM 是指搭载特定传感器的主体，在没有环境先验信息的情况下，在运动过程中建立环境的模型，同时估计自己的运动。通过搭载不同类型的传感器，基于不同算法，SLAM 可以有多种类别：如果搭载的传感器以摄像头为主，则称为“视觉 SLAM”；搭载的传感器以雷达为主，则称为“雷达 SLAM”，诸如此类。

SLAM 算法的核心思想可以概括为：利用安装在机器上的传感器对当前环境进行一次扫描得到若干特征值，通过和前几帧的特征值建立联系从而获取到特征值地图，再通过两帧之间的地图推断得到相对位姿关系。而获取到的特征值地图随着安装的传感器不同而不同：在以激光雷达为主的 SLAM 系统中，得到的往往是点云地图，地图中的点对应着现实中障碍物的一部分；在以单目或者双目摄像头为主的系统中，得到的一般是图像特征值地图，地图中的点对应着图像中计算得到的特征值。

接下来将以激光雷达为主的 SLAM 为例，解释 SLAM 运行的步骤，讲解的算法基于多线激光雷达中著名的算法 LOAM[78]。

1. LOAM 算法总体架构

作为近十年来基于多线激光雷达 SLAM 的“开山之作”，LOAM 的架构相对而言比较简单，作者给出的架构图如图 2-35 所示。在每次扫描过程中，所有的点云都会在点云注册模块被记录。在第 k 次扫描过程中的点云组合构成 P_k。然后，用两种算法对 P_k 进行处理。激光雷达里程测量法利用点云计算激光雷达在两次连续扫描之间的运动。估计的运动用于校正 P_k 中的失真。该算法的运行频率约为 10Hz。建图模块对输出进行进一步处理。点云以 1Hz 的频率映射到地图上。最后，将这两种算法发布的姿态变换整合在一起，地图和车辆的位姿以不同的频率进行输出。

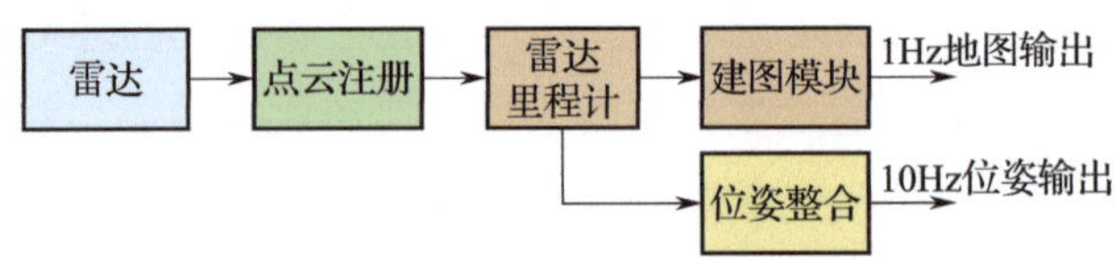

图 2-35 LOAM 系统架构图

2. 前端里程计

在 LOAM 中，每一帧车辆都会接收到安装的雷达捕获到的点云信息，但是从这些信息中只能得到每一个点相对于雷达中心点的距离和方向，且无法和上一帧得到的点云信息形成匹配，为此作者通过计算每个点的光滑度来将众多的点云分为角点和面点，光滑度 c 的计算公式如下所示：

$$c=\frac{1}{|S|\,\|\boldsymbol{X}_{(k,i)}^{L}\|}\left\|\sum_{j\in S,j\neq i}(\boldsymbol{X}_{(k,i)}^{L}-\boldsymbol{X}_{(k,j)}^{L})\right\| \tag{2-30}$$

式中，$\boldsymbol{X}_{(k,i)}^{L}$ 代表处在第 k 条线上的第 i 个点的坐标；S 代表与第 i 个点连续的几个点的集合。如果当前点为一个相对平滑的面点，则 c 会较小，反之，若是一个角点，则 c 的值会较大。在对每个点计算了其曲率后，为了确保面点和角点不会过于集中在点云中的某一堆，在每个子区域中取 c 值最大的 2 个点作为角点，取 c 值最小的 4 个点作为面点。

在获取了当前帧的所有角点和面点后，需要和前几帧点云中的角点和面点进行匹配。这一步的主要意义为需要获取上一帧得到的面点和角点在这一帧中对应哪些点，这样才能建立两帧之间的联系，从而得到车辆在这两帧之间的位姿变化关系。作者在论文中核心思想是通过建立 KD 树来获取与当前角点和面点最近的点进行匹配，读者若对匹配算法感兴趣可以查阅论文原文，这里仅向大家阐明 SLAM 算法的核心思想。

在得到了角点和面点的对应关系之后，可以通过最小化点到面之间的距离来建立约束方程，并通过 LM 方法求解得到两帧之间车辆的相对位姿。

3. 后端建图

LOAM 的很大一部分工作集中在前端的雷达里程计上，通过关联相邻帧之间的角点和面点，从而计算得到两帧之间的位姿关系。在后端建图这一块，

LOAM 不像之后的一些激光雷达 SLAM 通过回环检测等各种手段来进行进一步的位姿优化，但也有一些工作值得讲解。

如果直接用雷达里程计中求得的位姿将当前的点云投影到全局地图中，会出现比较大的累积误差，后端所执行的操作就是为了更好地将点云投射到地图中。因此，取 10 倍于前端里程计的角点和面点，之后建立和前端中类似的优化问题来求解。由于取用的特征点的数量增加了，因此建图的频率相较于里程计也有所下降，为 1Hz。在实际的操作中，也可以采取一些手段在建图的过程中优化加速整个过程。比如为了解决点云过多导致的内存不足的问题，在输出全局地图的时候采用了体素滤波来减少点的数量，从而保证系统的正常运行；其次是地图的保留机制，因为随着车辆的不断探索，点云的数量会持续大量增加，因此可以设计一个滑窗机制来适当地释放一定时间内不会使用的地图。

2.4.2　多车协作 SLAM 架构介绍

多车协作系统可以显著提高车辆对于未知环境探索的效率和感知到的环境的准确度，对于诸如探测感知、交通运输、监控等系统有着积极的意义。在一些场合下，比如隧道、大楼内，由于无法接收 GPS 信号，这对于车辆，尤其是多车的定位需求提出了严格的挑战。同时定位与地图构建（SLAM）算法在设备的运动过程中通过重复观测到的地图特征（比如，墙角、柱子等）定位自身位置和姿态，再根据自身位置增量式地构建地图，从而达到同时定位和地图构建的目的。协作 SLAM 通过装有各式传感器的多车进行协作进一步提高了探测的效率、准确度和鲁棒性。

Schmuck 等人设计了 CCM-SLAM 的框架[79]，如图 2－36 所示。通过多辆无人机（Unmanned Aerial Vehicle，UAV）对环境进行探测，每一辆无人机都可以独立地运行 SLAM 算法中的视觉里程计模块，以及保存自己探测到的本地地图，这样可以确保当探测大型区域或者信号不佳的区域时，每辆无人机可以独立运行 SLAM 系统而不会崩溃，且无人机上执行的 SLAM 对于计算资源的要求并不高。之后每辆无人机会将自己探测到的关键帧以及地图点上传到中心化的服务器，服务器会对接收到的来自不同无人机的数据进行全局的优化并且匹配，如果匹配到两辆无人机之间的地图存在重叠部分，则会将其融合为一张全局地图。该方法极大地提升了全局环境探测的效率，且对地图的精度也有所提升，不过文中提到的探测仅仅针对静态地图，且没有涉及无人机之间的相互定位，所以对于精度的提升度不是很大。

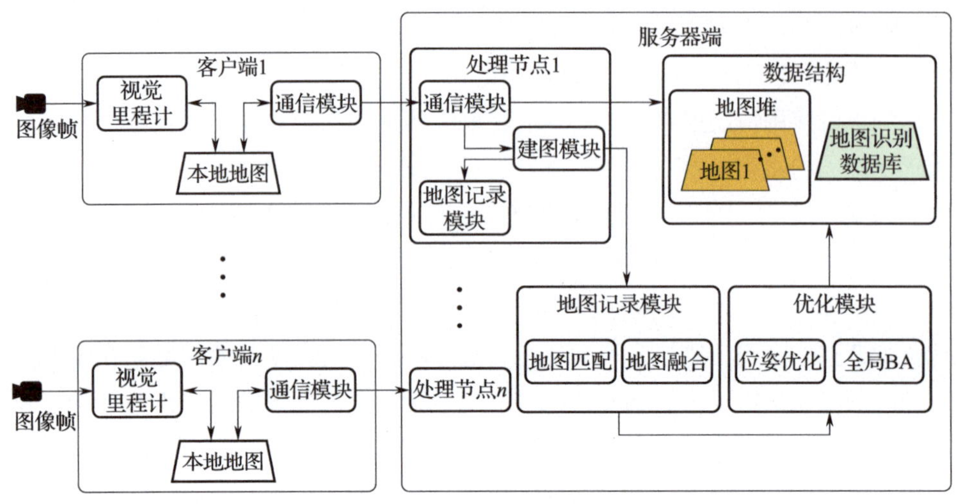

图2-36　CCM-SLAM架构图

Zou 等人提出了 CoSLAM 的架构[80]，架构图如图 2-37 所示，旨在解决在动态环境中进行自主导航和地图构建时的挑战。所提出的 CoSLAM 算法采用多传感器数据融合和协作策略，以提高 SLAM 系统的稳健性和性能。在动态环境中，传统的 SLAM 系统容易受到移动物体的干扰，导致位置估计和地图构建不稳定。CoSLAM 通过引入多个摄像头和激光雷达等传感器，以及协作的策略来解决这一问题，其主要的贡献点为：

1）多传感器数据融合：CoSLAM 同时利用多个传感器的数据，包括多个摄像头和激光雷达，以提高环境感知的准确性。这种多模态数据融合有助于识别和跟踪动态物体，并减少由于噪声和遮挡引起的误差。

2）协作策略：CoSLAM 引入了协作策略，使多个 SLAM 系统能够共同工作，共享信息，提高了整体性能。这种协作允许多个机器人或摄像头之间互相补充信息，减少位置估计的不确定性。

3）动态物体检测和跟踪：CoSLAM 采用先进的算法来检测和跟踪动态物体，包括行人、车辆等。通过识别这些动态物体并在地图中更新它们的位置，CoSLAM 能够更好地适应动态环境。

4）鲁棒性和实时性：CoSLAM 注重算法的鲁棒性和实时性，以满足自主导航和地图构建的实际应用需求。它通过在线优化和数据融合来提高性能，并考虑了资源有限的情况。

在 CoSLAM 算法中，首先通过 LK 光流法对图像中的特征点进行了识别和追踪。在提出的 SLAM 架构中，加入了动态节点分类器，将图像中的点分为静态点和动态点，并且对环境中的动态点进行追踪，实现了动态地图的协作探测。

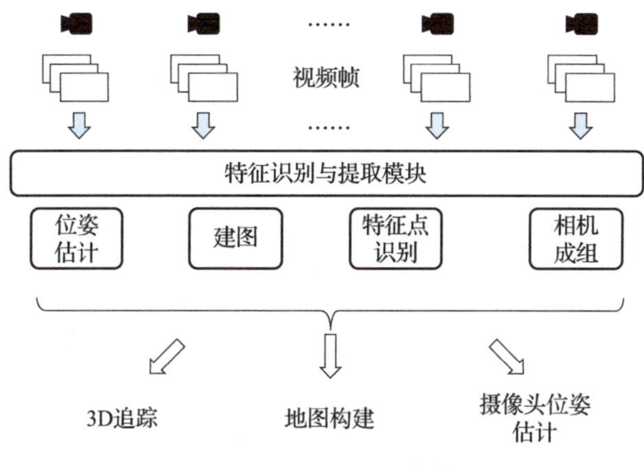

图 2-37　CoSLAM 架构图

同样为多传感器融合 SLAM，Zhang 等人提出了 V-LOAM 算法[81]，架构图如图 2-38 所示，将雷达和摄像头的数据同时用于同一套 SLAM 系统中。在他们提出的算法中，首先通过摄像头的视觉里程计来得到小车的空间位移 T 以及旋转角度 R，以此为基础来修正雷达进行 3D SLAM。该论文中的 SLAM 主要是针对同一辆小车上的不同传感器进行的，论文的主要贡献和亮点如下：

1）多模态数据融合：该系统将视觉和激光雷达传感器的数据进行融合，充分利用了两种传感器的优势。视觉传感器提供了高分辨率的图像数据，用于特征提取和匹配，而激光雷达提供了精确的距离信息，用于建立地图和定位。这种多模态数据融合提高了系统的鲁棒性和定位精度。

2）低漂移：为了减小定位误差的漂移，论文采用了精确的回环检测和闭环优化策略。通过在运动中识别并校正漂移，系统能够在长时间运行中保持低误差。

3）实时性和高效性：该系统注重实时性和高效性，能够在计算资源有限的嵌入式平台上运行。通过优化算法和硬件加速，实现了快速的定位和地图构建，适用于自动驾驶和移动机器人等需要即时决策的应用。

4）鲁棒性：论文中介绍了多种方法来应对复杂环境中的挑战，包括动态物体检测和处理、遮挡物处理以及传感器噪声抑制。这些方法提高了系统对各种环境条件的适应能力。

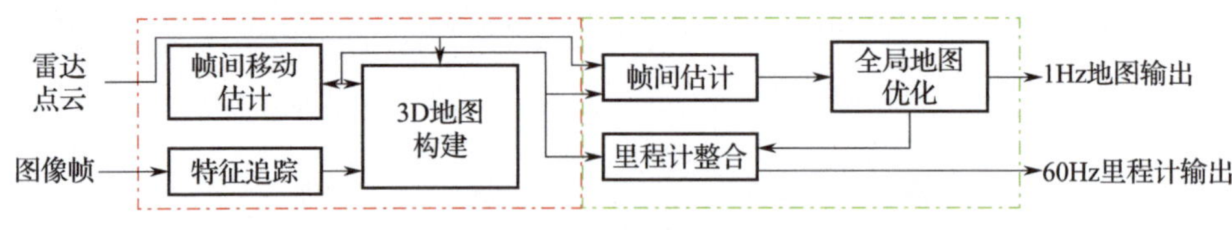

图 2-38　V-LOAM 架构设计

回顾近几年的研究，Jang 等人研究了无人机和陆地无人车的协作式 SLAM[82]，在他们设计的场景中，无人机上配置了摄像头等传感器，并且这些传感器的视线看向地面，通过这些传感器在进行视觉 SLAM 的同时检测地面上的小车，并且通过视觉的方法计算出自己和小车之间的相对空间位置，以将自己和小车对于同一个场景下不同视角的特征点地图进行融合，具体的架构如图 2-39 所示。在追踪小车的过程中，和其他论文中经常使用的视觉特征方法不同，该文充分利用了图像中的非静态点来检测小车，并且对非静态点进行分类，用于支持小车数量的扩展。在作者提出的方法中，地-空摄像头的互补很好地提升了融合后地图的视角问题，但是其对于数据并没有充分利用，在面向未来的车联网甚至 V2X 场景中，车辆的许多数据，比如车速等信息都是可以获取的，如果将这些信息也加入到 SLAM 的融合过程中可以形成更多的约束，从而在优化的过程中理论上可以得到更高的精度。而且该文对于机器人相互之间的定位仅局限于空中的无人机（唯一的）和地面的小车（非唯一）之间的相互定位，小车和小车之间并不进行类似的操作，其扩展性就有待研究。

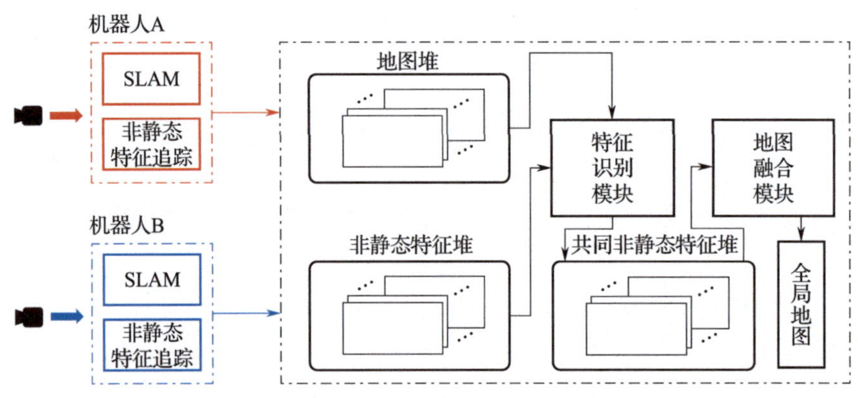

图 2-39　空-地 SLAM 协作架构

在 Lajoie 等人设计的 DOOR-SLAM 中[83]，其面对的场景和前文提到的 CCM-SLAM 比较相似，但是他们将重点问题放在了感知混淆的问题上，即当两辆无人机路过比较相似的场景时，通过直接法进行匹配可能会被判定为相同的地区，触发回环监测机制从而降低准确性，他们在论文中提出了分布式的 outlier rejection 来对场景进行区分。同时在实时通信的过程中传输的不再是摄像头拍摄到的原始数据，这大大缓解了通信带宽上的压力。其简易架构图如图 2-40 所示，该文主要贡献点如下：

1）分布式架构：DOOR-SLAM 采用了分布式架构，多个机器人能够同时进行自主 SLAM 过程。这种分布式设计使得多机器人团队能够更高效地完成建图任务，减少了单一机器人 SLAM 的局限性。

2）在线地图更新：DOOR-SLAM 具备在线地图更新的能力，这意味着机器人可以实时地更新地图信息，以适应环境的变化。这对于动态或长时间运行的任务尤为重要。

3）异常值鲁棒性：该算法专注于处理异常值，如传感器噪声、误差或环境中的不规则物体。DOOR-SLAM 采用了一种有效的异常值检测和剔除策略，以确保 SLAM 过程的稳定性和可靠性。

4）高度自主性：DOOR-SLAM 允许机器人之间在缺少通信的情况下继续进行 SLAM。这意味着即使在通信断开的情况下，机器人也能够保持自主地进行定位和建图，最大限度地提高了鲁棒性。

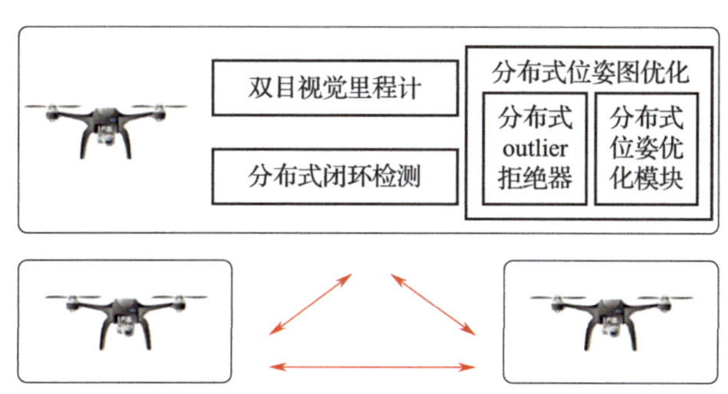

图 2-40　DOOR-SLAM 分布式架构图

协作 SLAM 可优化的部分还有很多，Li 等人就提出了一种分布式特征提取方法[84]，现阶段有人通过机器学习的方法来处理视觉 SLAM 中特征提取的问题。他们在论文中通过联邦学习提取出特征的词袋模型，同时在学习的过程中上传的并不是图片本身来减少带宽压力。其整体架构如图 2-41 所示，文章的贡献点包括：

1）联邦学习：FC-SLAM 引入了联邦学习的概念，这是一种分散式机器学习方法，其中多个本地设备（机器人）可以在不共享原始数据的情况下共同训练模型。这种方法有助于保护机器人的数据隐私，并减少了数据传输的需求。

2）云计算架构：FC-SLAM 采用了云计算架构，机器人可以将部分 SLAM 计算任务卸载到云端进行处理。这降低了机器人本地计算资源的要求，使其能够在计算能力有限的情况下执行 SLAM 任务。

3）分布式视觉-LiDAR SLAM：该算法同时利用视觉和 LiDAR 传感器的数据，以提高 SLAM 系统的鲁棒性和精度。它能够在复杂的室内和室外环境中执行定位和地图构建任务。

4）数据隐私：由于采用联邦学习，FC-SLAM 允许机器人保持其本地数据的隐私，不需要将原始传感器数据传输到云端。这对于保护敏感信息和符合隐私法规至关重要。

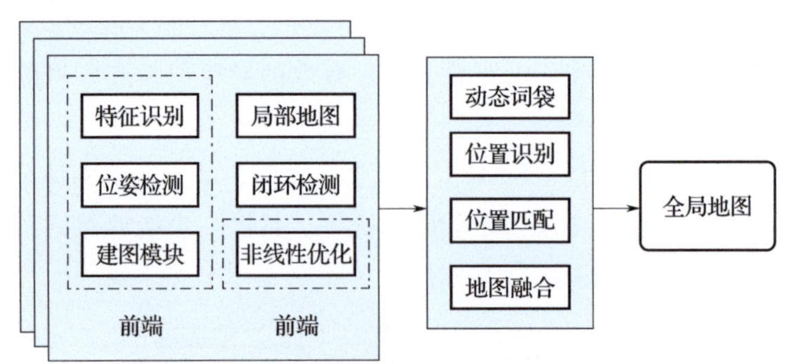

图2-41　基于联邦学习的协作 SLAM 架构

综上所述，协作 SLAM 在各种应用场合中都可以挖掘出更多的可能性，同时现阶段对于协作式 SLAM 的研究还存在很多的优化空间：对于车上数据更充分的利用、对于异构数据的融合利用、对于特征提取更好的方法、对于计算任务更好的分配等。

2.4.3　多车协作 SLAM 架构性能分析

针对上节中提到的几种协作 SLAM 架构，本部分将展示实验结果并进行对比分析。

1. CCM-SLAM

（1）实验环境

CCM-SLAM 同时通过自己搭建的无人机群和公共数据集给出了详细的实验数据，其中公共数据集采用的是视频数据 EuRoC 数据集，该数据集由欧洲机器人研究社区开发和维护，旨在提供用于评估和比较 SLAM 算法性能的标准数据，其主要特征包括：

1）多传感器数据：该数据集包括了多种传感器数据，主要是摄像头和惯性测量单元（IMU）数据。这些数据一起用于执行视觉 SLAM，以实现在未知环境中的机器人自主导航和地图构建。

2）多种场景：EuRoC 数据集提供了多种不同的场景和环境，包括室内和室外场景，以及各种不同的光照条件和复杂度级别。这有助于评估 SLAM 算法在各种情况下的性能。

3）准确的地面真值：数据集提供了高精度的地面真值数据，可用于评估 SLAM 算法的定位和地图构建的准确性。这些真值数据是通过专业的测绘设备获取的，因此具有很高的参考价值。

4）标定信息：EuRoC 数据集还包括了传感器标定信息，帮助研究人员将不同传感器的数据进行正确的校准和配准，以实现精确的 SLAM。

5）多个数据序列：数据集包含了多个不同的数据序列，每个序列都对应不同的场景和运动情况。这使研究人员能够测试 SLAM 算法在不同情况下的鲁棒性和一般性能。

实验采用了其中命名为 MH01、MH02、MH03 的三个片段。而在另一组实验中，作者展示了自己团队搭建的无人机群的实验结果，其中的硬件配置见表 2－2。

表 2－2　CCM-SLAM 硬件配置

平台	型号	参数	传感器
服务器	ThinkPad T460s	2.60GHz×4，20GB RAM	—
无人机 1	AscTec Neo UAV	Intel NUC 5i7RYH 3.1GHz×4，8 GB RAM	Realsense R200 RGB-D camera
无人机 2	AscTec Neo UAV	Intel NUC 5i7RYH 3.1GHz×4，8 GB RAM	Bluefox grayscale camera
无人机 3（数据集）	Intel NUC 7i7BNH	3.5 GHz × 4，32 GB RAM	—
无人机 3（真机）	AscTec Hummingbird UAV	AscTec Atomboard V3（1.91Ghz×4，4GB RAM）	Bluefox grayscale camera
路由器	TL-WR802N USB Router	—	—

为了验证平台的兼容性，在无人机 3 上使用了两种配置：一种是纯粹使用个人计算机播放数据集，另一种是使用了比无人机 1 和无人机 2 配置更低的无人机型号。

(2) 实验结果

图 2-42 是作者在城市内进行的实验，从图中也可以看出 CCM-SLAM 合并地图的顺序。最初，服务器为每辆无人机都初始化一份地图，当检测到无人机 2 和无人机 3 之间的地图存在重叠区域后，将两份地图进行融合得到一张范围更广的地图。随后当检测到无人机 1 的部分地图也产生重叠时，将所有的地图数据进行融合，从那时起，所有无人机的位置和特征点信息都在同一张图上进行定位，实验结束时如图 2-42d 所示。在本次实验中，还检测到了两次闭环。

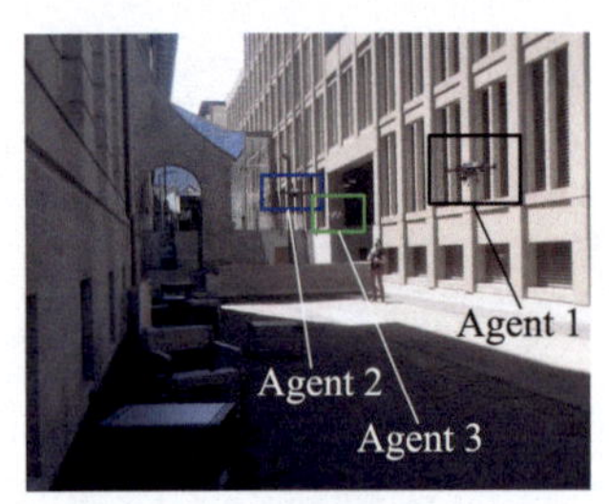

a）实验场景

b）无人机2和3融合后的地图

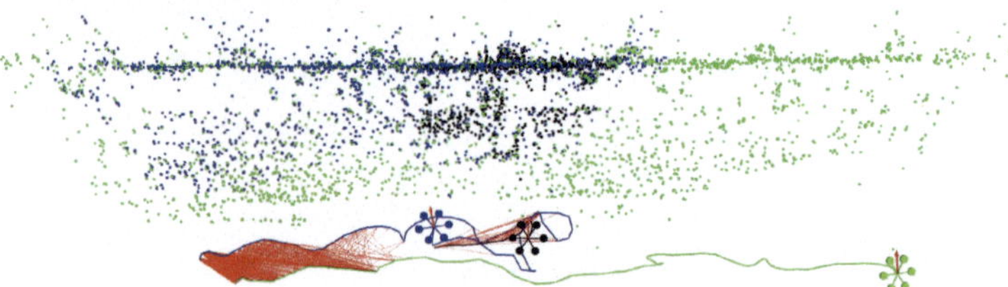

c）无人机1、2、3融合后的结果，图中展示了无人机的轨迹和地图点

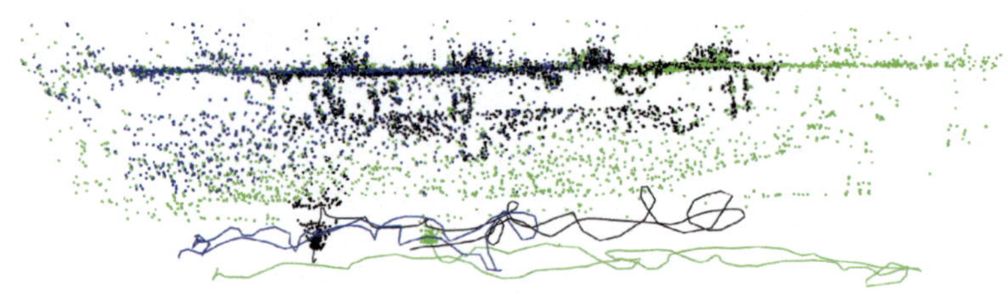

d）实验完成后整体的地图效果展示

图 2-42　CCM-SLAM 建图结果展示

除了在城市内进行实验，作者也通过公共数据集进行了对比实验，其中 Irchel 为作者录制的数据集。作者通过计算无人机路径的均方根误差（Root Mean Square Error，RMSE）来反映协作 SLAM 的精度，这在 SLAM 领域中是一种常见的比较方法。

实验结果展示在表 2-3，从结果中可以看出，CCM-SLAM 算法无论从单体的精度提升还是和其他算法的协作式架构相比，都具有一定的优势。尽管没有使用惯性传感器，但是其表现仍比 VINS-mono 更稳定，在多轮的实验中，CCM-SLAM 比 VINS-mono 更准确地估计了这些轨迹之间的高度偏移，从而对 Irchel 数据集进行了更精确的协作估计。

表 2-3　CCM-SLAM 实验数据

数据集	UAV1 RMSE	UAV2 RMSE	UAV3 RMSE	CCM-SLAM RMSE	VINS-mono RMSE
Irchel	0.21(0.15%)	0.22(0.17%)	0.21(0.13%)	0.21(**0.06%**)	0.36(**0.11%**)
EuRoC	0.061(0.076%)	0.081(0.116%)	0.048(0.04%)	0.077(**0.03%**)	0.074(**0.03%**)

2. V-LOAM

(1) 实验环境

V-LOAM 算法主要使用的传感器为摄像头和激光雷达，其中摄像头采用 60Hz 帧率配置的。uEye 单色相机。三维激光雷达基于 Hokuyo UTM-30LX 激光扫描仪。激光扫描仪的视场角为 180°，分辨率为 0.25°，扫描速率为 40 线/s。电动机驱动激光扫描仪旋转运动，以实现 3D 扫描。电动机受控以 180°/s 的角速度在 -90°~90°之间旋转，激光扫描仪的水平方向为零。编码器以 0.25°的分辨率测量电动机旋转角度。收集数据的软件程序在一台配备 2.5GHz 四核 Linux 系统的笔记本电脑上运行。该方法消耗大约两个半核心：视觉里程测量需要两个核心，激光雷达里程测量需要半个核心，在对 KITTI 测距基准进行评估时，该方法使用了来自单个摄像头和 Velodyne 激光雷达的数据。

(2) 实验结果

通过手持式设备进行了多轮实验，其中摄像头分别使用了 76°的广角摄像头和 185°的鱼眼摄像头进行实验，在这些测试中，传感器都是由一个以 0.7m/s 速度行走的人拿着，实验结果如图 2-43 所示。两条轨迹分别来自使用广角摄像头和鱼眼摄像头进行的视觉里程测量，另外两条轨迹则由激光雷达里程测量改进而成。通过对比可以发现，由于图像失真较严重，鱼眼摄像头的漂移速度（绿色曲线）比广角摄像头（红色曲线）更快。然而，激光雷达里程测量法精炼的轨迹（蓝色和黑色曲线）差别不大，这表明激光雷达里程测量法能够纠正视觉里程测量法的漂移，而不用管漂移量的大小。

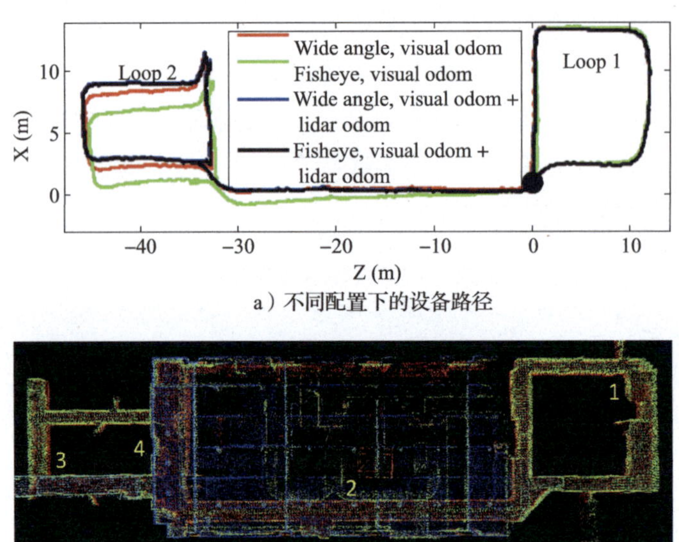

a）不同配置下的设备路径

b）手持广角摄像头使用V-LOAM的建图效果

图2-43　V-LOAM 实验结果展示

通过手持不同设备（鱼眼摄像头和广角摄像头）进行了总计四轮实验，并统计其绝对位置误差（Relative Position Error，RPE），表 2-4 记录了实验的数据结果。对于测试 1，路径包含两个闭环。在闭环处测量轨迹上的间隙，以确定相对位置误差。对于测试 2，激光雷达在路径的起点和终点感知相同的物体。手动提取并关联激光点云中的 15 个点来计算位置误差。对于测试 3，位置误差是在起始位置和结束位置之间测量的。从表格中可以看出，尽管使用鱼眼摄像头的视觉测距比使用广角摄像头的准确度要低，但激光雷达测距能够将准确度提升到相同水平。

表 2-4　V-LOAM 实验数据

测试编号	距离/m	W-V	F-V	W-VL	F-VL
1	49	1.1%	1.8%	0.31%	0.31%
2	47	1.0%	2.1%	0.37%	0.37%
3	186	1.3%	2.7%	0.63%	0.64%
4	538	1.4%	3.1%	0.71%	0.73%

2.4.4　多车协作 SLAM 未来挑战

1. 通信受限条件下的协作场景

由于协作 SLAM 场景下的自动导引运输车（Automated Guided Vehicle，

AGV）和 UAV 具有相当灵活的移动性，因此在实施的过程中会经常处于通信受限的场景，这是一个棘手的挑战，因为此时只有非常有限的带宽给每辆车传输数据，而 SLAM 系统又需要传输大量的数据来进行计算：图像数据、雷达点云数据等对带宽的需求都不小，而高质量的数据才能得到高精度的地图。因此，需要高效的数据压缩和传输策略，以确保传感器数据能够实时传输到其他机器人或中央服务器。

通信受限的场景可能导致的另一个问题就是时延，在某些特定的环境尤其是高动态的环境中，需要保证数据的时效性，以确保传感器数据能够按时到达其他机器人或中央服务器。时延可能导致数据不同步，对 SLAM 系统的性能产生负面影响。可通过合理地规划场景中 AGV 尤其是 UAV 的路线，缩小信息的 AOI 来达成更可靠的系统。

2. 多模态数据融合

多模态数据融合在 SLAM 中具有广泛应用，能够提供更全面和准确的环境感知信息。然而，在协作 SLAM 领域，多模态数据融合也面临一些独特的挑战：

1）传感器异构性：SLAM 系统通常使用多种传感器，如摄像头、激光雷达、惯性测量单元（IMU）等。这些传感器具有不同的工作原理、采样频率和数据格式，因此需要克服异构性，将它们的数据整合到一个一致的框架中。

2）数据对齐：多模态数据通常具有不同的时间戳和坐标系，需要进行时间同步和坐标转换，以确保数据可以在同一时刻和空间中进行融合。对齐问题尤其在 SLAM 中至关重要，因为定位和地图构建需要准确的时间和位置信息。

3）数据融合策略：选择合适的数据融合策略是一个挑战。应该考虑不同传感器的相对重要性，以及如何有效地融合它们的信息。例如，如何权衡摄像头和激光雷达的数据以提高定位精度。

4）维度不匹配：不同传感器产生的数据通常具有不同的维度和特征表示。在融合时，需要进行特征提取、维度匹配或者使用降维技术，以确保数据具有一致的表示形式。

5）噪声和不确定性：每个传感器都可能受到噪声和误差的影响，因此融合多模态数据时需要考虑不同传感器的噪声特性，并采用合适的方法来处理不确定性。

6）计算复杂性：多模态数据的处理和融合通常需要大量计算资源，特别是在实时 SLAM 应用中。因此，需要高效的算法和硬件支持，以确保 SLAM 系统的实时性。

7）长期一致性：SLAM 需要维护长期一致的地图，这意味着融合的数据应该具有持久性。在多模态融合中，需要解决长期一致性问题，以防止积累误差。

8）数据质量和可靠性：某些情况下，某个传感器可能出现故障或者产生低质量的数据。SLAM 系统需要具备鲁棒性，能够在一些传感器数据质量较差或不可用的情况下正常运行。

因此，多模态数据融合在 SLAM 中面临着传感器异构性、数据对齐、融合策略、维度不匹配、噪声和不确定性、计算复杂性、长期一致性以及数据质量和可靠性等挑战。解决这些挑战需要结合传感器融合技术、SLAM 算法和工程实践，以提高 SLAM 系统的性能和鲁棒性。

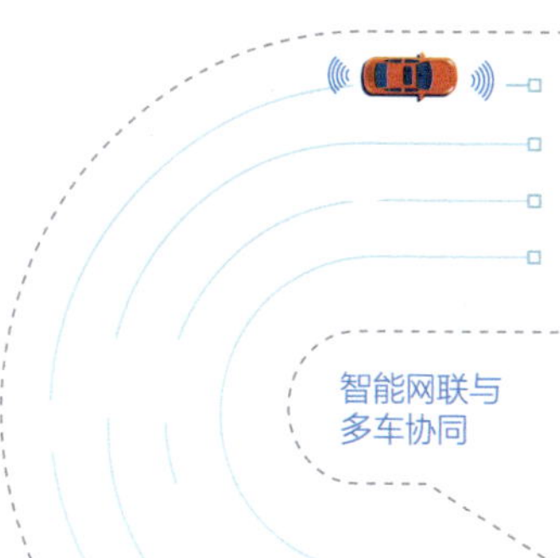

第 3 章 多车协同雾计算

近年来，随着汽车工业的不断发展壮大，车辆逐渐成为城市交通系统中不可或缺的一部分。同时，伴随着车辆通信方式和联网方式的进化，智能网联车辆逐渐成为引领下一代智能交通系统（Intelligent Transportation System，ITS）发展趋势的重要基石。智能网联车辆是指将车联网与智能车有机结合，搭载先进的车载传感器、控制器、执行器等装置，并融合现代通信与网络技术，实现车与人、路、后台等智能信息交换共享，追求安全、舒适、节能、高效的行驶体验。随着 IoT 技术和通信技术的快速发展，智能网联车辆可以通过互连的传感器和车载单元有效地收集、处理和分享道路状况和自身状态信息，实现车辆对车辆（Vehicle to Vehicle，V2V）、车辆对路（Vehicle to Road，V2R）、车辆对云端（Vehicle to Cloud，V2C）、车辆对行人（Vehicle to Pedestrian，V2P）等车辆对万物（Vehicle to Everything，V2X）的数据互联互通，并进一步提供各种移动应用程序的使用。毫无疑问，这些移动服务的存在使得 ITS 在各方面都变得更加智能、方便和安全。

然而，考虑到车辆行驶环境中环境的动态性，以及变化场景下对于低时延的要求，这些新型计算密集型应用也给网络能力带来了严峻的挑战。本章基于雾计算的思想，结合智能网联车辆与雾计算介绍了车联网雾计算（Vehicular Fog Computing，VFC）架构以及多车协作计算方案，通过将车辆的计算和传输请求放在边缘中间层处理，进一步发挥雾计算低时延、高可靠的特性。VFC 为智能网联车辆的应用提供了全新的诠释，并为车联网提供了有力的支撑。

3.1 车联网雾计算介绍

3.1.1 雾计算的概念与发展

受限于车载服务设备有限的计算资源和存储资源，车辆自身可能无法独自应对激增的计算密集型和延迟密集型任务。为了处理这些数据，一种直观的做法是借助远程服务器的资源算力，以此提供服务保障。这种方式被称为云计算。云计算被定义为“一种允许对大量配置的计算资源（例如，网络、服务器、存储、应用程序和服务）进行无处不在、方便且按需访问的模式”，并且在云计算中这些资源可以通过最小的管理工作量或服务提供商交互进行快速调配和发布[85]。云计算是分布式计算的一种，指的是通过网络“云”将巨大的数据计算处理程序分解成无数个小程序，然后通过由服务器组成的系统进行处理和分析这些小程序得到的结果并返回给用户。云计算在当代社会有着越来越广泛的影响力。根据 Cisco 在《年度互联网报告 2018—2023》白皮书[55]中的预测，未来数年内网联设备（包括智能网联车辆和工业设备，如气候检测基站、道路设备等）将产生大量的数据，预计到 2023 年，全球 66% 的人口（约 53 亿）将带来超过三倍数量的设备（约 159 亿）接入互联网，并产生 ZB 级别的网络数据流量。移动云计算（Mobile Cloud Computing，MCC）是用以满足移动用户计算需求的一种云计算场景。移动云计算面向移动用户，依托云计算丰富的资源和处理能力，能够提供许多有利的特征，比如并行计算处理能力、虚拟资源分配、高可拓展性、保密安全性等。

然而，随着网联设备和数据吞吐量的进一步提升，尤其是近年来智能网联车辆数量激增，在高速移动中产生大量的数据，传统的基于云计算的数据处理方法不能在满足服务质量（Quality of Service，QoS）/体验质量（Quality of Experience，QoE）需求的同时为 ITS 以及智能网联车辆提供可靠的数据传输和计算服务。以智能网联车辆为例，单个车辆往往在运行过程中就能够产生 GB 量级的待处理数据。考虑到道路上多个车辆共同行驶与数据上传的形式，以及城市交通中多个区域内部多个网络共同向云端请求或上传数据的场景，核心网将在边缘端遭遇 I/O 瓶颈并产生堵塞。这样一来，数据传输时延将受到极大的影响而大幅增加，会产生严重的时延导致严重后果，甚至会因为影响计算密集型车载应用的运行而造成延迟判断，进而危害到车辆行驶安全。考虑到网络带宽的增长速度远远滞后的现状，在未来，随着联网设备的增多与应用数据需求的增大，云计算的应用将难以满足高可靠、低时延的需求。

在上述考虑的约束和不足下，多接入边缘计算（Multi-access Edge Computing，MEC）被视为一种可以有效解决上述难题的方案。相较于将数据传输至云端而导致的传输拥塞，边缘计算将服务部署至距离移动终端用户更近的边缘端。欧洲通信标准学会（ETSI）于 2014 年提出了移动边缘计算的概念，旨在缓解云计算应对大规模数据请求时所面临的困境[86]。2017 年，ETSI 官方将移动边缘计算正式更名为多接入边缘计算以“应对第二阶段工作中的挑战”，并“更好地反映非蜂窝运营商的要求”[87]。为避免引起歧义，本节使用MEC指代多接入边缘计算。顾名思义，多接入边缘计算能够使得移动终端在接入边缘网络的时候具有更多的接入方式选择。举例来说，一辆智能网联车辆能够将计算任务直接卸载到基站（Base Station，BS）或路边中心单元（Road Side Unit，RSU）的计算单元中，而无须将数据传输到云端。小云朵（Cloudlet）是多接入边缘计算中的一个重要概念。小云朵指的是那些与终端用户之间仅需单跳无线传输距离的计算平台，通常汇聚了大量的资源富集型计算节点。这些计算节点通过设置虚拟机的方式，为多个移动终端用户提供可靠的计算服务。小云朵可以视为云端层的一种缩影，是一个小型整体，具有自我管理机制，能够调度相关的资源和网络连接来实现服务传输。由于小云朵距离终端用户较近，这种物理层面上的接近使得多接入边缘计算能够为移动设备提供更低时延的服务，尤其满足智能网联车辆的地理位置相关性、时延密集性、快速移动性特征。

在即将到来的数据新时代，人们期望能够在车辆网络中使用更高水平的数据处理技术。为了满足这一需求，雾计算（Fog Computing）的概念应运而生。雾计算是解决MCC问题的另一种可行方案。雾计算由Cisco于2012年提出。与MEC稍有不同，雾计算被定义为“一个系统级的水平体系结构，它将计算、存储、控制和网络的资源和服务分布在从云到物的任何地方”[56]。雾计算能够提供更加异质性（Heterogeneity）的服务以及地理位置分布更加广阔的边缘分布式控制。此外，雾计算同时还强调与云端的交互控制。云端部署在雾计算的顶层，因此可以为雾计算的整体架构提供更加深入和全面的数据分析与计算支持。这种特征非常适用于边缘人工智能（Edge Intelligence）的应用，针对复杂且时序变化的车联网场景能够有效挖掘数据内在的联系和底层知识，能够提供更多的可能性和更好的服务。雾计算利用数据生成地点附近的计算资源，在本地提供资源和服务给任务生成方。不同于云服务器那样远离计算任务生成地点，雾计算架构下的雾节点（Fog Node，FN）往往被部署于数据生成的边缘地段。尽管单个雾节点不具备如云服务器那般强大的数据处理能力，但其分布广、距离数据发生源近的特点，使得它能够提供更低时延且更高效的边缘服务。

文献［88］介绍了对于计算节点和存储节点而言边缘计算的实际应用，提出边缘计算对于物联网下移动性节点、可拓展性和隐私保护的支持。文献［89］则从通信的角度出发，对现有边缘计算进行了方法和场景上的调研，分析了边缘计算的优缺点和无线通信以及移动计算对于边缘计算的原生需求，总结了诸如绿色边缘计算、移动支持边缘计算、安全保证边缘计算等类别，对边缘计算现有架构进行了一次全面的总结调研。文献［90］从中心式云计算出发，介绍了雾计算的概念和功能性，提出雾计算能够帮助云计算节约能量，揭示了在边缘设置雾服务器可以提升系统整体性能并减少能量消耗。文献［91］介绍了雾计算在物联网领域的应用中涉及的安全与隐私性考量，在此基础上，文献［92］提出一种机制，应用雾来提升物联网中证书吊销信息的分布性，为雾计算提供安全性保障。文献［93］介绍了雾计算和云计算之间的差异，主要研究了基于雾-云合作架构的工作流分配问题，旨在平衡时延消耗与能量消耗，并将雾计算融入云计算的现有架构之中。文献［94，95］则研究了雾计算与物联网的结合，探寻两者结合所带来的研究重点，提出了包括嵌入式AI技术、5G无线系统等应用场景，阐明了现有系统架构对雾计算的需求。文献［96-98］在现有雾计算的基础上考虑移动性，探索在动态环境下如何保障稳定高效的通信，并且将移动性纳入任务卸载[97]和资源调度[98]问题进行进一步完善考虑，引入了研究移动边缘雾计算的概念。

如图3-1所示，三种不同场景的差异可以在多个方面体现。如果说多接入边缘计算是云计算的一种替代方案，那么雾计算就是对云计算的一种补充。雾计算充分利用了云计算现有的资源和优势，同时使用全新的方式将云计算的劣势进行弥补，最终提供了一种具备潜力的、高可靠的、能够适用于未来不断增长的接入设备的全新架构。表3-1以一种更加直观和简洁的方式展示了有关移动云计算、多接入边缘计算和雾计算的对比分析。可以发现，虽然云计算在云端存储了更多的计算资源，但是由于距离终端用户较远，也因此带来了更高的时延。而雾计算虽然具有计算资源受限的特征，但是允许更多的异构节点接入并提供计算，并且支持节点的移动性，通过合适的算法部署以及优化调度后往往能够提供比云计算和多接入边缘计算更可靠的服务质量与低时延表现。

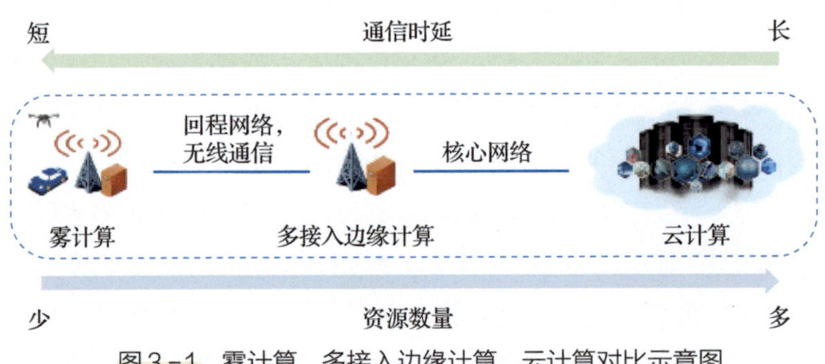

图3-1 雾计算、多接入边缘计算、云计算对比示意图

表 3-1　移动云计算、多接入边缘计算与雾计算的区别与联系

	移动云计算（MCC）	多接入边缘计算（MEC）	雾计算（FC）
提出者	不明	ETSI	Cisco
架构	终端 - 云端	终端 - 小云朵 - 云端	终端 - 雾节点 - 云端
处理模式	单对单	少量云端协作	云端协作
与终端的距离	遥远（km 级）	较接近（100m）	非常接近（10m）
响应时延	慢	快	非常快
地理分布	集中式	分布式	分布式
服务节点数量	少	多	多且异构
移动性	不支持	受限支持	支持
资源数量	多	受限	受限

3.1.2　多车协作车联网雾计算

1. 车联网雾计算介绍

世界范围内车辆使用数量预计将由 2010 年的 10 亿辆增长至 2030 年的 20 亿辆。车辆无线通信与网络是下一代智能交通系统的基石技术。随着物联网技术的飞速发展壮大，车辆作为万物互联中的一部分，通过车载装置与互联感知设备，形成了独特的车联网（Internet of Vehicle，IoV）架构。而随着车联网无线通信技术的不断完善和各种新兴车载应用的兴起，诸如 AR/VR 技术、自动驾驶技术、娱乐功能、车辆状况识别等，用户对车辆计算能力以及数据处理能力的需求也水涨船高。尽管现有的车载单元已经能够提供一定程度上的数据处理支持，但当涉及更宏大的应用需求以及相应的缓存、计算需求时，单个车辆上的车载设备也将难以为继。为了解决这方面的问题，研究者们结合云计算与车联网，通过提供集中式充足资源来满足车辆的计算和数据处理需求。然而考虑到车辆自身的高移动性特性，以及车辆之间速度差带来的动态网络拓扑，集中式的云端通信无法满足低时延的服务需求。秉承将云计算带到边缘的思想，将雾计算的理念与车联网相结合，诞生了车联网雾计算的概念。

广义来讲，车联网雾计算包含三个部分，分别是云端层、小云朵层和雾层。而车联网雾计算的架构又可以分为两种模式，即以车辆节点作为雾节点的雾计算模式，以及以基础设施作为雾节点的雾计算模式。考虑到基础设施铺设的难度和未来道路上大规模的车辆群体，以车辆节点作为雾节点更具现实基础与研究价值。

文献[99]将行驶中车辆与停止车辆作为计算节点，同时使用雾服务器作为服务节点，验证了不同场景下车联网雾计算的优越性，为后续车联网雾计算的研究奠定了基础。文献[100，101]总结分析了车联网雾计算的结构、安全性与隐私策略，揭示了 VFC 下主要研究的重点和热点内容。

以结构为例，文献[102]使用区块链技术，结合 5G 和软件定义网络构建了一个防范恶意攻击的 VFC 架构。文献[103]则从交通管控的角度出发，分析 VFC 对于车辆间实时性要求和位置要求的影响，最小化请求传输时延。除了移动中的车辆，在路边停止（parked）的车辆同样能对 VFC 架构下的服务起到帮助作用[104,105]。通过对路边停止车辆的资源应用，可以将静止车辆看作稳定的雾服务器节点[104]，并且基于此，提出了停车位置存储的拍卖策略[105]，进一步提升了计算资源利用率。

有关安全认证方面的研究也是车辆雾计算架构下的研究重点。文献［106，107］提出了一种在 VFC 下的认证识别策略，以保障信息交互的认证准确率。文献［108］则基于区块链技术，提出了一种在乡村基础设施稀少地区建立可信 VFC 服务的方法，利用价格机制为 VFC 服务提供基础。类似地，还有文献[109]利用区块链对分布式车辆雾服务进行轻量级匿名认证，文献[110]结合区块链和 VFC，提出了一个车辆池方案，利用匹配理论实现车辆和用户的一对多配对，文献[111]利用区块链设计了一个在雾层的任务卸载信誉管理系统，以降低恶意车辆和自私车辆的影响。除了区块链技术，文献[112]在 VFC 下利用诱惑技术和用户行为肖像保证数据的安全和隐私，文献[113]提出了一种保护隐私的用户假名方案，同时使用多层架构防止信息堵塞。

除了上述提到的研究内容，在 VFC 下的研究还包括结合无人机（Unmanned Areial Vehicle，UAV）的架构创新[114]，基于 VFC 的计算任务负载均衡[115]，基于 VFC 的协作智能感知[116]，基于 VFC 的自动驾驶[117]、基础设施辅助[118]、联邦学习[119]等。这些工作从各方面探讨 VFC 的研究要点，共同完善了 VFC 架构研究。

这些工作建立了一种经典的车联网雾计算架构，如图 3-2 所示。传统的车联网雾计算架构分为三层，即中心服务器的云端层、由基站/路侧中心单元等区域节点划分得到的小云朵层，以及底层车辆节点构成的雾层。云端层聚集着最丰富的数据处理资源，能够提供大规模数据处理的能力；但是由于距离边缘计算场景遥远，且受限于边缘端通信瓶颈，不能提供低时延服务。小云朵层分别管控各个雾服务区域，并且将雾区域内无法处理的数据处理需求转接至云端层，处于承上启下的地位。雾层涵盖底层车辆节点，提供低时延、高效率的数据处理服务。车联网雾计算更加着重于“雾”的概念，并且提倡应用车辆节点作为雾节点，共享闲置资源。考虑到车辆自身的移动性，以及铺设大规模边缘服务器的成本需求，车联网雾计算无疑是一个更加具有可行性，也更加高效的车辆计算方案。

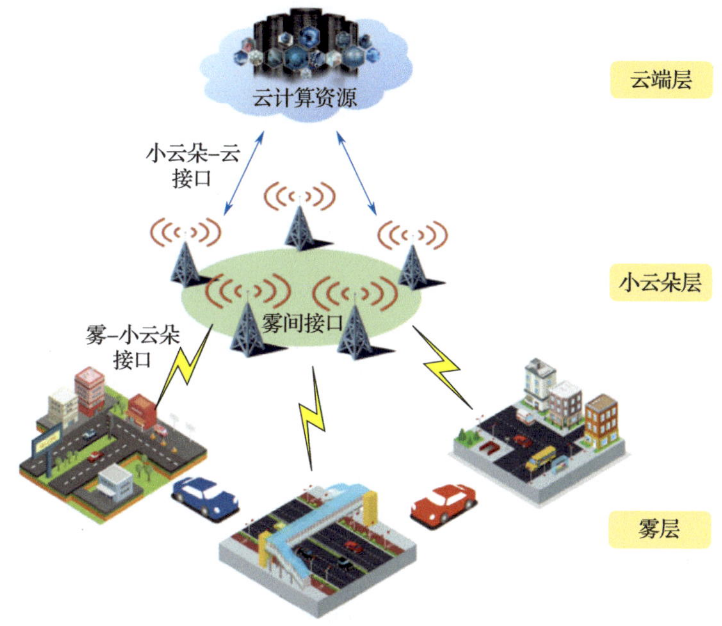

图3-2　车联网雾计算结构示意图

2. 车联网雾计算中协作任务卸载介绍

然而，车联网雾计算着重于引入更多的计算节点，也面临着更加复杂的服务－资源匹配关系。如何在车联网雾计算场景下提高服务质量与用户服务体验？为了解决这个问题，大量的研究者将目光聚集在协作任务卸载方案的设计，通过将计算资源合理分配，使不同需求和地理位置的计算任务需求能分配到合理的车辆雾节点，从而达到缩短平均时延或提高系统吞吐率的目的[120]。协作计算则强调不仅仅是单个车辆雾节点服务计算任务，而是多个车辆雾节点之间相互协作来提供计算服务[121]。本质上，解决协作任务卸载问题就是解决一个动态拓扑网络下交互耦合资源的分配问题，以提升系统的整体计算效率。

车联网雾计算架构下的协作任务卸载问题旨在通过计算资源优化调度的方式缩短服务时延，提升用户服务体验[122]。文献[123]考虑到车联网雾计算架构下动态环境的信息不确定性与信息不对等特性，使用匹配算法完成任务与雾节点之间的匹配，从而缩短平均服务时延。文献[124]考虑到任务之间的并行关系，提出了一种并行任务卸载策略，并且同时考虑到车辆的移动性和现有剩余资源。文献[125]将任务卸载问题看作一种多目标优化问题，并且提出基于线性优化和粒子群（Particle Swarm Optimization，PSO）的事件触发卸载框架 Folo，达到缩短任务时延的目的。文献[126]则提出一种云、雾服务器、车辆雾节点相互协同的任务卸载框架，结合路径变换方法与 PSO，将任务卸载问题划分为多个无约束的子问题，实现求解目的。文献[127]考虑任务之间的优先级差异，应用深度强化学习方法，建立任务效用模型，并且以最大化任务效用为目的进行学习。文献[128]则将车辆移动性纳入考量，并且不再将所有任务作为卸载目标，而是进行任务的划分，基于深度强化学习实现部分任务卸载，在决策层面更加灵活。文献[129]为了在时延敏感的任务卸载环境下进行计算，提出了适应性任务卸载算法。

面对复杂多变的车辆环境以及异构化任务需求，机器学习方法往往能用于减少决策时间。文献[130]结合信息中心化技术和雾计算的特征，提出基于机器学习的计算资源分配策略以减少车辆接收到反应的时延。文献[131]结合强化学习与启发式信息，考虑到仅有一小部分车辆有能力提供实时服务，应用车辆移动信息与停车信息，最小化任务时延。文献[132]从工业应用的角度出发，同时考虑网络交通与计算工作流，旨在平衡能量消耗与服务时延的损益，从这个角度来建模用户对于分享资源的意愿程度，并且最终用深度强化学习实现任务卸载决策。

可以看出，当前的研究主要集中在动态车联网雾计算环境下的任务卸载、机器学习方法的应用，以及时延的综合优化等方面。这些研究共同基于车联网协同雾计算的架构，综合考虑车辆雾节点和基础设施的能力，通过调度与优化的方法，为任务车辆提供优质高效的计算服务。

3.2 车联网协同雾计算架构

3.2.1 车联网协同雾计算整体架构

车联网雾计算架构是一个多层次、大范围的复杂架构，其中包含多个实体，不同实体之间存在利益相关的关系。

1）云端资源：由于大规模数据中心的部署需要大量的服务器，而大量服务器运行所产生的噪声和热量都会极大地影响到居民普遍生活，且受限于造价成本，这类场所都建造在远离居住场所的地方，因此云端资源往往集中在距离终端用户数十千米外的服务器机房之中。基于上述情况，终端用户往往通过访问核心网的骨干网络接入云端资源，从而获取服务。这种访问模式极易造成通信拥塞，不适用于处理车联网产生的大规模用户数据。

2）基站：基站是无线通信的基础设施，也是车联网得以实现的通信前提。基站部署在城市当中，提供数据传输服务。现代城市被多个基站的辐射范围覆盖，从而保障城市内的各种设备得以通过无线传输的方式入网。通过辐射信号的无线通信方式，基站还可以进一步通过地下的回程网络（包含光纤回程、铜缆回程、无线回程等）连接进入核心网，进而允许终端用户通过核心网络多跳传输的方式获取来自远程云端的资源。

3）路侧中心单元：路侧中心单元安装在路侧，采用 DSRC 或 4G/5G 等通信技术与车载单元进行通信，进而实现车辆识别、服务计算、请求处理等功能。

4）车载单元：车载单元是挂载在车辆上的通信设备，通过 DSRC 或 4G/5G 等通信技术与其他车载单元或者路侧中心单元进行通信。

5）车载计算单元：车载计算单元是车辆用于计算的相关设备。随着计算单元工艺的进一步发展，得益于车辆庞大的体积与充足的能量，车载计算单元的计算力往往不弱于一些台式计算机，因此能够执行一些较为复杂的计算任务。

6）雾节点：雾节点是在边缘端提供服务的设备节点。根据移动性和所有权的差异，边缘服务节点可以分为车辆雾节点和基础雾节点两大类，其中车辆雾节点又可以分为移动车辆雾节点与静止车辆雾节点两类。基础雾节点与传统边缘计算类似，通过部署在边缘端的服务器来提供相应的服务，并且服务器属于服务提供商（Service Provider）。车辆雾节点则由车辆的驾驶员决定是否参与。如果车主同意贡献车载计算资源，则以相应的方式提供服务。其中，当车辆处于静止状态，比如停留在路边或者在停车场时，则被称为静止车辆雾节点；当车辆处于移动状态，则称为移动车辆雾节点。本节中，如没有特别说明，车辆雾节点指代的都是移动车辆雾节点。

7）任务请求车辆：任务请求车辆又可以简称为任务车辆。在车辆运行过程中，由于车载设备的运行程序，会导致产生各种各样的数据请求和计算需求。不同的需求以 CPU 计算量、最大容忍时延、上传或下载数据传输量为区分，量化成为任务，并以任务简报（profile）的形式进行请求。

8）计算任务：根据车载应用场景的不同，车载计算单元会根据车主需求生成不同的车辆计算任务。通过声明需要请求的计算资源、上传/下载数据量、最大容忍的服务时延以及其他相关信息（比如隐私保护程度、是否要传输至云端等)，抽象的计算任务可以具体化为一个个任务实例。本节针对计算任务实例，进行相关的任务卸载和任务计算过程，从而提升整体系统的吞吐量和效率。

9）服务区：服务区是可以满足车辆计算需求的区域。可以肯定的是，现代城市由 RSU 或 BS 操纵的几个服务区覆盖。在服务区域中，一个区域管理器（通常是 BS 或者 RSU）被选定来协调和管理所有雾节点，以提供计算资源。当车辆进入或离开服务区时，必须通过认证并通知区域管理器。在现实场景中，可以假设 RSU 是其覆盖范围的区域管理器，并且 RSU 能够覆盖所有的道路区域，来提供服务。车辆定期向区域管理器 RSU 报告其位置、方向、速度、计算需求和可用资源，从而帮助 RSU 调度资源。

基于上述概念，车联网雾计算架构的整体通信和计算架构可以从图 3-3 中得到。车联网雾计算架构分为三个层次，分别是顶层的云端层，通过核心网获取云端资源，中间的小云朵层，通过回程网络进行区域之间的通信，以及底层的雾层，通过无线通信方式进行“最后一公里”数据传输。大量的数据生成于雾层，通过小云朵层进行收集、处理、分享，最终汇总在云端层。而云端层基于大量的数据进行分析，由上至下指导小云朵层进行区域之间的资源分配策略，并最终落实到雾层进行数据交换和计算任务卸载。

图3-3　车联网雾计算通信计算架构图

3.2.2　车联网协同雾计算系统模型

本部分主要针对车联网雾计算所涉及的相关过程进行基础公式建模。建模包含通信建模、传播建模、计算建模、任务建模四个模块。在后续内容中，根据具体研究方向和研究场景的不同，会针对系统建模进行相应的增减和修改。

1. 通信模型

根据车联网内部通信对象的不同，可以将通信模型分为车对车通信和车对路通信两大类。车对车通信主要是指移动车辆之间根据应用数据传输需求建立连接，进行双向的单跳或多跳传输。考虑到实际应用场景中车辆移动速度较快，多跳传输的路由算法需要考虑的环境因素和干扰因素过于复杂，因此大部分工作都是假设车辆间通信为单跳传输。车对车通信不需要借用 RSU 的辅助，而是直接通过车载单元进行数据传输。由于车对车通信受车辆间相对速度影响较大，因此对传输范围、传输速度、通信时延有较高的要求。车对路通信主要是指车辆与路侧中心单元之间进行数据传输和通信。路侧中心单元包括交通路灯、电子车牌等，通过接收车辆传输的信息，进行相应的数据处理，从而实现车路协同，辅助车辆在驾驶过程中获得更好的体验。车辆与路侧中心单元通过无线传输方式，经过多跳或单跳通信，通信距离较短且相对速度较快。

车辆无线通信技术主要包括专用于车对车（V2V）、车对路（V2R）的无线通信技术 DSRC，或者称之为 IEEE 802. 11p，进行图像、语音和数据信息的实时传输，将车辆和道路有机连线。IEEE 802. 11p，同时也被称为 WAVE（Wireless Access in the Vehicular Environment）协议，是 IEEE 组织为了满足车联网环境下车辆间无线通信所提出的一种标准协议，并且被广泛地应用在不停车收费、出入控制、车队管理、信息服务等领域，在区域分割功能，即小区域内车辆识别、驾驶员识别、路网与车辆之间信息互动等方面具备得天独厚的优势。IEEE 802. 11p 采用正交频分复用（OFDM）调制方式，信号带宽为 10MHz，同时在 MAC 层应用支持增强分布式信道接入（Enhanced Distributed Channel Access）机制解决接入优先级相关问题，从而使得车辆在高速行驶过程中能够更好、更低时延地进行通信。然而，DSRC 存在通信距离较短，传输速率较慢的问题。近年来，随着无线通信技术的进一步发展，基于 3GPP 标准 LTE 技术的蜂窝车联网（C-V2X）同样也引起了研究者的关注。C-V2X 技术相较于传统的 DSRC 技术具备许多技术上的创新点和更具吸引力的特征，比如更快的传输速度、更大的覆盖范围以及基于蜂窝网络对于 4G/5G 网络的复用。然而，大部分现有的工作都是基于 DSRC 技术开展的，基于 C-V2X 的技术还尚未普及开来。因此本节中介绍的 V2X 通信模型仍然是参考 DSRC 相关标准体系制定的，如图 3-4 所示。

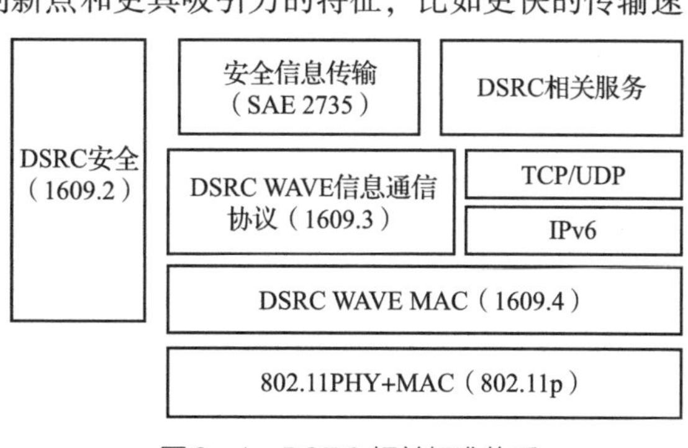

图 3-4　DSRC 相关标准体系

2. 信道传播模型

接下来介绍车联网雾计算下信道传输的传播模型。车联网的适用场景通常建立在城市道路路段，因此本部分基于 3GPP TR36.885 标准[133]，进行信道传播模型建模。特别地，传播模型基于半双工模型，即同一个时间片内，每个设备只能进行发送或接收操作，不能同时进行双向传输。假设一共有 K 个无线通信连接（包含 V2V 和 V2R）和 M 个频谱分段，那么针对第 k 个连接在第 m 个子信道的信道增益模型如下所示：

$$g_k[m]=\alpha_k h_k[m] \tag{3-1}$$

式中，α_k 是第 k 个连接的大尺度衰落影响（包含路径损耗和阴影衰落）；$h_k[m]$ 是小尺度衰落因子，这里主要考虑快衰落。

接下来对信道噪声干扰比值（SINR）进行建模。第 k 个 V2V 连接在第 m 个频段上的 SINR 公式可以由如下公式给出：

$$\gamma_k^{\mathrm{V2V}}[m]=\frac{P^{\mathrm{V2V}}g_k[m]}{\sigma^2+\mathrm{Int}_k[m]} \tag{3-2}$$

式中，P^{V2V}是传输功率；σ^2 是噪声功率；$\mathrm{Int}_k[m]$是干扰影响，干扰影响可以定义为

$$\mathrm{Int}_k[m] = P_{R,k}^{\mathrm{V2I}}[m] + \sum_{k'\neq k}\rho_{k'}[m](P^{\mathrm{V2V}}g_{k',k}[m] + P^{\mathrm{V2R}}\hat{g}_{k',k}[m]) \tag{3-3}$$

式中，ρ 是0—1 选择函数，当第 k'个连接选择在第 m 个频段通信的时候，ρ 的数值为 1，否则为 0。

式（3-3）中包含 V2R 通信的干扰以及周围车辆 V2V 连接的干扰。需要注意的是，由于每个车辆同一时刻只能由一个 RSU 提供服务，因此假设车辆在每个时刻只接收来自某一处 RSU 的干扰。

类似地，第 k 个 V2R 连接在第 m 个频段上的 SINR 公式可以由如下公式给出：

$$\gamma_k^{\mathrm{V2R}}[m]=\frac{P^{\mathrm{V2R}}g_k[m]}{\sigma^2+\mathrm{Int}_k[m]} \tag{3-4}$$

基于上述公式，利用香农定理可以获得第 k 个 V2V 连接在第 m 个频段的信道容量（传输速率）为

$$C_k[m]=W\log(1+\gamma_k^{\mathrm{V2V}}[m]) \tag{3-5}$$

而第 k 个 V2R 连接在第 m 个频段的信道容量为

$$C_k[m]=W\log(1+\gamma_k^{\mathrm{V2R}}[m]) \tag{3-6}$$

式中，W 是所分配的带宽。本节介绍的系统采取 OFDM 调制方式，不妨假设每个频段的带宽数量一致。

基于 3GPP TR36.885 标准[133]，可以得到关于 V2V 和 V2R 连接的参数制定，见表 3-2，其中 f_c 是载波频率，d 是距离，且 V2R 连接中的 d 的单位是 km。

表 3-2　V2V 和 V2R 连接的相关参数

	V2R 连接	V2V 连接
路径损耗	$128.1+37.6\log(d)$	$22.7\log(d)+41+20\log(f_c/5)$
阴影分布	对数正态分布	对数正态分布
阴影标准差	8 dB	3 dB
解相关距离	50 m	10 m
快衰落类型	Rayleigh 衰落	Rayleigh 衰落

3. 协作计算模型

每一个车载计算单元都具备一定的计算能力，可以进行本地任务的计算。当本地的计算资源无法满足计算需求的时候，车辆可以选择将一部分计算任务卸载给其他实体进行计算。根据计算卸载对象的不同，可以分为本地计算、车辆协作计算、边缘服务器计算以及云计算四类。假设车辆 V_i 的车载计算单元具有的计算能力为f_i^a(单位 GHz)，而愿意贡献出来的计算资源为 f_i，且车载计算单元采取先来先服务(First In First Out，FIFO)的队列计算方案，则对于计算需求为 D 的计算任务，当该任务前排列有 D'的计算需求时，该任务的计算时延为

$$T_i^{\text{comp}}=\frac{D'}{f_i}+\frac{D}{f_i} \tag{3-7}$$

可以发现，当计算时延在一定范围内的时候（即任务本身的最大容忍时间)，该任务被认为是允许在本地完成计算的，否则需要考虑进行任务卸载，交付给其他实体进行计算。

当车载计算单元的计算能力不足以应对本地计算任务的时候，车辆考虑将计算任务具体为计算实例的概念，并考虑任务卸载问题。对于计算任务 I_i 而言，同时具备四个主要属性，包括需要处理的计算需求 D_i（单位 mega-cycle)、需要上传的计算数据 up_i（单位字节)、需要返回的计算结果数据 dw_i（单位字节)以及该任务实例能够容忍的最大处理时延 ddl_i（单位秒)。考虑到实际的计算任务实例可能包含多个子任务，且子任务之间可以并行处理，假设每个任务 I_i 最

多可以分为 K 个子任务 $I_i^{(K)}$。各个子任务 $I_i^{(K)}$ 具有与任务相同的四个属性，则由服务车辆 V_s 对子任务的完成时延由以下公式给出：

$$T_k^{\text{comp}} = \frac{D_i^{(k)}}{f_s} \tag{3-8}$$

针对任务的传输时延，考虑到计算任务的返回数据量往往较小，常常忽略完成任务后回传任务结果产生的通信时延，只关注上传任务数据的传输时延。给定两个车辆 V_i 和 V_j，假设 V_i 利用第 j 个 V2V 信道在第 m 个频段传输数据，则传输计算任务 $I_i^{(K)}$ 到 V_j 的传输时延如下所示：

$$T_k^{\text{comm}} = \frac{\text{up}_i^{(k)}}{C_j[m]} \tag{3-9}$$

式中，$C_j[m]$是传输速率。结合传输时延公式以及计算时延公式，则任务 I_i 的总体服务时延可以由以下公式计算得出：

$$T^{\text{total}} = \max_k\{T_k^{\text{comm}} + T_k^{\text{comp}}\} \tag{3-10}$$

3.3 基于联盟博弈的多车协同计算

本节设计了一种基于车辆雾计算架构的可重叠联盟协作计算方法，从可重叠的角度出发，使得协作计算的过程更加灵活，进一步挖掘区域内计算资源。

3.3.1 可重叠联盟协作计算框架

为了阐述“可重叠联盟”这一特征，图 3-5 对比了可重叠协作计算框架与非重叠协作计算框架的不同之处。在可重叠协作计算架构中，允许服务车辆同时加入多个计算团簇，实现协作计算。与之相比，在传统的协作计算体系结构中，车辆只能同时加入一个协作联盟，从而形成两两不相交的计算联盟，导致联盟中的全部计算资源被限制在特定来源的计算任务或者是计算节点。这种方式忽略了其他来源计算任务并发的计算需求。而由每个车辆雾节点自主分配计算资源对不同的计算任务进行协作计算，能够更好地发挥出区域内部计算资源的服务效果。为了追求所有任务车辆的服务质量（QoS）以及同时兼顾任务车辆的服务体验（QoE），可重叠联盟协作计算框架（Overlapping-enabled Cooperative Vehicular fog Computing，OCVC）允许车辆同时加入多个计算联盟，进而实现了更灵活的计算资源分配。例如，在图 3-5a 中，任务车辆 1 与车辆雾节点（服务车辆）2 形成一个联盟，这种计算联盟与其他计算联盟是分离的。而在图 3-5b

中，由于 OCVC 方案允许车辆同时加入多个计算联盟，因此图中的任务车辆 1 与服务车辆 2、3，以及任务车辆 2 和服务车辆 3 共同形成了两个相互重叠的计算联盟。在这其中，服务车辆 3 除了在一个联盟中充当车辆雾节点的身份，同时也参与了另一个联盟的协作计算。在这种情况下，每个车辆可以从不同来源的重叠联盟接收多源任务，并能够更加灵活和有效地贡献自身的计算资源。

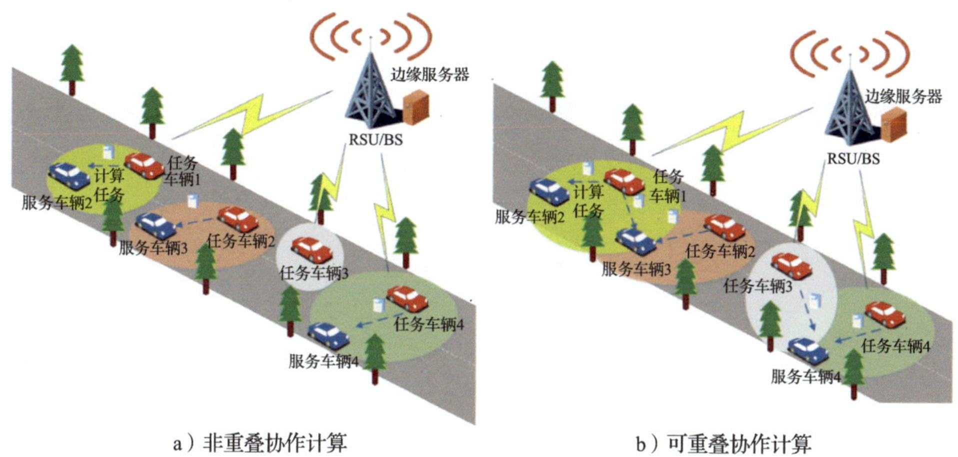

a）非重叠协作计算　　b）可重叠协作计算

图 3-5　非重叠与可重叠协作计算对比示意图

3.3.2　雾计算协作联盟系统模型

由于涉及协作计算以及激励机制的概念，本节新增几个重要的系统模型。

1）激励机制：考虑到车辆节点本身是由车辆拥有者掌控的个人资产，车辆节点未必愿意贡献计算资源为其他任务车辆提供计算服务。基于这种考虑，假设每一种计算任务的完成都具备一定的经济效益，而任务车辆雇佣服务车辆完成任务需要付出一定的经济财产，且相关经济财产与任务的完成情况有直接关系。如此一来，当车辆节点作为车辆雾节点提供计算服务的时候，可以通过获得收益的方式来弥补自身计算资源的占用。这种机制被称为激励机制，激励原先不想贡献计算资源的车辆节点变成交易计算资源的卖方。本节有关协作计算的概念都是基于激励机制的理念进行的。

2）雾计算联盟：雾计算联盟（coalition）是针对协作计算团簇的概念。在每个任务车辆 V_i 生成计算任务之后，附近的多个车辆雾节点形成协作计算联盟 C_i，以对特定任务车辆提供协作计算服务。在每个联盟中，需要指定一个头部车辆来分配任务并管理其联盟中的资源。在不失一般性的情况下，可以指定任务车辆作为计算联盟中的头部车辆。这是因为任务卸载的主体是任务车辆。任务车辆发布任务信息，周围的车辆雾节点根据自身意愿提供计算资源信息，最终由任务车辆决定如何卸载计算任务。

3）计算任务效用：为了反映任务计算对于最终任务车辆的重要程度，采用任务计算效用作为激励机制的衡量数值。任务计算效用越高，表示任务车辆对于计算结果越满意，付出的经济财产也就越高。任务计算效用的设计需要满足两个条件：由于任务处理延迟是评估服务的关键指标，因此任务计算效用函数应该随着任务处理延迟的缩短而单调增加。此外，随着任务处理延迟的减少，任务车辆满意度增量的斜率应该变得更平缓。这是因为缩短的任务处理延迟所带来的边际效用根据任务车辆的 QoE 而降低。参考现有的文献［46，134］，针对任务 I_k 的任务计算效用函数设计如下：

$$U_k^I = \begin{cases} U_0 + \log[1 + (\delta_k - T_{c,\cdot,I_k})], & T_{c,\cdot,I_k} \leqslant \delta_k \\ 0, & \text{其他情况} \end{cases} \tag{3-11}$$

式中，U_0 是表示基本增益效用的固定标量；$(\delta_k - T_{c,\cdot,I_k})$ 表示来自任务处理延迟的性能增益，这个数值与服务提供的车辆雾节点无关。在式（3-11）中使用对数函数来描绘“随着任务处理延迟的减少，任务车辆满意度增量的斜率应该变得更平缓”这一特征。需要注意的是，对数函数是满足这两个性质的函数之一，并非唯一的选择。实际上，使用其他具有相同性质的函数并不影响该方案的可行性和实用性。

基于以上模型，本节研究的车联网中的任务卸载问题可以建模为如下公式：

$$\begin{aligned} \max_{\boldsymbol{x},\boldsymbol{f},\mathrm{CS}} \quad & \sum_{I_k \in I} U_k^I \\ \text{s.t.} \quad & \text{C1}: \sum_{V_j \in \mathrm{CC}} x_{i,k,s,j} \leqslant 1, \ \forall I_k^{(s)} \in I, C \in \mathrm{CS}, V_i \in C \\ & \text{C2}: \sum_{I_k \in I} x_{i,k,s,j} \leqslant 1, \quad \forall C \in \mathrm{CS}, V_i, V_j \in C \\ & \text{C3}: \sum_{I_k^{(s)} \in I} f_i(I_k^{(s)}) \leqslant f_i^a, \ \forall V_i \in N \\ & \text{C4}: x_{i,k,s,j} T_s^{\mathrm{total}} \leqslant \mathrm{ddl}_k, \ \forall I_k \in I, C \in \mathrm{CS}, V_i, V_j \in C \\ & \text{C5}: x_{i,k,s,j} \in \{0,1\}, \ \forall I_k^{(s)} \in I, V_i, V_j \in N \\ & \text{C6}: f_i(I_k^{(s)}) \in [0, f_i^a], \forall V_i \in N, I_k^{(a)} \in I \end{aligned} \tag{3-12}$$

式中，$\boldsymbol{x}$ 是卸载决策矩阵，当第 i 个车辆决定卸载计算子任务 $I_k^{(s)}$ 到第 j 个车辆的时候，矩阵 $\boldsymbol{x}$ 中存在 $x_{i,k,s,j}=1$，否则 $x_{i,k,s,j}=0$；$\boldsymbol{f}$ 为资源分配矩阵，当第 i 个车辆决定分配 $f_i(I_k^{(s)})$ 计算资源到第 k 个任务的第 s 个子任务的时候，有 $f_{i,k,s}=f_i(I_k^{(s)})$。基于之前描述的系统模型，不难发现对于给定的联合优化问题存在一些约束条件。关于优化问题式（3-12）的求解应遵守以下六个约束条件：约束条件 C1 确保每个子任务最多只能卸载到一个车辆雾节点，防止出现计算资源的浪费；约束条件 C2 确保每个联盟最多包含一个要从任务车辆（头部车辆）卸载的任务，确保了头部车辆的唯一性，防止出现计算联盟之间相互混杂最终变成大联盟的情况；约束条件 C3 保证每个车辆对联盟的资源分配总额低于其可用频率，这是基础假设，是车辆节点任务资源受限的表现，且其中 f_i^a 表示第 i 个车辆的可用计算资源；约束条件 C4 是每个卸载的子任务 $I_k^{(s)}$ 的最大容忍时间限制，保证任务卸载的结果总是能够满足计算任务的时限约束；约束条件 C5 是针对卸载决策矩阵 $\boldsymbol{x}$ 的值域约束，要求其数值一定是 0 或者 1；约束条件 C6 是针对资源分配矩阵的值域约束，要求分配资源的数值总是小于该车辆可以分配的资源大小，防止出现资源上溢。

可以发现，混合整数非线性规划问题式（3-12）是一个 NP（Non-deterministic Polynomial）问题，难以使用传统的数学优化方法在一定时效范围内求解。因此，本节将该问题分为三个子问题，即可重叠协作联盟组建（以服务车辆为主体）、可重叠计算资源分配（以服务车辆为主体）和子任务卸载（以任务车辆为主体），并且使用基于车辆雾计算架构的可重叠联盟协作计算方法进行分别求解。

3.3.3 基于可重叠联盟的多车协作计算方案

本节将详细介绍可重叠联盟协作计算方法，包括任务卸载流程、联盟博弈理论，以及可重叠联盟博弈框架，用以建模车辆间的协作计算关系。之后，介绍一种有效的可重叠联盟形成算法和基于联盟架构的任务卸载方案[121]，实现分布式高效的任务卸载策略。

1. 任务卸载流程

任务卸载流程可以分四个步骤进行。

1）任务生成。假设车辆分为两类：任务车辆和车辆雾节点。当任务车辆生成任务时，它首先从本地计算、卸载给周围车辆和卸载给 RSU 中选择卸载模式。特别地，如果任务车辆能够在其最后期限内完成任务，则选择本地计算模式；否则，如果周围的车辆雾节点拒绝提供服务，则激活卸载给 RSU 模式，进一步由 RSU 决定是否卸载或计算任务，又或者传输至核心网络的云端资源，通过消耗通信时延完成计算任务。

2）协作组织形成。在卸载给周围车辆进行协作计算的模式下，任务车辆发送服务请求以通知周围的车辆雾节点。任务车辆建立一个包含自己的联盟，以自身作为头部车辆，并决定联盟内的收入分配策略和资源分配策略。为了激励车辆雾节点的服务意图，参考实际贡献的计算资源以及最终实现的任务效用数值，在联盟成员之间分配货币收入。在收到任务车辆的请求后，附近的车辆雾节点根据自身的收益和计算情况，决定是否将其计算资源用于分享，赚取个体利益。

3）任务卸载与计算。基于所形成的协作联盟，任务车辆作为头部车辆进行任务划分，形成子任务，并且进行子任务卸载。任务车辆将任务分离成一系列子任务之后，将其卸载给联盟成员，最终追求 QoS/QoE 的最大化。需要注意的是，该过程由任务车辆独自决策，当车辆雾节点加入联盟作为服务车辆的时候，就必须贡献出其声称要使用的计算资源。在进行任务卸载和通信传输之后，每个联盟内部的车辆雾节点接收到需要计算的子任务，并且使用专用的计算资源来计算任务。专用的计算资源是指在协作联盟形成阶段该车辆声称要贡献的计算资源数量。当完成计算任务后，车辆雾节点将计算结果作为回传数据返回至任务车辆。

4）任务迁移。如果任务车辆不在联盟中任何车辆雾节点的 V2V 通信范围内，即无法通过联盟内部的多跳传输将任务结果返回至任务车辆，则无法直接传输结果数据，此时考虑采取任务迁移步骤。车辆雾节点将上载数据传输到 RSU，通过 RSU 的辅助将其中继到任务车辆。可以发现，这一步骤加剧了任务传输时延，无形之中产生了额外的服务时延。也正因此，在形成协作计算联盟的时候需要考虑到完成计算任务后的相对距离，充分考虑车辆所处位置和车辆自身的移动性。

2. 车联网雾计算中可重叠联盟博弈方案介绍

联盟博弈假设参与博弈的玩家具有相同的目的，并且共同协作达到这一目标。联盟博弈涉及三个重要概念，分别是玩家集合、联盟效益函数以及联盟收益分配函数。在正式介绍联盟博弈的相关理念之前，需要针对车联网雾计算场景，对协作联盟的形成制定三个重要基础概念，以保障任务卸载的有效进行，并且减少任务迁移情况的发生。

1）中继意愿：每个联盟中的成员车辆都同意转发卸载任务的数据，协作联盟内部的车辆可以实现在一定管控范围内的多跳传输，扩大传输距离。

2）驻留时间：在时隙 t 的时候，对于任何两辆车 V_i 和 $V_{i'}$，都可以根据其移动性特征估算两者的驻留时间。驻留时间的判定标准为，两个车辆之间的距离是否会大于 V2V 可靠通信范围 D_{V2V}，这可以通过以下等式得出：

$$T_{i,i'}^{\mathrm{dwell}} = \arg\min_T \left| d_{i,i'}(t+T) - D_{\mathrm{V2V}} \right| \tag{3-13}$$

式中，$d_{i,i'}(t+T)$表示在 $t+T$ 时刻后车辆 V_i 和 $V_{i'}$之间的笛卡儿距离。通过限制其相对距离在 V2V 可靠通信范围内，可以估算得出在什么时间范围内可以卸载计算任务并且保证传输结果能够顺利回传。基于上述公式，可以构建联盟内部的驻留时间，定义如下：

$$T_{C_j}^{\mathrm{dwell}} = \min_{V_i \in C_j} \max_{V_{i'} \in C_j, \{V_i\}} T_{i,i'}^{\mathrm{dwell}} \tag{3-14}$$

联盟驻留时间取决于松散连接成员的存在，由于他们同意根据中继意愿中继数据，只要彼此之间存在可达链路，就表示联盟整体是连通的。

3）服务可用性：制定的联盟的服务可用性表明了成员车辆在任务完成期间彼此连接的可能性。通过将额外服务时间表示为驻留时间减去服务延迟，服务可用性 η 由额外服务时间和驻留时间的商给出：

$$\eta_{C_j} = \frac{\max(T_{C_j}^{\mathrm{dwell}} - \delta,\ 0)}{T_{C_j}^{\mathrm{dwell}}} \tag{3-15}$$

可以发现，服务可用性 $\eta \in [0,\ 1]$是一个与联盟驻留时间正相关的数值。联盟驻留时间越长，表示联盟能够相互连接的时间越长，也表明了服务可用性越高。

基于上述车联网协作计算的基础假设，接下来介绍可重叠联盟博弈的定义。

定义 1　具有玩家集合 N 的可重叠联盟（OCF）博弈由 $G=(N,\ U)$表示，其中 $U: C \mapsto R$ 是联盟的效益函数，它将每个联盟投影到表示其效用的特定标量上。需要注意的是，G 中的任何联盟都必须是 N 的非空子集。

接下来定义联盟效益函数 U 以及联盟收益分配数 π。针对联盟效益函数，最直观的表示是将其看成计算任务的效用值。然而，考虑到：

1）动态场景下无法快速求解每个联盟处理计算资源获取的效用值。

2）联盟稳定性对于最终效用获取难以量化的影响。

3）未完成的计算任务效用数值为 0，这种梯度消失的情况会大大降低车辆节点形成协作计算联盟的意愿。

因此，综合考虑上述所有的情况，使用预估的计算任务效用来设计虚拟的联盟效益函数。当联盟中的计算资源不足时，车辆从对资源的投入中获得了折扣的虚拟效用。考虑到服务可用性，联盟效益函数由下式给出：

$$U(C_j)=\begin{cases}\eta_{C_j}\hat{U}_k^I(\hat{T}_{c,C_j,I_k}), & \hat{T}_{c,C_j,I_k}\leqslant \mathrm{ddl}_k\\ \left(\dfrac{f_i(C_j)}{f^{\mathrm{req}}(C_j)}\right)^{\alpha_c}\eta_{C_j}U_0, & 其他情况\end{cases} \tag{3-16}$$

式中，$f^{\mathrm{req}}(C_j)$是联盟 C_j 在其最后期限内完成任务所需的最少计算资源；$\alpha_c\leqslant 1$，是控制虚拟效用相对于计算资源减少的指数因子；$\hat{T}_{c,C_j,I_k}$是卸载任务 I_k 的估计服务时延；$\hat{U}_k^I$ 是由$\hat{T}_{c,C_j,I_k}$推导出的估计任务效用数值，也即虚拟任务效用数值。当计算资源满足要求时，所估算的联盟效用使用服务可用性和估计效用的乘积来实现；否则，联盟效用仅限于参考所获得的计算资源的基本效用的一部分。注意，当 $\hat{T}_{c,C_j,I_k}>\mathrm{ddl}_k$ 时，表示任务预估无法在最大容忍时间内完成，$\dfrac{f_i(C_j)}{f^{\mathrm{req}}(C_j)}<1$，联盟效用通过这个公式来保证小于理论上完成任务所能获得的效用值。针对整个系统内部的联盟结构，系统的社会效益（social welfare）可以通过如下公式计算得到：

$$U(\mathrm{CS})=\sum_{C_j\in \mathrm{CS}}U(C_j) \tag{3-17}$$

接下来，给出成员车辆雾节点的收益，即联盟效益分配函数。效益分配函数由两个部分组成，一部分是联盟对于车辆所分配的具体效益数值，另一部分是车辆加入联盟后存在的实际损耗。对于每个车辆雾节点，加入联盟可以获得收入和支出成本，例如，从现实角度来看，即计算导致的功率消耗和通信导致的功率消耗。举例而言，当 CPU 频率空闲时，车辆 V_i 的计算功率可以看作$P_i^{c(\mathrm{idle})}$。假设当该车辆的所有计算资源都被占用时，此时计算功率为$P_i^{c(\mathrm{busy})}$。如此一来，V_i 加入联盟 C_j 的计算消耗功率 P_i^c 可以表示为

$$P_i^c(C_j)=\frac{f_i(C_j)}{f_i^a}(P_i^{c(\mathrm{busy})}-P_i^{c(\mathrm{idle})}) \tag{3-18}$$

同时，定义传输功率为P_i^t。由于车辆加入联盟后会持续地消耗能量进行数据传输和信令交互，因此车辆 V_i 加入联盟 C_j 的成本应当同时考虑通信功率和计算功率，具体设计为如下公式：

$$\mathrm{cost}_i(C_j)=\phi_1 P_i^c(C_j)+\phi_2 P_i^t \tag{3-19}$$

式中，ϕ_1 和 ϕ_2 是表示不同功耗重要性的缩放因子。

加入联盟后所获得的效益数值是车辆加入带来的增量部分。如果车辆的加入降低了联盟效用，其他成员将拒绝该车辆的加入。因此，车辆 V_i 加入新联盟 C_j 的效益分配函数由下式给出：

$$\pi_i(C_j) = \Delta U(C_j, V_i) - \text{cost}_i(C_j) \tag{3-20}$$

式中，$\Delta U(C_j, V_i)$是效益的增量数值，由以下公式给出：

$$\Delta U(C_j, V_i) = U(C_j) - U(C_j, \{V_i\}) \tag{3-21}$$

因此，每一个车辆从联盟结构 CS 中通过加入多个不同的联盟而获得的收益可以呈现为

$$\pi_i(\text{CS}) = \sum_{V_i \in C_j} \pi_i(C_j) \tag{3-22}$$

3. 分布式可重叠联盟形成算法

接下来介绍可重叠联盟形成算法所具备的理论基础。每个车辆$V_i \in N$加入可实现的联盟以分配计算资源，或因发现所贡献的资源不值得当前联盟给予的回报而离开当前联盟。通过加入联盟和离开联盟，在系统中形成新的联盟结构 CS →CS′。简言之，如果加入一个新的联盟会带来更多的回报，那么车辆节点就会选择加入它；如果离开一个原有的联盟会带来更多的回报，那么车辆节点就会离开它。基于可重叠联盟博弈的基本框架和这种朴素的基本原则，接下来定义两种联盟类型。

定义 2　一个联盟 C_j 是加入偏好联盟（或者是分离偏好联盟）当且仅当以下条件成立：

$$\pi_i(\text{CS}') > \pi_i(\text{CS}) \tag{3-23}$$

式中，$\text{CS}' = \text{CS} \cup \{C_k \cup \{V_i\}\}$(或者是 $\text{CS} \quad \{C_k\} \cup \{C_k \quad \{V_i\}\}$)。

定义 3　一个联盟结构 CS 被称作是博弈当中的纳什均衡，当且仅当在这个博弈中对于任意车辆节点都不再出现加入偏好联盟和分离偏好联盟。

基于上述定义，给出如下理论来证明可重叠联盟形成算法所具备的理论基础。

定理 1　本节的可重叠联盟博弈是一种势博弈，并且总是存在对应可收敛的纳什均衡。

证明：在可重叠联盟博弈中，联盟效益函数（势函数）被定义为 $U(\text{CS})$。对于系统中的任意车辆 V_i，当其总是以相同数量的计算资源执行交换联盟的操作从联盟 C_j 加入到联盟 $C_{j'}$，即系统的联盟结构发生变换 CS→CS′，基于联盟效

益分配函数式(3-20)以及全局收益函数式(3-22)，下面的关系式总会成立：

$$\pi_i(\mathrm{CS})-\pi_i(\mathrm{CS}')=U(\mathrm{CS})-U(\mathrm{CS}') \tag{3-24}$$

基于式（3-24），可以判定可重叠联盟博弈是一个势博弈，并且根据文献［134］中所证明的，任意势函数总是由有限个策略集组成，并且总是能够收敛到纳什均衡。

接下来构建可重叠联盟资源分配算法。可以证明联盟效益函数 π 随投入计算资源改变呈现凸函数趋势。

引理1 每一个车辆加入联盟后，根据所投入的计算资源数量不同，获得的联盟效益分配数值呈现凸函数趋势。

证明： 对于任意车辆 V_i，由于 $\pi(\mathrm{CS})$ 是加入任意联盟 C_j 后获得的效益分配函数 $\pi(C_j)$ 的线性求和，并且由于凸函数的线性组合仍然是凸函数，只需要证明函数 $\pi(C_j)$ 的凸性即可。首先计算该函数的一阶导数和二阶导数：

$$\begin{aligned}\frac{\partial\pi_i(C_j)}{\partial f_i(C_j)}&=\frac{\partial(U(C_j)-U(C_j,\{V_i\})-\mathrm{cost}_i(C_j))}{\partial f_i(C_j)}\\&=\frac{\partial U(C_j)}{\partial f_i(C_j)}-\frac{\phi_1 P_i^{c(\mathrm{busy})}-\phi_2 P_i^{c(\mathrm{idle})}}{f_i^a}\end{aligned} \tag{3-25}$$

$$\frac{\partial^2\pi_i(C_j)}{\partial f_i(C_j)^2}=\frac{\partial^2 U(C_j)}{\partial f_i(C_j)^2} \tag{3-26}$$

针对任务效用函数进行分析，不难发现其根据所投入计算资源呈现单调递增趋势。因此 $U(C_j)$ 的一阶导数是正数。同时，由于其边际效用随着投入计算资源的增加而呈现下降趋势，可以得出其二阶导数是负数的结论，即 $\frac{\partial^2 U(C_j)}{\partial f_i(C_j)^2}<0$。综上所述，$\pi(C_j)$ 显然呈现凸函数趋势。

基于引理1，当加入了一定数量的联盟后，可以将任意车辆 V_i 的资源分配策略构建为一个优化函数，如下所示：

$$\begin{aligned}&\min_{f_i}\quad -\pi_i(\mathrm{CS})\\&\text{s.t.}\quad C'1:\sum_{V_i\in CC_j} f_i(C_j)\leqslant f_i^a\\&\qquad\quad C'2: f_i(C_j)\geqslant 0,\ \forall C_j\in\{C_j\mid V_i\in C_j\}\end{aligned} \tag{3-27}$$

式中，约束条件 $C'1$ 是对总可分配资源的约束，而约束条件 $C'2$ 保证分配的CPU频率为非负。由于式（3-27）的目标函数呈现凸性，优化问题可以通过简单地应用KKT条件来解决，其拉格朗日函数式如下：

$$L = -\pi_i(\mathrm{CS}) + \mu_0\left(\sum_{V_i \in C_j} f_i(C_j) - f_i^a\right) - \sum_{V_i \in C_j} \mu_j f_i(C_j) \tag{3-28}$$

式中，μ_0 和 μ_j 是分别对应于约束条件 $C'1$ 和 $C'2$ 的拉格朗日乘数。

最后，给出分布式可重叠联盟形成算法的伪代码，如算法 3－1 所示。对于任何车辆 V_i，如果联盟 C_j 中的所有成员超出 V2V 范围，则联盟 C_j 被称为不可达的联盟；否则，将所有可达的联盟存储在车辆 V_i 的候选联盟集合中。通过解决规划问题式（3－27）将联盟形成和重叠的计算资源分配问题集成在一起，以得出每个车辆的最优策略。

算法 3－1　分布式可重叠联盟形成算法

分布式可重叠联盟形成算法（以车辆 V_i 为例）
1. 初始化
1－1　每一个任务车辆 V_T 向周围服务车辆广播任务信息和需求
1－2　每一个任务车辆 V_T 形成仅包含自身的联盟 C_T
2. 阶段 1：分布式联盟形成过程
重复：迭代轮次 $k=1$：N_{iter}
2－1　接收通信范围内任务车辆 V_T 的计算请求
2－2　接收其余服务车辆 V_j 上一轮的决策信息 $f_j^{(k-1)}$ 和系统联盟结构 $\mathrm{CS}^{(k-1)}$
2－3　使用 KKT 条件求解优化问题式（3－27），得到本轮策略 $f_i^{(k)}$
2－4　基于本轮策略 $f_i^{(k)}$，离开分配资源小于阈值 $f_{\min}$ 或带来收益 π 为负数的联盟
2－5　使用 KKT 条件求解优化问题式（3－27），得到策略 $f'^{(k)}_i$
2－6　基于策略 $f'^{(k)}_i$，调整所在联盟分配的计算资源
直到：迭代 N_{iter} 轮结束或 $\mathrm{CS}^{(k)}$ 形成纳什均衡

算法 3－1 总是返回最优的结果（即纳什均衡解）以及对每个车辆而言最佳的资源分配策略，并且这个运行过程在有限迭代次数内一定会完成。这是因为算法 3－1 基于一种势博弈框架，并且每个节点的最终目的都是为了最大化自身的收益函数，因此一定会在有限迭代轮数后收敛至纳什均衡。对于步骤 2－5，这是因为第一次求解优化问题的时候考虑了分离偏好联盟的存在，求得的资源分配策略可能并不是最优的情况。可以用反证来证明只需要两次求解就一定能通过退出联盟获得最优的联盟结构，包含两种情况。

情况 1　对于车辆而言的最佳联盟结构不包含在最终联盟结构中，即通过移除联盟的操作将其退出了。如果情况 1 成立，则存在一个联盟，该联盟应获得更多的计算资源，但车辆拒绝向其分配资源，这与凸优化的本质相矛盾。因此，情况 1 不成立。

情况 2 最佳联盟结构是通过两次求解优化后获得的联盟结构的真正子集。如果情况 2 成立，则在执行第一次求解优化资源分配后，存在某个联盟被分配了过多的计算资源，这种资源本应该不分配给这个联盟。考虑到凸优化的本质在于最大化资源分配策略，这种情况仍然是不可能和矛盾的。

因此，算法 3－1 总是返回纳什均衡解以及对每个车辆而言最佳的资源分配策略。

4. 基于粒子群优化的联盟任务卸载方案

在联盟结构稳定后，需要进行联盟内部的计算资源分配。对于每一个联盟的头部车辆（即任务车辆），任务卸载问题可以通过求解以下优化函数获得：

$$\begin{aligned} \min_x \quad & T_{C_j,I_k} = T_{C_j,I_k}^{\text{comp}} + T_{C_j,I_k}^{\text{comm}} \\ \text{s.t.} \quad & C'1,\ C'2,\ C1,\ C1 \end{aligned} \tag{3-29}$$

优化问题式（3－29）是一个广义指派问题，可以使用基于粒子群优化的启发式算法来解决该问题。

粒子群优化是一种群体智能的优化算法，灵感来源于鸟群觅食和鱼群觅食的社会行为。该算法在处理复杂的、高维的、非线性的优化问题时具有很好的适应性和效率。粒子群优化算法主要由一组粒子组成，每个粒子代表了问题空间内的一个可能解。这些粒子会根据预定的优化准则（如适应度函数）在解空间中进行搜索。每个粒子都有一个位置，表示当前解，以及一个速度，表示解空间中的移动方向和距离。粒子的位置和速度根据两个主要的“最佳”位置进行更新：一是粒子自身找到的最佳位置（个体最优），另一个是所有粒子中找到的最佳位置（全局最优）。PSO 算法的主要优点在于其简单和易于实现，同时保持了较高的搜索效率。这使其成为求解广义指派问题这类计算复杂性高的问题的一个很好的选择。更重要的是，PSO 算法可以很容易地适应不同类型的问题和约束条件，这对于卸载决策问题具有特别的意义。因为在车联网的多车协作计算场景下，系统状态会随着时间和空间而发生变化，这就需要一个能够快速适应复杂动态环境的优化算法。

对于优化问题式（3－29），需要将每一个粒子编码为一个任务到计算节点的映射。通过迭代搜索，粒子群算法能在有限的时间内找到一个近似的最优解，从而显著缩短了卸载决策的计算时间。实验结果也表明，基于 PSO 的解决方案在解的质量和计算效率方面都表现出色，满足了多车协作计算场景下对快速、可靠卸载决策的需求。由于 PSO 算法被设计为处理具有连续解空间的问题，因

此为了求解任务卸载问题，通常将解空间舍入为离散解空间。如算法 3-2 所示，包含 $|P|$ 个粒子的群集被参数化，其中每个粒子表示优化问题式（3-29）的可能解决方案。每个粒子拥有一个具有 s 维度的搜索空间，而每个维度的范围是 $[1, |C_j|]$，以表示指定的车辆雾节点进行任务卸载。在参数化阶段之后，在不同的粒子群之间进行启发式优化。第 p 个粒子由 (X_p, vel_p) 表示，其中 $X_p = (X_{p,1}, \cdots, X_{p,s})$ 是粒子的位置矢量，$\mathrm{vel}_p = (\mathrm{vel}_{p,1}, \cdots, \mathrm{vel}_{p,s})$ 表示了变化粒子的速度矢量。在每一个迭代中，粒子群根据如下公式更新其位置和速度：

$$\mathrm{vel}_p = -\omega \mathrm{vel}_p \log rd_0 + ac_1 rd_1 (X_p^{\mathrm{best}} - X_p) + ac_2 rd_2 (X_{\mathrm{global}}^{\mathrm{best}} - X_p) \tag{3-30}$$

$$X_p = X_p + \mathrm{sgn}(rd_3 - 0.5)\mathrm{vel}_p \tag{3-31}$$

式中，ac_1，ac_2 是加速常数；ω 是惯性重量；X_p^{best} 是第 p 个粒子的最佳位置；$X_{\mathrm{global}}^{\mathrm{best}}$ 是全局最佳位置，$rd_0 \sim rd_3 \in [0, 1]$ 是随机值。X_p^{best} 和 $X_{\mathrm{global}}^{\mathrm{best}}$ 的更新过程确保粒子总是在追踪现有的最佳位置，而随机值的设置鼓励它们探索更好的解决方案，防止陷入局部最优解。

算法 3-2　基于粒子群优化的联盟任务卸载算法

基于粒子群优化的联盟任务卸载算法（以联盟 C_T 为例）
1. 初始化
1-1　任务车辆获取子任务集合 $\{I_k^{(1)}, \cdots, I_k^{(s)}\}$ 与联盟内部车辆节点信息
1-2　初始化参数 ac_1，ac_2，ω，vel
1-3　随机初始化大小为 $\|P\|$ 的粒子群
2. 阶段 1：分布式联盟形成过程
重复：迭代轮次 $k = 1 : N_{\mathrm{pso}}$
2-1　为每一个粒子计算式(3-29)的目标值
2-2　更新每一个粒子的最优位置 X_p^{best} 以及最优数值 G^{best}
2-3　通过式(3-30)和式(3-31)计算粒子的速度值和可能的位置
2-4　更新位置 $X_p \leftarrow X_p^{\mathrm{ops}}$
直到：迭代 N_{pso} 轮结束或 G^{best} 收敛

在讨论了联盟形成过程、重叠计算资源分配和子任务卸载之后，在算法 3-3 中对 OCVC 方案进行了总结性展示。OCVC 方案包括与任务卸载过程相对应的五个阶段：任务生成阶段、联盟形成阶段、任务卸载阶段、任务执行阶段和结果交付阶段，通过将原始优化问题中复杂的多对多任务卸载问题划分为三个子问题，最终以分布式方式求解。

算法 3-3　可重叠联盟协作计算方案框架

可重叠联盟协作计算框架
1. **任务生成阶段**：任务车辆生成任务，并且选择是本地计算、卸载给周围车辆还是卸载给 RSU 进行计算
2. **联盟形成阶段**：任务车辆将任务信息发送给周围车辆，周围车辆运行算法 3-1 形成可重叠联盟结构
3. **任务卸载阶段**：头部车辆（任务车辆）将任务划分为子任务，并且通过算法 3-2 卸载给联盟内部的车辆
4. **任务执行阶段**：任务车辆将需要的计算数据传输给联盟内部的车辆，联盟内部车辆进行多跳传输并最终完成计算任务
5. **结果交付阶段**：联盟内部服务车辆完成计算任务，将结果通过 V2V 或者 V2R 的方式传递回任务车辆

OCVC 方案包括三个阶段：联盟形成、资源分配和任务卸载。由于任务卸载阶段是通过启发式算法解决的，因此任务卸载阶段的复杂度为常数 $O(C)$，并且这个常数与启发式算法的种群个数、初始条件有关。接下来分析前两个阶段的复杂性。如算法 3-1 所示，联盟形成和资源分配这两个阶段是耦合的。由于联盟形成算法为分布式算法，因此对于每一个车辆而言，复杂度取决于联盟形成算法的迭代次数和所需要求解的资源分配问题的复杂性。联盟形成算法的迭代次数，通常与车辆数量无关，并且平均在 1~5 个轮次内收敛，因此可以看作是一个常数；而针对所需求解的资源分配问题，由于使用 KKT 算法进行求解，因此复杂性等同于求解线性方程组，并且该线性方程组一共有 $2M+1$ 个变量（等同于拉格朗日函数中的变量）。因为求解线性方程组的复杂度为变量的三次方，综上，所描述的算法复杂度为 $O((2M+1)^3+C)$。

3.3.4　可重叠联盟协作计算性能分析

1. 仿真环境设置

在仿真环境设置中，假设服务区是半径为 500 m 的圆形区域，RSU 位于中心位置。考虑到实际情况中 RSU 的计算任务多用于调度与必要的交通流分析任务，假设 RSU 没有额外的计算资源提供给车辆作为服务供应。移动车辆雾节点的计算资源则平均分布在[2, 3]GHz。在城市道路中，假设服务区内的高速公路有两个方向的四条车道，车辆只能在各个道路的强制方向上行驶。

在不失一般性的情况下，任务车辆都是耗尽了计算资源的车辆，因此必须将生成的计算任务卸载给周围的车辆或者是 RSU。在每个时隙中，任务车辆以预设的任务生成速率生成任务。任务车辆首先向附近车辆广播其计算需求，并作为头部车辆形成联盟。然后采用联盟形成算法，最后以中心调度的方式用启发式算法分配计算资源。如果周围车辆不愿意充当雾节点，则任务车辆选择将计算任务卸载给 RSU。

每个任务只能被划分为固定的子任务序列，该序列是由随机数生成的，且一经生成无法修改。应用的性能评估指标是平均服务延迟、任务完成率和之前所定义的任务效用数值。本地任务卸载比率定义为可以通过卸载给附近车辆完成的计算任务占据所有生成计算任务的比例。如果任务未在预设的时间段内完成本地卸载，则假设该任务只能传输到远程云服务器上进行计算，且消耗更加漫长的远程卸载延迟；由于远程云端的计算资源充足，因此远程卸载的计算任务仅考虑通信时延。

参考 DSRC 的标准，本系统中的总带宽设置为 10 MHz，划分 10 个资源块作为频段资源，由 V2V 信道和 V2R 信道平均共享频段资源。将 OCVC 与现有文献中的其他两种方案进行了比较：即非重叠合作计算（Non-Overlapping Cooperative Computing，NO-CC）和基于贪婪的非合作计算（Greedy-Based Non-Cooperative Computing，GB-NCC）方案，分别将任务车辆/车辆雾节点的数量固定为 50 个，并将车辆雾节点/任务车辆的数量分别从 30 个更改为 90 个，以此测试不同场景负载情况下各方案的性能对比情况。

2. 时延、完成率、任务效用指标对比

在图 3－6a 中展示了不同场景负载下的各项性能对比。在图 3－6a 和 b 中，可以发现 OCVC 在三种方案中实现了最低的服务延迟，特别是当任务车辆的数量接近车辆雾节点的数量时。由于在 NO-CC 方案中，车辆将其所有计算资源分配给目标任务，因此平均服务延迟接近 OCVC。在图 3－6b 中，可以观察到所有协作计算的方法平均服务延迟都比 GB-NCC 方法小大约 100ms。随着车辆雾节点数量的增加，OCVC 和 NO-CC 之间的平均服务延迟差距缩小，并遇到瓶颈。原因是每个任务不能被划分为无限数量的子任务，因此在预定义的参数下，任务服务延迟不小于 80ms。同时，OCVC 方案以重叠的方式更灵活地分配资源，这给本地任务完成率和平均任务效用带来了好处，如图 3－6c 和 d 所示，当任务车辆数量为 30 辆时，OCVC 实现了接近 99% 的本地任务完成率，这比 NO-CC 高 5%，比 GB-NCC 高 11%。当任务车辆数量增加时，OCVC 在系统性能方面表现出很强的鲁棒性，而其他两种方法则大幅下降。当任务车辆的数量为 50 和 60 时，OCVC 在本地任务完成率上比 NO-CC 高 10%。然而，当系统中有太多的任务车辆时，计算需求会严重超过供应，不同分配策略带来的差距也会被填补。换言之，图 3－6c 中固定数量的 50 个车辆雾节点的计算能力已被充分利用，但是当任务车辆的数量

接近车辆雾节点时，OCVC 表现最好。在图 3-6d 中，固定任务车辆的数量，当车辆雾节点数量为 70 个时，NO-CC 方案收敛到 95% 左右的完成率，并且之后不再大幅提升，而 OCVC 方案能一直提升到接近 100%，这是因为 NO-CC 对于车辆雾节点的需求数量比 OCVC 更大。图 3-6e 和 f 中，OCVC 的平均任务效用也高于其他两个基准。大量仿真结果验证了 OCVC 的优越性，综合所有数据，可以发现与 NO-CC 和 GB-NCC 方案相比，OCVC 进一步利用了系统潜力。

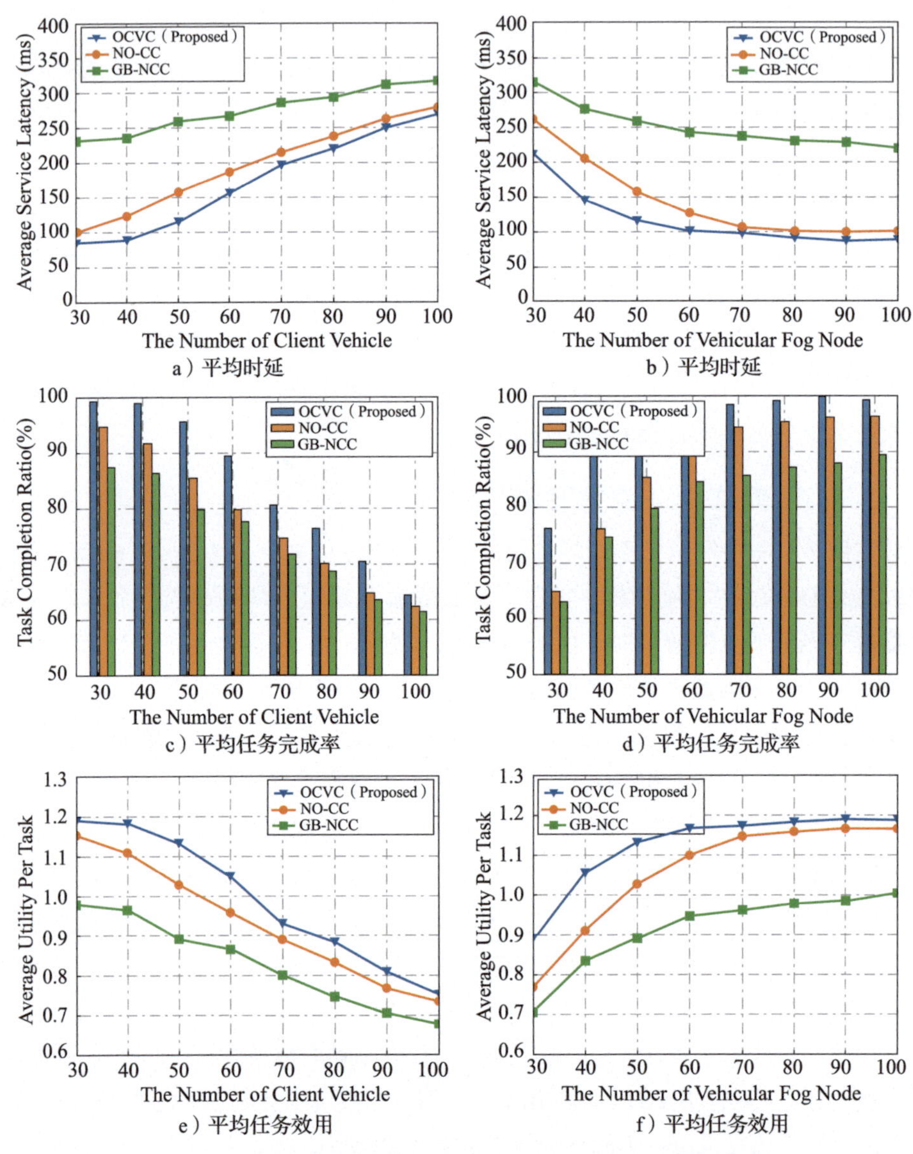

图 3-6　在三种方案下，不同场景负载下的性能比较

注：a)、c)、e) 为固定服务车辆数量的情况，b)、d)、f) 为固定任务车辆数量的情况。

除了车辆数量外，生成任务的速率同样也影响系统的性能。图 3－7 中将任务车辆和服务车辆的数量固定为 50，并更改任务生成率以进行比较。任务生成率被定义为每个任务车辆每秒生成的任务数。从图 3－7 中观察到，平均任务效用与任务生成率具有近似线性关系。与其他两个基线相比，OCVC 总是实现最高的平均任务效用，这证明了方案的通用性。

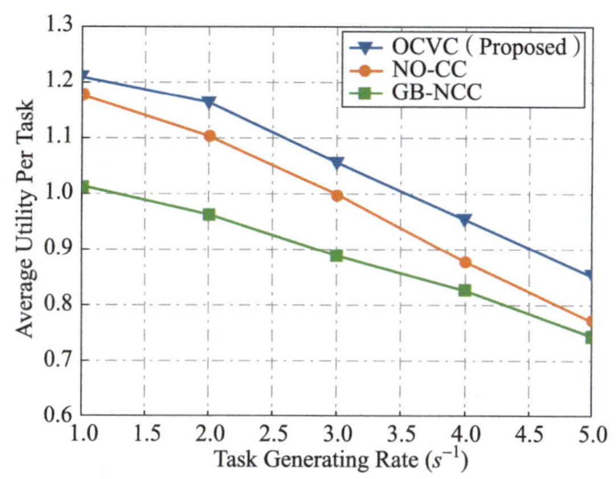

图 3－7　不同任务生成速率下的任务效用数值比较结果分析

图 3－8 验证了算法 3－1 的收敛性，通过对比不同数量的服务节点和固定 50 数量的任务车辆，分别计算式（3－22）中定义的社会效益。在随机生成服务区中的任务车辆和服务车辆位置的情况下，运行算法 3－1 以显示社会效益的变化过程。在大多数情况下，系统的社会效益在 4 个迭代过程内趋于稳定，说明联盟结构在 4 个周期内实现纳什均衡。此外，服务车辆的数量也影响社会效益的价值，更多的车辆雾节点将导致更复杂的联盟结构，也因此实现了更高的社会效益。

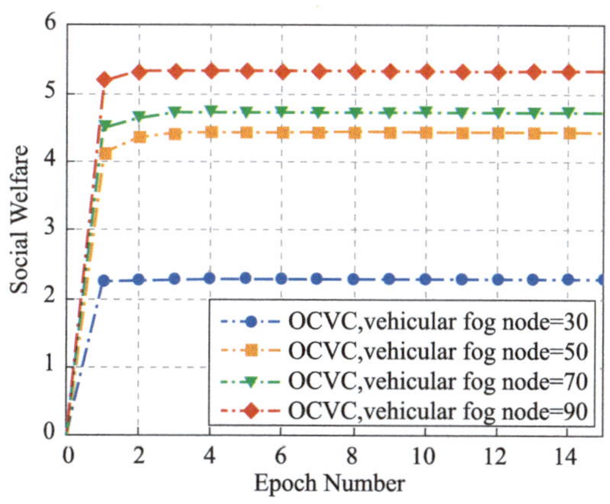

图 3－8　给定任务车辆，不同服务车辆对于系统社会效益的影响示意图

3.4 基于多智能体强化学习的跨域协作车联网雾计算

车联网雾计算这一场景中，路侧中心单元（Roadside unit，RSU）往往作为区域中心节点，负责区域内车辆信息的收集与转发。车辆间的交易与任务卸载都是在同一个 RSU 服务区域内完成的。在现实环境中，不同区域间的车辆分布不均，如城市道路会存在大量计算资源不足的车辆，而在一些郊区或者停车场附近会存在资源空闲车辆。这会导致部分区域车辆任务得不到卸载而部分区域车辆空闲计算资源得不到利用的情况。考虑到相邻 RSU 之间可以不通过核心网络通信，通信时延要比与云服务器之间的通信时延小得多，本节探寻跨域协作的车联网雾计算领域，通过将部分计算任务卸载到具有空闲计算资源的区域内执行，实现任务跨域流动，充分利用全局计算资源。

3.4.1 多智能体强化学习简介

面对车联网雾计算中高动态和高耦合的复杂环境，本节引入多智能体强化学习（Multi-Agent Reinforcement Learning，MARL）为车辆和系统提供高效的协作决策。MARL 是强化学习领域的一个重要分支，用于解决多个智能体（也称为代理或机器人）在一个共享环境中协作或竞争的问题，其目标是使每个智能体通过学习适当的策略来最大化其长期累积奖励，同时考虑其他智能体的行为对环境的影响。

多智能体强化学习的基本框架是马尔可夫决策过程（Markov decision process，MDP），通常可以表示为一个 4 元组(S, A, P_a, R_a)，其中 S 是状态空间的集合，A 是动作的集合，也称为动作空间（比如 A_s 是状态 s 中的可用动作集合），$P_a(s, s')=\Pr(s_{t+1}=s' \mid s_t=s, a_t=a)$是 t 时刻 s 状态下的动作 a 导致 $t+1$ 时刻进入状态 s'的概率，$R_a(s, s')$是状态 s 经过动作 a 转换到状态 s'后收到的即时奖励（或预期的即时奖励）。需要注意的是，状态和动作空间可能是有限的，也可能是无限的。一些具有可数无限状态和动作空间的过程可以简化为具有有限状态和动作空间的过程。

MDP 的目标是为决策者找到一个好的策略函数 π，指定决策者在状态 s 时将选择的动作 $\pi(s)$。策略函数 π 是从状态空间(S)到动作空间(A)的（潜在概率）映射。一旦以这种方式将 MDP 与策略组合在一起，就可以确定在每个状态下的动作，并且生成的组合行为类似于马尔可夫链。这个策略 π 使随机奖励的累积函数最大化，通常是在潜在的无限范围内的预期折扣奖励总和：

$$E\left[\sum_{t=0}^{\infty}\gamma^{t}R_{a_t}(s_t,\ s_{t+1})\right] \tag{3-32}$$

式中，γ 是折现因子，满足 $0\leqslant\gamma\leqslant1$，通常接近于 1。需要注意的是，较低的折扣率促使决策者倾向于尽早采取行动，而不是无限期地推迟行动。最后，这个过程中使奖励函数最大化的策略称为最优策略，通常用 π^* 表示。一个特定的 MDP 可能有多个不同的最优策略。可以发现，MDP 能够明确描述智能体如何在特定状态下采取特定动作，并如何通过奖励信号来评估其决策的质量。然而，MDP 的应用通常假设已知环境的特性，包括状态转移概率和奖励函数。在现实世界中，环境通常是未知的或者动态变化的，这就引入了不确定性和探索的挑战。

多智能体强化学习是一种机器学习方法，旨在使智能体能够在未知环境中自主学习并改进其决策策略。在强化学习中，智能体通过与环境的交互来学习，而不是依赖对环境的先验知识。智能体通过执行动作来影响环境，并根据所获得的奖励信号来评估其行为的好坏，最后在尝试新策略和利用已知策略之间找到平衡，最大化长期累积奖励。这使得强化学习在处理不确定性和动态性较高的问题时表现出色。然而，绝大多数强化学习都限于单一智能体的情景，其中该智能体采取一系列顺序动作而改变环境，环境会进入一个新的状态（由转移概率确定）且一个相关的奖励给智能体。在这个背景下，一个主要的假设是环境是稳定的。如图 3-9 所示，这个假设不能扩展到多智能体框架，因为状态的转移和每个智能体接收的奖励都受其他智能体的行动影响。与单智能体强化学习相比，多智能体强化学习考虑了多个智能体在共享环境中学习和协作的问题。每个智能体都有自己的策略和目标，但它们的行为会影响到彼此以及整个系统的奖励和状态。因此，多智能体强化学习需要考虑智能体之间的相互作用和协作，以便找到最佳的共同策略，以最大化个体或整个系统的性能。

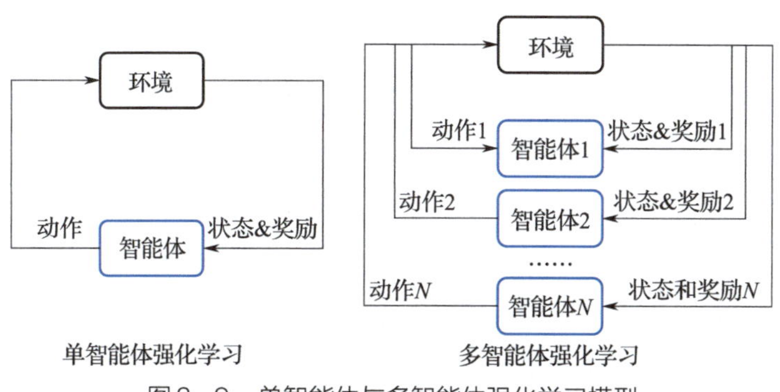

图 3-9　单智能体与多智能体强化学习模型

在多智能体合作或竞争的环境中，多智能体整体通常需要最大化全局的期望回报。如果采用完全集中式的方式（通过一个中心模块来完成全局信息的获取和决策计算），能够直接将适用于单智能体的强化学习方法拓展到多智能体系统中。但在现实情况中，中心化的控制器并不一定可行，或者说不一定是比较理想的决策方式，这是因为缺乏对全局信息的高效收集手段。与之相对的是，如果采用完全分布式的方式，每个智能体独自学习自己的值函数网络以及策略网络、不考虑其他智能体对自己的影响，这就无法处理环境的不稳定问题。因此，可以利用强化学习中演员－评论家算法，从而在这两种极端方式中找到协调的办法。

演员－评论家算法结合了基于值和基于策略的两类强化学习算法框架，属于单步更新算法。其中，演员是基于策略的算法，它可以在连续动作空间内选择合适的动作。评论家是基于值的算法。两种算法相互补充就形成了演员－评论家算法，如图3－10所示，演员网络选择动作，评论家网络利用时序差分损失函数（Temporal Difference，TD）误差指导演员训练。TD误差计算公式如下：

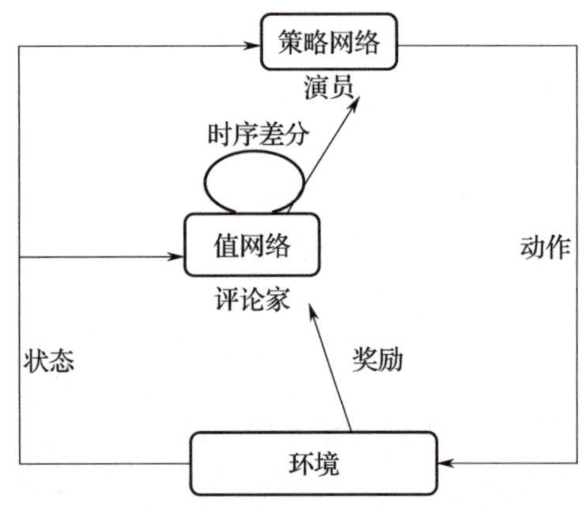

图3－10 演员－评论家算法流程图

$$\delta = r_t + \gamma Q(s_{t+1}, a_{t+1}; w) - Q(s_t, a_t; w) \tag{3-33}$$

式中，$Q(s, a; w)$表示智能体采用策略$\pi(w)$在状态s下选择动作a时的价值。TD误差表示了当前估计值与下一个状态的估计值之间的差异，即估计值的预测误差。通过最小化TD误差，可以逐渐改善值函数的估计，使其更接近真实的值，从而指导策略网络的更新。

1. 多智能体柔性表演－评论学习算法

多智能体柔性表演－评论学习算法[135]（Multi-Agent Soft Actor-Critic，MASAC）是利用集中训练和分散执行框架(Centralized Training with Decentralized Execution，CTDE)的MARL方法，其基于单智能体深度强化学习算法柔性表演－评论(Soft Actor Critic，SAC)进行了改进，为解决多智能体问题提供了一种比较通用的思路。假设环境中共有N个智能体，智能体的演员网络为$\pi = \{\pi_1, \cdots, \pi_N\}$，每

个演员网络 π 的参数为 $\theta=\{\theta_1,\cdots,\theta_N\}$，使用 π_θ 表示参数为 θ_i 的演员网络 π_i。同样，使用 Q^{β_i}表示参数为 β_i 的评论家网络 Q_i。根据 CTDE 架构和 SAC，得到智能体 i 更新演员网络需要的最小化目标 $J_{\pi_i}(\theta_i)$：

$$J_{\pi_i}(\theta_i)=E_{x\sim D,\tilde{a}\sim\pi_\theta}[\lambda\log(\pi_{\theta_i}(\tilde{a}_i\mid o_i))-Q^{\beta_i}(x,\ \tilde{a})] \tag{3-34}$$

式中，经验回放池 D 用于存储智能体的状态 x、动作 a、奖励 r 和下一个状态 x'，使用四元组$(x,\ a,\ r,\ x')$作为 D 中的一条存储样本，其中，$x=(o_1,\cdots,o_N)$、$a=(a_1,\cdots,a_N)$、$r=(r_1,\cdots,r_N)$、$x'=(o_1',\cdots,o_N')$。每个智能体使用一个独立的评论家网络 $Q^{\beta_i}(x,\ \tilde{a})$，输入为从经验回放池 D 中取样得到的所有智能体的观察 x 和动作 $\tilde{a}=(\tilde{a}_1,\cdots,\tilde{a}_N)$，为了增加多智能体训练的稳定性，使用当前智能体的策略生成 $\tilde{a}_i$，$\tilde{a}_i=\pi_{\theta_i}(\cdot\mid o_i)$。输出为智能体 i 动作 $\tilde{a}_i$ 的 Q 值。由于每个智能体分别具有一个 Q^{β_i}，因此其可以根据环境的需要拥有不同形式的奖励函数，使其可以适应不同的环境，包括协同或协同和竞争两者相混合的环境。分散执行的演员网络 $\pi_{\theta_i}(\cdot\mid o_i)$ 仅需利用其自身的观察 o_i，即可得到动作的概率分布，智能体通过对得到的概率分布采样获得具体执行的动作 $\tilde{a}_i$。同样利用重参数的采样方法可以得到该目标的可微形式：

$$J_{\pi_i}(\theta_i)=E[\lambda\log(\pi_{\theta_i}(\tilde{a}_i\mid o_i))-Q^{\beta_i}(x,\ \tilde{a})] \tag{3-35}$$

式中，$x\sim D$，为了保证在进行采样后依然是可微的，设置 $\tilde{a}_i=\tilde{a}_{\theta_i}(o_i,\ \xi)$，$\xi\sim N(0,\ 1)$，随后对动作概率分布 $\pi_{\theta_i}(\cdot\mid o_i)$ 进行采样操作。$J_{\pi_i}(\theta_i)$ 中的期望可以通过从经验回放池 D 采样并进行近似计算，采用随机梯度下降方法即可实现对智能体 i 的演员网络更新。

智能体 i 的评论家网络参数 β_i 可以通过最小化智能体 i 的贝尔曼误差 $J_Q(\beta_i)$ 进行更新：

$$J_Q(\beta_i)=E_{x,a,r,x'\sim D}\left[\frac{1}{2}(Q^{\beta_i}(x,\ a)-y)^2\right] \tag{3-36}$$

$$y=r_i+\gamma E_{a'\sim\pi_\theta}[Q^{\bar{\beta}_i}(x',\ a')-\lambda\log(\pi_{\bar{\theta}_i}(a_i'\mid o_i'))] \tag{3-37}$$

式中，$\bar{\beta}_i$ 为智能体 i 的目标评论家网络 $Q^{\bar{\beta}_i}$的参数。为了稳定多智能体的学习效果，MASAC 在智能体中增加目标演员网络 $\pi_{\bar{\theta}_i}$，$\bar{\theta}_i$ 为目标演员网络 $\pi_{\bar{\theta}_i}$的参数。在经验回放池 D 中进行随机采样得到固定批量的样本对 $J_Q(\beta_i)$ 进行近似计算，其中智能体 i 通过将下一个状态的观察 o_i'输入目标演员网络 $\pi_{\bar{\theta}_i}$，然后根据得到的动作概率分布进行采样得到智能体的下一个动作 a_i'。

如图 3-11 所示，类似于深度 Q 学习中的评估网络和目标网络，MASAC 中

智能体 i 具有 4 个深度神经网络，分别为演员网络和目标演员网络以及评论家网络和目标评论家网络。在训练过程中，只对演员网络和评论家网络进行训练，而目标演员网络和目标评论家网络用于稳定演员网络和评论家网络的学习效果。演员网络和目标演员网络分别利用智能体自身的当前观察 o_i 和下一个状态的观察 o_i'，生成当前动作和目标动作。演员网络的输入为当前所有智能体的观察 x 和动作 a，输出为智能体 i 动作的 Q 值，目标评论家网络的输入为下一状态智能体的观察 x' 和动作 a'，输出为智能体 i 目标动作的 Q 值。同时，每次演员网络和评论家网络参数更新后，需要对目标演员和目标评论家网络进行软更新，用于保证算法的稳定运行：

$$\bar{\theta}_i = \tau\theta_i + (1-\tau)\bar{\theta}_i \tag{3-38}$$

$$\bar{\beta}_i = \tau\beta_i + (1-\tau)\bar{\beta}_i \tag{3-39}$$

式中，τ 为控制目标网络软更新的超参数。

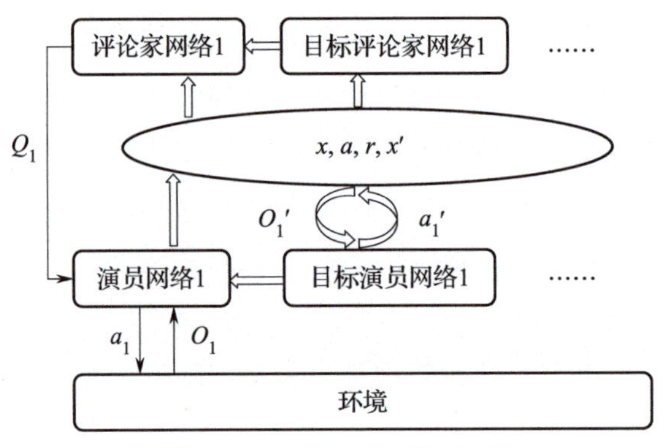

图 3-11　MASAC 流程图

2. 反事实多智能体强化学习算法

反事实多智能体强化学习（Counterfactual Multi-Agent，COMA）算法[136]是一种基于演员 - 评论家的变种方法。它适用于学习非中心式的、部分可观测的多智能体协同的控制策略。COMA 利用全局评论家网络来评价演员动作的 Q 值，利用非全局演员网络来决定智能体的行为。由于在训练时使用的是全局网络进行评价，并且采用参数共享的方式，使得智能体能够在选择动作时参考其他智能体的状态再做决定，这就加入了“协同”的功能。与 MASAC 类似，COMA 也采用 CTDE 架构。与大部分多智能体强化学习方法不同的是，COMA 使用一个集中式的批评家，即以联合行动和所有可用的状态信息为条件进行训练与评估。此外，COMA 引入反事实基线来解决置信分配问题。

COMA 算法流程如图 3－12 所示，在执行过程中，每个智能体 i 从环境中观测到局部信息，并使用演员网络 π^a 采样输出动作 u_t^i。在训练过程中，演员网络选择动作后，集中式评论家评估动作 u_t^i 的价值。集中式评论家可以获得环境中的全部状态信息来指导演员网络训练。考虑到多个智能体共享全局奖励，可能存在某个智能体选择较差动作而获得正向奖励的情况，COMA 引入反事实基线对演员网络选择的动作进行评估。反事实基线把智能体的动作换成一个默认的动作，对比当前动作与默认动作之差，如果差值为正，说明智能体当前动作优于平均水平，可以获得正向奖励，反之，则说明智能体当前动作较差，给予相应惩罚。其中，默认动作就称为基线。COMA 没有使用默认动作，也没有用额外的模拟计算这个基线，而是利用当前的策略（演员网络 π^a），利用当前的行为值函数（集中式评论家网络）对当前智能体的策略求解边缘分布来计算基线。通过这种方式，COMA 可以避免设计额外的默认动作和额外的模拟计算。COMA 优势函数 $A^a(s, \boldsymbol{u})$ 计算如下：

$$A^a(s,\boldsymbol{u}) = Q(s,\boldsymbol{u}) - \sum_{u'_a} \pi^a(u'^a \mid o^a) Q(s,(\boldsymbol{u}^{-a},u'^a)) \tag{3-40}$$

这里的基线计算公式为：$\sum_{u'_a} \pi^a(u'^a \mid \tau^a) Q(s,(\boldsymbol{u}^{-a},u'^a))$，其中，$s$ 为全局状态信息，u 为所有智能体联合动作，u'^a 为当前智能体所选择的动作，$\boldsymbol{u}^{-a}$ 为除当前智能体外其他智能体选择的动作。利用中心式评价网络来评估当前动作好坏时，是在其他智能体动作不变的情况下进行的。因为只有这样才知道当前智能体采取这个动作和不采取这个动作的好坏。

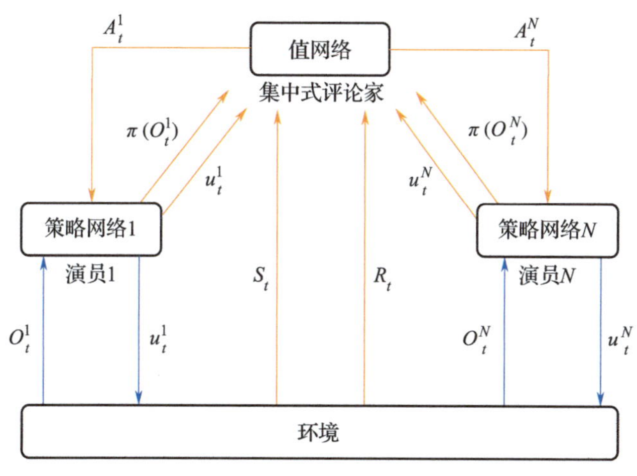

图 3－12　COMA 算法流程图

3.4.2 跨域协作车联网雾计算架构

在广域大规模车联网雾计算场景下，跨域协作成为一种高效的方式。在大规模场景中，车辆和静态雾节点通常分布在广泛的地理区域内。这导致了资源的分散性，即某一区域可能存在资源短缺，而其他区域可能有富余的计算和存储资源。跨域协作允许在不同区域之间共享资源，以最大限度地提高资源的有效利用。此外，不同地区的任务负载可能会有所不同。某些区域可能面临高负载，而其他区域则可能相对空闲。通过跨域协作，可以实现任务负载的均衡分配，确保每个区域都能够有效地处理任务，从而提高整体性能。跨域协作还可以增强容错性，确保即使某一区域发生故障，任务仍然可以在其他区域中完成，从而保证服务的可靠性。尽管有上述好处，目前跨域协作雾计算仍然面临以下挑战：

1）资源动态性问题：在广域大规模车联网雾计算场景中，车辆是移动的实体，其计算和通信资源的可用性会随着位置的变化而波动。这导致了在任务卸载过程中面临资源不稳定性的挑战。当任务分配给某一车辆后，如果该车辆迅速移出分配区域或失去连接，可能导致任务中断或需要重新分配，从而影响了服务质量和效率。此外，车辆之间的资源负载也可能随时间变化而波动，使得资源供需不一致，需要动态调整任务卸载策略。

2）跨域协同决策一致性问题：在跨域协同任务卸载中，不同区域的车辆雾节点需要协同工作，以确保全局服务质量。然而，不同区域之间存在通信延迟，这可能导致协同决策的一致性问题。例如，在一个区域中，一个车辆可能认为将任务卸载给某一车辆是最佳选择，但由于通信延迟，另一个区域的车辆可能已经接受了该任务或做出了不同的决策。这种不一致性可能导致资源分配冲突和服务质量下降。

3）跨域协同决策实时性问题：实时性对于许多车辆雾计算应用至关重要。然而，跨域通信通常伴随着更高的延迟，这使得跨域协同决策的实时性成为一个具有挑战性的问题。在某些应用中，需要在毫秒级别内做出决策以满足实时需求，但跨域通信延迟可能远远超出这个时间范围。因此，如何在延迟较高的环境中实现即时决策，以满足应用的实时性要求，是一个需要解决的关键问题。

针对以上挑战，从不同角度出发，涌现出多种跨域协作雾计算架构。针对决策实时性问题，Hou 等人提出了基于任务流动的跨域协作雾计算架构[137]，通过区域间分区协作，实现全局任务时延最小化。针对决策一致性问题，Wei 等人提出了基于资源交易的跨域协作雾计算架构[138]，通过观察车辆节点周期性的服务与请求特征，实现一致的跨域资源流通决策。

1. 基于任务流动的跨域协作雾计算架构

在广域车联网雾计算场景中，计算资源分布存在时空异质性，不同的时间和地点拥有不同数量和性能的计算资源。具体来说，有些地区在某些时刻可能有大量的计算资源可用，而在其他时刻可能资源紧缺。这种时空异质性的存在导致了计算资源的不均衡利用，一些区域可能会浪费闲置资源，而其他区域则无法满足其任务的计算需求。这最终会导致资源不足区域计算资源竞争激烈，从而存在大量任务超出时延限制，降低用户体验。

首先介绍多区域车联网雾计算场景。如图 3-13 所示，服务车辆（具有空闲计算资源）与任务车辆（需要卸载任务）在道路上行驶，RSU 可以覆盖多个车辆，相邻车辆之间可以通信。此外，路边基站通常具有更强的信号传输能力和更高的天线安装位置，使其能够覆盖更广泛的区域，以提供通信和数据服务给经过的车辆，其覆盖区域远大于车辆通信覆盖区域。由于 RSU 通常为固定设施，一般为有线线路连接，相邻区域 RSU 通信延迟较低（在同一子网内的 RSU 均可看作相邻 RSU）。因此，在各区域资源分布不均的情况下，可以考虑将任务卸载到相邻区域 RSU，再转发至该 RSU 覆盖的服务车辆上。

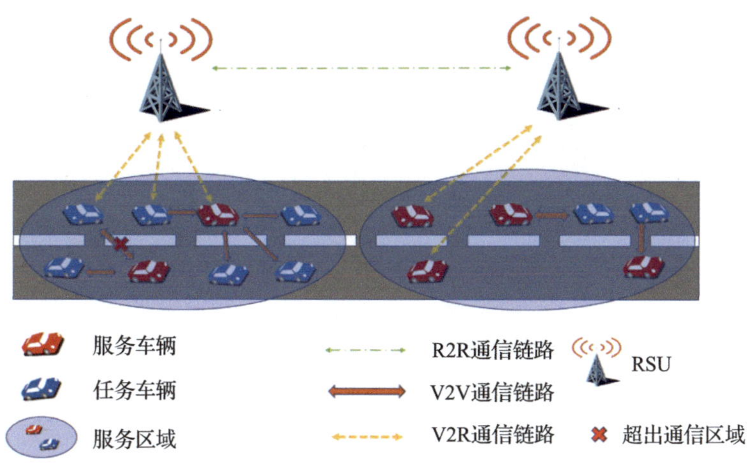

图 3-13　多区域车联网雾计算场景

在该多区域场景中，基于任务流动的跨域协作雾计算架构可以解决计算资源时空异质性带来的问题。这个架构的核心理念是允许不同区域在时空上协同合作，共享它们的计算资源。这意味着当一个区域在某个时刻拥有大量计算资源时，它可以将多余的资源提供给那些在同一时刻计算资源匮乏的邻近区域。这种协同合作可以帮助平衡整个车辆雾计算网络中计算资源的时空分布，确保更多的区域都能够有效地利用计算资源，以满足其任务需求。这一解决方案有望提高整体计算资源的利用率，减少资源浪费，从而增强车辆雾计算系统的性能和可用性。

基于任务流动跨域协作雾计算架构如图 3-14 所示，其中，每个 RSU 负责收集和广播其区域内计算资源和计算任务信息以及其他区域计算资源信息。RSU 也负责中转其区域内车辆任务至区域内或相邻区域的服务车辆。在每个时间段内，如果一辆车驶入一个服务区域，并准备共享其计算资源或请求额外的计算资源，它可以参与该服务区域的任务卸载。考虑到相互利益或在任务卸载阶段之前或之后放置资源共享的激励机制，所有这些服务车辆都自愿与任务车辆共享其计算资源。在每个时间段内，如果一辆服务车辆拥有空闲的计算资源并参与了一个服务区域，它首先向 RSU 发送其位置和计算信息，随后 RSU 将消息广播给其服务区域内的所有任务车辆。接下来，任务车辆根据收到的消息选择合适的服务车辆来完成其任务。最后，服务车辆接收任务卸载消息，并将其计算资源分配给这些任务。在本区域一轮任务卸载完成后，若仍有空闲车辆，则 RSU 将向其子网内其他 RSU 广播信息，其他 RSU 将收集到的信息广播给其覆盖区域内的任务车辆，并中继传输任务。在这一跨域资源共享的架构下，资源得到充分利用，资源不足的区域的任务也可以完成卸载，可以提升全局任务卸载效率，解决车辆雾计算实时性问题。

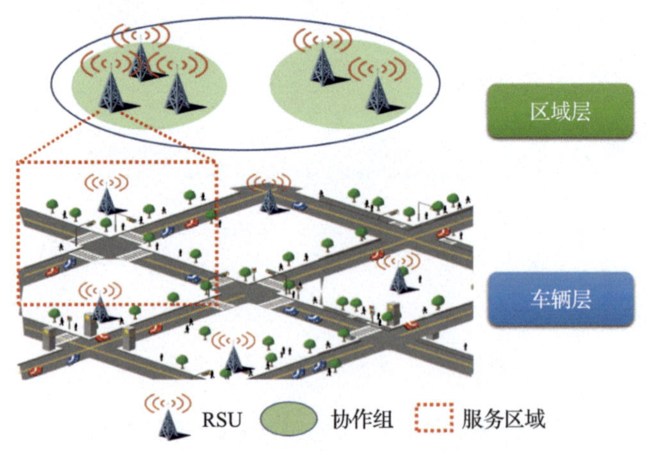

图 3-14　基于任务流动跨域协作雾计算架构

2. 基于资源交易的跨域协作雾计算架构

车辆间任务卸载关系是多对多的，并且是存在自身的服务意愿和卸载意愿的。考虑到车辆的相互卸载和服务意图，可以提取节点的周期性服务和请求特征，通过构建自由理性节点之间的匹配关系，实现具备跨域一致性的任务卸载关系。类比交易场景，可以通过周期性求解资源交易问题为车联网雾计算中复杂的多对多任务卸载问题提供有效的解决方案。

考虑到不同区域的管理设备 RSU 可以作为每个区域的代理节点和网关，兼顾了任务卸载和资源调度的身份，并依托于 RSU 天然的区域管理者身份。该架构通过引用虚拟货币作为资源交易的流通等价物，由 RSU 记录消费和服务记录，最终实现跨区域的满足服务意愿的协作计算。

图 3－15 所示为基于 V2V 计算资源交易平台的分布式多对多任务卸载框架。其中，小云朵层由多个服务区组成，不同服务区中的 RSU 通过有线或无线的回程网络与相邻服务区连接。由于回程网络大多基于光纤电缆，因此具有极快的数据传输能力，只需要经过回程交换机就可以传输到其他 RSU 处。在这种情况下，RSU 充当每个服务区中计算资源提供的管道和网关，并且在所提出的 V2V 交易平台中扮演第三方可靠资源零售商的角色。资源零售商需要决定计算资源的单位销售/购买价格，并提供计算资源的买卖交易。值得注意的是，为了预算平衡，RSU 确定的单位销售/购买价格必然是相对于另一方价格较低/较高的。在这种前提下，车辆将会更有动力直接与其他车辆进行交易，以降低外部成本，也就形成了车辆间资源交易的前提假设。

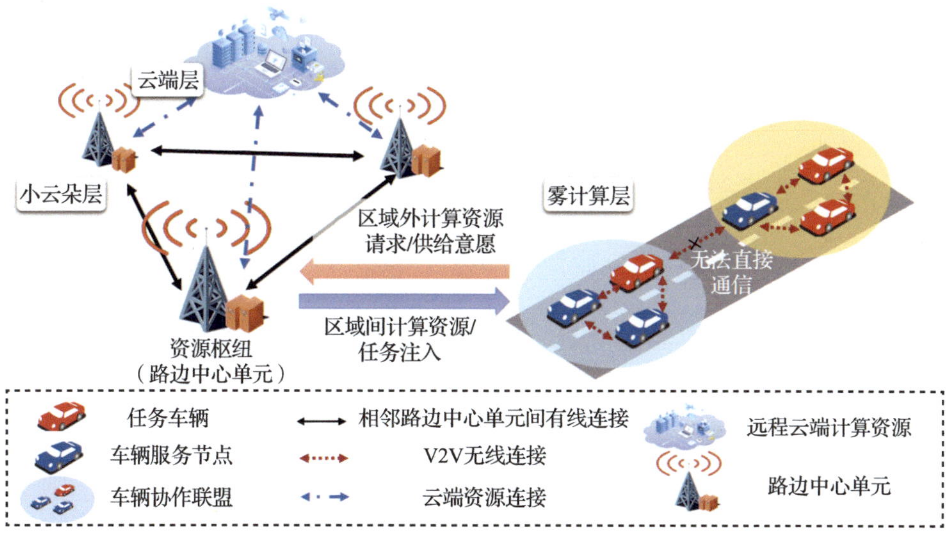

图 3－15 基于 V2V 计算资源交易平台的分布式多对多任务卸载框架

在 V2V 计算资源交易过程中，两个主要因素将会直接影响交易框架的可行性和效率：V2V 通信链路的稳定性和资源交易单价的确定协议。没有稳定的通信链路连接，车辆无法与其他车辆保持可靠的交易关系，进而无法提供资源服务；另一方面，不公平的价格决定会导致车辆之间交易意图下降，与鼓励车辆间进行协作计算的初衷相背离。为了解决这两个问题，可以鼓励车辆之间的协作计算，通过设计合适的定价机制，用合作交易联盟的方式作为稳定和高效地运营资源的可行方式。在跨域架构中，车辆被激励形成交易联盟，在联盟内部进行资源交易，以协同操作资源实现协作计算，并在雾层中可靠地传输数据。然后，利用合作联盟博弈实现稳定的联盟结构并避免车辆拓扑变化带来的动态变化，并将中间市场价格定价机制作为联盟的核心收入分配策略。整个交易框架的结构如图 3-16 所示，基于自组织的联盟结构和获得的交易共识，RSU 采取跨区域任务卸载策略，在整个系统中执行跨域计算资源优化调度。

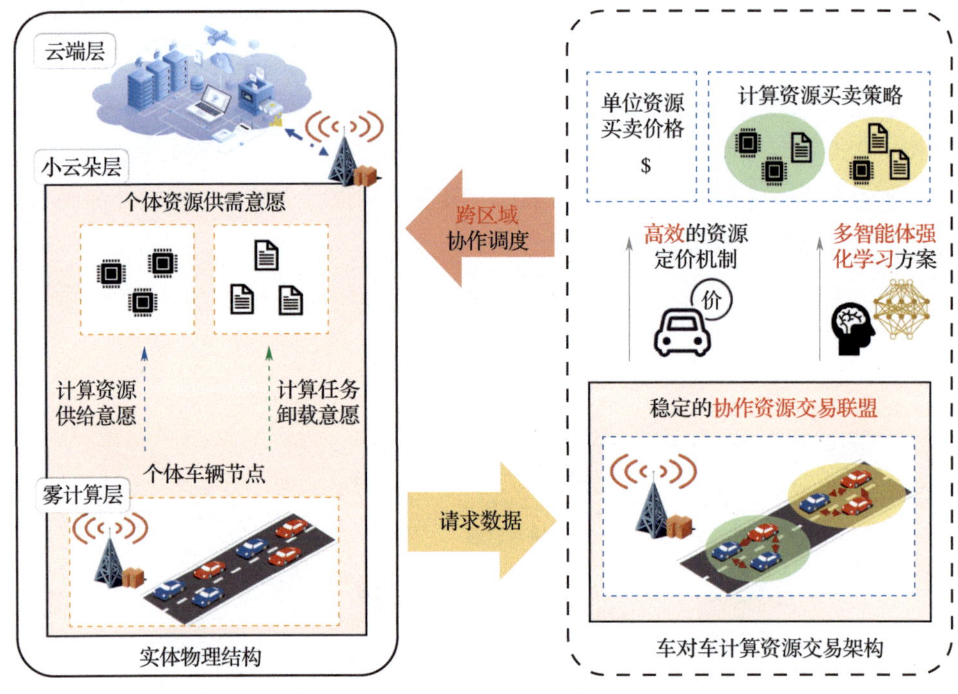

图 3-16　基于交易的跨域协作雾计算架构示意图

除了上述两种跨域协作架构，还有其他跨域协作架构，如文献[139]利用行驶的车辆将任务中转到其他区域车辆上，但本质上还是相同的跨域架构，只是中继节点发生变化。

3.4.3　跨域协作计算任务卸载方案设计

1. 基于任务流动的跨域协作任务卸载方案

在本节中，基于任务流动的跨域协作任务卸载方案利用区域协作组实现全局资源均衡，利用 COMA 算法实现分布式决策。该方案包括两部分：区域协作组生成与跨域实时任务卸载。

（1）区域协作组生成

首先在车辆层，RSU 收集其服务区域内的车辆信息，随后 RSU 代表其服务区域参与区域间协作组生成。相邻的服务区域被分组以平衡跨区域的计算资源和任务，这是在上层进行的。资源匮乏区域的任务可以通过分层架构卸载到其他资源丰富的区域。RSU 在不同服务区域之间充当中继站，并在其服务区域内充当广播中心。随后，服务区域内的车辆根据区域内的可用服务车辆与区域协作组内的服务车辆进行分布式任务卸载决策。

对于下层车辆，选择适合任务卸载的合适服务区域对于任务车辆的雾计算结果具有重要影响。一个不适当的服务区域可能会增加传输时间或计算时间，最终导致任务完成效率下降。每辆车被划分到距离最近的 RSU 所在的服务区域。当存在多个服务区域都与车辆最近时，优先考虑车辆前进方向上的服务区域，以维持更一致的通信时间。此外，由于车辆的移动性，每辆车可能会在每个时间槽后从一个服务区域分类到另一个服务区域。在对车辆进行聚类后，RSU 来管理其服务区域以广播服务信息并接收来自服务车辆的消息。

当下层的车辆分类完成时，代表其服务区域的 RSU 参与上层的协作组划分工作，以平衡过多的计算负载和空闲的计算资源。采用 K-Means 算法进行 RSU 的分类。K-Means 算法选择若干个初始协同组，然后根据每个组内的计算资源和计算任务尽可能均匀分布的原则，将 RSU 划分到这些协同组中。随后，计算每个组的中心。最后，该算法重复上述过程，直到每个组的中心不再改变。RSU 协同组将处理服务区域无法卸载的任务，通过将其传输到组内的另一个服务区域。为了减少随机初始化可能导致的大量迭代的不确定性，在上层，鉴于拥有更多空闲计算资源的 RSU 可以为更多区域提供服务，它们更有可能成为特定组的中心枢纽。考虑到这一点，选择从这些 RSU 初始化质心。

（2）基于 COMA 的跨域实时任务卸载

在每个时隙对 VFC 中的节点进行分类后，当任务车辆上的应用生成任务卸载请求时，它会在以下条件中响应任务卸载请求。

情况 1 若在任务车辆的通信覆盖范围内存在空闲的服务车辆。此时，任务车辆选择该车辆，并通过 V2V 链路将其任务卸载到服务车辆。

情况 2 若在服务区域内存在空闲服务车辆，但无法通过任务车辆的 V2V 链路进行通信。任务车辆将从这些服务车辆中选择一个空闲的车辆，并通过 V2R 链路与其通信。

情况 3 若服务区域内没有可用的服务车辆。任务车辆可以将其任务卸载到协作组内具有空闲服务车辆的另一个服务区域。它们可以通过 V2R 和 R2R 链路与该服务区域通信。

如果任务被成功卸载到服务车辆并且总执行时间小于允许的最大延迟时间，则任务可以成功卸载。当总时间超过最大容忍延迟或无法找到可用的服务车辆来卸载任务时，任务将失败。对于分层架构，在每个时间槽内，拥有更多空闲计算资源的服务区域可以首先完成其内部任务车辆的卸载决策。然后，多余的计算资源可以与其协作组内的其他服务区域共享。这样在确保本区域内任务得到执行的同时，缓解其他区域的卸载压力。

在完成上下层服务区域与协作组划分后，任务车辆开始进行分布式卸载决策。考虑到广域车辆雾计算高动态、高耦合的特性，采用 COMA 来进行分布式任务卸载决策。首先需要将分层任务卸载决策过程建模成 MDP。

1）智能体：任务车辆是系统中的智能体。任务车辆接收来自 RSU 和车载应用程序的任务与计算资源信息，然后根据这些信息选择卸载任务的车辆。

2）观察空间：在每个时隙内，每个任务车辆可以观察到来自 RSU 的任务信息以及服务车辆的消息。出于安全和经济的考虑，任务车辆的信息不能被其他任务车辆观察到。因此，任务车辆的观察是局部的。任务车辆 V_i 在时间槽 t 内的观察 O_t^i 可以表示为

$$O_t^i = \{\mathrm{loc}_t^i, D_t^i, C_t^i, \tau_t^i, \nu_t^i, H_t\} \tag{3-41}$$

式中，loc_t^i 表示任务车辆 V_i 相对于 RSU 的位置坐标；H_t 是来自 RSU 的服务车辆消息。它包含了服务区域和协作组中邻近服务区域的计算资源信息。在 MARL 的训练和执行阶段，每个智能体根据自己的观察来确定其任务卸载行动。

3）状态空间：状态是服务区域内每个任务车辆的观察集合，可以表示为 $s_t = o_t^1 \times \cdots \times o_t^N$。在强化学习的场景中，每个智能体根据环境的状态采取相应的行动。但在 MARL 中，状态用于训练集中式评论家网络，以指导智能体的演员网络训练。

4）动作空间：在时间步 t 开始时，智能体通过评估每个行动的 Q 值来为其车载任务选择时延最小的服务车辆及资源比例。

5）奖励函数：在时间步 t 期间，智能体评估来自环境反馈的上一个动作的奖励 r_t。考虑全局任务实时性，奖励 r_t 定义为平均任务完成时延的表达式。具体来说，奖励 r_t 可以表示为

$$r_t = \frac{1}{J}\sum_{j=1}^{J}(\tau_t^j - l_{t,j,W_t^j}) \tag{3-42}$$

式中，j 为协作组内任务车辆数量；τ_t^j 为车辆 V_j 的任务允许最大时延；l_{t,j,W_t^j} 为车辆 V_j 的任务预估执行时延。协作组内智能体朝着全局平均任务剩余时间最大化优化。

与传统的多智能体强化学习方案不同，在 COMA 中没有提供默认操作来评估当前动作的贡献。相反，当前策略直接用于计算智能体的边缘分布。这一操作大大减少了计算量，同时也解决了多智能体强化学习中的信誉分配问题。此外，COMA 在离线时采用了集中式评论家和分散式演员网络的联合训练，而在线执行时仅使用分散式训练过的演员网络，实现了高效协作，提高了实时性能和协作效率。

2. 基于资源交易的跨域协作雾计算方案

现有的一些工作已经证实了利用交易平台作为移动计算的基础场景的可行性，然而在广域大规模车联网雾计算场景下，受限于高速移动的车辆和动态变化的网络拓扑结构，应用交易平台作为资源分配的场景仍然面临着以下问题。

1）交易失败：当车辆由于其交易无法最大化自身效益，或者获得了负数的效益数值，而导致无法达成交易共识，这将发生交易失败事件。此外，由于用于计算和通信的车辆网络拓扑变化，导致无法传输任务或进行任务卸载，同样也会发生交易失败。

2）交易时延：低效交易策略导致的过长的决策延迟将不可避免地会减少任务卸载和计算过程的可用时间，间接缩短了计算任务的剩余执行时间，这同样会损害车辆的实时 QoS 要求。

3）交易不公平：考虑到不同时期计算服务的供需变化，在供需关系下，定价波动也可能经历一系列波峰和波谷，这在系统中产生了交易不公平。例如，买方可能在一次交易中以每 GHz 计算资源 0.5 美元的价格收取费用，但在另一次交易中将收取每 GHz 计算资源 1 美元的费用，这从买方以更高价格支付服务

的角度来看是不公平的。

为了解决上述的问题和挑战，本节所介绍的基于资源交易的跨域协作任务卸载方案通过多智能体强化学习从历史数据中学习规律，利用协作联盟保证交易稳定，最终实现可靠高效的协作计算任务卸载平台。该方案包含三个部分，分别是协作交易联盟的建立、资源交易的定价策略以及跨区域任务卸载过程。

(1) 协作交易联盟的建立

首先定义协作交易联盟 C_q 的联盟外部成本如下：

$$\mathrm{ext}(C_q) = p_R^b\left[\sum_{V_i \in C_q} l_i\right]^+ + p_R^s\left[\sum_{V_i \in C_q} l_i\right]^- \tag{3-43}$$

式中，p_R^b 和 p_R^s 是 RSU 决定的计算资源的买入和卖出价格；l_i 是车辆 V_i 在当前周期声明的交易意图，$l_i>0$ 表示任务车辆 V_i 需要 l_i 计算资源，而 $l_i<0$ 表示车辆雾节点 V_i 愿意在每个时隙中提供 $-l_i$ 的计算资源。式 (3-43) 反映了联盟合作处理成员卸载和服务需求的能力，联盟外部成本较低表明对 RSU 的依赖性较小。基于联盟外部成本，定义联盟效益函数：

$$U(C_q) = \sum_{V_i \in C_q} \mathrm{ext}(\{V_i\}) - \mathrm{ext}(C_q) \tag{3-44}$$

该联盟效益函数通过得出与 RSU 交易和直接与其他本地车辆交易之间的差异，量化车辆节省的外部成本，作为联盟能够获得的总体收益值。

(2) 资源交易的定价策略

基于协作交易联盟，使用中间市场价格定价机制作为收入分配策略，为稳定联盟结构的车辆参与提供报酬。将联盟 C_q 的本地计算资源需求和供应表示为

$$D_q = \sum_{V_i \in CC_q} [l_i]^+ \tag{3-45}$$

$$S_q = -\sum_{V_i \in CC_q} [l_i]^- \tag{3-46}$$

则中间市场价格定价机制在三种特定情况下设置了联盟 C_q 中车辆 V_i 的本地买入价 p_i^b 和 p_i^s。

情况 1 如果联盟中的本地需求等于本地供应 ($D_q=S_q$)，则联盟的外部需求设置为零。在这种情况下，本地计算资源被出售给任务车辆，并且本地买入价和本地卖出价被设置为 RSU 提供的中间价：

$$p_i^b = p_i^s = p_R^{\mathrm{mid}} = \frac{p_R^b + p_R^s}{2},\quad \forall V_i \in C_q \tag{3-47}$$

式中，p_R^{mid} 被定义为 p_i^b 和 p_i^s 的中间价格。

情况 2　如果本地需求超过本地供应（$D_q > S_q$），换句话说，任务车辆需要从BS 购买额外的计算资源作为赤字。由于买家的需求量高于卖家的供应量，因此额外的付款由所有买家按比例分摊，而卖家则以中间价支付。此时本地买入价和本地卖出价定义为

$$p_i^b = \frac{p_R^{\text{mid}} S_q + p_R^b (D_q - S_q)}{D_q},\ p_i^s = p_R^{\text{mid}},\ \ \forall V_i \in C_q \tag{3-48}$$

情况 3　如果联盟中的本地需求小于本地供应（$D_q < S_q$），车辆雾节点需要首先向任务车辆提供计算资源，并将剩余资源提供给 RSU。类似地，减少的收入由所有卖方共享，因此联盟内部的单价定义为

$$p_i^b = p_R^{\text{mid}},\ p_i^s = \frac{p_R^{\text{mid}} D_q + p_R^s (S_q - D_q)}{S_q},\ \ \forall V_i \in C_q \tag{3-49}$$

基于 V2V 交易的任务卸载框架如算法 3－4 所示。给定所介绍的资源交易平台，每个 V_i 的目标建模为最大化自身任务收益的同时最小化支出的货币资源：

算法 3－4　车对车计算资源交易框架

基于车对车计算资源交易的框架
1. 重复：迭代时隙 $t = 1:T$
1－1　**判断如果** $t\% T_{\text{trade}} == 0$ 则
1－2　每一辆车 V_i 决定自己的交易意愿 l_i
1－3　车辆形成交易联盟
1－4　每一个联盟 C_q 决定自己的本地计算资源交易价格
2. 遍历每一个联盟 C_q，分别
2－1　基于联盟的头部车辆进行任务卸载
2－2　头部节点将计算资源和计算需求汇报给 RSU
3. 通过 RSU 进行跨区域计算资源卸载

$$\max_{l_i} \sum_{t \in T} [\, U_i^l - \omega (p_i^b [\, l_i \,]^+ + p_i^s [\, l_i \,]^-) \,] \tag{3-50}$$

在所提出的基于资源交易的跨区域车辆协作雾计算方案上，考虑到资源交易本身所具备的不确定性和时序特征，引入多智能体强化学习方案，同时学习区域特征以及多智能体之间的协作策略，实现相互协作、环境感知的车辆协作雾计算方案。

VFC 中的雾层协调的多对多计算资源交易问题呈现了涉及多个车辆用户的动态决策过程。尽管如此，面对 V2V 交易平台和计算资源状态的动态性，很难利用固定的策略在传统的分布式交易方式中优化车辆节点的目标。此外，此场

景中的车辆用户不仅需要考虑动态环境，还需要与其他车辆用户进行交互。为了充分挖掘本地计算潜力，将该多智能体决策过程建模为部分可观察 MDP，并执行多智能体深度强化学习方法，以学习 V2V 交易方式的协调计算资源管理。

1）观察空间：在每个时间段 t，每辆车 V_i 的观察 $o_{i,t}$ 包含以下特征：时间步标识符 t、本地售价历史 $p^s_{i,t-\iota:t}$、本地买入价格历史 $p^b_{i,t-\iota:t}$、供应资源的本地数量 $n^s_{i,j,\iota:t}$、需求资源的本地数量 $n^b_{i,j,\iota:t}$、所有周围车辆（1 跳距离 D_0 内的车辆）的当前计算频率 $f_{j,t}$、所有周围车辆的当前计算条件 $\text{zeta}_{j,t}$、当前位置 loc_i、当前速度 v_i、当前计算任务单位基本效用 u_i，以及延迟敏感系数 ε_i。为了从交易平台中促进更有效的计算资源管理决策，将观察结果与 ι 历史交易信息合并，并使用门控循环单元（GRU）网络学习历史信息并提取包含未来趋势的特征。设 $o_{i,t}$ 表示每个车辆 V_i 在时隙 t 的观察：

$$o_{i,t}=[t,p^s_{i,t-\iota:t},p^b_{i,t-\iota:t},n^s_{i,j,t-\iota:t},n^b_{i,j,t-\iota:t},\{f_{j,t}\},\{\zeta_{j,t}\},\text{loc}_i,v_i,u_i,\varepsilon_i] \tag{3-51}$$

2）状态空间：通过对所有代理的局部观察进行联合，全局状态空间由下式推导：

$$o_t=\{o_{1,t},\ o_{2,t},\ \cdots,\ o_{N,t}\} \tag{3-52}$$

3）动作空间：每个车辆 V_i 在时隙 t 的动作 $a_{i,t}$ 由其离散的动作 $x_{i,t}\in\{0,\ 1\}$ 组成，以决定是否交易，以及连续的管理动作 $l_{i,t}$，以将计算资源的量作为交易意图来呈现。其中，卖方不能提供超出限制的计算资源。对于具有计算资源或计算请求的车辆 V_i，动作 $a_{i,t}$ 表示为

$$a_{i,t}=[x_{i,t},\ l_{i,t}] \tag{3-53}$$

4）奖励函数：如前所述，每个车辆 V_i 不仅追求任务的 QoS，还追求最小化外部成本。因此，奖励设计不仅要考虑任务效用的得失，还要考虑外部成本：

$$\text{Re}^{\text{QoS}}_{i,t}=U_{i,t}-u_{i,t}D_{i,t} \tag{3-54}$$

$$\text{Re}^{\text{cost}}_{i,t}=-\omega(p^b_{i,t}[l_{i,t}]^+ + p^s_{i,t}[l_{i,t}]^-) \tag{3-55}$$

由于卸载过程发生在交易时间的每个时间段，因此时间段 t 的任务卸载优化也受到先前决策的影响。为了避免由随机数带来的任务效益数值波动，并且适当考虑先前操作带来的影响，QoS 奖励 Re^{QoS}（计算为获得的任务效益减去实际效益数值的基础奖励 $u_{i,t}D_{i,t}$）。最终奖励函数表示为

$$\text{Re}_{i,t}=\text{Re}^{\text{QoS}}_{i,t}+\text{Re}^{\text{cost}}_{i,t} \tag{3-56}$$

并且 t 时刻的全局收益定义为 $\text{Re}_t=\{\text{Re}_{1,t},\ \text{Re}_{2,t},\ \cdots,\ \text{Re}_{N,t}\}$。

基于V2V交易平台的分布式任务卸载框架内在地呈现了多个学习节点之间的动态决策过程。同时，多智能体强化学习算法可以更好地结合彼此的学习过程并充分利用局部计算潜力。所提出的多智能体门控注意力演员－评论家学习方法(Multi-Agent GRU Actor-Critic，MAGAC)基于MASAC方法，通过在多个主体之间共享参数，借助注意力机制来学习联合评论家的评估值，该方法直接将观察－动作对结合到多个主体中，以训练评论家网络。注意力机制使得评论家网络能够关注相关信息，并且可以通过添加掩码张量来避免来自动态VFC系统中的失活车辆节点的无用信息。此外，考虑到本地计算资源交易历史的时变特征会反映同一联盟中代理的隐含意图，为此，在MAGAC中使用GRU网络来提取包含未来趋势的特征。通过这种方式，与其他先进的MARL方法相比，MAGAC在解决随机VFC系统中的基于资源交易的动态任务卸载问题方面更加稳健和有效。

随机VFC环境中的动态模式对多个学习代理的系统收敛性提出了严峻的挑战。为了在不确定数量的代理中提高学习过程的鲁棒性，将注意力机制应用于评论家网络 Q^{θ}。如图3－17所示，注意力机制将所有代理的动作和观察作为嵌入，并训练三个矩阵(值矩阵 $\boldsymbol{W}_{v}$、查询矩阵 $\boldsymbol{W}_{q}$ 和密钥矩阵 $\boldsymbol{W}_{k}$)作为多层感知机层。注意力机制的目标是从其他代理获得车辆节点 V_i 的加权注意力贡献 $\text{att}_{i,j}$：

$$\text{att}_{i,j} = \sum_{j \neq i} \mu_{i,j} h(\boldsymbol{W}_{v} e_j) \tag{3-57}$$

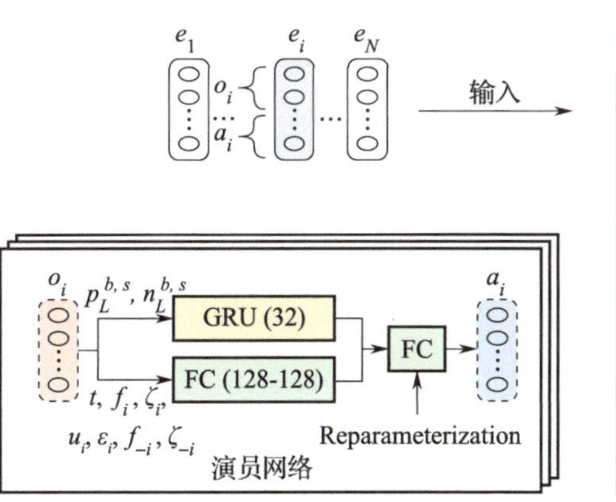

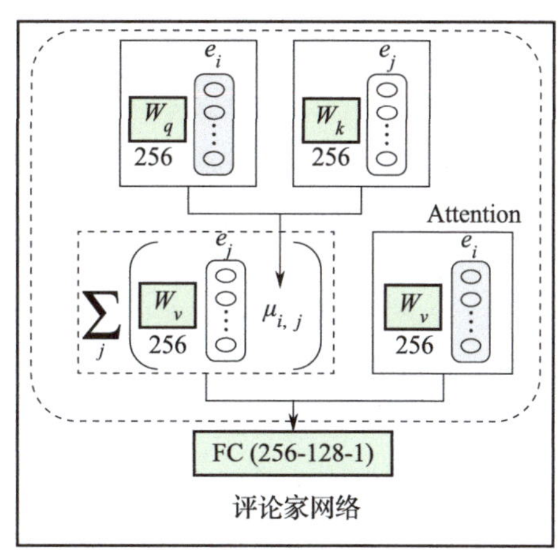

图3－17　MAGAC算法流程图

式中，$\mu_{i,j}$是通过下列公式计算获得的注意力参数：

$$\mu_{i,j} = \frac{\exp^{(W_k e_j)^T W_q e_i}}{\sum_j \exp^{(W_k e_j)^T W_q e_i}} \tag{3-58}$$

并且 $h(\cdot)$ 是一个非线性激活层。

获得注意力权重的过程可以分为以下三个步骤。首先，通过将嵌入分别作为三个 MLP 层 $\boldsymbol{W}_v$、$\boldsymbol{W}_q$ 和 $\boldsymbol{W}_k$ 的输入，将所有车辆节点的值、查询和密钥提取为张量。之后，每个车辆节点 V_i 从其他车辆节点请求密钥张量，并将转置的密钥张量乘以其个人查询张量。由此计算注意力权重 $\boldsymbol{\mu}_{i,j}$。最后，每个车辆节点使用注意力机制，通过式（3-57）计算得到注意力的贡献，也即注意力权重。可训练的参数化矩阵 $\boldsymbol{W}_v$、$\boldsymbol{W}_q$ 和 $\boldsymbol{W}_k$ 在所有车辆节点之间共享，并嵌入到评论家网络中。

同时，周边车辆的隐性意图可以从当地历史信息中推断出来，包括单位购买价格、单位出售价格、当地需求资源和当地供应资源。因此，GRU 被合并到 MAGAC 方法的参与者网络中，作为隐藏层，以帮助更明智地做出决策。选择 GRU 是因为它在序列分析中表现良好，并且计算成本低廉。MAGAC 方法的训练过程显示在算法 3-5 中。

算法 3-5 MAGAC 算法训练过程

MAGAC 算法的训练过程
1. 初始化： 智能体数量为 N
2. 重复：迭代每一个训练周期 2-1 重启环境参数
3 重复：迭代每一个时隙 $t=0:T$ 3-1 从环境中获取观测空间 O_t 3-2 从演员网络中获取一个行为 $a_{i,t}$ 3-3 智能体采取行为并观察改变后的环境 $\tilde{o}_t$ 以及奖励 $\mathrm{Re}_{i,t}$ 3-4 存储经验数据(O_t, A_t, R_t, $\tilde{O}_t$)
4 如果开始训练 4-1 从经验回放缓存空间中取出一组经验数据 4-2 通过 $Q^{\theta_{1,2}}(O_t, \pi^{\psi}(O_t))$, $Q^{\theta_{1,2}}(O_t, A_t)$, $Q_i^{\overline{\theta_{1,2}}}(\tilde{O}_t, \tilde{A}_t)$, $\tilde{a}_{i,t} \sim \pi_i^{\bar{\psi}}(\tilde{o}_{i,t})$估算 Q 值
5 更新当前的评论家网络
6 更新当前的演员网络
7 软更新目标网络

（3）跨区域任务卸载

基于分层 VFC 架构和 V2V 交易平台，跨域协作车联网雾计算框架允许跨区域任务卸载过程，该过程可分为四种卸载模式：联盟内部卸载模式、RSU 服务区内部卸载模式、RSU 区域间卸载模式和云计算模式。所有相关信息由联盟的头部车辆收集，并由每个服务区的当地 RSU 汇总。

1）联盟内部卸载模式：通过选择联盟内部卸载模式，车辆组成协作交易联盟，基于协作交易联盟在交易时间 $T_{trading}$ 内交易资源并卸载联盟内的任务。对于 RSU 覆盖范围内的每个联盟 C_q，联盟的头部车辆决定任务车辆和车辆雾节点之间的卸载关系。

2）RSU 服务区内部卸载模式：当 RSU 从联盟负责人接收到信息和任务时，它可以通过 RSU 内部模式将任务卸载给同一服务区中的另一个联盟负责人。

3）RSU 区域间卸载模式：如果本地服务区域内的车辆雾节点不能为任务车辆提供服务，则 RSU 将任务信息发送至协调服务器，协调服务器基于交易结果以及联盟结构，通过匹配算法将任务调度卸载到附近的 RSU 区域。

最后，如果边缘的资源有限，则选择云模式，通过核心网将计算任务上传到云端进行计算。

3.4.4　跨域协作车联网雾计算性能分析

1. 基于任务流动的跨域协作雾计算方案性能分析

（1）仿真环境设置

仿真环境中设置两个服务区域，分别称为 A 区域和 B 区域，每个服务区由对应的 RSU 管控。在分层架构生成后，区域间的计算资源共享可以看作是协作组内多个服务区的协作。在这些服务区域中，随机分布了任务车辆和服务车辆。其中任务车辆的数量为 10，每个服务区域中的服务车辆数量在［1, 20］范围内均匀选取。对于服务车辆，其 CPU 频率均设置为 1.5 GHz。根据 DSRC 中子信道的带宽标准，V2V 和 V2R 信道的带宽设置为 10 MHz，并且假设每辆车的传输功率相同。

对于多智能体强化学习，训练数据和验证数据是通过任务车辆与环境之间的交互即时生成的。训练数据和验证数据是完全独立的，并使用大量实验进行收集。每个任务车辆都关联着一个需要卸载到服务车辆上执行的计算密集型和延迟敏感任务。对于任务 φ_j，输入数据大小 D_j 的值在［0.0125, 0.25］MB 范围内随机选择。详细参数见表 3-3。

表 3-3 仿真参数

名称	取值
输入数据大小 λ_j	[0.125, 2.5]MB
车载 CPU 频率 f_k	1.5 GHz
任务允许时延 τ_j	[0.5, 1]s
无线信道带宽	10 MHz
R2R 信息传输速率	5 MB/s
车辆移动速度	[0, 20]m/s
V2V 发射功率	23 dBm
V2R 发射功率	26 dBm

(2) 对比算法

为了证明基于 COMA 的跨域协作雾计算方案（COMA-H）的效果，采用单区域 COMA 卸载（COMA-S）、最近最大比例卸载（Nearest-first with maximal computing resources，NF-max）与随机卸载（Random）三种算法进行对比实验。

(3) 仿真结果

图 3-18 比较了不同数量的服务车辆下利用四种算法进行的全局任务完成率。为了简化实验，固定区域 B 中服务车辆的数量，从 {5, 15} 中选取。通过任务车辆的协作，COMA-H 算法的全局任务卸载比率比 NF-max 算法高出了 10%。这是由于跨域分层架构中的计算资源共享极大地提高了全局任务完成比率，并且区域之间的合作也可以提高整体性能效果。可以看出，COMA-H 方法在全局任务完成比率上比单一区域的 COMA-S 方法高出 5%。

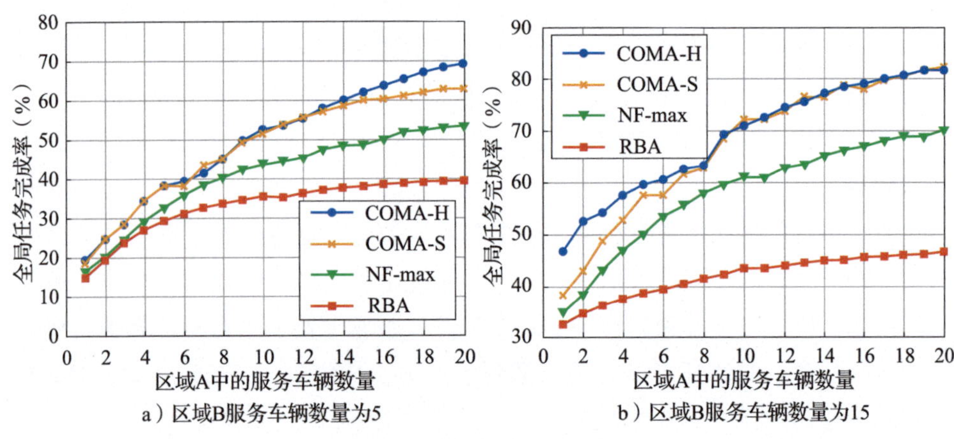

图 3-18 全局任务完成率图

图 3－19 显示了不同区域的任务完成率。在区域 B 中的服务车辆数量为 5 的情况下，图 3－19a、b 分别展示了区域 A 和区域 B 的任务完成率。可以看出，当区域 A 中的服务车辆数量较少，而区域 B 无法提供计算资源时，区域 A 中的每个服务车辆接收了许多任务，导致服务车辆的计算资源无法满足需求。因此，在区域 A 中，四种方法的任务完成比率都较低。随着服务车辆数量的增加，计算资源逐渐能够满足任务车辆的卸载需求，并且所提出的 COMA-H 方法的优势逐渐显现。当区域 A 中的服务车辆数量增加时，存在多余的计算资源可以与区域 B 共享。然后，共享的计算资源可以为区域 B 任务车辆提供服务，并提高区域 B 的任务完成比率。从图 3－19a、b 可以看出，虽然共享计算资源会影响区域 A 的任务完成比率，但它极大地提高了区域 B 的任务完成比率。从整体来看，所有车辆的任务完成比率都得到了极大的提高。此外，图 3－19c、d 展示了区域 B 中的服务车辆数量为 15 时，区域 A 和区域 B 的任务完成比率。当区域 B 有多余的计算资源可供共享，同时区域 A 中的服务车辆较少时，区域 A 的任务完成比率得到了极大的提高。但是当区域 A 中的服务车辆增加到一定数量时，它不需要共享计算资源，由于跨域共享的高额通信代价，任务车辆优先选择内部区域的服务车辆完成。

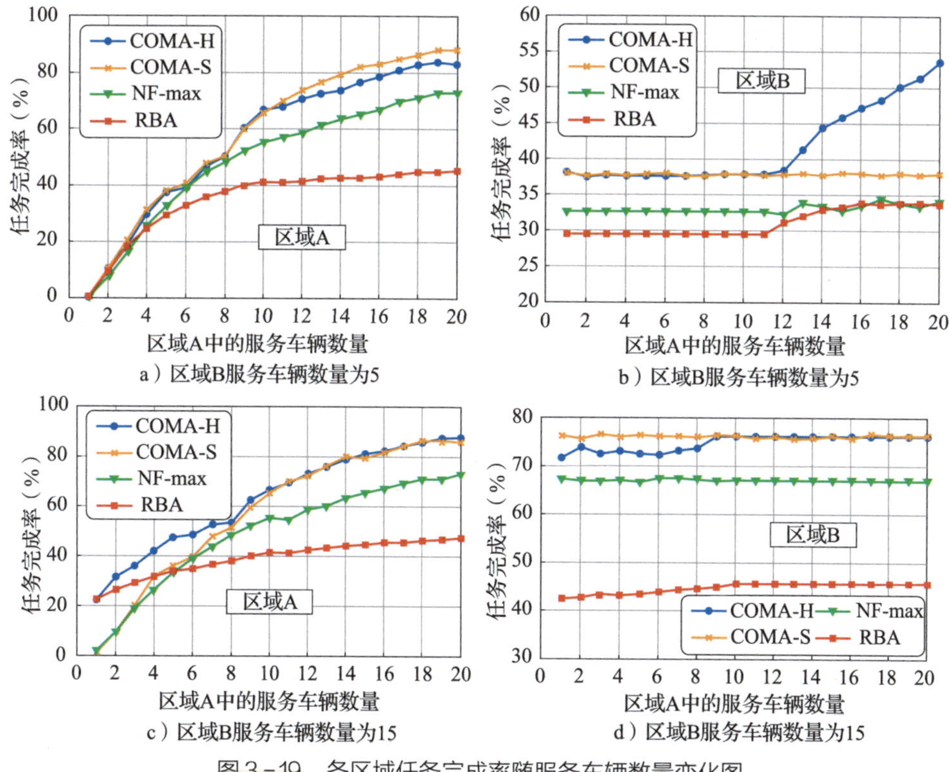

图 3－19　各区域任务完成率随服务车辆数量变化图

图 3-20 显示了四种方法下的全局服务延迟。可以观察到 NF-max 算法在一般性指标上表现良好，实现了较低的延迟。这一结果的主要原因是该方法只考虑优化单个任务的服务延迟，并始终选择最大的资源占用比例来卸载任务，忽略了潜在的冲突。此外，所提出的 COMA-H 方法与 NF-max 方法一样出色，尤其是在资源共享领域。图 3-21 显示了在区域 B 中的服务车辆数量为 5 和 15 的情况下，区域 A 和区域 B 的平均服务延迟。与上述任务完成比率类似，尽管共享计算资源会影响资源丰富区域的延迟，但它极大地降低了资源匮乏区域的延迟。从整体来看，性能得到了极大的改善。

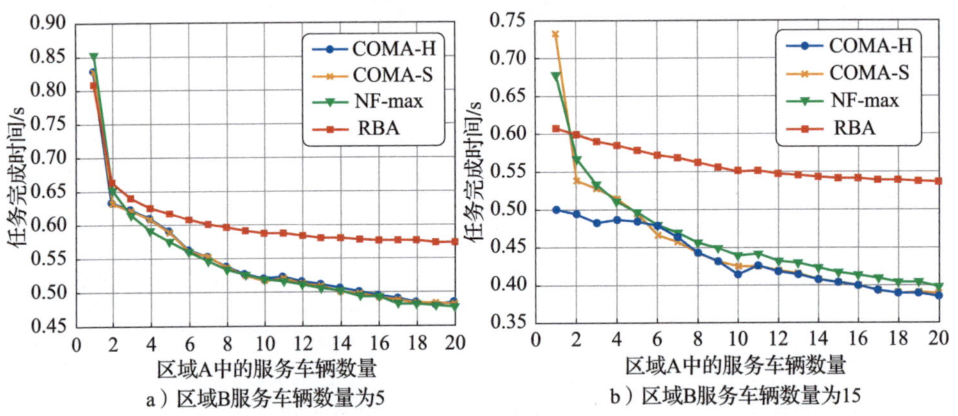

图 3-20　全局任务完成时间图

为了验证跨域分层架构和提出的 COMA-H 方法的总体性能，将协作组中的服务区域数量设置为 3。图 3-22 评估了在不同车辆总数下的全局任务完成率。曲线上的每个点代表所有服务车辆分布下的平均值。可以看出，基于 COMA 的算法性能优于其他基准算法。当车辆总数非常小时，无论服务车辆的分布如何，每个服务区域都处于缺乏计算资源的状态。当总服务车辆数量较大时，在服务车辆分布不均情况下，分层架构的优势得以体现。此外，由于每个服务区域都有容量限制，仿真中将最大服务车辆数量设置为 15。因此，当协作组中的总服务车辆数量逐渐接近阈值时，分层架构的性能与单层架构接近。此外，随着车辆总数的增加，RBA 方法的性能高于 NF-max 方法。原因是 NF-max 方法更倾向于选择最近的车辆，而 RBA 方法选择具有随机策略的车辆。如果每个服务区域中有足够多的服务车辆，NF-max 方法将保持其性能不变，而 RBA 方法将继续提高其全局任务完成率。

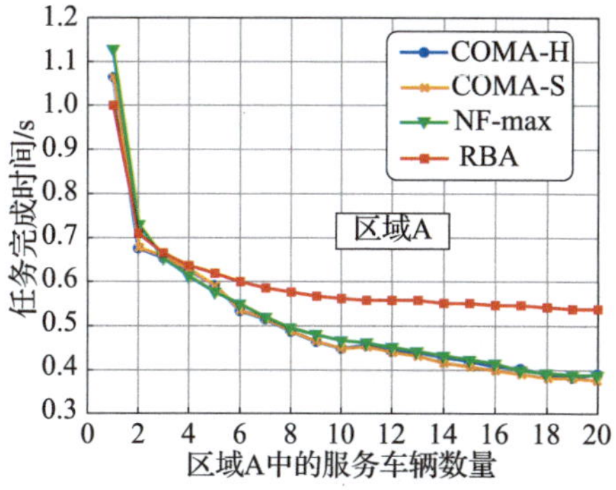

a）区域B服务车辆数量为5

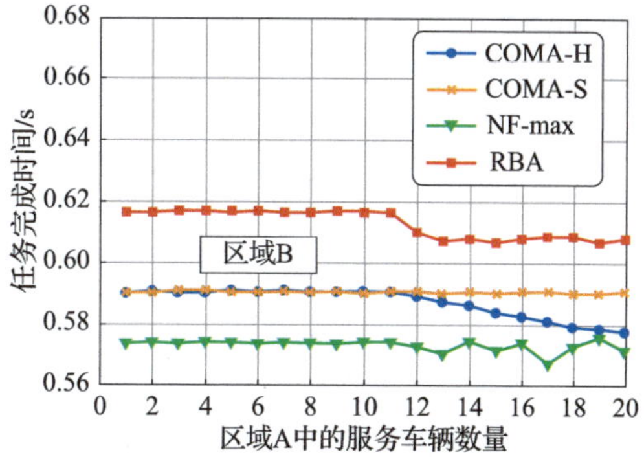

b）区域B服务车辆数量为5

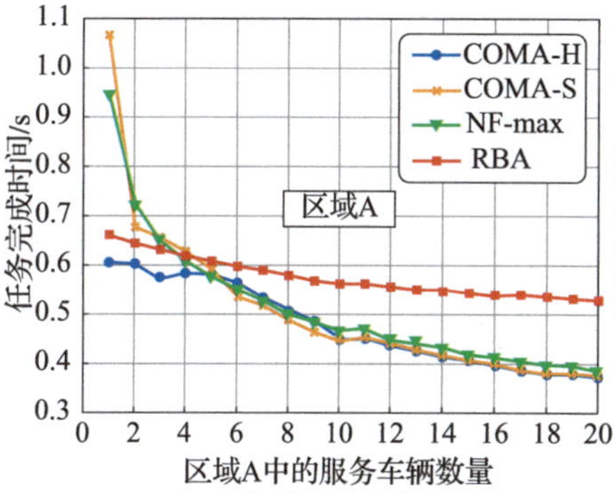

c）区域B服务车辆数量为15

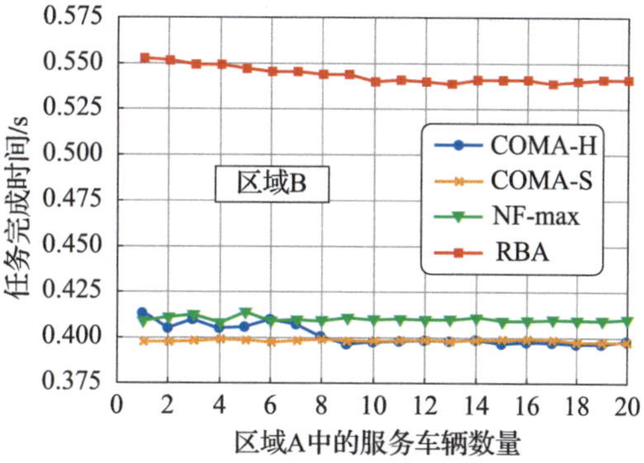

d）区域B服务车辆数量为15

图 3-21　各区域任务完成时间图

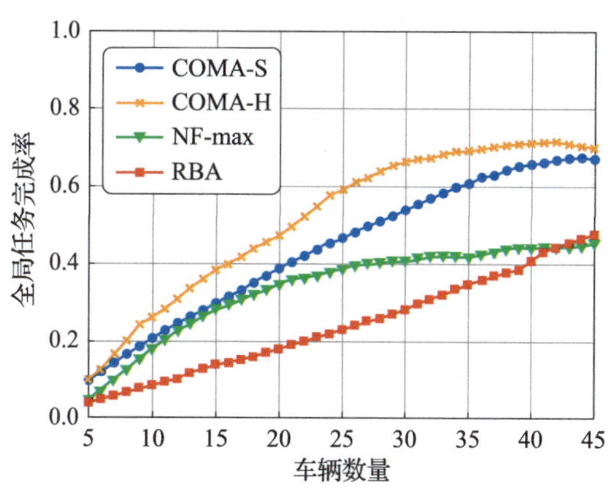

图 3-22　一个协作组（三个区域）的任务完成率

图 3-23 比较了四种方法的全局服务延迟。可以看出，基于 COMA 的方法比 NF-max 方法获得了更小的延迟。考虑到 NF-max 方法总是选择服务车辆中的最大计算资源，更容易获得较低的延迟。因此，COMA-S 方法通过其分层和区域协作可以实现高效任务卸载。

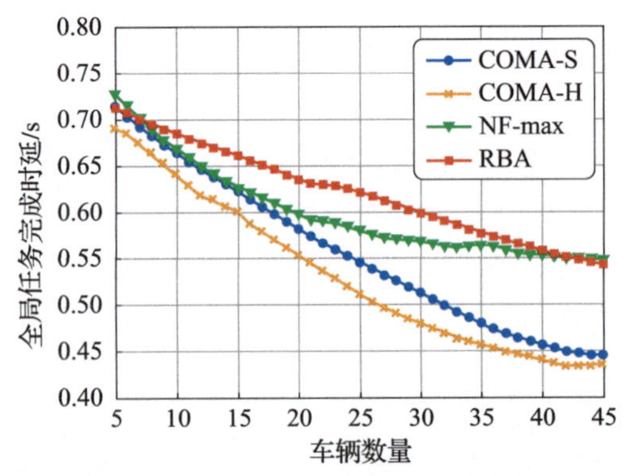

图3-23　一个协作组（三个区域）的任务完成时延

2. 基于资源交易的跨域协作雾计算方案性能分析

（1）仿真条件设置

假设每个服务区有一条双向双车道道路。每个 RSU 的覆盖范围为 500m，在分层 VFC 环境中采用了 2 个服务区，并以此为基础讨论了整个系统中的跨区域卸载策略。因此，车辆在道路上行驶，任务在每个时隙生成。为了在特定条件下使用固定数量的车辆执行模拟，每个服务区的最大容量固定为不同的数量（例如 30、50、100）。如果服务区内的车辆数量超过预定义的最大道路承载数量，则后续车辆不能进入服务区。

对于交易机制的参数，每辆车的可观察定价历史长度设置为 $\iota=10$，并采用 $l_i\in[0.5,\ 3]$Ghz 的有限量交易意图来标准化每辆车交易行为，防止出现不符合市场规律的交易意图，提升交易平台的可靠性。对于确定的零售商销售/购买单价，RSU 的定价设计参考了智能电网中电量的定价设计来设置销售/购买价格，价格直接受网络需求和供应的影响：

$$p_R^s=\lambda_1\ (E^s)^2+\lambda_2E^s,\ p_R^b=\lambda_1\ (E^b)^2+\lambda_2E^b \tag{3-59}$$

式中，E^s 和 E^b 是对全局网络中可用资源和任务的量化需求，范围为 $E^b\in[0.8,\ 1.2]$与 $E^s\in[0.3,\ 0.7]$；λ_1 和 λ_2 是定价参数，设置为 $\lambda_1=\lambda_2=0.2$。其他相关参数见表 3-4。

表 3-4　仿真参数表

名称	取值
RSU 之间的传输速率 r_{R_m,R_n}	5 MB/s
RSU 到云端的传输速率 r_{R,R_c}	3 MB/s
车辆数量 $\|V\|$	100

（续）

名称	取值
服务区内最大车辆数量 N_{max}	100
最大的车辆行驶速度 v_{max}	20 m/s
车辆间单跳传输距离 D_0	100 m
车辆计算资源 f	[2, 6] GHz
车辆计算负载 ζ	[3, 5] GHz
任务最大容忍时延 ddl_i	[0.1, 0.4] s
任务下载数据大小 up_i	[0.02, 0.2] MB
任务计算需求 D_i	$[0.75, 1.25]\zeta_i\delta_i$ G-cycles
RSU 买入计算资源单价 p_R^b	$[0.029, 0.053]\ \mathrm{GHz}^{-1}$
RSU 卖出计算资源单价 p_R^s	$[0.008, 0.023]\ \mathrm{GHz}^{-1}$
决策时隙长度 Δt	0.5 s
交易时间长度 T_{trade}	1.5 s

（2）对比方案

为了进行分析，选择四种方案作为比较基准。

1）多智能体深度确定性策略梯度：多智能体深度确定性策略梯度（Multi-agent Deep Deterministic Policy Gradient，MADDPG）方法是一种典型的具有确定性策略的多智能体深度强化学习方法。公平起见，在相同的学习参数和设置下应用此方法。

2）个体 Q 学习：个体 Q 学习（Individual Q Learning，IQL）倾向于将学习任务视为单个主体过程，并将其他主体的交互视为环境的一部分。应用深度确定性策略梯度（Deep Deterministic Policy Gradient，DDPG）方法作为 IQL 学习模型，即用于比较的 IQL-DDPG。

3）直接交易：直接交易（Trade Forward，TF）方法是指车辆节点不考虑价格而立即交易的情况。每个车辆节点只关心其计算需求或当前时隙的剩余资源。

4）中心式卸载：采用启发式方法粒子群优化算法（Particle Swarm Optimization，PSO）来进行中心式卸载，称为 Cen-PSO。在 Cen-PSO 方法中，由 RSU 直接卸载任务，而不考虑车辆的单独意图，以最大化每个时隙的任务效用总和。

（3）仿真结果分析

图 3-24 显示了与四种基于交易的方法相比，所有方案获得整体奖励的收敛性。可以观察到，确定性方法 DDPG 和 IQL-DDPG 不适用于随机 V2V 任务卸载环境，因此收敛缓慢。具体而言，IQL-DDPG 方法将其他代理视为环境的一

部分，这会导致学习环境的不稳定性，并且比多代理方法的性能更差。详细地说，研究人员所提出的 MA-GAC 方法在 500 次训练后收敛，并获得了大约 -320 的总回报。由于单位基本效用 u 从获得的效用和外部成本中扣除，因此奖励函数为负值。相比之下，MADDPG 方法收敛于约 2300 的训练轮次，总奖励为 -400，而 IQL-DDPG 方法落入过早的最佳点，奖励为 -440。

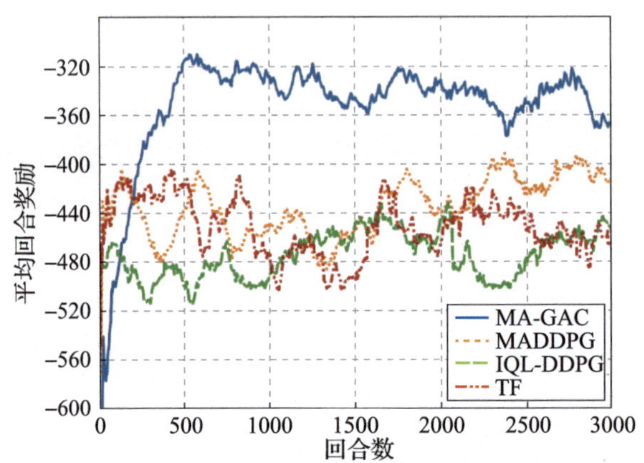

图 3-24　每个周期内获得的总奖励数值比较

然后，图 3-25 比较了 MA-GAC 在不同比例因子下的性能。系数 ω 分别设置为 0.1、0.5 和 1，以在任务效益和外部成本之间对车辆的意图施加不同的权重。当 ω 设置为较小时，车辆对货币收入的收益不感兴趣，因此倾向于拥有计算资源，而不是为了本地任务效用而共享这些资源。同时，当 ω 较大时，车辆轻视其任务的 QoS，并决定出售计算资源以获得更多收入。图 3-25 中的统计数据显示，MA-GAC 使车辆能够在不同条件下，随着 ω 的变化，学习适当的策略。

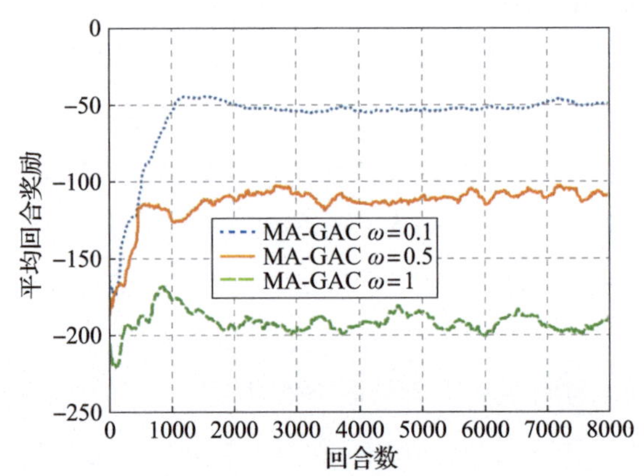

图 3-25　不同权重下每个周期内获得的总奖励数值比较

此外，MA-GAC、MADDPG、IQL-DDPG 和 TF 方法之间的车辆自身获得的奖励比较如图 3-26 所示。从车辆集合中随机选择 1 个车辆节点，比较持续时间为 1.0×10^3s 的长期平均奖励趋势。在四种方法中，MA-GAC 在奖励方面表现最好，而 IQL-DDPG 表现最差。TF 方法和 MADDPG 方法具有相似的性能。由于车辆节点选择基于交易的方法并获得更高的收入，与其他方法相比，车辆节点将更有动机使用 MA-GAC 方法进行协作策略学习。图 3-26 证明了 MA-GAC 方法在计算资源交易方面不仅对整个系统，而且对当前车辆节点而言也是最佳的。

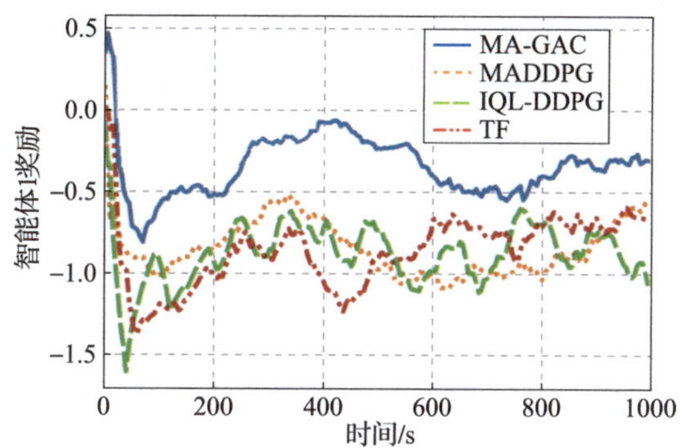

图 3-26 在 1000s 内任意 1 个节点的个体奖励数值比较趋势图

之后，为了正确评估性能，对比社会效益（social welfare）来反映整体系统性能。社会效益由以下公式提供：

$$\mathrm{SW}=\sum_{V_i\in V}\mathrm{obj}_i=\sum_{R_m\in R}\sum_{V_i\in V}U_i+\mathrm{ext}(V_i,R_m) \tag{3-60}$$

由于车辆的外部成本通过将交易目标相加来抵消，因此系统社会效益主要反映本地服务区的计算能力和任务的 QoS。

图 3-27 比较了五种方法在连续和动态交通环境运行 1.0×10^3s 后的社会效益数值。为了验证分布式卸载框架的鲁棒性和可扩展性，分别在图 3-27a、b、c 所示的环境中测试了 30 辆、50 辆和 100 辆车。当每个服务区的车辆数量大于 50 辆时，与集中式 Cen-PSO 方法相比，基于分布式交易的方法在社会效益指标方面表现出优势。这主要是因为集中式启发式方法不能解决大规模 NP 分配问题，并且很早就陷入过早的局部最优。然而，当服务区内的车辆数量为 30 辆时，与 MAGAC 和 TF 方法相比，基于 PSO 的集中卸载方法实现了近似最优的社会效益。TF 方法由于其作为静态策略的稳定性，始终表现出中等的社会效益和较小的波动。对于基于学习的方法（即 MADDPG、IQL-DDPG 和 MAGAC），由于注意力机制，与 MADDPG 和 IQL-DDPG 方法相比，所提出的 MAGAC 方法显

示出更好的可扩展性。此外，所提出的 MA-GAC 方法在不同数量车辆的社会效益方面表现几乎最好。

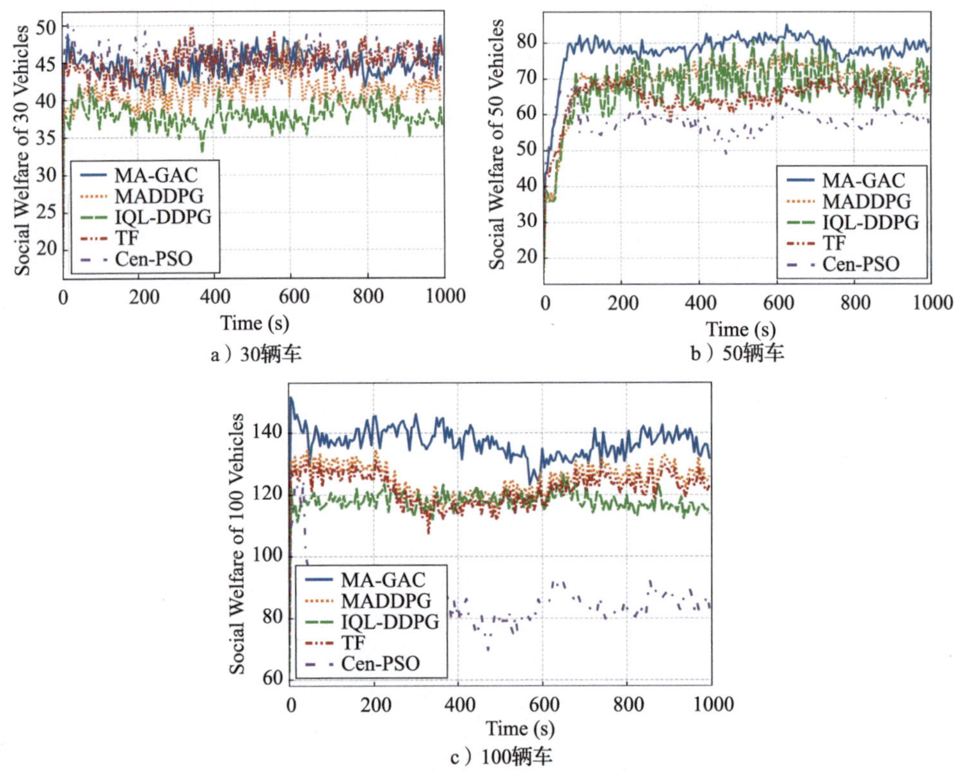

图 3-27　不同车辆数量情况下社会效益的比较图

图 3-28 所示为平均服务延迟和任务完成率在内的通用指标。任务完成率定义为在最大容忍时间内完成的任务占据所有生成任务的百分比。使用箱形图来反映系统性能的表现程度以及稳定性。在图 3-28a 和 b 中模拟了车辆在较低负载、中等负载和较高负载下运行的情况。从图 3-28a 中可以推断，MA-GAC 方法以相当可靠的方差稳定性实现了最短的服务延迟。MADDPG 在服务延迟方面获得了第二好的性能，其次是 TF 方法。IQL-DDPG 方法由于其针对个体车辆节点进行策略学习，所以在性能上存在很大差异；此外，当计算条件增加时，Cen-PSO 方法无法解决复杂的卸载关系。从图 3-28b 中可以得出类似的结论，其中当计算负载在 $\zeta\in[2,3]$ 范围内时 MA-GAC 方法以显著的 99% 完成率完成任务，当计算条件落在 $\zeta\in[4,5]$ 范围内时，完成率为 87%，这明显高于其他方法。此外，通过评估图中 MADDPG 方法和 TF 方法的性能，可以发现 TF 方法

成功地优化了服务延迟和任务完成率，但未能获得社会效益，这是基于学习的方法更好地利用本地服务区中的资源的结果。

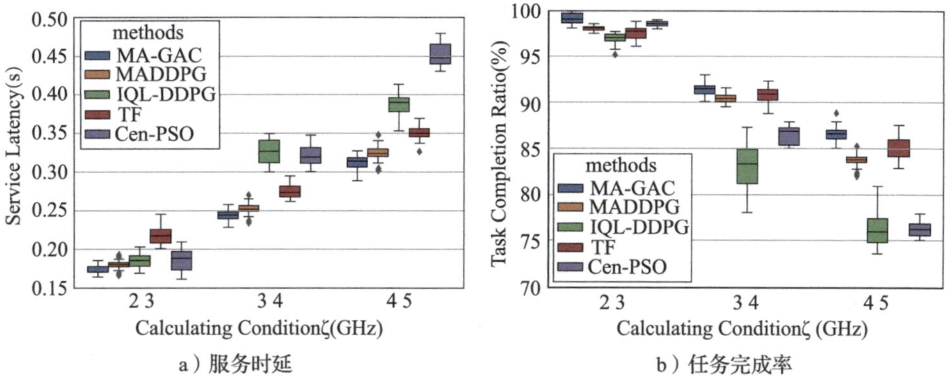

a）服务时延　　　　b）任务完成率

图3-28　不同计算负载下任务卸载效果的箱形图

此外，对所提出的基于 V2V 交易的跨区域任务卸载模式和联盟形成过程进行分析。首先分析所提出的跨区域任务卸载过程。图 3-29 说明了在每个时隙给定不同数量的车辆的情况下，四种卸载模式（即联盟内、RSU 内、RSU 间和云计算）的交换计算资源。可以看出，当车辆的数量很小时（例如，20 和 40），云层中的计算资源比车辆之间的资源交易更频繁地被车辆使用，这是因为边缘处的资源不够。随着车辆数量的增加，联盟内的资源比其他三种模式更有效地利用，这表明 V2V 卸载更经常发生在雾层，服务区的计算资源被进一步利用。

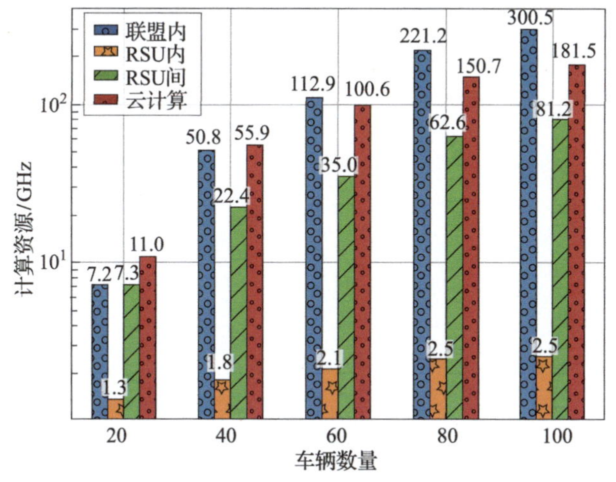

图3-29　不同车辆情况下四种模式交换的计算资源数量对比

智能网联与多车协同

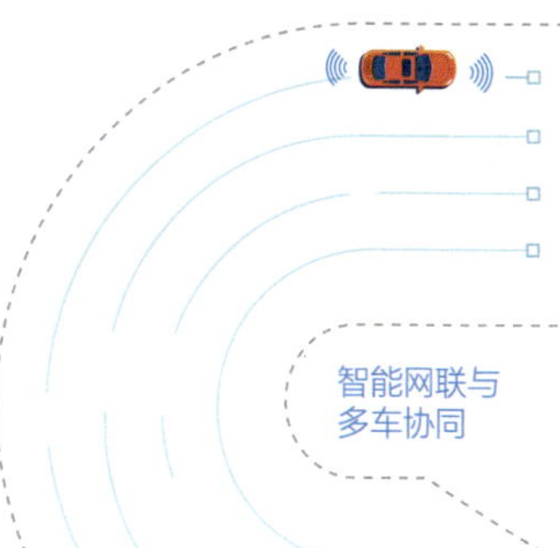

第 4 章 多车协作决策

随着现代智能交通系统的逐渐复杂化，车辆之间的相互协作与决策成为一个核心议题。智能网联车辆在道路上的行驶并不是孤立的，而是需要与周围的车辆、设备以及交通设施进行持续的交互与协同。这种多车辆的协同工作模式被称为“多车协作”，为智能交通系统带来了前所未有的可能性，旨在提高道路的流量、优化交通布局、降低事故率，以及增加整体的能源效率。

然而，多车协作决策的推广与应用面临诸多挑战。首先，实时性的需求意味着决策必须在极短的时间内完成，以确保安全性和流畅性。其次，多车辆的信息交换与处理带来了巨大的数据量，这就对传输、计算和存储能力提出了更高的要求。最后，每个决策都必须在一个动态且不断变化的环境中进行，这就要求系统具有高度的自适应性和鲁棒性。基于上述的挑战和动机，本章致力于深入探讨各种场景下多车协作决策的理念、方法和意义。通过综合考虑各种因素，为构建一个更加智能、安全和高效的交通系统以及多车协作决策模型奠定坚实的基础。

4.1 基于区块链的多车协作事件决策

在复杂的交通环境中，多车协作事件决策是实现高级自动驾驶和智能交通系统的关键一环。这个决策过程需要来自各方的输入，并要求所有参与者（从车辆到基础设施）都具有高度的协同性和可靠性。然而，由于各参与实体的数据安全和信任度问题，传统的中心化决策系统在这一应用场景下可能并不理想。

区块链技术，作为一种分布式的、不可篡改的数据库，提供了一种独特的解决方案。这项技术不仅可以增强数据的安全性，而且可以在去中心化的环境下增强各参与实体之间的信任。因此，基于区块链的多车协作事件决策显得尤为重要。

本节将详细探讨如何利用区块链技术来改善多车协作事件决策。首先将分析区块链在该应用场景下的关键作用和潜在挑战，接着，介绍一种基于区块链的多车协作事件决策框架，并着重讨论该框架如何解决数据安全性和信任度问题。最后，通过一系列的实验和案例分析，展示该框架在提高决策质量和系统鲁棒性方面的优势。

4.1.1 分层式车联网区块链架构设计

1. 区块链介绍

(1) 历史发展与起源

区块链最早起源于中本聪2008年发表的一篇论文《比特币：一种点对点电子支付系统》[140]，在文中区块链作为比特币支付系统的底层技术，具有去中心化、防篡改、信息公开透明、可追溯等优点。随着比特币的成功，作为基础技术支撑的区块链技术也得到了广泛的关注。在此之后，区块链技术又得到了持续的发展。区块链技术的发展可以归纳为3个阶段，分别是区块链1.0、区块链2.0、区块链3.0。区块链1.0是以比特币为代表的数字货币阶段，实现去中心化、安全透明的货币交易机制。区块链2.0相比于区块链1.0加入了智能合约，典型代表是以太坊[141,142]，以太坊除了实现货币交易之外，还提供了图灵完备的编程语言用于编写智能合约，从而首次将智能合约应用到区块链。所谓智能合约是由事件驱动的、具有状态的、运行在一个可复制和共享的账本上，且能够保管账本上资产的程序。智能合约一旦设定，无需人工干预即可自动执行，保证执行结果即是合约所达成约定的内容。区块链3.0则进一步扩展了区块链的应用范围，通过区块链为物流、医疗、教育、审计公证等领域提供去中心化解决方案，作为底层信任机制，进而推向整个社会，走向万物互联的区块链+时代。

按照网络范围及节点权限，区块链可以分为公有链、联盟链与私有链。其中，公有链网络允许所有人加入，区块链的数据对所有成员都是公开的，成员之间以对等的身份进行通信并维护区块链数据，区块链数据不受单个中央机构控制。公有链网络的代表是比特币系统和以太坊。联盟链则仅对有限成员进行开放，节点加入联盟链网络需要进行身份认证。联盟链通常应用于有限成员之间的交易，例如跨银行的支付结算。联盟链的代表是Linux基金会的开源应用Hyperledger。与公有链及联盟链不同，私有链仅在单个组织内部进行使用，比如通过私有链进行企业内部的账务管理，数据的读写权限受到控制，但交易成交速度大大提升。

接下来介绍区块链技术的 2 个重要基础知识背景：哈希函数与数字签名。

哈希函数又被称为散列函数，它的作用是对给定任意长度数据，返回一个固定长度字符串（例如 32 位或 256 位等），返回结果也称为哈希值（或散列值）。设哈希函数 H，给定输入数据 x，则哈希值表示为 $H(x)$。常见的哈希函数包括 MD5、SHA-1、SHA-2 等。哈希函数的重要性质包括：

1）对于任意两个不同的输入值，其哈希值基本不可能相同（相同的概率极低）。

2）对于同一个输入值，哈希函数得到的结果总是相同。

3）无法由哈希值得到原输入值，即不可逆。

数字签名是基于非对称加密技术用来检测数字信息真实性的方法。非对称加密技术[143]包括两个密钥：公钥和私钥。公钥可以广播给网络上所有人，而私钥需要个人保管起来，对其他人保密。通过公私钥可以对信息进行加密和解密（可解读的原信息称为明文，加密后无法解读的信息称为密文）。其性质是：通过私钥加密的密文只有对应的公钥可以解密，且通过公钥加密的密文只有对应的私钥可以解密。假设有个人甲对外公开了自己的公钥，其他人想要发送秘密消息给甲（又不想被其他人知道消息内容），则可以用公钥对消息进行加密，加密后的密文只有拥有私钥的甲可以解开。一份数字信息（例如电子邮件、电子合同）附上一个发送者的数字签名，接收者可以检验该信息的来源确实是发送者，并且在传输过程中没有经过修改。假设发送者为甲，接收者为乙，则常见的数字签名方案包含以下四步。

第一步：假设甲的公钥为 PK，私钥为 SK，要发送的消息为 x。甲首先利用哈希函数生成一个固定长度的摘要 $H(x)$，摘要的作用是减少需要加密的数据长度。

第二步：甲利用私钥对摘要 $H(x)$ 进行加密，生成结果即数字签名 $\mathrm{Sig}(H(x))$。

第三步：甲将以下数据发送给乙：$\langle x, \mathrm{Sig}(H(x))\rangle$。

第四步：乙进行数字签名的验证工作：首先用哈希函数对 x 生成摘要 $H(x)$，利用公钥 PK 对数字签名 $\mathrm{Sig}(H(x))$ 解密，然后比对生成摘要和解密得到的摘要是否一致。如果一致，表明这个消息确实来自公钥主人甲，且消息内容未经过修改。

(2) 区块链的结构

区块链的组成是一个个的区块，这些区块按照线性顺序进行排列，且相邻区块之间存在连接。区块的作用就是用来存储交易信息，交易的通常形式是 $\langle A, B, v\rangle$，表示用户 A 转账给用户 B 数值为 v 的货币。当发生新的交易时，将创建区块来容纳，当区块容纳一定数量的交易并且通过验证之后，便可以追加到已有区块链的链尾。因此区块链本身是在不断增长的。每个区块包含的信息（例如交易信息）不同，但数据格式是相同的，区块本身是一个经过设计的特殊数据结构。每个区块主要由区块头和区块体两部分组成，区块体记录区块的正文信息（即交易信息），而区块头则记录着区块的一些元信息：前一区块哈希值（Prev Hash）、Nonce 值，以及一些其他信息（例如难度值、区块大小等）。区块 i 的区块头记录着整个区块 $i-1$ 数据（包含区块头和区块体）的哈希值。这是相邻区块相连的实际实现方式，能够有效防止交易被恶意篡改。Nonce 是 PoW 共识算法需要寻找的一串随机值，用来计算满足条件的哈希数值。

(3) 区块链的共识算法

工作量证明（Proof-of-Work，PoW）共识算法是比特币底层区块链所采用的共识机制。当有用户之间产生转账交易时，他们将这些交易广播到其他节点中。节点将接收到的交易收集起来，当收集到一定量时，就可以创建一个新区块并追加到区块链的链尾。所创建的区块需要验证节点进行一定的计算，使之符合一定的规则，才属于有效的区块。具体来说，新区块本身的哈希值可以表示为

$$H(\mathrm{Prev}_{\mathrm{Hash}}, \mathrm{Nonce}, \mathrm{Transactions}, \mathrm{other\ data}) \tag{4-1}$$

式中，Transactions 表示该区块包含的交易数据；other data 表示区块头里的一些其他信息。PoW 算法要求区块计算出来的哈希值需要满足前若干位为 0。由哈希函数性质可知，要得到满足条件的哈希值，没有其他规律可言，验证节点只有通过穷举来寻找有效的 Nonce 值。一旦验证节点找到了有效的 Nonce 值，则区块可以得到确认，并且验证节点也能获得相应的报酬奖励（这一行为也被称为挖矿）。又由于 $\mathrm{Prev}_{\mathrm{Hash}}$ 的存在，为了改变一个区块的数据，需要重新完成该区块以及后续所有区块的寻找 Nonce 工作，因此，修改的区块越靠前，难度越大。中本聪在论文中[140]说明了当恶意节点占比为 10% 时，成功修改倒数第 1 个区块的概率为 20%，倒数第 2 个区块的概率为 5%，倒数第 3 个区块的概率为 1.3%。行业内公认 6 个区块之前的交易可以认为是被确认的。

PoW 共识算法能够有效防止恶意攻击行为，因为其本质上是“一 CPU 一票”原则，当区块链网络包含足够多与分散的节点时，单个节点无法改变整个

网络的区块链数据，必须达到全网 50% 以上计算力才有可能进行攻击，而想要控制超过一半的节点是很困难的。但 PoW 算法存在浪费计算资源以及交易确认慢的缺点。因此有研究提出了 PoS、DPoS、DAG 等共识算法进行改进，表 4 - 1 展示了这些算法的优缺点比较，这里不对各方案做过多机制上的解释。

表 4-1　区块链共识机制比较

共识机制	较 PoW 改进	去中心化	性能	能耗	缺点
PoW	—	高	差	高	能耗高、性能差
PoS	修改挖矿机制	较高	较高	较低	安全性受质疑
DPoS	缩小共识范围	低	高	低	去中心化属性受质疑
VRF	引入随机性选举	较高	较高	较低	发展尚不成熟
DAG	数据结构修改	高	较高	较高	智能合约支持较差
Sharding	数据分散处理	较低	高	较高	系统复杂度高

总的来说，区块链的运行流程如下所述：

1）节点将自身产生的新交易广播给所有其他节点。

2）每个节点将收集到的交易放入一个新区块。

3）每个节点计算寻找有效的 Nonce 值和区块哈希值。

4）当节点找到合适的 Nonce 值之后，将新区块广播给其他节点。

5）每个节点验证区块中的交易有效且未被花出（unspent），验证通过则接受该区块。

6）节点将新区块连接到区块链末尾，并且在新区块的哈希值基础之上继续创建下一个区块。

需要强调的是，存在多个节点同时得到有效的新区块并广播给其他节点。这个时候，不同节点存储的区块链将发生分叉。在此情况下遵循最长原则，即每个节点保留多条可能的区块链，随着时间的推移，长度最长的区块链将作为最后的一致版本。

2. 事件消息驱动的分层式车联网区块链架构

区块链在车联网中主要用来解决身份信任、交易安全、交通数据安全等问题。Wang 等人[144]针对车辆能源网络中的安全问题，提出了基于区块链的能源交付安全激励方案，主要是提出了一种 POR（Proof-of-Resource）共识算法，从而能在所设计的能源区块链上达成共识，并通过信誉机制加强整体网络的安全水平，实验表明其方案有效促进了能源的分配均衡。Li 等人[145]则设计了一种叫作 CreditCoin 的方案来激励用户匿名且可靠地转发公告，在高效发布公告的同时实现对用户隐私的保护，可以适用于车联网的不可信环境，实验表明该方案的效率要超过其他协议。Pu 等人[146]提出了一种基于区块链的高效、可靠、保护用户隐私的网络安全方案，来促进用户共享交通信息。Kang 等人[147]利用联盟区块链和智能合约技术在车辆边缘计算（VEC）中实现安全的数据存储和共享，并提出了基于信誉的数据共享方案以确保车辆之间的高质量数据共享。Yang 等人[148]提出了一种基于区块链技术的车载网络分散信任管理系统，来对接收到的消息可信度进行评估，仿真结果表明该系统在采集、计算和存储车载网络信任值方面是有效可行的。部分文献对区块链进行性能改进，以适应车联网环境。Sharma[149]研究了在车联网中减少大量区块链传输操作带来的网络负担，同时节约最大可用能量。Shrestha 等人[150]设计了一种安全的车载网络区域区块链，给出了一个保证低不变性攻击成功概率的稳定性条件。Yang 等人[151]针对资源受限的虚拟网络，提出了一种轻量级有向无环图的区块链算法，有效地降低了所需的存储空间。

为了高效地实现区块链在车联网中的应用，需要结合车联网的层次结构特征应用区块链。车联网的层次结构是指按照功能与作用对车联网系统中所囊括的全部“内容”进行逻辑归纳与划分，其中“内容”既包括物理意义上的实体单位与网络节点，也包含算法层面上的技术手段及程序应用。而网络架构则是车联网系统的真实搭建方式，它旨在描述车联网系统的组成方式及工作原理。传统的车联网系统层次结构可以抽象为物理层和网络层两部分。其中，物理层是指车联网中的实体单位与网络节点，主要包括车辆、RSU、基站、数据中心等内容，即车联网的主要服务对象以及提供通信、存储功能的道路基础设施。网络层是指车联网系统中存在的各类技术手段与应用程序，如通信服务（泛指 V2X 通信）、云服务（云计算、云存储）、交通事故预警服务、交通道路管理服务、协作决策服务等内容。

本节在物理层与网络层的基础上，增设第三部分——安全层。如图 4-1 所示，安全层以区块链技术为基础，旨在保障车联网系统数据存储与交互过程中的安全性、透明性以及可靠性。除此之外，受到区块链技术在电子金融领域中的虚拟货币机制的启发，安全层还将利用区块链技术构建一种针对车辆历史信誉的惩罚机制，并通过这一机制对车联网中的节点规范性进行约束与控制。

图 4-1　车联网系统的层次结构

图 4-2、图 4-3 展示的是一种分层式车联网区块链架构。该架构分为中心层与边缘层两部分，其中，边缘层主要承担车辆节点间数据交互的任务，中心层主要承担车联网内部数据存储的任务。边缘层包含多组临时性区块链网络（Temporary Blockchain Network，TBN），每组 TBN 都由处在同一交通环境中（较小地理范围）的车辆团簇所组成。由于车辆本身具有机动性高、流动性强的固有特性，TBN 的拓扑结构变化迅速，且无法长期存在。同时，考虑到车载计算机的性能和数据存储能力均相对有限，故而 TBN 中的数据不会始终保存在车辆节点中，即每个车辆节点仅需保存当前所在 TBN 中的数据信息。因此，在每个 TBN 解体之前，会由该 TBN 中的区块链间网关节点，将整条链所包含的必要数据上传至中心层进行存档。当 TBN 解体后，先前的链内相关数据将在车辆节点的本地空间进行清除。区块链间网关节点将由 TBN 解体之前的最后一个矿工节点担任，这样可以保证 TBN 中的所有区块链信息能够被完整上传，避免了数据遗失的风险。

中心层是一个持久性区块链网络（Permanent Blockchain Network，PBN），由某个较大地理范围内的 RSU、基站、数据中心共同组成。这些基础设施节点具有相较于车载计算机而言更强的计算性能和数据存储能力，可以处理和保存来自边缘层的大量数据信息。PBN 中的数据信息可以被系统中的其他节点随时申请调用，主要用来进行历史记录的查询或信息溯源工作。

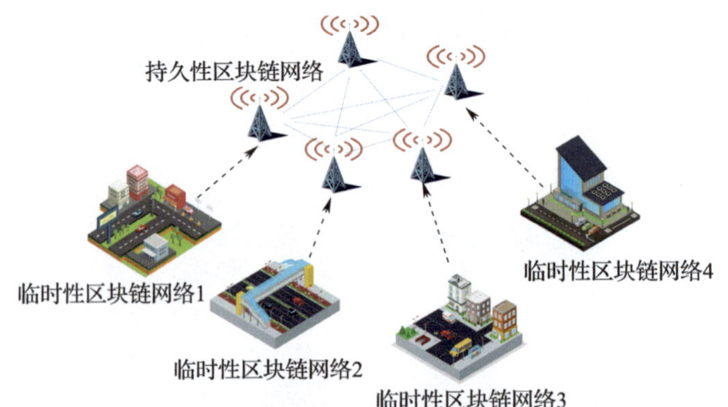

图4-2　分层式车联网区块链架构（具象化表示，以4组TBN为例）

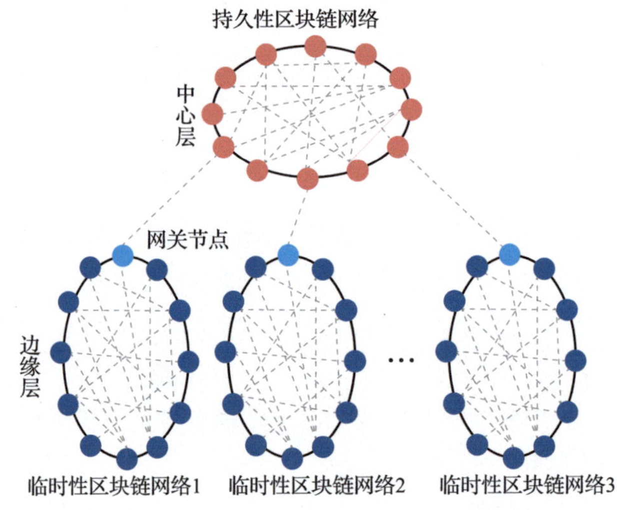

图4-3　分层式车联网区块链架构（抽象化表示）

此外，TBN和PBN还将对车联网系统中每台车辆广播协作感知消息（Cooperative Awareness Message，CAM）的正误进行记录与统计，从而转换成车辆的历史信誉，进而用于恶意车辆的识别工作。识别出的恶意车辆将在车联网系统中进行通报，情节严重的车辆将会被禁止享有车联网相关服务。

分层式车联网区块链架构工作流程如图4-4所示，主要包含以下四个环节，分别为CAM生成与广播、协作决策、车辆信誉评分、数据上载与存档。

(1) CAM生成与广播

当某道路发生交通事件时，途经的车辆会通过车载传感器对该事件进行探测、判断与等级划分，并由此产生事件信息。随后，车辆将事件信息打包至新生成的CAM中，并广播给同一TBN内其他未探测到该事件的车辆。

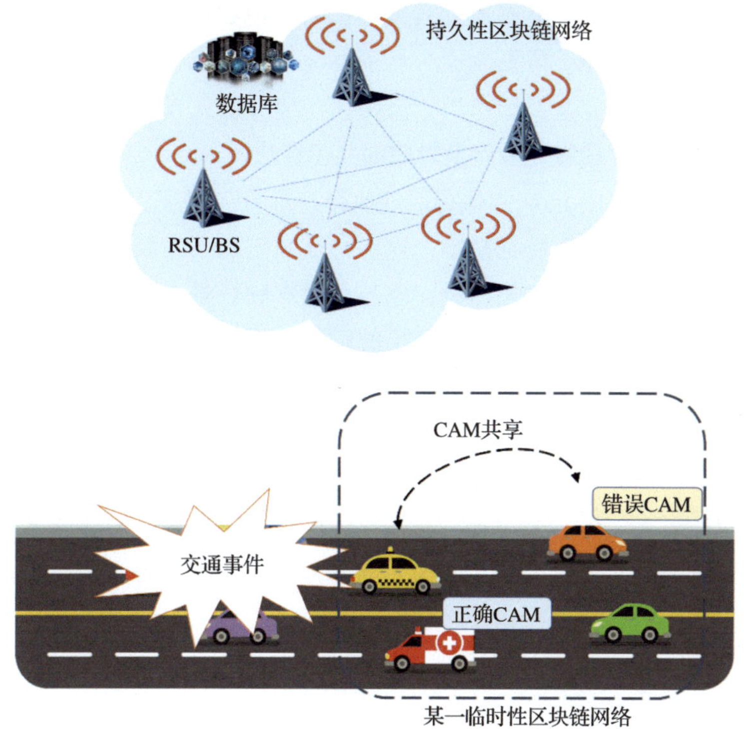

图 4-4　分层式车联网区块链架构工作流程示意图

(2) 协作决策

对于同一交通事件，TBN 中车辆所接收到的 CAM 可能包含不同的等级判断情况。接收方车辆需要利用系统中的协作决策算法，对关于该事件的 CAM 进行划分与融合处理，并由此得到交通事件的最终判别结果。根据判别结果，接收方车辆可以确定交通事件的正确等级，同时执行相应的驾驶决策任务。

(3) 车辆信誉评分

系统将交通事件的最终判别结果与先前发布方车辆广播 CAM 中的事件信息进行对比，并根据对比结果判断 CAM 的正误情况，以便对发布方车辆进行信誉评分。历史信誉评分将影响车辆本身的间接置信度以及车辆在车联网中享有的权限，对于历史信誉过低的车辆，将给予相应的惩罚措施。

(4) 数据上载与存档

在 TBN 预计解体之前，会由团簇中的最后一任矿工节点担任区块链间的网关节点，上载 TBN 中的所有必要数据至 PBN，以便进行长久性的存档工作。存档的信息数据内容，可以随时被系统中的节点申请查看权限。

基于分层式车联网区块链架构，车联网中的区块链应用可以看作一种去中心化的分布式数据库，各节点通过共识机制来维护数据库的运行。区块链本身具备去中心化、透明性、防篡改这三点重要技术特征，若要保障上述三点特征能够在车联网场景内完全发挥作用，需要在构建分层式车联网区块链架构的过程中，选择合适的区块链类型以及对应的共识算法。

传统区块链算法中 PoW 的执行原理使得其具有“需要大量算力资源”“区块生成周期缓慢”等固有特征缺陷。这些特征缺陷既与车联网系统中车载计算机算力性能有限的客观因素相违背，也与车辆驾驶场景中需要系统做出迅速反馈的客观期望相冲突。除此之外，较长的区块生成周期，也会在一定程度上诱导区块链分叉现象的产生，因此，如果选用 PoW 作为车联网中区块链技术的共识机制，系统还需要提供一套针对分叉现象的安全处理措施，这也无疑增加了系统的工作量以及潜在安全隐患。与 PoW 相比，PoS 算法是一系列算法的统称，其核心思想是引入一种权重参数（stake），并将这一参数作为节点参选矿工节点的概率设定依据。相比于 PoW 算法，PoS 无需执行繁重的“挖矿”工作，既节省了节点的计算资源，也避免了能源的过度消耗。同时，PoS 算法还具有相较于 PoW 更快的区块生成速度，且不会因时延问题产生分叉现象，无需额外的分叉处理机制。

基于上述考量，采用 PoS 共识机制作为车联网中区块链的应用机制。考虑到场景中需要对恶意车辆进行识别，以车辆节点所接收到的错误 CAM 数量作为 PoS 算法中的权重参数。选择错误 CAM 数量作为权重参数主要存在以下两点优势。

1）系统安全性的优势。将错误 CAM 数量作为权重参数，可以保证接收到错误 CAM 越多的车辆节点被选举为矿工节点的概率越大，即车辆接收到的 CAM 数据信息存入区块链的可能优先级越高。这样可以保证与恶意攻击相关联的信息能够被及时存储到区块链中，进而最大限度避免了恶意攻击节点对“攻击证据”的篡改或抹除操作，由此保障车联网协作决策系统的安全与稳定运行。

2）避免权重过度集中的优势。在货币金融领域的应用中，系统选用节点所拥有的货币量与币龄共同作为 PoS 算法的权重参数，但上述操作可能会导致潜在的权重过度集中问题，即拥有货币量与币龄越多的节点，当选或连任矿工节点的概率也越大，进而造成系统内部安全隐患。因此，本节的研究选择节点接收到的错误 CAM 数量作为权重参数，因消息播报与恶意攻击的随机性，可以完全避免 PoS 算法中可能存在的权重过度集中问题。

如图 4－5 所示，分层式区块链网络架构包含中心层与边缘层两部分内容，中心层是由道路基础设施组成的持久性许可链网络，通过 PoS 算法达成共识，且由政府权威组织统一管理；边缘层是由不同车辆团簇构成的多组临时性公有链网络，且每组网络同样通过 PoS 算法达成节点间共识。本节的工作是车联网中基于区块链协作决策方案实现的前提与基础，也为协作决策算法的应用提供了完善的架构支持。

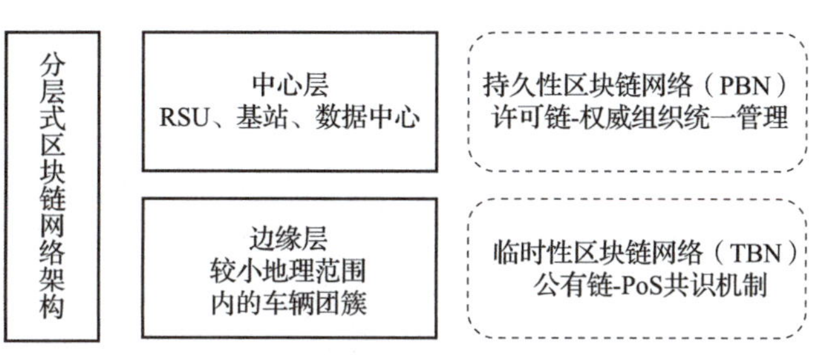

图 4-5　分层式区块链网络架构示意图

4.1.2　事件驱动的多车协作决策系统模型

（1）事件模型

在车辆行驶过程中，经常会遭遇各种复杂交通事件，例如，道路建设、道路拥堵或不同类型的交通事故等。在本节中，假定所有的交通事件都已被预先分类，每种类型的事件相互独立且互斥，即所有不同类型的事件共同构成全集：

$$\text{Events} = \{E_1, E_2, \cdots, E_j, \cdots\} \tag{4-2}$$

进一步地，假定每种类型的交通事件都已被预先分级，对于某一特定的事件 E_j，它的每个等级同样相互独立且互斥，即可以共同构成该事件的全集 E_j：

$$E_j = \{r_1, r_2, \cdots, r_x, \cdots\} \tag{4-3}$$

除此之外，基于车联网系统对交通大数据的信息统计，假定所有事件等级的先验概率均为已知，以事件 E_j 为例，存在如下集合：

$$\text{Priori} = \{\text{pr}_1, \text{pr}_2, \cdots, \text{pr}_x, \cdots\} \tag{4-4}$$

式中，pr_x 表示事件 E_j 中等级 r_x 的先验概率。

车联网中的车辆可以通过车载传感器识别附近环境中发生的交通事件类型并判断其等级。举例而言，假设交通事件类型为道路拥堵情况，可以将其拟定为 $r_1 \sim r_5$ 五个等级，分别对应：道路畅通、轻微拥堵、中度拥堵、严重拥堵和不可通行。

（2）消息模型

车联网中的车辆可以利用车载传感器对周边环境进行探测，一旦观察到特定的交通事件，将根据预设的事件等级对其进行判断，并基于判断结果生成相应的 CAM。每条 CAM 都具有如下所示的数据结构：

$$\text{cam} = \{\text{camID},\ \text{userInfo},\ \text{eventInfo},\ t\} \tag{4-5}$$

式中，camID 是该 CAM 所对应的唯一编号，用于对 CAM 进行初步的合规性验证；userInfo 代表发布者信息，包含发布 CAM 的车辆牌照信息以及该车辆的历史信誉记录，这些信息用于判别 CAM 的真实性与溯源工作；eventInfo 代表事件信息，包含事件发生的地点、与车辆间距离，以及车辆对该事件类型和等级的探测判断结论；t 是 CAM 生成的时间记录。在上述信息中，只有“事件信息”是由车载电子设备通过探测并处理得到的，而 camID、userInfo、t 则是由系统自动生成或提供的，无法进行人为修改或处理。

生成的每条 CAM 都会广播给团簇中的其他车辆。在所有的 CAM 中，包含对交通事件做出正确判断的 CAM，以及对事件做出错误判断的 CAM。其中，对事件做出错误判断的 CAM，可能包含恶意攻击者的主观性故意错误判断，同时也可能包含因传感器精度、探测算法性能或环境扰动所导致的客观性无意错误判断。

(3) 协作决策模型

车联网中的车辆针对某一特定交通事件所接收到的全部 CAM 可以组成如下集合：

$$\text{CAM} = \{\text{cam}_1,\ \text{cam}_2,\ \text{cam}_3,\ \cdots\} \tag{4-6}$$

根据上述集合，接收方车辆将分别衡量其中每个元素所对应的直接置信度与间接置信度。如图 4-6 所示，直接置信度是指 CAM 本身的可信任程度，间接置信度是指发布该 CAM 车辆的可信任程度，车辆的可信任程度由车辆的历史信誉进行衡量，而车辆的历史信誉又由车辆过往发布的 CAM 准确率所决定。随后，接收方车辆根据直接置信度和间接置信度计算相对应的综合置信度，并最终把所有同等级 CAM 所对应的综合置信度相融合，进而计算出该事件等级的最终置信度。最终，接收方车辆将事件不同等级的最终置信度进行比较，并将最终置信度数值最高的事件等级，判别为正确的事件等级结果。据此，接收方车辆通过信息协作，能够得到对某一特定交通事件的判别定论，并可以根据这一定论执行相应的驾驶决策任务。与此同时，接收方车辆将根据事件的最终判别定论与接收到 CAM 中的事件信息进行对比，并将接收到的 CAM 划分成正确与错误两种情况。系统将根据车辆广播的 CAM 正确与否，调整其信誉记录，此项记录将作为车辆的历史信誉考量，并成为恶意车辆的识别依据。对于主观故意广播错误 CAM 的车辆，将被识别为恶意车辆，同时，系统将给予恶意车辆通报批评、禁止其享有车联网服务等惩罚措施。

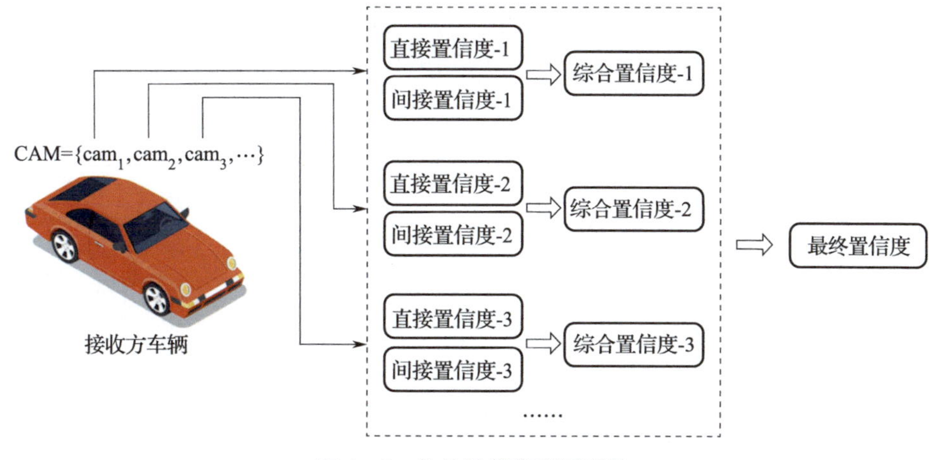

图 4-6 协作决策模型示意图

4.1.3 基于区块链的多车协作事件判断方案

本节介绍一种车联网中基于区块链技术的协作决策方案，方案主要包含两部分内容，分别是基于置信度思想的协作决策（Trust-based Collaborative Decision Making，TCDM）算法以及区块链机制。其中，协作决策算法旨在利用车联网内的交互信息，对交通事件的真实情况进行判别。判别得到的结果，一方面可以辅助车辆进行驾驶决策，另一方面可以对车联网内的 CAM 进行真伪验证。区块链机制主要用来存储协作决策算法的输出数据以及其他车联网内的必要信息。最后，系统可以根据上述内容识别恶意车辆，并执行惩罚措施。

1. 置信度算法介绍

(1) 贝叶斯推理

利用贝叶斯网络及对应的条件概率表，在已知先验概率的情况下，计算特定节点取值概率的算法，叫作贝叶斯推理（Bayesian Inference）。贝叶斯推理是概率论中经典的概率推理（Probabilistic Inference）算法。它模仿人脑在日常生活中判断与学习的过程，即贝叶斯推理算法可以通过采集环境信息或收集证据，进而对已存在的原有经验进行调整与修正，以便于更新出最符合实际、最具可能性的判别结果。因此，贝叶斯推理在某种程度上也反映出人工智能算法的本质：通过对人脑的认知方式、思考模式以及学习方法进行数学建模，并依赖计算机强大的数据处理能力和数据存储能力，来辅佐、替代人类完成相应的判断与决策工作。

假设存在某完全事件 $\Omega=\{H_1, H_2, \cdots, H_n\}$，其中 $H_1, H_2, \cdots, H_n$ 互斥，对应的概率分别为 $P(H_1), P(H_2), \cdots, P(H_n)$。现观测到某事件 A 与完全事件 Ω 相伴随出现，且已知条件概率 $P(A \mid H_i)$，其中 $i=1, 2, \cdots n$。则贝叶斯推理的一般表达式如下所示：

$$P(H_i \mid A)=P(H_i)\frac{P(A \mid H_i)}{P(A)} \tag{4-7}$$

式中，$P(H_i)$ 为先验概率（prior probability），即在事件 A 未知的情况下，根据历史数据及过往经验对事件 Ω 所做出的主观判断；$P(A \mid H_i)/P(A)$ 为调整因子（likelihood），即利用观测到的已知信息（事件 A）对先验概率进行修正，使之更加逼近真实概率；$P(H_i \mid A)$ 为后验概率（posterior probability），即在观测到事件 A 发生的条件下，对事件 Ω 所做出的重新评估。

根据全概率公式，可以得到贝叶斯推理一般式的最终表达形式：

$$P(H_i \mid A)=P(H_i)\frac{P(A \mid H_i)}{\sum_{i=1}^{n} P(H_i)P(A \mid H_i)} \tag{4-8}$$

贝叶斯网络是一种借助有向无环图（Directed Acyclic Graphical，DAG）对贝叶斯推理进行表达的理论方法。贝叶斯网络中的节点可以是观测到的已知变量、隐变量或位置参数，如图 4-7 所示，存在因果关系或非条件独立的变量用箭头相连接，且箭头承载着相应的概率数值。

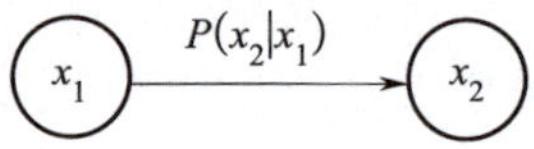

图 4-7　贝叶斯推理示意图

根据图 4-8 所示的贝叶斯网络，可以得到 $x_1 \sim x_7$ 的联合概率分布为

$$P(x_1)P(x_2)P(x_3)P(x_4 \mid x_1, x_2, x_3)P(x_5 \mid x_2, x_3)P(x_6 \mid x_4)P(x_7 \mid x_4, x_5) \tag{4-9}$$

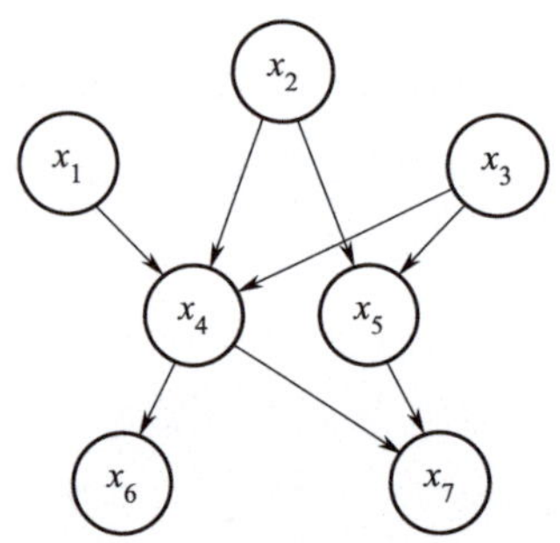

图 4-8　贝叶斯网络图例

（2）Dempster-Shafer 理论

Dempster-Shafer 理论（D-S 理论）也称为信度函数理论、证据理论或信息融合理论，是主观概率理论贝叶斯推理的推广算法。贝叶斯推理要求对每种涉及的事件情况都计算出具体概率结果，而 D-S 理论则是通过一种可用于不确定性推理的通用框架，来对事件情况的可能性进行描述。具体地，D-S 理论通过信度函数对目标问题的置信度进行表达[152]。

在信息融合领域，要解决的两个重要难题是：未知环境中的不确定性信息表示和多源信息处理。同时，信息融合又可划分为 3 个不同等级，分别是数据级融合、特征级融合以及决策级融合。D-S 理论主要用来解决决策级信息融合问题[153]。相比于 Bayesian 信息融合方法、Kalman 滤波方法、模糊推理方法和数理统计方法等，D-S 理论能够针对目标环境中的不确定性信息，执行可靠的多源数据融合处理，这使得其在信息融合领域有着非常广泛的应用[154]。相比于贝叶斯推理，D-S 理论的主要优点在于：

1）D-S 理论在使用时的限制条件比贝叶斯推理更弱，不必满足“概率可加性”，即不必满足“$\forall A$，$B\in\Theta$，若 $A\cap B=\varnothing$，则 $P(A\cup B)=P(A)+P(B)$”。因此，D-S 理论所需的先验数据更易获得，也更为直观。

2）D-S 理论可以借助其 mass 函数，表达判别的不确定性，并以定量的方式将这种不确定性信息给予展示。

D-S 理论的总体逻辑如图 4-9 所示。首先，对来自多个信息源的数据进行预处理，并计算出相应的初步信度函数。随后，利用 D-S 理论对上述信度函数进行融合，可以得到融合后的最终信度函数，根据这一函数，能够计算出 D-S 理论的信任区间。

假设存在变量 x 和识别空间 Ω（也可称为样本空间），其中变量 x 的所有可能取值个数为 N；Ω 是变量 x 所有可能取值的穷举集合，即 Ω 中存在 N 个互斥的元素。对变量 x 的所有取值进行排列组合，可以构成全域 X。对于全域 X，一共存在 2^N 种假设，即全域 X 中所包含的元素个数为 2^N。下面举例说明：若 $\Omega=\{a,b,c\}$，则 $X=\{\varnothing,\{a\},\{b\},\{c\},\{a,b\},\{a,c\},\{b,c\},X\}$，其中 $N=3$，全域 X 中的元素个数为 $2^N=8$。

因此，全域 X 中的每一元素 2^Ω，均对应一个关于 x 取值情况的命题（子集）。D-S 理论为这些子集分配相应的概率，称为基本概率分配（Basic Probability Assignment，BPA），分配函数称为 mass 函数，具体规则为 m：$2^\Omega\to[0,1]$，且满足以下 2 个条件：

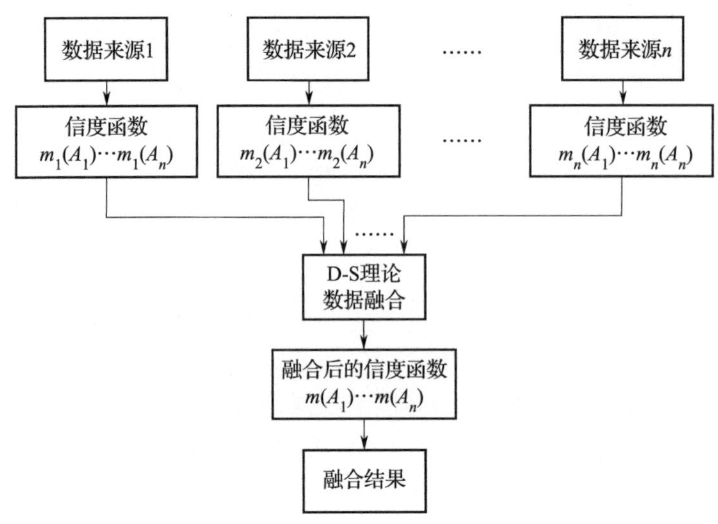

图 4-9　D-S 理论原理图

1）$m(\varnothing)=0$，即空集$\varnothing$对应的 mass 函数值为 0。

2）$\sum\limits_{A\subseteq\Omega} m(A)=1$，其中 A 为使 mass 函数值大于 0 的命题，称为焦元（Focal element）。

特别地，当 $\overline{A}=\Omega-A$ 时，在 D-S 理论中并不能根据 A 的置信程度推算出 $\overline{A}$ 的置信程度。虽然在概率论的传统概率中，存在 $P(A)+P(\overline{A})=1$，但因为 $m(A)$ 本身不属于传统概率的范畴，因此在 D-S 理论中，存在 $m(A)+m(\overline{A})\leqslant 1$。

D-S 理论根据 mass 函数来计算命题的信度函数（belief function）和似然函数（plausibility function），具体定义如下：

$$\text{bel}: 2^{\Omega}\rightarrow[0,1]\quad \text{bel}(A)=\sum_{B\mid B\subseteq A} m(B),\ \forall A\subseteq\Omega \tag{4-10}$$

$$\text{pl}: 2^{\Omega}\rightarrow[0,1]\text{pl}(A)=1-\text{bel}(\overline{A})=\sum_{B\mid B\cap A\neq\varnothing} m(B),\forall A\subseteq\Omega \tag{4-11}$$

信度函数 bel 表示对焦元 A 的信任程度，似然函数 pl 表示不否定焦元 A 的信任程度，$\text{pl}(A)\geqslant\text{bel}(A)$，两者共同构成 D-S 理论的信任区间 $[\text{bel}(A),\text{pl}(A)]$。其中，$\text{pl}(A)-\text{bel}(A)$ 的差值反映了 D-S 理论对于焦元 A 的不确定程度，差值越小表示对焦元 A 信任度的不确定性越低。

对于多个主体的情况，D-S 理论采取 Dempster 合成规则，即通过引入正交和的概念组合来自不同主体的 mass 函数。下面举例说明，假设两个主体的 mass 函数分别为 m_1 和 m_2，则有

$$m_{1,2}(\varnothing)=0 \tag{4-12}$$

$$m_{1,2}(A) = (m_1 \oplus m_2)(A) = \frac{1}{1-K} \sum_{B \cap C = A \neq \varnothing} m_1(B) m_2(C) \tag{4-13}$$

其中 $1-K$ 为归一化系数，且

$$K = \sum_{B \cap C = \varnothing} m_1(B) m_2(C) \tag{4-14}$$

$$1 - K = 1 - \sum_{B \cap C = \varnothing} m_1(B) m_2(C) = \sum_{B \cap C \neq \varnothing} m_1(B) m_2(C) \tag{4-15}$$

根据上述规则，即可得到融合后的 mass 函数，进而能够计算最终的信任区间 [bel(A)，pl(A)]。

2. 协作决策算法

在 TBN 团簇中，假设包括车辆 V_k 在内的多台车辆探测到事件 E_j，并将随之生成的 CAM 广播发送给车辆 V_m。接收方车辆 V_m 将利用协作决策算法对上述 CAM 进行处理，从而判别事件 E_j 的真实情况，并据此执行相应的驾驶决策。下面对协作决策算法进行详细阐述。

事件 E_j 拟划分为 ω 个等级，即事件 E_j 拥有如下所示的识别空间：

$$\Omega = \{r_1, r_2, \cdots, r_x, \cdots r_\omega\} \tag{4-16}$$

式中，r_x 表示事件 E_j 的第 x 个等级。

同时，事件 E_j 还具有如下所示的先验概率集合：

$$\text{Priori} = \{\text{pr}_1, \text{pr}_2, \cdots, \text{pr}_x, \cdots, \text{pr}_\omega\} \tag{4-17}$$

其中，识别空间中的事件等级与上述集合中的先验概率一一对应，即等级 r_x 对应的先验概率为 pr_x。

车辆在行驶过程中，如果探测到特定的交通事件，会根据传感器的探测信息对事件等级进行判断，并将判断结果打包在 CAM 中进行广播，以便车联网中的其他车辆进行决策。因为 CAM 存在正确与错误两种情况，故而接收方车辆需要根据汇总的 CAM 判别事件的真实情况，再对 CAM 本身的真伪进行区分。判别的过程主要利用“置信度”的思想，下面将进行详细阐述。

（1）直接置信度

直接置信度 T_{dir}是用来衡量车辆播报 CAM 可信程度的数据指标。根据车载传感器的特性，车辆距离所探测的事件越近，探测得到的结果可信程度越高，反之则越低。因此，车辆 V_k 针对事件 E_j 所播报消息 cam_j^k 的距离置信度定义如下：

$$d_j^k = e^{-\zeta_1 l_j^k} + \zeta_2 \tag{4-18}$$

式中，d_j^k 的取值范围是(0，1]；l_j^k 是车辆 V_k 与所探测事件之间的物理距离；ζ_1

和 ζ_2 为参数，分别用来控制距离置信度的灵敏度和上下限。

假定接收方车辆 V_m 关于事件 E_j 所收到的 CAM 总数为 N，即车辆 V_m 关于事件 E_j 能够得到如下所示的距离置信度集合：

$$\text{Tot} = \{d_j^1, d_j^2, \cdots, d_j^N\} \tag{4-19}$$

若 cam_j^k 对事件 E_j 的判断结果为等级 r_x，且在关于事件 E_j 的总共 N 个 CAM 中，存在 $M(M<N)$ 个 CAM（包括 cam_j^k）为此判断结果。则这 M 个 CAM 所对应的距离置信度可以组成集合 Tot 的如下子集：

$$\text{Sub}_{rx} = \{d_j^{(1)}, d_j^{(2)}, \cdots, d_j^{(M)}\} \tag{4-20}$$

因此，关于事件 E_j，车辆 V_m 接收到来自车辆 V_k 的消息 cam_j^k 具有如下定义的直接置信度 T_{dir}：

$$T_{\text{dir}} = \frac{\sum_{i=1}^{M} d_j^{(i)}}{M} \tag{4-21}$$

（2）间接置信度

间接置信度 T_{ind} 由车辆本身的历史信誉计算得到。车辆 V_k 的历史信誉 $T_k^{b_i}$ 与它所播报消息的准确程度相关联。具体地，准确程度是指车辆播报 CAM 的准确率。下面举例进行说明，对于车辆 V_k 在第 i 轮 TBN 团簇中的 CAM 准确率，定义式如下所示：

$$T_k^{b_i} = \frac{\text{true}_k^{b_i}}{\text{true}_k^{b_i} + \text{false}_k^{b_i}} \tag{4-22}$$

式中，$\text{true}_k^{b_i}$ 是指在第 i 轮 TBN 团簇中，车辆 V_k 播报的所有正确 CAM 数量；$\text{false}_k^{b_i}$ 是指在该轮次 TBN 团簇中，车辆 V_k 播报的所有错误 CAM 数量。

然而，可能存在如下问题：假设某车辆当前为第 H 次加入 TBN，但在当前的 TBN 轮次中，该车辆的播报次数过少，即当前 TBN 轮次中车辆可以作为历史信誉判断依据的 CAM 数量不足。如此情况会影响历史信誉衡量指标的可靠性。

针对上述问题，以车辆在前一轮次 TBN 中的历史信誉、车辆在所有过往轮次 TBN 中的平均历史信誉作为辅助衡量指标，进而保证间接置信度计算方法的合理性。其中，车辆前一轮次 TBN 中的历史信誉，即为车辆在第 $H-1$ 次加入 TBN 中的历史信誉；车辆过往轮次平均历史信誉，即为车辆从第 1 次至第“指定次”加入 TBN 中的历史信誉算数平均值，其中“指定次”为 $H-1$ 或 $H-2$。由此，算法将通过加权聚合的方式来计算车辆 V_k 的间接置信度 T_{ind}，具体表达式如下：

$$T_{\mathrm{ind}}=\begin{cases}\dfrac{\sigma \mathrm{His}_{H-2}+T_k^{b_{H-1}}}{\sigma+1}, & \mathrm{num}\leqslant\delta\\[2ex]\dfrac{\sigma \mathrm{His}_{H-1}+T_k^{b_H}}{\sigma+1}, & \mathrm{num}>\delta\end{cases}\tag{4-23}$$

式中，H 是车辆 V_k 所加入 TBN 的总次数（即当前轮次）；$T_k^{b_H}$ 和 $T_k^{b_{H-1}}$ 分别为车辆 V_k 在第 H 轮次以及第 $H-1$ 轮次 TBN 中的历史信誉；num 为车辆 V_k 在当前轮次 TBN 中播报消息的总次数；His_{H-2} 和 His_{H-1} 分别为车辆 V_k 前 $H-2$ 轮次与前 $H-1$ 轮次的过往平均历史信誉，具体计算式如下所示：

$$\mathrm{His}_{H-2}=\frac{\sum_{i=1}^{H-2}T_k^{b_i}}{H-2}\tag{4-24}$$

$$\mathrm{His}_{H-1}=\frac{\sum_{i=1}^{H-1}T_k^{b_i}}{H-1}\tag{4-25}$$

对于式（4-23）中的参数，δ 是一个正整数参数，作为切换公式的阈值：若车辆在当前轮次 TBN 中播报次数较少（$\mathrm{num}\leqslant\delta$），则选择“指定次”为 $H-2$ 的过往轮次历史信誉与第 $H-1$ 轮 TBN 中的历史信誉，来计算车辆此刻的间接置信度；若车辆在当前轮次 TBN 中播报次数足够（$\mathrm{num}>\delta$），则选择“指定次”为 $H-1$ 的过往轮次历史信誉与当前轮次 TBN 中的历史信誉，来计算车辆此刻的间接置信度。间接置信度具体的计算方式为加权聚合，σ 为权重参数，取值范围是[0，1]，表示过往轮次平均历史信誉在车辆间接置信度中所占据的权重。

(3) 综合置信度

综合置信度 T_{com} 是对发送方车辆及其所播报 CAM 二者可信任程度的综合考量。根据直接置信度 T_{dir} 和间接置信度 T_{ind}，车辆 V_k 播报给车辆 V_m 的 cam_j^k 所对应的综合置信度如下所示：

$$T_{\mathrm{com}}=\gamma T_{\mathrm{dir}}+\eta T_{\mathrm{ind}},\ \gamma+\eta=1\tag{4-26}$$

式中，γ 和 η 分别为直接置信度 T_{dir} 和间接置信度 T_{ind} 的权重参数。

(4) 最终置信度

最终置信度 T_{final} 是接收方车辆对多组 CAM 所对应综合置信度的融合结果，也是接收方车辆对事件 E_j 真实等级情况的最终判别依据。

本节选用 Dempster-Shafer 理论来融合多台发送方车辆对事件 E_j 的判断信息

(即综合置信度 T_{com})。根据 D-S 理论的特性，即使存在一定比例的错误 CAM，经过融合处理后，也能够得到协作决策方案所期望的正确结果。事件 E_j 的识别空间为 $\Omega=\{r_1, r_2, \cdots, r_x, \cdots, r_\omega\}$，且存在对应的先验概率集合 Priori = pr_1, pr_2, ⋯, pr_ω。当车辆 V_m 接收到关于事件 E_j 的 CAM 时，协作决策算法会计算相应的综合置信度，并得到集合 Com：

$$\mathrm{Com}=\{T_{com}^{1}, \cdots, T_{com}^{N}\} \tag{4-27}$$

对于事件 E_j 的等级 r_x，存在 M 个判断事件 E_j 为等级 r_x 的 CAM，这些 CAM 所对应的综合置信度将构成集合 Com 的子集 Com_x：

$$\mathrm{Com}_x=\{T_{com}^{(1)}, \cdots, T_{com}^{(M)}\} \tag{4-28}$$

基于上述集合，D-S 理论能够计算识别空间 Ω 中每一个事件等级所对应的基本概率分配。假设发送方车辆 V_k 判断事件 E_j 为等级 r_x，接收方车辆 V_m 利用协作决策算法得出相应的综合置信度 $T_{com}^{(k)}(r_x)$，并将这一综合置信度作为车辆 V_k 对于等级 r_x 的基本概率分配 $m_k(x)$，即有如下定义式：

$$m_k(x)=T_{com}^{k}(r_x) \tag{4-29}$$

根据识别空间与先验概率集合，可以得到车辆 V_k 对于事件 E_j 其他等级的基本概率分配，定义式如下所示：

$$m_k(y)=\frac{\mathrm{pr}_y[1-m_k(x)]}{1-\mathrm{pr}_x} \quad y\neq x \tag{4-30}$$

在 D-S 理论中，使用不确定性区间来表示概率范围。具体地，区间的上下界分别为信度函数 bel 和似然函数 pl，二者共同构成 D-S 理论中的信任区间 $[\mathrm{bel}(r_x), \mathrm{pl}(r_x)]$，且信任区间表示最终置信度 T_{final} 的概率范围。除此之外，$\mathrm{pl}(r_x)-\mathrm{bel}(r_x)$ 表示对于事件等级 r_x 判别的不确定性，当 $\mathrm{pl}(r_x)-\mathrm{bel}(r_x)=0$ 时，意味着对于事件等级 r_x 判别的置信度是完全确定的。

对于事件 E_j，接收方车辆 V_k 将融合来自不同发送方车辆的多源信息，对事件等级 r_x 的信度函数 bel 和似然函数 pl 进行计算，二者的计算式分别如下所示：

$$\mathrm{bel}(r_x)=\sum_{r_z\in r_x}\mathrm{mass}(r_z) \tag{4-31}$$

$$\mathrm{pl}(r_x)=\sum_{r_z\cap r_x\neq\varnothing}\mathrm{mass}(r_x)=1-\mathrm{bel}(\bar{r}_x) \tag{4-32}$$

式中，r_z 是构成事件等级 r_x 的所有基本元素。在本节的场景假设中，事件 E_j 的各等级相互独立且互斥，因此，存在如下公式：

$$\mathrm{bel}(r_x)=\mathrm{pl}(r_x)=\mathrm{mass}(r_x), \quad \forall r_x\subseteq\Omega \tag{4-33}$$

$$\mathrm{mass}(r_x)=\oplus_{m=1}^{M}m_m(r_x) \tag{4-34}$$

式中，$\mathrm{mass}(r_x)$为基本概率分配的融合，即将事件 E_j 判断为等级 r_x 的总共 M 个 CAM 所对应基本概率分配的融合结果。这一结果可以通过 Dempster 规则计算得到，Dempster 规则如下所示：

$$m_1(r_x) \oplus m_2(r_x) = \frac{\sum_{a,b:R_a \cap R_b = r_x} m_1(R_a)m_2(R_b)}{1 - \sum_{a,b:R_a \cap R_b = \varnothing} m_1(R_a)m_2(R_b)} \tag{4-35}$$

因此，事件 E_j、等级 r_x 的最终置信度如下所示：

$$T_{\mathrm{final}}(r_x) = \mathrm{bel}(r_x) = \mathrm{pl}(r_x) \tag{4-36}$$

协作决策算法将对事件 E_j 的每个等级计算相应的最终置信度，最后，最终置信度取值最大的等级，即为接收方车辆对于事件 E_j 的判别等级。算法 4-1 展示了协作决策算法的流程。

算法 4-1　协作决策算法

协作决策算法（以车辆 V_i 为例）
1. 初始化
1-1　车辆接收到关于事件 E_j 的 CAM
2. 阶段 1： 计算置信度
2-1　根据 CAM 中描述的事件等级，对 CAM 进行分类
2-2　计算每个 CAM 的直接置信度 T_{dir} 和间接置信度 T_{ind}
2-3　计算每个 CAM 的综合置信度 T_{com}
2-4　计算事件 E_j 不同等级对应的最终置信度 T_{final}，确定事件真实等级

3. 共识算法

考虑到实际场景中，错误 CAM 比正确 CAM 的播报记录更需要被及时存储在区块链中，这样可以防止恶意车辆的攻击证据被篡改或抹除。因此，在 TBN 和 PBN 中，均选择“一段时间内节点所接收到的错误 CAM 数量”作为 PoS 算法的权重考量。即在 TBN 中，权重为接收方车辆所识别出的错误 CAM 数量；在 PBN 中，权重为基础设施节点所收到的来自解体 TBN 的错误 CAM 数量。由此，PoS 算法将根据网络中各节点的权重值，等比例赋予其当选矿工节点的概率：

$$P_i = \frac{s_i}{\sum_{j=1}^{O} s_j} \tag{4-37}$$

式中，P_i 表示第 i 个节点成功当选矿工节点的概率；s_i 表示第 i 个节点的权重；O 为 TBN 或 PBN 网络中的节点总数。

4. 惩罚机制

系统根据 TBN 中车辆节点所播报的 CAM 准确率，可以识别恶意车辆并执行相应的惩罚措施。具体执行规则如下所示：

$$\mathrm{Thr}=\frac{N_{\mathrm{False}}}{N_{\mathrm{All}}} \tag{4-38}$$

式中，Thr 是恶意车辆识别阈值；N_{False}是车辆播报的错误 CAM 数量；N_{All}是车辆播报的所有 CAM 数量。当车辆节点播报的错误 CAM 数量与它播报的所有 CAM 数量比例超过该阈值时，车辆将被识别为恶意车辆。Thr 的具体数值高低，可以根据实际交通情况或现实中的交通条款进行相应调整。具体地，若某车辆节点播报的错误 CAM 数量与它播报的所有 CAM 数量比例超过阈值 Thr_1，则车辆节点将被识别为一级恶意车辆，并在车联网系统中被通报公示；若比例超过阈值 Thr_2($\mathrm{Thr}_2>\mathrm{Thr}_1$)，则车辆节点将被识别为二级恶意车辆，并在未来一段时间内，给予其禁止广播 CAM、无权享有车联网服务的惩罚措施。

对于结束惩罚后的车辆节点，一方面，系统将恢复其对应的车联网内权限，同时将根据结束惩罚后车辆发布的 CAM 准确率，重新计算其对应的 Thr 值；另一方面，该车辆原有的 CAM 准确率记录、历史信誉记录、惩罚记录也被始终保留在 PBN 的数据库之中，以备后续可能执行的校对或查询工作。

区块链的共识机制以及惩罚机制汇总在算法 4-2 中展示。

算法 4-2 区块链机制

区块链机制（以车辆 V_i 为例）
1. 判断：如果之前接收的 CAM 是正确的，则
1-1　记录对应车辆的历史信誉
1-2　选择矿工、执行共识机制、数据存入临时性区块链
2. 否则
2-1　**判断：**如果车辆是恶意车辆，则
2-2　执行相应的惩罚措施
2-3　**否则：**返回步骤 1-2
3. 等待下一次交易发生

4.1.4 多车协作事件决策性能分析

1. 仿真环境设置

选择文献[148] *Blockchain-based decentralized trust management in vehicular networks* 中的方案作为本节中协作决策算法的对比实验对象。该方案使用贝叶斯

推理模型来解决车联网中的协作决策问题，通过团簇中其他车辆播报的CAM对交通事件等级进行判别，并识别团簇中的恶意车辆节点。

（1）场景搭建

假设某交通事件 E_j 总共有4个等级，为避免算法在对比实验过程中因先验概率的影响而产生“带有偏见”的判别结果，故实验中假设事件 E_j 的4个等级相互独立、互斥且具有相同的先验概率。则识别空间与先验概率集合分别如下所示：

$$\Omega=\{r_1, r_2, r_3, r_4\} \tag{4-39}$$

$$\text{Priori}=\{\text{pr}_1, \text{pr}_2, \text{pr}_3, \text{pr}_4\}=\{0.25, 0.25, 0.25, 0.25\} \tag{4-40}$$

因本节主要讨论车联网中的协作决策任务，故选择对分层式区块链架构中的边缘层进行仿真实验，即实验对象为处于同一较小范围交通环境内的任一车辆团簇（某一TBN中的车辆团簇）。

假定实验场景为某一长100m、宽20m的交通道路模型，如图4-10所示。对于交通事件与车辆节点，令交通事件 E_j 的发生地为坐标系原点，且其占地面积是一个以原点为圆心、半径5m的圆；令车辆节点为理想化、无体积的点，随机散布在除事件发生地之外的道路模型中。

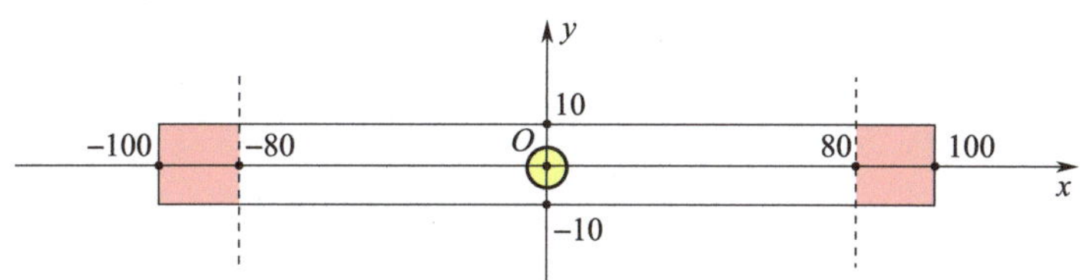

图4-10 仿真场景中的道路模型

仿真实验主要涉及3种车辆，如图4-11所示，这3种车辆又可划分为2大类：恶意车辆与可信车辆。其中，恶意车辆是指持续性故意播报错误CAM的车辆，旨在对车联网中的其他车辆进行攻击与干扰。可信车辆是指不会故意播报错误CAM的车辆，具体又可分为绝对可信车辆和一般可信车辆：绝对可信车辆是指始终播报正确CAM的车辆；一般可信车辆是指，因为车辆传感器精度、传感器识别算法等客观因素的限制，可能偶尔会由于非主观原因播报错误CAM的车辆。对于上述3种车辆类型，恶意车辆和绝对可信车辆随机散布在整个道路区域，即 x 轴的坐标范围是 $[-100, 100]$；一般可信车辆仅在距离事件 E_j 发生地较远时，才会出现播报错误CAM的情况，故一般可信车辆随机散布在图4-10中的红色区域，即 x 轴的坐标范围是 $[-100, -80]\cup[80, 100]$。另外，因为一般可信车辆的存在，所以车辆团簇中的错误CAM数量往往会大于团簇中的恶意车辆数量。

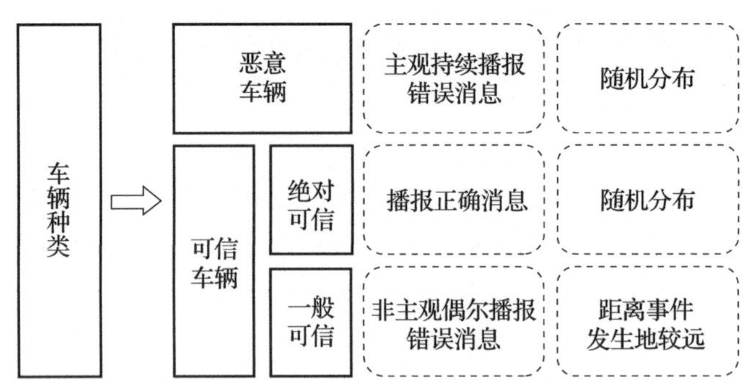

图 4-11　仿真实验中涉及的车辆种类

除此之外，并非所有车辆都会对事件 E_j 进行播报，因为可能存在车辆恰好未探测到该事件，或车载计算机正在处理其他高负荷计算任务等情况。因此，仿真实验设定“车辆广播比例”这一参数，即在车辆团簇的每一轮协作决策任务中，都有且仅有一定比例的车辆会探测到事件并进行播报，这样更符合车联网运行过程中的实际情况，也能够更加合理地反映出算法性能。

(2) 性能指标

选择合适的性能度量指标，是仿真实验中的重要环节。合适的性能度量指标可以有效地考察算法模型的实际性能与泛化能力，进而能够较为直观、清晰地评判算法模型的优劣以及适用性。本节中的仿真将选择以下 4 种性能度量指标进行实验，分别是准确率（Acc）、查准率(P)、查全率(R)、F_β 度量(F_β)。下面分别对各项指标进行简要介绍。

给定数据集 $D=\{(x_1, y_1), (x_2, y_2), \cdots, (x_m, y_m)\}$，其中 y_i 是 x_i 的真实标记，m 为数据样本个数。假设要评估机器学习算法 f 的性能，则需要将算法的预测结果 $f(x)$ 与真实标记 y 相比较。由此可得，准确率的定义式如下所示：

$$\mathrm{Acc}(f;D) = \frac{1}{m}\sum_{i=1}^{m} 1(f(x_i) = y_i) \tag{4-41}$$

式中，$1(\cdot)$为指示函数，即函数内容为真时，输出取 1；函数内容为假时，输出取 0。根据仿真场景，准确率可以衡量算法在协作决策过程中对事件等级判别的准确程度。

查准率又名精确率，用来表示算法识别结果中目标信息所占据的比例。查全率又名召回率，用来表示全部目标信息中有多少比例被算法正确识别出来。对于仿真实验中的恶意车辆识别问题，可以将团簇内的车辆节点根据其真实类别与算法判断类别组合划分为 4 种情况，分别是正确识别为可信车辆（True Reliable，TR）、错误识别为可信车辆（False Reliable，FR）、正确识别为恶意车辆（True Malicious，TM）、错误识别为恶意车辆（False Malicious，FM）。其中，“正确识别为可信车辆”是指车辆本身为可信车辆且算法识别正确；“错误识别为可信车辆”是指车辆本身为恶意车辆，但被算法错误识别为可信车辆，同理可推其他。

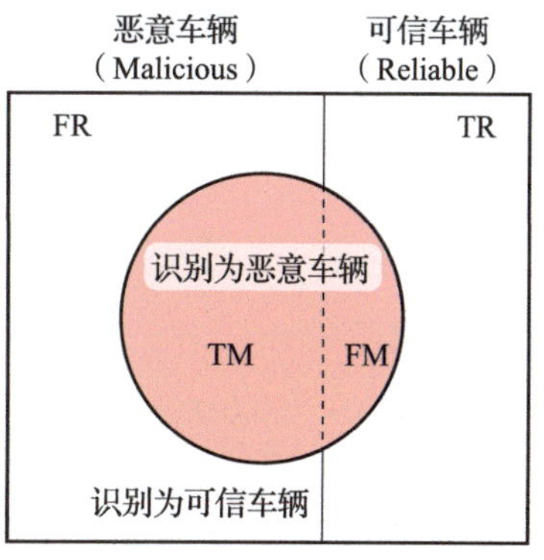

图4－12　查准率、查全率示意图

如图4－12所示，矩形的左半部分表示恶意车辆、右半部分表示可信车辆；矩形中红色的圆形表示算法识别的恶意车辆，矩形除去圆形的部分表示算法识别的可信车辆。由此，FR、TR、TM、FM即可分别对应图4－12中的不同区域。

根据图4－12以及查准率、查全率的数学定义，可以得到查准率与查全率的定义式为

$$P = \frac{\mathrm{TM}}{\mathrm{TM} + \mathrm{FM}} \tag{4-42}$$

$$P = \frac{\mathrm{TM}}{\mathrm{TM} + \mathrm{FR}} \tag{4-43}$$

查准率和查全率是一对相互矛盾的性能度量指标，一般情况下，查准率越高，查全率会相对降低，反之亦然。因此，可以使用 F_1 度量来衡量算法的综合性能，具体表达式如下：

$$F_1 = \frac{2PR}{P + R} \tag{4-44}$$

F_1 度量可以在查准率与查全率权重相同的情况下，对算法的性能进行考察。若希望在查准率与查全率权重不同的情况下对算法性能进行考察，可以使用更为一般化的性能度量指标 F_β 度量：

$$F_\beta = \frac{(1 + \beta^2)PR}{(\beta^2 P) + R} \tag{4-45}$$

式中，$\beta > 0$，是用来度量查准率与查全率相对重要性的权重参数。当 $\beta > 1$ 时，查全率权重更大；当 $\beta < 0$ 时，查准率权重更大；当 $\beta = 1$ 时，F_β 退化为 F_1。

（3）参数设定

仿真实验中所涉及的参数主要分为通用参数与非通用参数两种：通用参数是指在本节的仿真实验中，设定值均相同的参数；而非通用参数是指在不同的仿真实验中，因被选作实验变量，而拥有不同设定值的参数。本节将对仿真实验中的通用参数进行介绍，具体见表4－2。

表 4-2　仿真实验中涉及的通用参数

参数	设定值
ω	4
Priori	$pr_1 = pr_2 = pr_3 = pr_4 = 0.25$
ζ_1	0.015
ζ_2	0.0723
σ	0.7
δ	70
γ	0.3
η	0.7
β	1.5
迭代次数	500
绝对可信车辆：一般可信车辆	4:1
车辆广播比例	0.8

表 4-2 中，ζ_1、ζ_2 为距离置信度中调节其灵敏度与上下限的参数，δ 为间接置信度中切换公式的阈值，σ 为间接置信度中过往轮次平均历史信誉的权重参数，γ、η 分别为综合置信度公式中，直接置信度与间接置信度的权重参数。实验中的迭代次数为 500 次，即在同一车辆团簇中模拟车辆间的协作决策任务 500 次，迭代次数较多可以在一定程度上减少因偶然误差而造成的数据抖动。绝对可信车辆与一般可信车辆的比例为 4:1，即在全部的可信车辆中，有 80% 的绝对可信车辆和 20% 的一般可信车辆，若出现小数时则向下取整。车辆广播比例为 0.8，即在每一次迭代中，会随机选取车辆团簇中任意 80% 的车辆作为发送方广播 CAM。需要注意的是，因车辆广播比例的存在，故而车辆播报的所有 CAM 数量将会小于等于迭代次数。

关于仿真实验中涉及的非通用参数，将在后续的实验小节中进行单独说明。下面通过四组不同的仿真实验对本节中协作决策算法性能的优越性进行证明，并对其运作机理展开深入分析。

2. 恶意车辆对于系统的影响

本节实验将以车辆团簇中的恶意车辆占比为自变量，并选择 Yang 等人[148]基于贝叶斯推理的协作决策方案（下文将其称为贝叶斯推理方案）作为对比参照对象，分别对交通事件判别的准确率，以及恶意车辆识别的查准率、查全率、F_β 度量进行考察。

本节实验中，团簇中的恶意车辆占比从 5% 开始，依次均匀递增 5% 直至

65% 为止。考虑到实际交通情况中，只有少数车辆可能会遭受入侵成为恶意车辆，即恶意车辆在车辆团簇中的占比不会过高，因此设定恶意车辆占比的上限为 65% 。

对于车辆数目，本节选择 50 个车辆节点进行仿真。对于恶意车辆识别阈值，取值为 0.5，即 500 次迭代完成后，若车辆节点播报的错误 CAM 数量与它播报的所有 CAM 数量之比高于 0.5，则车辆将会被识别为恶意车辆。对于车辆的历史信誉，如表 4-3 所列，两种可信车辆的前一轮次历史信誉和过往轮次平均历史信誉将取[0.7, 0.9]之间的随机数；而恶意车辆的前一轮次历史信誉和过往轮次平均历史信誉将取[0.3, 0.5]之间的随机数。

表 4-3　实验中的车辆历史信誉参数

历史信誉	绝对可信车辆	一般可信车辆	恶意车辆
前一轮次历史信誉	[0.7, 0.9]	[0.7, 0.9]	[0.3, 0.5]
过往轮次平均历史信誉	[0.7, 0.9]	[0.7, 0.9]	[0.3, 0.5]

对于交通事件判别准确率的仿真实验，如图 4-13 所示，随着车辆团簇中恶意节点占比的增加，交通事件判别的准确率将会逐渐下降，但 TCDM 算法对于交通事件的判别准确率始终高于贝叶斯推理方案。对于 TCDM 算法，当车辆团簇内恶意车辆占比低于 50% 时，可以保证 100% 的交通事件判别准确率；当恶意车辆占比高于 50% 时，判别准确率开始逐步下降，并于恶意车辆占比达到 65% 时降低至约 73.5% 。对于贝叶斯推理方案，其事件判别准确率始终低于 100%

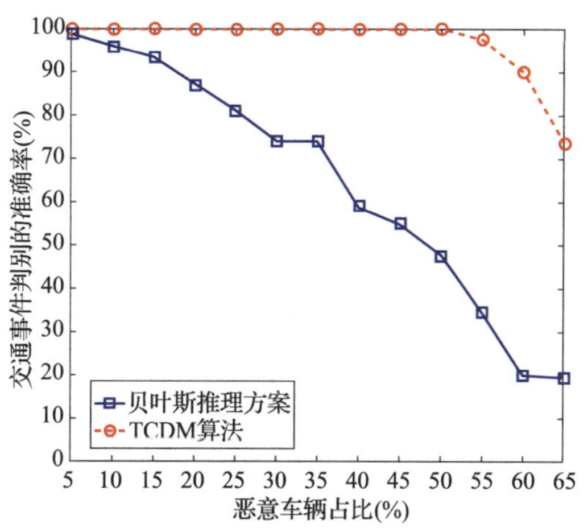

图 4-13　不同恶意车辆占比下的交通事件判别准确率

（最高约为 99.5%），且准确率随恶意车辆占比增加而大幅度下降，并于恶意车辆占比达到 65% 时降低至约 19.5%。除此之外，从曲线形态上可以看出，相较于 TCDM 算法，贝叶斯推理方案稳定性更低，在恶意车辆占比均匀增加的情况下，其事件判别准确率呈现非均匀下降趋势，并于下降过程中出现随机抖动现象。

恶意车辆识别查准率和查全率的仿真实验，如图 4-14、图 4-15 所示。通过图像可以看出，TCDM 算法在车辆团簇中恶意车辆占比低于 65% 时，查准率和查全率均可维持在 100% 的水平。而贝叶斯推理方案在恶意车辆占比分别低于 35% 和 40% 时，可以保持查准率、查全率维持在 100%；但当恶意车辆占比上升至 45% 时，查准率和查全率分别降至约 51.5% 和 86%；当恶意车辆占比高于 55% 后，贝叶斯推理方案的查准率和查全率均降低为 0。

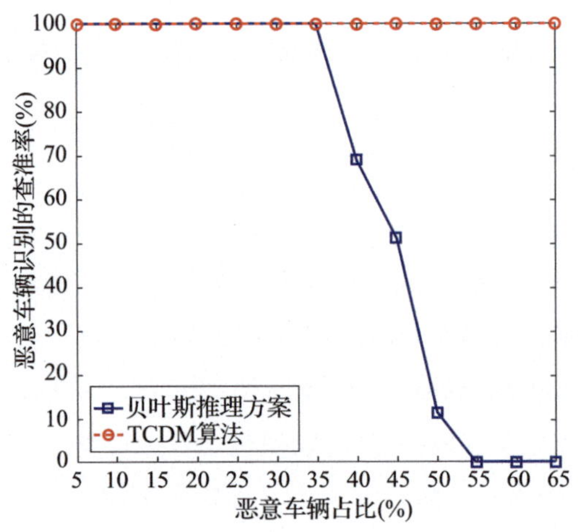

图 4-14　不同恶意车辆占比下的恶意车辆识别查准率

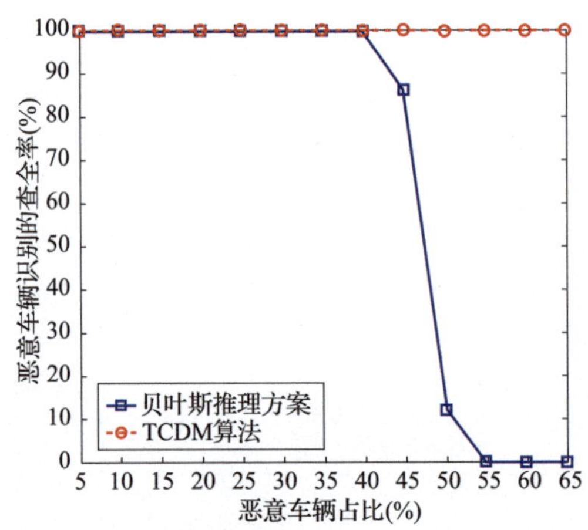

图 4-15　不同恶意车辆占比下的恶意车辆识别查全率

对于恶意车辆识别 F_β 度量的仿真实验，如图 4-16 所示。与查准率和查全率的变化规律类似，TCDM 算法在车辆团簇中恶意车辆占比低于 65% 时，F_β 均为 100。而贝叶斯推理方案在恶意车辆占比低于 35% 时，F_β 为 100；当恶意车辆占比上升至 45% 时，F_β 骤降为约 71.5；当恶意车辆占比高于 55% 时，F_β 将降低为 0。

由此可以得出，对于恶意车辆识别的能力，在恶意车辆占比较低时，贝叶斯推理方案可以保持与 TCDM 算法相同的性能；然而，当恶意车辆占比超过 35% 时，贝叶斯推理方案的恶意车辆识别能力开始骤降；当恶意车辆占比超过 55% 时，贝叶斯推理算法将完全无法识别恶意车辆。综上所述，对于恶意车辆的识别，贝叶斯推理方案虽然在较低恶意车辆占比时可以媲美 TCDM 算法；但在较高恶意车辆占比时，贝叶斯推理方案将逐渐丧失识别恶意车辆的能力，而此时，TCDM 方案仍能保障车联网系统的安全性。

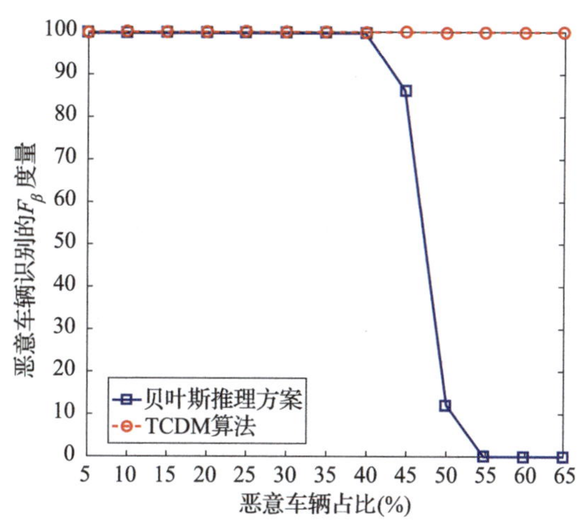

图 4-16　不同恶意车辆占比下的恶意车辆识别 F_β 度量

3. 车辆密度对于系统的影响

本节实验将以特定路段内车辆团簇中的车辆数目为自变量，进而考察车辆密度对各项性能指标的影响。本节实验中，团簇内的车辆数目从 20 辆起，依次递增 20 辆直至达到上限 200 辆为止。本节选择恶意车辆占比为 40%、恶意车辆识别阈值为 0.5 的情况进行仿真。

交通事件判别准确率的仿真实验，如图 4-17 所示。贝叶斯推理方案的事件判别准确率随车辆节点数增加而提高，从初始的 20 辆车时约 62% 的事件识别准确率，逐渐提高到 200 辆车时约 91% 的准确率。而 TCDM 算法，可以始终保持 100% 的事件判别准确率。由此可知，贝叶斯推理方案的性能随着车辆密度的增加而提高，TCDM 算法性能不受车辆密度的影响（或影响很小，可以近似忽略不计），且性能始终优于贝叶斯推理方案。

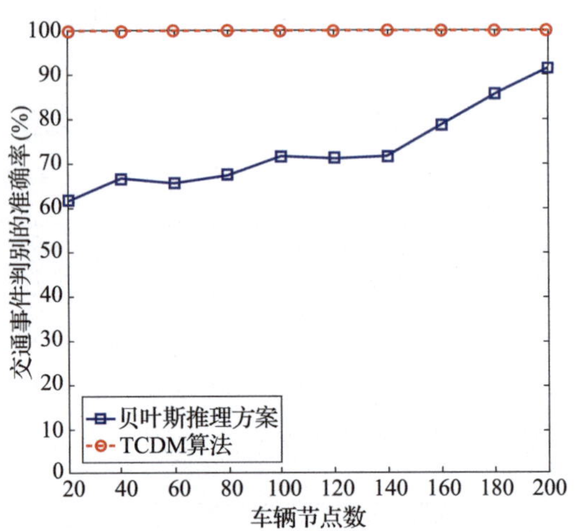

图 4-17　不同车辆密度下的交通事件判别准确率

对于查准率，如图 4-18 所示，TCDM 算法可以始终保持 100% 的水平。而贝叶斯推理方案在车辆数为 20 时，仅拥有约 40% 的查准率；随着车辆数的不断增加，贝叶斯推理方案的车辆查准率以不稳定速率增加；在车辆数达到 160 时，查准率初次上升至 100%。造成上述结果的原因是，当团簇内车辆数不足 160 时，贝叶斯推理方案会将过多的车辆判别为恶意车辆，即除真正的恶意车辆外，还有相当数量的可信车辆被误判为恶意车辆。

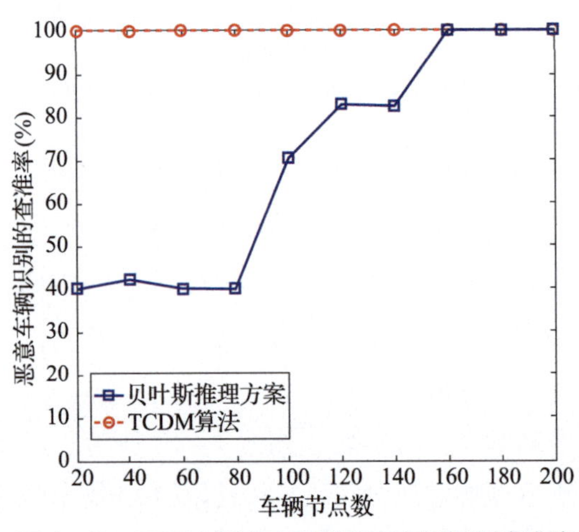

图 4-18　不同车辆密度下的恶意车辆识别查准率

对于查全率，如图 4－19 所示，无论车辆节点数如何增减变化，TCDM 算法与贝叶斯推理方案都能保持 100% 的水平。

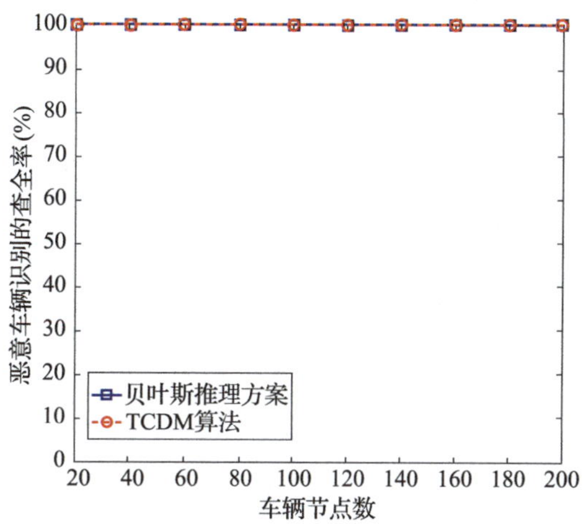

图 4－19　不同车辆密度下的恶意车辆识别查全率

综上所述，当团簇内的车辆数较多（高于 160 辆）时，贝叶斯推理方案可以达到与 TCDM 算法相同的性能；但当团簇内车辆数不足（低于 160 辆）时，随着团簇内车辆节点数的减少，贝叶斯推理方案的性能将呈现断崖式下降，并出现恶意车辆判断错误的现象。

恶意车辆识别 F_β 度量的仿真实验，如图 4－20 所示。对于贝叶斯推理方案，与其查准率的变化规律类似，当车辆数为 20 时，F_β 度量的值仅为 58 左右；随着车辆数的不断增加，贝叶斯推理方案的 F_β 也以不稳定速率上升；在车辆数

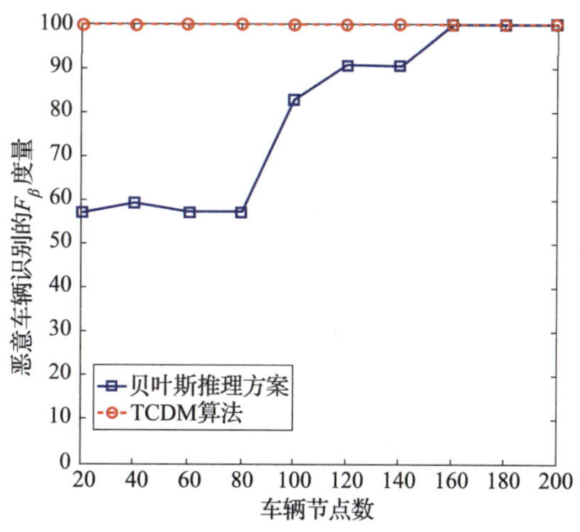

图 4－20　不同车辆密度下的恶意车辆识别 F_β 度量

达到 160 时，F_β 的值首次达到 100。与此同时，TCDM 算法的 F_β 值，无论团簇内车辆数目如何增减，均始终保持在 100。

综上所述，可以得出结论：TCDM 算法相比于贝叶斯推理方案，可以适应更广的车辆团簇规模，且在团簇中车辆密度较小时，也能够拥有出色的恶意车辆识别能力。

4. 恶意车辆识别阈值对于系统的影响

本节实验将以恶意车辆的识别阈值为自变量，考察其对算法在恶意车辆识别性能上的影响。恶意车辆识别的查准率与查全率的仿真实验如图 4-21、图 4-22 所示。对于查准率，无论恶意车辆识别阈值如何增减变化，TCDM 算法可以始终保持在 100% 的水平。对于贝叶斯推理方案，当恶意车辆识别阈值

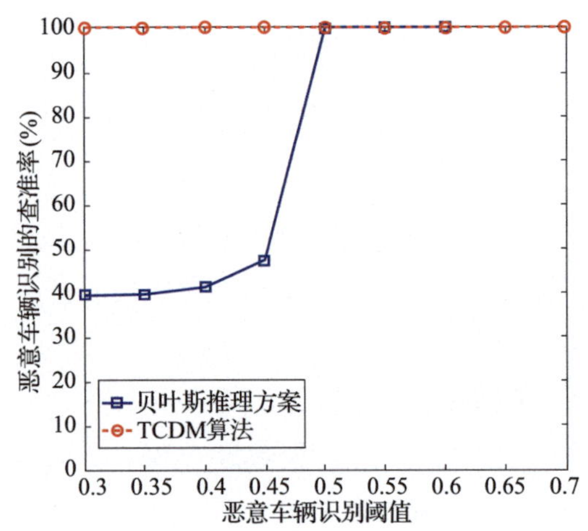

图 4-21　不同恶意车辆识别阈值下的恶意车辆识别查准率

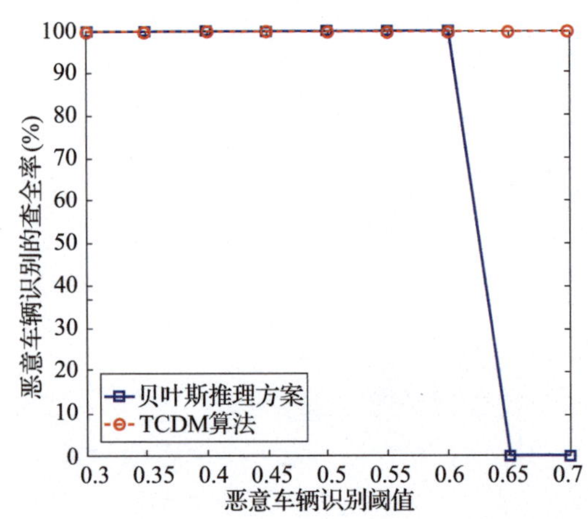

图 4-22　不同恶意车辆识别阈值下的恶意车辆识别查全率

在 0.3 ~0.45 之间时，方案会将部分可信车辆识别为恶意车辆，无法对真正的恶意车辆进行精准识别，故而查准率较低；当恶意车辆识别阈值在 0.45~0.5 之间时，贝叶斯推理方案的性能将会急剧提升；当恶意车辆识别阈值在 0.5 ~0.6 之间时，贝叶斯推理方案的恶意车辆识别查准率能够维持在 100%，此时方案拥有最佳的性能指标；当恶意车辆识别阈值高于 0.6 之后，因为过于严格的阈值条件限制，此时贝叶斯推理方案将所有车辆都认作非恶意车辆，即查准率的分母为 0，查准率取值无意义。

对于查全率，无论恶意车辆识别阈值如何增减变化，TCDM 算法同样可以始终保持在 100% 的水平。对于贝叶斯推理方案，当恶意车辆识别阈值在 0.3 ~0.6 之间时，方案可以识别出团簇内的全部恶意车辆（尽管会存在将可信车辆误判为恶意车辆的情况），查全率可以维持在 100%；当恶意车辆识别阈值高于 0.6 之后，此时方案丧失识别恶意车辆的能力，查全率骤降为 0。

综上所述，TCDM 算法在恶意车辆的识别任务中，不受恶意车辆识别阈值的影响，即无论对恶意车辆识别的严格程度如何变化，算法均能够出色地识别出正确的恶意车辆。而贝叶斯推理方案仅在恶意车辆识别阈值适中时可以较好地完成恶意车辆的识别任务，但当恶意车辆识别阈值过低或过高时，均无法高质量地完成识别任务，甚至可能彻底丧失识别恶意车辆的能力。

恶意车辆识别 F_β 度量的仿真实验，如图 4－23 所示。与恶意车辆识别的查准率变化规律类似，无论恶意车辆识别阈值如何增减变化，TCDM 算法的 F_β 度量值可以始终保持为 100。而对于贝叶斯推理方案，仅当恶意车辆识别阈值取值适中（0.5 ~0.6）时，方案拥有较好的恶意车辆识别性能；当恶意车辆识别

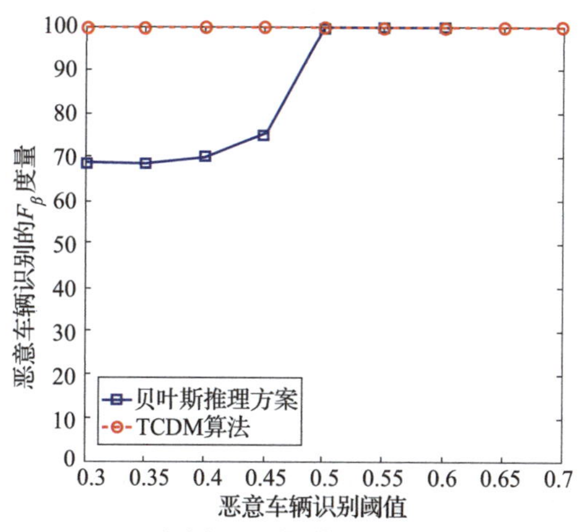

图 4－23　不同恶意车辆识别阈值下的恶意车辆识别 F_β 度量

阈值取值较低（0.3～0.5）时，方案会因误判可信车辆为恶意车辆，导致性能指标值的下降；当恶意车辆识别阈值较高（0.6～0.7）时，方案会因过于严格的阈值条件而彻底丧失识别恶意车辆的能力。综上所属，对于恶意车辆识别阈值的变化，TCDM 算法拥有比贝叶斯推理方案更强的鲁棒性。

4.2 电动汽车协作能量交易决策

在现代电力系统中，电动汽车和微电网的快速发展带来了新的挑战和机遇。一方面，大量电动汽车接入微电网意味着新的负荷压力和潮流冲击，这些都可能影响微电网的稳定运行。另一方面，电动汽车的动力电池不仅是一种储能设备，而且可以通过充放电调度来增加微电网的储能容量，从而提高微电网能量调控的灵活性。然而，与传统储能设备相比，电动汽车的充电过程具有更多的随机性，这增加了微电网调度的复杂性。同时，尽管微电网市场化是微电网发展的必要步骤，但考虑到电动汽车在微电网中的影响，其仍然是一个相对未被充分探究的研究领域。

为了解决这些问题并充分利用电动汽车作为微电网储能单元的潜力，本节将专注于电动汽车协作能量交易的研究。本节将介绍一个基于 P2P（点对点）方式进行电动汽车之间（Vehicle to Vehicle，V2V）的直接能量交易的全新模型。这一模型旨在缓解电动汽车对微电网的负荷压力，并为电动汽车提供一个更为便捷和高效的充电解决方案。本节还将深入探讨能量交易中的信息安全性和公平性问题，并尝试构建一个完备的能量交易体系，以减少能源损失和提高系统稳定性。

4.2.1 电动汽车协作充电机制

1. 电动汽车与智能电网的集中式能量管理系统

近年来，能源互联网（Internet of Energy，IoE）作为物联网的重要组成部分，被认为是未来能源系统有望实现的概念。在 IoE 中，可再生能源电厂、传输链路、电表、家电以及移动的电动汽车（EV）将能够实时地就电负荷和能源价格进行通信，并在需要时相互共享电能[155]。就像信息互联网永久地改变了信息的生成、共享和存储方式一样，IoE 也改变了生产、分配和存储能源的方式。其中，在提高能量系统灵活性和效率方面，电动汽车因其独特的移动性和储能功能发挥着关键角色。本节重点讨论如何实现电动汽车与智能电网之间的高效能量管理。鉴于在智能电网环境中，电动汽车与其他能量单元具有复杂和灵活的相互作用，本节介绍一套面向电动汽车与智能电网的集中式能量管理系统（Centralized Energy Management System for Electric Vehicles and Smart Grids，CEMS）架构，CEMS 架构主要由两大部分构成，分别是物理空间组件和网络空间组件，如图 4-24 所示。

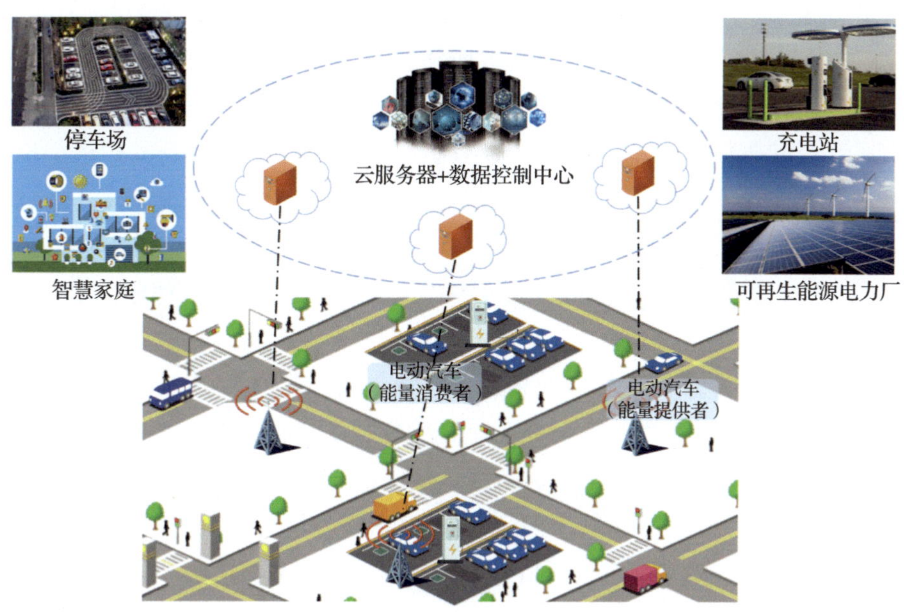

图 4-24　面向电动汽车与智能电网的集中式能量管理系统（CEMS）

物理空间组件主要指的是实际的能源生产、存储和消耗单元在现实世界中的存在。它涉及所有与能源生成、传输、存储和使用相关的实体和设备。

1）电厂：包括传统火力发电和可再生能源发电（如风力发电）。

2）联网住宅和建筑：具备电网连接能力。在智慧家庭环境中，电动汽车能够与家庭智能电网进行对接，实现家庭用电和车辆充电的统一管理。例如，当家庭用电需求低时，可以优先为电动汽车充电，反之亦然。

3）电动汽车：电动汽车在整个能量系统中扮演双重角色：一方面，它作为能量消费者，需要从电网或其他能源供应点获取电能进行行驶；另一方面，它具备能量存储和反馈功能，能在电网需求高峰或不足时，通过其车载储能系统向电网提供电能。电动汽车通常装备有多种传感器和车载通信系统，使其能够实时接收和发送关于自身状态和周围环境的数据。

4）停车场：在这一环境中，电动汽车可以作为移动储能单元，与停车场内的充电设备进行能量交换。同时，停车场本身也可以通过 CEMS 与更大的电网体系进行互动，实现能量的有效管理和分配。

5）充电站：充电站是电动汽车能量补给的主要场所，通过 CEMS，充电站可以更精准地预测电力需求和供应，进而优化电价、减少能量浪费，并提高整体电网的运行效率。充电站和停车场共同充当电动汽车的电源供应者，也可视为“微型电厂”。

6）感测与执行设备：主要负责各种分布式能量单元的状态监控和操作。这些设备通常由多种传感器、执行器和控制算法构成。传感器负责收集各种能量单元的运行状态数据，包括但不限于电流、电压、温度等；执行器则根据控制指令进行相应操作，如开关电路、调整电力输出等。这些设备是实现智能电网和高效能量管理不可或缺的一环。

7）车载通信系统：车载通信系统主要包括硬件和软件两大部分，使电动汽车能够与外界（包括控制中心、其他电动汽车、充电设备等）进行实时数据交换。这一系统支持多种通信协议和数据传输方式，如 Wi－Fi、蓝牙和车联网（V2X）通信。通过车载通信系统，电动汽车可以获取到诸如电价、充电站位置、路况信息等多种实用信息，并根据这些信息进行自我调整和优化。

8）信息与能源基础设施：信息与能源基础设施是整个智能电网和能量管理系统的支柱，它包括数据传输网络、电力传输和分配系统等多个方面。在数据层面，该基础设施通过有线和无线网络实现信息的高速、稳定传输；在能量层面，它包括一系列电力传输和分配设备（如变压器、电缆、分布式电源等），负责将电能有效、安全地送达各个能量单元。这一基础设施的高度集成和智能化是实现电动汽车与智能电网高效互动的前提。

网络空间组件与物理空间组件相对，主要指的是用于监控、管理和控制物理空间组件的数字技术和系统。

1）数据管理中心：是整个网络空间组件的核心，主要负责实时和动态数据的收集、分析和分发。它通常包括高性能计算服务器、数据库管理系统以及先进的数据分析算法。数据管理中心不仅从各个物理组件（如电动汽车、电厂等）收集数据，还能从外部数据源（如气象站、交通管理系统等）获取有用信息。进一步地，数据管理中心还负责数据清洗、数据预处理和数据融合，以提供更准确和实用的信息给系统其他部分。

2）分散式数据仓库：用于存储和处理由数据管理中心采集到的各种数据。

与传统的集中式数据仓库不同，分散式数据仓库通过在不同地理位置部署多个存储节点来实现数据的高可用性和容错能力。每个存储节点都具备数据处理能力，能执行诸如数据聚合、查询优化和数据挖掘等操作。这样的结构有助于提高数据处理速度和系统可靠性。

3）有线和无线组合通信网络：构成整个网络层的骨干结构，连接了数据管理中心、分散式数据仓库以及各个物理空间组件。该通信网络采用多层次、多协议的设计，包括光纤通信、以太网、Wi - Fi 和蜂窝网络等。这种多元化的通信方式既确保了数据传输的速度和稳定性，也提供了足够的灵活性来适应不同应用场景和需求。

在物联网、车联网和智能交通系统的共同支持下，数据管理中心收集了从物理层组件传来的动态和实时数据。这些数据被储存在分散式数据仓库中，并进行适当的处理和分析。主要收集的数据类型包括各能量单元的位置信息、实时能量分布、电力需求与供应的状况、电价模型，以及电动汽车的行程信息和剩余电量等。系统通过这一系列的信息进行更有效的能量管理和调度，并根据收集和存储的数据，进行智能计算和决策以实现不同的系统协调和优化目标。然后，系统决策将反馈给涉及的能量组件，作为进一步操作的控制命令。具体来说，Nguyen 和 Song[156]研究了一种智能充放电过程，针对停放在建筑物车库中的多辆电动汽车，以优化建筑的能耗剖面。他们构建了一个能量充放电调度游戏模型，以控制 EV 的充放电行为，旨在最小化峰值负荷和总能耗成本。Ding 等人[157]探究了电网和 EV 之间的充放电合作，并在联盟博弈框架内解决了这种合作，以促使 EV 在负荷谷期进行充电，在负荷峰期进行放电。Rahbari-Asr 和 Chow[158]通过在分布式环境中对充电站进行点对点协调，开发了一个合作分布式算法，用于控制 EV 的充电。在文献［159］中，提出了一个考虑基础价格和需求波动的价格方案，并进一步开发了一个基于交替方向乘法器方法的分布式优化算法，以优化未来智能电网中具有 EV 和可再生分布式发电机的需求侧管理问题。Kang 等人[160]在考虑到电价现场价格的情况下，提出了一种集中式的 EV 充电策略，该策略通过考虑最佳充电优先级和充电位置，以最小化总充电成本，同时也减少了电力系统的功率损失和电压偏差。在文献［161］中，受到双向车对电网（Vehicle to Grid，V2G）集成对高效 EV 充电模型的需求的启发，开发了一个用于在时变电价信号下优化 EV 充电模式的凸二次规划框架。

虽然现有工作中已经运用了各种优化方法以及博弈论模型来设计不同的 EV 充电和能量管理协议，但这些研究仍然局限于 EV 与电网之间的互动和电力传输。接下来介绍电动汽车之间的能量交易机制。

2. 车对车能量交易机制

P2P 能量交易构建了一个局部能源网络，其中的参与者可以在信息对称和资源共享的基础上实现能源和资料的交换。这种交易机制在多个方面显示出其巨大潜力，包括但不限于提高可再生能源的整体利用率、负荷平衡、成本效益优化等。每个参与点对点交易的节点（或成员）在交易过程中可以是供应者、需求者或两者的组合。与传统的中介或集中式交易平台不同，P2P 交易模式不依赖于第三方进行资金或能源的调度。这大大降低了交易的复杂性和成本，同时也提高了系统的整体安全性和灵活性。点对点交易模式大致的作用类似于中介，提供给买家一个能够发布出售信息的平台，但又有着细微的区别。在 P2P 交易模式中，没有资金流经过任何中间平台，所有交易都是直接从一方到另一方进行。这增加了交易的透明度和安全性。而在信息流方面，该系统通过先进的计算和通信技术，可以实时收集和分析大量分布式能源数据，以实现精确的能源分配和价格优化。

目前，点对点交易模式已广泛应用于军事、教育、商业、通信和个人应用等领域，其主要功能包括提供文件共享系统、进行多媒体传输、分布式存储、分布式计算、搜索引擎等方面。其中，V2X 通信系统是一个典型的应用场景。依赖于 P2P 系统的分布式存储和计算能力，在电动汽车能量管理场景下，可以推导得到 V2V 协作能量交易架构。

V2V 能量交易网络应用于智能电网中，一共分为两层结构，如图 4-25 所示，一层为物理传输层，另一层为网络信息交易层。

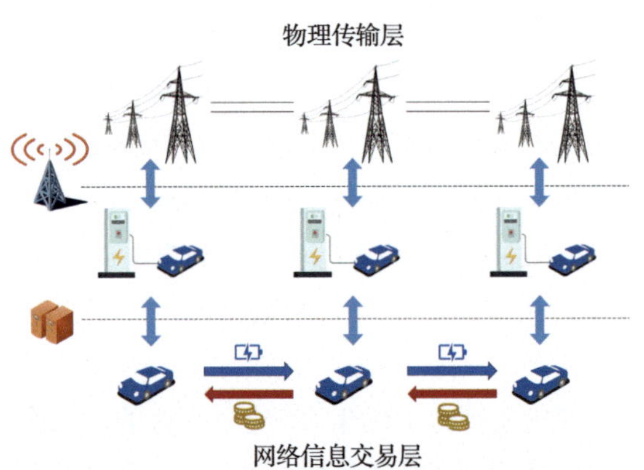

图 4-25　车对车协作能量交易网络

1）物理传输层：该层基本上是微电网的配电网络，它为各个节点之间的电能传输提供基础设施。这一层可以是传统的公共电网，也可以是处于离网（off-grid）或并网（grid-connected）状态的微电网。这样的设计增加了系统的灵活性和适应性，允许在不同电网环境下进行有效的能源交换。

2）网络信息交易层：这一层负责信息的安全管理以及交易数据的传递。当交易层接收到各节点（或交易参与者）的交易需求后，它基于当前的能源网络状态来创建交易订单。通过运用市场机制，该层对能源进行优化调配。一旦找到匹配的订单，它便触发物理层进行实际的能量传输。

在一个由微电网和电动汽车组成的综合能源网络中，V2V 能量交易可以实现更高效的能源分配和利用。电动汽车既可以是电能的供应者也可以是需求者，依据实时市场价格和需求进行动态调整。

不难发现，传统的电网充电模式可能面临若干挑战，包括电网负荷压力、能源浪费和电能调配不灵活等。这些问题在智能电网和微电网环境下可能得到缓解，但更高效的解决方案可能是 V2V 充电机制。V2V 充电的优越性主要体现在其去中心化、高灵活性和能源利用效率等方面。特别是在点对点交易网络的背景下，V2V 充电不仅能有效减轻微电网和主电网的负荷压力，而且通过数据驱动优化，能实现更精准的电能需求预测和调配。这样的特性使 V2V 充电成为电动汽车和智能电网未来发展的重要支柱。

同时，在车联网（Vehicular Ad-hoc Network，VANET）的环境下，这一机制有望得到进一步的拓展和优化。车联网作为一个高度动态、自组织的网络体系，为多车协作能量交易提供了一个理想的平台。通过车联网，电动汽车不仅可以实时地共享电量、位置和其他相关信息，而且可以更加灵活地参与到复杂的能量交易和调度过程中。这一特性为基于车联网的多车协作能量交易架构提供了强有力的技术支持。一些文献[162,163]针对 V2V 充电机制和策略进行研究探索，为可接入电网的电动汽车提供了更为灵活的充电计划，以减轻电力系统上的电动汽车充电负荷。然而，设计一种有效且高效的在线 V2V 充电策略仍然是一个困难的问题。接下来的章节将详细探讨这一架构的优势和应用场景，并介绍特定的优化算法实现高效的 V2V 在线充电匹配，探讨电动汽车系统中电动汽车之间的灵活电力传输。

4.2.2　车联网赋能多车协作能量交易架构

1. 合作型车对车充电机制

“合作型车对车充电”的概念突破了传统电动汽车充电模型的局限。传统电动汽车充电模型通常要求 EV 在固定位置（如家庭或专用充电站）进行充电，而合作型 V2V 充电的主要目标是促进 EV 之间的直接能量转移，从而实现更加灵活和智能的充电和放电行为。这本质上使得汽车既是能量的消费者，也是能量的提供者，具体取决于它们当前的状态和需求。合作型车对车充电通过在作为能量消费者的 EV 和作为能量提供者的 EV 之间进行积极合作的充电/放电操作，实现了更灵活和更智能的充电/放电行为。这种合作型车对车充电不仅增强了电网的社会福利，还有效降低了 EV 的能量消耗。在本节的研究中，探索多车协作能量交易的以下优点。

1）灵活性与智能性：合作型车对车充电能让 EV 以更灵活、更智能的方式进行充电和放电。

2）最优化网络社会福利：通过使用最大权值 V2V 匹配算法，能够在网络中实现最大的社会福利。

3）个体合理性：考虑到每个参与 EV 的个体合理性，进一步引入了稳定匹配概念，并在本节中介绍了两种稳定的 V2V 匹配算法。

在这样的架构中，每辆 EV 都有可能成为能量的消费者或提供者。对于作为能量消费者的 EV，通常面临的问题是充电站不足或者位置不便。这些局限性可能导致 EV 必须远离其原定路线才能找到充电站，从而增加了不必要的行驶里程和能量消耗。合作型车对车充电提供了一种直接从附近 EV 获取所需电量的方式，这不仅提高了充电行为的灵活性，也降低了由于续驶里程不足而产生的焦虑；对于那些有能量余量的 EV，它们则可以成为能量的提供者。通过合作型车对车充电，这些车辆可以将多余的电量卖给其他需要充电的 EV，它而获得经济收益。尤其值得注意的是，随着家庭可再生能源系统，如太阳能电池板的日益普及，更多的家庭能够生成超过自家需求的电量。这为车主提供了将家庭多余电量存储于 EV 中，然后通过 V2V 交易获利的可能性。

从更广泛的角度来看，合作型车对车充电还有助于电网管理。随着 EV 在交通体系中的比例逐渐提高，电网将面临越来越大的压力。通过促进 EV 间的直接能量转移，不仅可以减少对电网的负担，还能在某种程度上平衡电网负荷，提高整体电力系统的效率和稳定性。

技术实施方面，目前一种可行的方式是通过使用“聚合器”（Aggregator）来协调不同 EV 间的能量转移。聚合器作为一个中央控制单位，可以实时收集各 EV 和电网的状态信息，并据此调度能量的流动。因为聚合器本身不需要从电网中抽取能量，因此相对于传统充电站，它更具成本效益和可部署性。未来，随着物联网和能源互联网技术的不断发展，这种 V2V 能量转移会变得更加智能和便捷。可能的发展方向包括使用单一充电线缆进行有线连接，甚至实现无线 V2V 能量转移。这将使得 EV 的充电行为能够真正做到随时随地，无需依赖固定的充电基础设施。

2. 能量管理协议

基于合作型车对车充电的概念，本节为研究系统中的电动汽车介绍了一种灵活的能源管理协议。在这一设计协议中，需要电量的 EV 可以通过移动应用或车载应用，在 5G 支持的车联网和智能交通系统的支持下，向数据控制中心发送充电请求。与此同时，具有多余电量的 EV 也可以将其实时个人信息发送至数据控制中心，并等待能量交易决策。然后，数据控制中心将根据收集到的信息，通过有效和高效的 V2V 匹配，为参与的 EV 做出明智的充电/放电决策。这些决策将对双方（即作为能量消费者的 EV 和作为能量提供者的 EV）都有益。整个系统架构如图 4－26 所示。

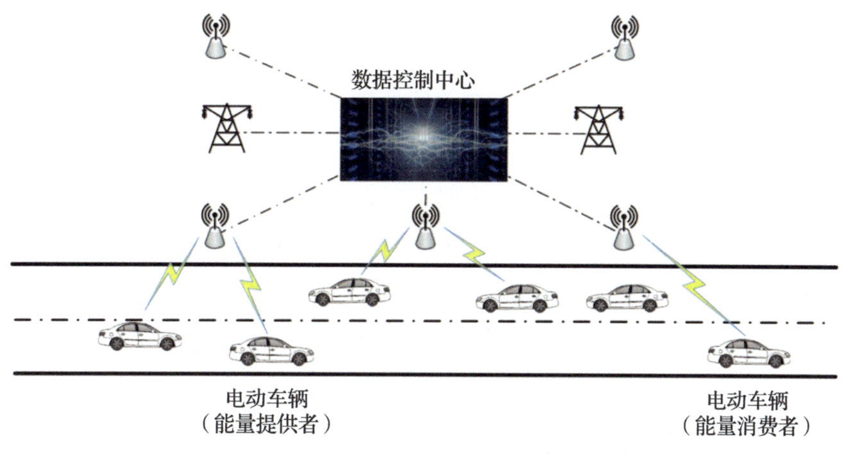

图 4－26　能量管理协议架构图

在能量管理协议中，作为能量消费者的 EV 和作为能量提供者的 EV 可以通过移动应用程序或车载应用程序将其实时个人信息和能量交易请求发送到数据控制中心。根据收集到的信息，数据控制中心将为参与的 EV 做出有效和高效的 V2V 匹配，从而有利于作为能量消费者和能量提供者的 EV。这种策略也有助于解决电网负荷问题，通过鼓励电动汽车在低需求时段进行充电，并在高需求时段释放电量，有助于电网平衡。这不仅减少了电网运营的复杂性和成本，还提供了一个经济上可行的解决方案，以缓解电网供应不足或过度负荷的问题。

总体而言，通过单位能量交易价格 p_t 的灵活设置，数据控制中心能有效地调和 EV 作为能量供应者和消费者之间的需求和供应，从而创建一个双赢的能量交易环境。这进一步推动了 V2V 充电和能量交易模型的普及和发展，为未来智能电网和可持续交通系统提供了有力的支持。

4.2.3 基于匹配理论的电动汽车协作能量交易方案

1. 匹配算法介绍

匹配算法主要用于解决如何在给定的图结构中找到最优或次优匹配的问题。这些匹配可以基于多种优化标准，例如最大权重、最小成本或稳定性。根据应用场景和优化目标的不同，匹配算法可分为多种类型，包括但不限于完美匹配、最大匹配、最大权重匹配和稳定匹配等。其中，Gale-Shapley（GS）算法和 Kuhn-Munkres（KM）算法是匹配理论中两个非常重要和典型的算法，对车联网中电动汽车协作能量交易方案的构建具有启发性作用。

（1）Gale-Shapley 匹配

GS 算法的核心概念是稳定匹配，旨在为两个不同的集合（通常称为“男性”和“女性”集合，但也可用于其他类型的匹配问题，如医生 - 医院、学生 - 学校等）找到一个稳定匹配配置。

在一个稳定匹配下，没有任何一对参与者(m, w)（其中，m 来自“男性”集合，w 来自“女性”集合）更愿意彼此匹配而不是与其当前对象匹配。具体地，稳定匹配意味着不存在一对(m, w)，使得：

1）m 更喜欢 w 而不是他当前的匹配（如果有）。

2）w 更喜欢 m 而不是她当前的匹配（如果有）。

Gale-Shapley 算法基于“延迟接受”的机制。算法开始时，所有参与者都是“未匹配”的。然后每个“男性”按照其偏好列表顺序向“女性”提出。对于收到提案的“女性”，她会考虑自己的偏好列表，并选择自己最喜欢的提案，同时拒绝其他提案。如果“女性”在之后的轮次中收到了更好的提案，她有权更换匹配，并释放之前暂时匹配的“男性”。

这一过程持续进行，直到达到一个点，即每个“男性”给每个“女性”都提出了提案，或所有“男性”都被匹配了。由于“延迟接受”的机制，该算法能够找到一个稳定匹配。

这个算法有多个变体，包括但不限于“女性优先”的版本，以及可以处理不完全信息、不对称偏好和动态变化等复杂场景的扩展模型。此外，算法不仅在理论上具有重要意义，也在多个实际应用场景中得到了广泛应用，包括劳动市场匹配、网络带宽分配和组织内资源调度等。

（2）Kuhn-Munkres 匹配算法

KM 算法（也称为匈牙利算法）主要用于解决带权二分图中的最大权重完美匹配问题。在这个二分图中，有两个不相交的顶点集 X 和 Y，以及一个边集 E，每一条边$(x, y) \in E$ 都有一个权重 $w(x, y)$。

算法的核心思想是迭代地找出并优化“标号”（Labeling），以便逐步逼近最优匹配。这里的“标号”是一个赋予每个顶点的数值标签。在算法执行过程中，标号用于简化和加速最优匹配的查找。特别是，标号帮助算法缩小搜索空间并更快地识别可行的匹配边。Kuhn-Munkres 算法引入了“等价类”的概念。给定两个标号集 L_X 和 L_Y（分别对应顶点集 X 和 Y 的标号），如果对于某条边(x, y)，其权重 $w(x, y)$等于 x 和 y 的标号之和，那么这条边就称为属于等价类，即

$$w(x, y) = L_X[x] + L_Y[y] \tag{4-46}$$

算法的每一次迭代主要包括两个步骤：标号的调整和增广路径（augmenting path）的查找。增广路径是一条从 X 到 Y 的路径，其上的边交替地属于和不属于当前匹配。找到增广路径后，算法通过“翻转”路径上的边（即将匹配中的边移除，将不在匹配中的边加入）来改进当前匹配。算法的优点之一是它可以动态地更新最优匹配，即在每次迭代中都能找到一个更接近最优解的匹配。这主要是因为标号调整和增广路径查找这两个步骤能够相互促进：标号的调整使增广路径的查找更为高效，而找到增广路径则可能导致标号的进一步优化。通过这种迭代方式，Kuhn-Munkres 算法能够确保最终找到的匹配是最大权重的完美匹配。这样，算法不仅能找到最优匹配，还具有相对较高的效率，通常具有 $O(n^3)$的时间复杂性，其中 n 是顶点集 X 和 Y 的大小。因为算法在多项式时间内终止，并且所找到的匹配是最大权重的，所以 KM 算法确实在多项式时间内找到了二分图的最大权重完美匹配。

典型的基于博弈论的能量交易方案中，玩家在收敛过程中总是需要获取其他玩家行为的信息以做出自己的最佳反应。与之不同的是，基于匹配理论的算法可以避免电动汽车之间频繁的信息交换，从而减少系统通信开销。此外，大多数基于博弈论的解决方案仅考虑单边或单方面的稳定概念，而稳定的匹配算

法可以实现电动汽车作为能量消费者和电动汽车作为能量提供者双方基于各自偏好的双向稳定性，这更符合两组不同玩家之间的配对问题。因此，在本节中采用匹配理论来设计 V2V 协作能量交易匹配算法。

2. 车对车能量交易系统模型

首先，需要定义 EV 作为能量消费者和能量提供者的效用函数，从而刻画其能量交易行为的逻辑。

(1) EV 作为能量消费者

EV 作为能量消费者的效用函数定义如下

$$U_i^C(\mathrm{EV}_j^P) = -p_t a_i^C - \mathrm{Cost}(\mathrm{EV}_i^C,\ \mathrm{EV}_j^P) \tag{4-47}$$

式中，p_t 是单位能量交易价格；a_i^C 代表了需要的能量总量；EV_j^P 是为EV_i^C 匹配的潜在能量提供车辆。

一般而言，电网为电动汽车设置的购电价格 p_b 通常远低于电动汽车充电所需支付的售电价格 p_s。基于这一点，单位能量交易价格 p_t 设定在电网的购电和售电价格之间。因此，作为能量提供者的 EV 可以以更高的价格出售其多余电量，而作为能量消费者的 EV 也可以以更低的价格购买所需电量。与直接通过电网进行充电和放电的能量交易相比，这样的设置具有显著优势。

在实际应用中，单位能量交易价格 p_t 也可能会根据数据控制中心收集到的当前信息而变化。例如，数据控制中心可能会实时监测电网的需求和供应状况，以便在电力需求高峰或低谷时动态调整 p_t。这样的动态定价机制不仅有助于优化电网的运营效率，还可以进一步激励 EV 参与到更为灵活和高效的能量交易中，从而实现能源的可持续利用和更为合理的分配。

另一方面，作为偏好的基准线，可以定义EV_i^C 在充电的时候的效用数值为

$$U_i^C(\mathrm{CS}) = -p_s a_i^C - \mathrm{Cost}(\mathrm{EV}_i^C,\ \mathrm{CS}) \tag{4-48}$$

式中，CS 代表了距离EV_i^C 最近的充电站；p_s 是充电站提供的单位能量价格，也即充电站和消费者 EV 之间的资源交易价格。

需要注意的是，$\mathrm{Cost}(\mathrm{EV}_i^C,\ \mathrm{CS})$ 以及 $\mathrm{Cost}(\mathrm{EV}_i^C,\ \mathrm{EV}_j^P)$ 代表了消费者EV_i^C 前往补充能量过程中产生的成本消耗。在当前语境下，这个成本消耗被定义为EV_i^C 驾驶前往离它最近的充电站 CS 以及驾驶前往EV_j^P 所在停车场的能量消耗。这两个能量消耗可以分别用以下公式表示：

$$\mathrm{Cost}(\mathrm{EV}_i^C,\ \mathrm{CS}) = p_s \beta_i^C \times \mathrm{Dis}(\mathrm{EV}_i^C,\ \mathrm{CS}) \tag{4-49}$$

$$\mathrm{Cost}(\mathrm{EV}_i^C,\ \mathrm{EV}_j^P) = p_t \beta_i^C \times \mathrm{Dis}(\mathrm{EV}_i^C,\ \mathrm{PL}) \tag{4-50}$$

式中，β_i^C 是EV_i^C 每千米移动需要花费的能量消耗；Dis(x, y)代表了任意两个坐标之间的平面驾驶距离。特别地，EV_i^C 驾驶前往最近充电站所消耗的能量价格被设置为充电站所提供的能量单价 p_s。

（2）EV 作为能量提供者

接着讨论 EV 作为能量提供者的效用函数。对于能量提供者EV_j^P，它的效用函数可以由以下方程式给出：

$$U_j^P(EV_i^C) = p_t a_i^C - p_0 a_i^C / \eta - \text{Cost}(EV_j^P, EV_i^C) - \text{Time}(EV_j^P, EV_i^C) - \Phi(EV_j^P, EV_i^C) \quad (4-51)$$

式中，p_t 是当前的单位能量价格；p_0 是原有的单位能量价格；η 代表车对车进行能量转移的效率；$\Phi(EV_j^P, EV_i^C)$ 代表衡量车对车能量转移所造成的电池损耗，因此而导致的摊余成本（amortized cost）；Cost（EV_j^P，EV_i^C）和 Time(EV_j^P，EV_i^C）分别代表EV_j^P 驾驶前往EV_i^C 所在的停车场所消耗的能量与时间代价，分别由以下公式计算得到：

$$\text{Cost}(EV_j^P, EV_i^C) = p_t \beta_j^P \times \text{Dis}(EV_j^P, \text{PL}) \quad (4-52)$$

$$\text{Time}(EV_j^P, EV_i^C) = \theta_j^P \left(\frac{\text{Dis}(EV_j^P, PL)}{v_j^P} + \tau a_i^C / \eta \right) \quad (4-53)$$

式中，β_j^P 是EV_j^P 行驶过程中每千米消耗的能量；θ_j^P 代表行驶花费的时间；v_j^P 代表车辆行驶速度；τ 代表车对车的能量传输转换速率。关于时间成本，需要指出的是，在实际应用中如何客观地估算这一成本是相当困难的，因为不同人对时间的价值感受会非常不同并且高度主观。与 Uber 驾驶员类似，将信息发送至控制中心以充当能量提供者的电动汽车驾驶员通常是有一些空余时间并愿意通过能量交易获利的人，因此时间成本的影响应远小于能量成本。

至于由电池退化造成的摊销成本，其实际应用中的值可以基于电动汽车报告并存储在数据控制中心的信息来计算。参照文献［164］，电池退化成本模型考虑了电池替换成本和通过能量处理导致的电池磨损，然后 $\Phi(EV_j^P, EV_i^C)$可以相应地给出：

$$\Phi(EV_j^P, EV_i^C) = \phi_j D_j a_i^C \quad (4-54)$$

在这里，摊销成本不仅涉及电池更换的经济成本，还包括电池在能量处理过程中的寿命消耗。这种模型更全面地考虑电池成本，从而在制定能量交易决策时，能更加全面和准确地评估整体成本效益。而这也意味着，通过精细化的成本模型，数据控制中心能更有效地平衡不同电动汽车作为能量供应者和消费者的利益，进一步促进了一个更为可持续和经济高效的能量交易环境。

考虑到现实因素，电网对作为能量提供者的电动汽车所支付的能量购买价格 p_b 会比车对车交易的电量购买价格 p_t 更低，这也导致电动汽车更愿意进行车对车的资源转移以获取正数的效用函数。

3. V2V 灵活能量管理协议

基于多车协作 V2V 充电概念，本节提供了一种用于电动汽车的灵活能量管理协议。该能量管理协议的流程图在图 4－27 中给出。数据控制中心作为能量管理过程的中央控制器。在整个过程中，数据控制中心定期通过移动互联网收集和更新实时信息。

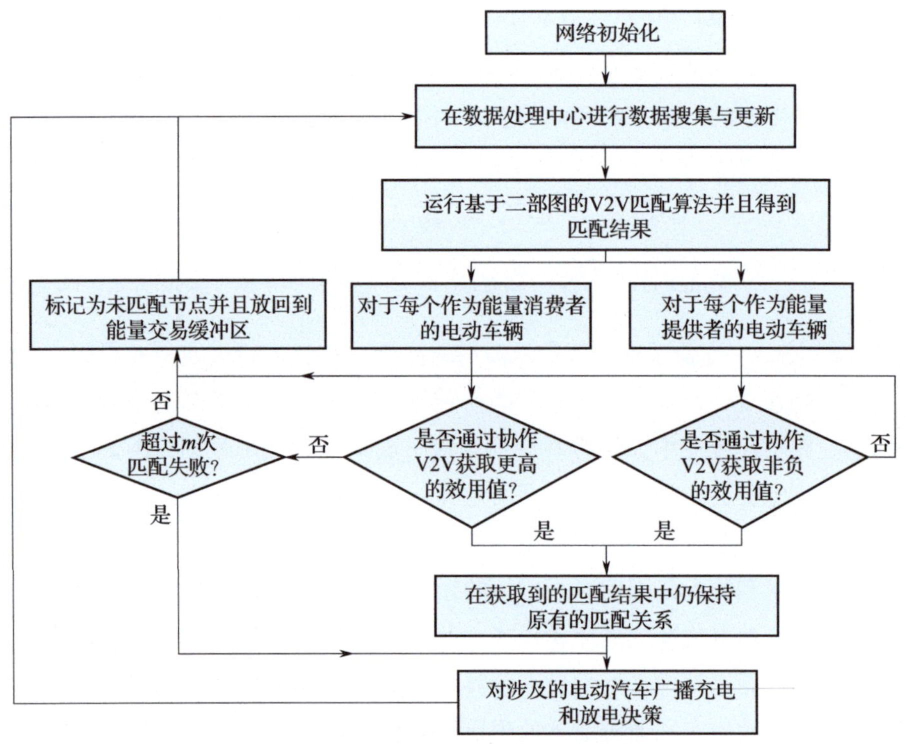

图 4－27　在数据控制中心的方案工作流程

数据控制中心收集的信息包括：来自电动汽车的实时位置和运动信息，附近充电站、智能住宅和停车场的位置信息，作为能量消费者的电动汽车的充电请求和所需电量，作为能量提供者的电动汽车的可用交易电量，以及来自充电站的实时单位电价。基于收集到的信息，数据控制中心执行一个选定的二部图（bipartite graph）基础的 V2V 匹配算法，以获得高效和有效的 V2V 匹配，并帮助电动汽车做出明智的充电/放电决策。

在这一体系框架下，数据控制中心的角色不仅局限于信息收集和初步处理，更进一步在优化算法方面发挥作用。通过实施这一基于二部图的匹配算法能够综合各方的需求和供应情况，从而实现一种更为灵活和智能的能量分配机制。这种机制不仅有利于缓解充电基础设施的压力，还能为电动汽车用户带来更为方便和经济高效的充电体验。

特别需要指出的是，该数据控制中心还可以根据实时单位电价和电动汽车的地理位置信息，为电动汽车提供最佳的充电/放电路径建议，进一步提高系统的整体能量利用率和经济效益。通过这一综合性能量管理协议，电动汽车在日常运行中将能够更灵活地应对各种能量需求和供应情况，从而实现一个更可持续和高效的能量交易环境。

值得注意的是，在 V2V 匹配过程中，数据控制中心会根据存储的停车场信息为每一对可能匹配的电动汽车自动选择一个最佳可用的停车场。在 V2V 匹配过程之后，对于每一对作为能量消费者的匹配电动汽车，将检查通过合作型车对车充电获得的效用是否大于在附近充电站充电时获得的效用。如果不是，相应的匹配电动汽车对将被标记为未匹配，并再次放入能量交易缓冲区。类似地，对于每一对作为能量提供者的匹配电动汽车，如果通过合作型车对车充电获得的效用不是正值，相应的匹配电动汽车对也将被标记为未匹配，并再次放入能量交易缓冲区。如果一辆作为能量消费者的电动汽车未能匹配超过 m 次，数据控制中心将反馈一个匹配失败的通知，这意味着电动汽车在附近的充电站充电是一个更好的选择。如果最终达成了协作 V2V 充电交易，涉及的两辆电动汽车将在数据控制中心选择的附近停车场进行电力转移。

在这一方案中，匹配理论为电动汽车能量管理提供了一个综合性的框架，允许在考虑多个条件和偏好的同时实现更高级别的系统优化。与传统的基于博弈论的方法相比，这一方法不仅降低了信息交换的复杂性，而且在确保各方都可以从中受益的同时，还提供了一种更为稳健和实用的能量交易机制。因此，这一方法在应对电动汽车能量管理的多样性和复杂性方面具有巨大的潜力和应用价值。

4. 基于匹配理论的 V2V 能量交易算法

在本节介绍的基于合作式车对车充电的能源管理协议中，V2V 匹配作为核心流程，决定了作为能源消费者的电动汽车与作为能源提供者的电动汽车之间能源交易的效率。为了实现高效而有效的 V2V 匹配，本节首先构建一个二部图来表示作为能源消费者的电动汽车与作为能源提供者的电动汽车之间的关系。然后，基于构建的二部图，进一步运用匹配理论提出了三种 V2V 匹配算法：最大权重 V2V 匹配算法、面向 EV 消费者的稳定 V2V 匹配算法，以及面向 EV 提供者的稳定 V2V 匹配算法。

(1) 二部图构建

为了实现 EV 中能量消耗者以及能量提供者之间的高效车对车协作匹配，可以通过构建二部图的方式实现这一目标。通过数据收集中心获取的 EV 相关信息，可以构建二部图 $G=(V, E)$，其中 V 代表的是图的节点集合，E 代表的是图的边集合。所构建的二部图是一个完全的、无向的、带权的二部图。

如图 4-28 所示，在所构建的二部图中，节点的集合可以划分为两个不相交的子集，分别是 EV^C（代表消费者 EV 集合）以及 EV^P（代表能量提供者 EV 集合）。在多车协作能量交易的架构下，能量匹配机制的目的是为了最大化系统网络的社会福利（social welfare）。社会福利通常被定义为整个系统中所有 EV（包括消费者和提供者）的效用总和。因此，在二部图中，对于任意两个 EV 的边 $E=\langle \mathrm{EV}_i^C, \mathrm{EV}_j^P \rangle$ 的权重 $W_{i,j}$，可以被定义为这两个 EV 的效用之和：

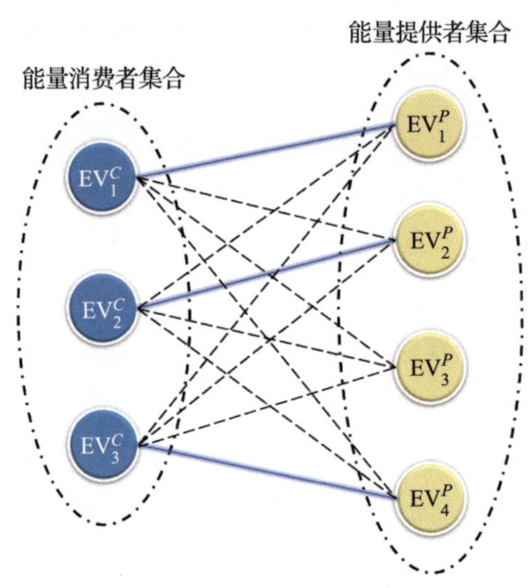

图 4-28 所构建的二部图模型

$$W_{i,j}=U_i^C(\mathrm{EV}_j^P)+U_j^P(\mathrm{EV}_i^C) \tag{4-55}$$

定义 1 对于一个二部图 $G=(V, E)$，一个匹配 M 被定义为一个满足以下条件的非空边集：

1）M 是边集 E 的一个子集，即 $M \subseteq E$。

2）对于任何顶点 $\mathrm{EV} \in V$，至多有一条边 $E \in M$ 与 EV 相连。

基于构建的二部图，在接下来的小节中将介绍三种高效且有效的 V2V 匹配算法，分别为最大权重 V2V 匹配算法、面向 EV 消费者的稳定 V2V 匹配算法，以及面向 EV 提供者的稳定 V2V 匹配算法。

（2）最大权重车对车协作匹配算法

在本节中，基于已构建的二部图介绍最大权重 V2V 匹配算法，以获取能最大化网络社会福利（即所有匹配的 EV 对的边权重之和）的能量消费者和能量提供者的最优匹配 EV 对。因此，优化问题可以转化为在构建的加权二部图中找到最大权重匹配的问题。

在介绍最大权重 V2V 匹配算法之前，需要定义一些与构建的加权二部图有关的术语。

定义 2　完美匹配是一个每个顶点都与某条边在 M 中相连的匹配。次完美匹配被定义为覆盖二部图中至少一个顶点集（即 EV^C 或 EV^P）中的每个顶点的匹配。

定义 3　在二部图中，若顶点 EV 是匹配 M 中某条边的端点，则 EV 是匹配的；否则，EV 是自由的。

定义 4　交替路径是其边在匹配 M 和集合 $E-M$ 之间交替的路径。如果交替路径的两个端点都是自由的，该路径就是扩充路径。

定义 5　在二部图 $G=(V,E)$ 中，顶点标记是一个函数 l：$V \rightarrow R$，其中 R 是实数集。一个可行的顶点标记 l 满足

$$l(\mathrm{EV}_i^C)+l(\mathrm{EV}_j^P) \geqslant W_{i,j} \tag{4-56}$$

式中，$\mathrm{EV}_i^C \in \mathrm{EV}^C$，$\mathrm{EV}_j^P \in \mathrm{EV}^P$。

定义 6　加权二部图 $G=(V,E_l)$ 基于特定的顶点标记 l：$V \rightarrow R$ 是一个等式图，如果 $l(\mathrm{EV}_i^C)+l(\mathrm{EV}_j^P)=W_{i,j}$，其中 $(V_{C_i},V_{P_j}) \in E_l$，$\mathrm{EV}_i^C \in \mathrm{EV}^C$，$\mathrm{EV}_j^P \in \mathrm{EV}^P$。

然后，根据 Kuhn-Munkres 定理和匈牙利方法，基于构建的二部图和上述定义设计了最大权重 V2V 匹配算法。该算法的基本思想是从任何可行的标签 l 和匹配 $M \subseteq E_l$ 开始，并迭代地增加 M 的大小，直到 M 成为一个完美匹配。

值得注意的是，在实际场景中，作为能量消费者的 EV 数量可能与作为能量提供者的 EV 数量在特定匹配期内不同。为了确保最终可以找到一个完美匹配，在构建二部图时，可以将一些虚拟节点添加到顶点集 EV^C 或 EV^P 中数量较少的 EV 中，以确保两个顶点集具有相同数量的 EV，并将与这些虚拟顶点相连

的边的权重设置为一个足够大的负值。因此，在构建的二部图中，EV^C 中顶点的数量保证等于 EV^P 中顶点的数量。为简化描述，在以下内容中，不妨假设在构建的二部图中 $N=K$，其中 N 是 EV^C 的大小，K 是 EV^P 的大小。

最大权重 V2V 匹配算法的详细步骤见算法 4-3。在该算法中，给定已构建的二部图，首先初始化顶点标签为

$$l(EV_i^C) = \max_{EV_j^P \in EV^P} W_{i,j} \tag{4-57}$$

$$l(EV_j^P) = 0 \tag{4-58}$$

算法 4-3　最大权重 V2V 匹配算法

最大权重 V2V 匹配算法
1. 初始化
1-1　根据式（4-57）、式（4-58）初始化可行的顶点标签 $l(EV_i^C)$ 和 $l(EV_j^P)$
1-2　生成一个初始匹配 M
2. 重复
2-1　选择一个没有被匹配的节点 EV_i^C
2-2　初始化集合 $S=\{EV_i^C\}$，$T=\varnothing$
2-3　定义邻居集合 $N_l(S)=\{EV_i^C \in EV^C \mid EV_i^C \in S, \langle EV_i^C, EV_j^P\rangle \in E_l\}$
2-4　**判断**：如果 $N_l(S)=T$，则
2-4-1　根据式(4-60)和式(4-61) 更新节点的标签
2-4-2　更新相关的图以及 $N_l(S)$
2-5　**否则**
2-5-1　从 $N_l(S)-T$ 寻找空闲节点并寻找增广路径
2-5-2　**判断**：如果存在空闲节点，通过式（4-59）更新匹配 M，返回步骤 2-1
2-5-3　**否则**：获取已匹配的节点 $EV_j^P \in N_l(S)-T$ 的对应节点 Z
2-5-4　更新 $S=S\cup\{Z\}$ 以及 $T=T\cup\{EV_j^P\}$，返回步骤 2-4
直到：M 是完美匹配

这样保证了初始顶点标签是可行的。在进入迭代过程之前，生成一个初始匹配 M，其中包括相应等式图中权重最高的边。

在迭代过程的每一轮中，先从能量消费者集合中挑选一个自由顶点 EV_i^C，并尝试通过找到一个以 EV_i^C 为端点的扩充路径将此选定顶点添加到新匹配中。如果在当前的等式图中能找到这样的一个扩充路径 P，则可以通过下式更新匹配 M，并将当前匹配 M 的大小增加 1：

$$M = M \cup P - M \cap P \tag{4-59}$$

否则，将更新顶点标签为

$$\xi_l = \min_{V_{C_i} \in S, V_{P_j} \notin T}(l(V_{C_i}) + l(V_{P_j}) - W_{i,j}) \tag{4-60}$$

$$l(V) = \begin{cases} l(V) - \xi_l, & 若\ V \in S \\ l(V) + \xi_l, & 若\ V \in T \\ l(V), & 其他 \end{cases} \tag{4-61}$$

以扩展当前的等式图，同时仍然保持顶点标签是可行的。

注意，每次更新顶点标签时，等式图都需要相应地更新。迭代过程将终止，直至 EV^C 和 EV^P 中的每个顶点都被 M 覆盖，即 M 成为一个完美匹配。最终输出的匹配 M 表示匹配的 EV 对。算法具有以下优越性质。

性质 1　给定 $N=K$，最大权重 V2V 匹配算法的输出完美匹配 M 是二部图中具有最大权重的最优匹配。

证明：通过证明任意完美匹配 M' 的总边权重 $W(M')$ 小于或等于算法生成的匹配 M 的总边权重 $W(M)$，从而证明了算法生成的匹配 M 是最优的。

在最大权重 V2V 匹配算法中，匹配大小在每个阶段都会增加 1，因此最多需要 $\max(N, K)$ 个阶段才能达到一个次完美匹配。此外，在每个阶段中，至多有 $\max(N, K)$ 个顶点可以在顶点标签重新计算和更新时间为 $O(\max(N, K))$ 的情况下从 $\bar{S}$ 移动到 S。因此，最大权重 V2V 匹配算法的计算复杂性为 $O(\max(N, K)^3)$。

(3) 具有双向偏好的最优稳定车对车匹配算法

在这一节中探讨考虑每个涉及的电动汽车的个体合理性的稳定 V2V 匹配，并介绍一种具有双向偏好的最优稳定 V2V 匹配算法，该算法也能在网络社会福利方面实现优化的稳定 V2V 匹配。

首先，引入稳定匹配的一些基本概念。如图 4-28 所示，在所研究的匹配问题中作为能量消费者和能量提供者的 EV 可以分别被视为一对一婚姻模型中的男性和女性。每个涉及的 EV 在一侧（无论是能量消费者集合还是能量提供者集合）都对另一侧的 EV 有一个完全和传递的偏好，并可以通过包括另一侧所有可接受 EV 的排名列表来表示。使用 LC_i 和 LP_j 分别表示 EV_i^C 和 EV_j^P 的偏好。在研究的问题中，每个 EV 最关心其通过 V2V 充电获得的自身效用。因此在定义 7 和定义 8 中分别为 EV_i^C 和 EV_j^P 定义了偏好关系。

定义 7　对于 EV_i^C，如果 $U_i^C(EV_j^P) > U_i^C(EV_{j'}^P)$，则 EV_i^C 更喜欢 EV_j^P 而不是 $EV_{j'}^P$。

定义 8 对于 EV_j^P，如果 $U_j^P(EV_i^C) > U_j^P(EV_{i'}^C)$，则 EV_j^P 更喜欢 EV_i^C 而不是 $EV_{i'}^C$。

为了判断一个匹配是否稳定，需要首先引入以下定义。

定义 9 匹配 M 对所有 EV 是个体合理的，当且仅当不存在一个涉及的 EV 更喜欢不匹配而不是在 M 内匹配。

定义 10 如果一对 EV 相互更喜欢对方而不是通过匹配 M 配对的 EV，则匹配 M 被这对 EV 阻塞。这样一对通常被称为阻塞集。

定义 11 匹配 M 是稳定的，当且仅当 M 是个体合理的，并且没有任何一对 EV 阻塞它。

通过经典的延迟接受算法证明，每一个稳定的婚姻问题至少存在一个稳定的匹配。然后，问题就转化为如何有效和高效地找到一个稳定的匹配。

Gale-Shapley 算法已被提出作为在稳定婚姻问题中找到男性和女性间稳定一对一匹配的有效方法。同样，在本节研究的问题中，作为能量消费者和能量提供者的 EV 也可分别被视为男性和女性。因此，参照 Gale-Shapley 算法，设计了面向 EV 消费者和面向 EV 提供者的 V2V 匹配算法，以获得能量消费者和能量提供者之间的稳定匹配。

详细步骤在算法 4-4 中给出。在面向 EV 消费者的 V2V 匹配算法中，首先，每个作为能量消费者的 EV 根据其偏好列表向其最优先的能量提供者 EV 提出提案。对于每一个作为能量提供者的 EV，如果收到多个可接受的提案，它将保留最优先的一个并拒绝所有其他提案。在每个后续轮次中，任何在前一轮被拒绝的能量消费者 EV 会通过删除第一个元素来更新其偏好列表，并向尚未拒绝它的当前最优先合作伙伴提出新的提案，或者如果没有可接受的选择则不提出提案。每个作为能量提供者的 EV 都将保留到当前轮次为止最优先的提案，并拒绝所有其他提案。迭代过程将在无法再进行进一步提案时终止，即要么没有作为能量消费者的 EV 仍然被拒绝，要么在被拒绝的能量消费者 EV 的偏好列表中没有剩余的可接受选择。

算法 4-4　面向 EV 消费者的 V2V 匹配算法

面向 EV 消费者的 V2V 匹配算法
1. 初始化
1-1　初始化每个节点 EV_i^C 和 EV_j^P 的偏好列表 LC_i 以及 LP_j
1-2　初始化所有未被匹配的 EV 消费者得到集合 U
1-3　初始化提供者 EV_j^P 当前接收到的请求集合 $H_j = \varnothing$

（续）

面向 EV 消费者的 V2V 匹配算法
2. 重复
2－1　每一个消费者 EV_i^C 向偏好列表中排名第一的 EV_j^P 发送请求
2－2　**判断：** 对于每一个提供者 EV_j^P，如果相比当前的请求，接收到了一个来自 $EV_{i'}^C$ 的更偏好的请求，则
2－3　拒绝请求者 EV_i^C，将 EV_i^C 从 H_j 放置到 U，将当前更偏好的请求者添加到 H_j
2－4　**否则：** 拒绝当前的请求者，维持 H_j 不变
直到： U 是空集合或者 U 中每一个待匹配的 EV 的偏好列表都是空的
3. 从每一个 EV_j^P 的 H_j 获取匹配对作为稳定匹配结果

算法 4－4 可以轻易地转换为面向 EV 提供者的算法，通过交换作为能量消费者和能量提供者的 EV 的角色，即，能量提供者的 EV 向能量消费者的 EV 提出提案，而能量消费者的 EV 决定保留或拒绝收到的提案，如算法 4－5 中给出。

算法 4－5　面向 EV 提供者的 V2V 匹配算法

面向 EV 提供者的 V2V 匹配算法
1. 初始化
1－1　初始化每个节点 EV_i^C 和 EV_j^P 的偏好列表 LC_i 以及 LP_j
1－2　初始化所有未被匹配的 EV 提供者得到集合 U
1－3　初始化消费者 EV_i^C 当前接收到的请求集合 $H_i=\varnothing$
2. 重复
2－1　每一个提供者 EV_j^P 向偏好列表中排名第一的 EV_i^C 发送请求
2－2　**判断：** 对于每一个消费者 EV_i^C，如果相比当前的请求，接收到了一个来自 $EV_{j'}^P$ 的更偏好的请求，则
2－3　拒绝请求者 $EV_{j'}^P$，将 EV_j^P 从 H_i 放置到 U，将当前更偏好的请求者添加到 H_i
2－4　**否则：** 拒绝当前的请求者，维持 H_i 不变
直到： U 是空集合或者 U 中每一个待匹配的 EV 的偏好列表都是空的
3. 从每一个 EV_i^C 的 H_i 获取匹配对作为稳定匹配结果

根据面向 EV 消费者和面向 EV 提供者的 V2V 匹配算法的步骤，EV 以独立和分布式的方式提出提案或决定保留或拒绝收到的提案。因此，面向 EV 消费者和面向 EV 提供者的 V2V 匹配算法的计算复杂度都是 $O(N+K)$。

需要注意的是，虽然提供的面向 EV 消费者和面向 EV 提供者的 V2V 匹配算法都能实现稳定匹配，但面向 EV 消费者的算法产生了一个 EV 消费者最优的稳定匹配，即每个作为能量消费者的 EV 在任何稳定匹配中都能得到最佳的匹配合作伙伴，而面向 EV 提供者的算法导致了一个面向 EV 消费者最优的输出。这一属性被称为稳定匹配的极化。

4.2.4 多车协作充放电能量交易性能分析

1. 仿真环境设置

为了评估在所研究系统中基于合作型车对车充电的能量管理协议对电动汽车的效率，本节进行仿真模拟。性能比较基线采用传统的电动汽车充电协议，其中电动汽车作为能量消费者选择在最近的充电站进行充电。在模拟中，考虑一个 20km×20km 的城市网络，其中有 50 辆电动汽车行驶。这些电动汽车在随机位置初始化，具有随机的行驶方向，并假设在特定的能量交易任务期间，这些电动汽车遵循均匀的直线运动。在模拟场景中均匀分布有 25 个可用的停车位，同时有两个充电站分别位于（10km，5km）和（10km，15km）。本节随机选择 N 辆电动汽车作为需要补充能量开往终点的能量消费者，以及 K 辆电动汽车作为具有多余能量进行能量交易的能量提供者。相关仿真参数在文献［165］中给出。

2. EV 效用函数对比

首先，在图 4-29 中，通过选用最大权重 V2V 匹配算法和面向 EV 消费者的稳定 V2V 匹配算法，模拟了 EV 作为能量消费者在两种不同充电协议下的效用。结果显示，使用能量管理协议能显著提高 EV 作为能量消费者的效用，进而促成更为智能和高效的充电行为。有趣的是，某些特定 EV（如 EV_6^C）在两种协议下的效用表现相同，这暗示了对于这些 EV 来说，与网络中其他 EV 进行 V2V 合作充电并不能提供比传统方式更高的效用。

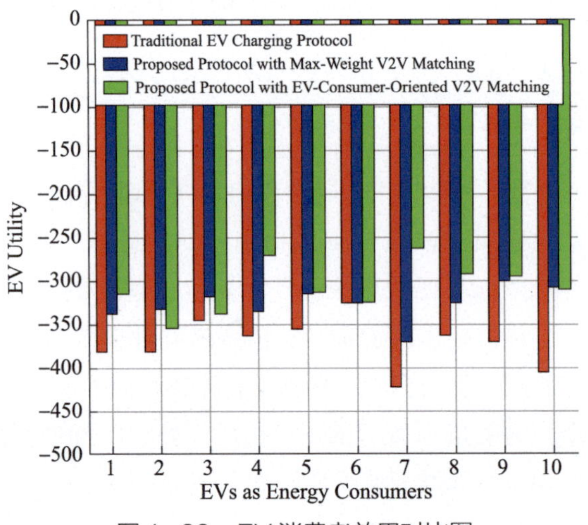

图 4-29　EV 消费者效用对比图

然后，在图4-30中探讨了EV作为能量提供者在使用基于合作型车对车的能量管理协议下的效用。本节模拟中选择了所有建议的V2V匹配算法进行比较。数据表明，多数作为能量提供者的EV可以实现正的效用值，从而激励具有额外电量的EV参与到合作V2V充电过程中。

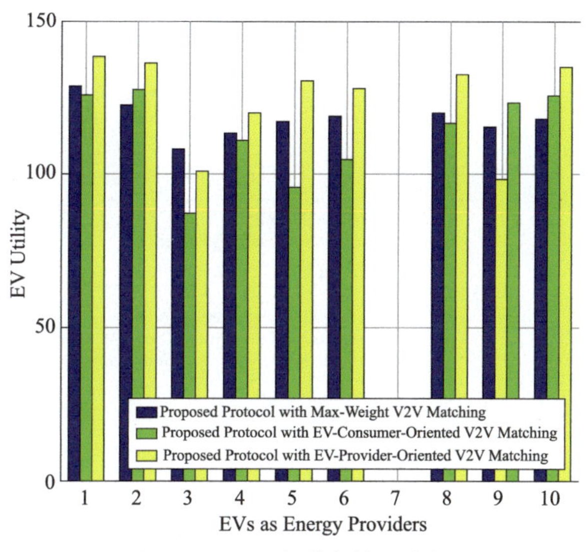

图4-30　EV提供者效用对比图

此外，本节还根据随机初始化的EV的个体和位置信息来确定每辆EV的偏好列表。这些偏好列表在不同的V2V匹配算法中起到了关键作用，尤其是在权衡能量消费者和能量提供者之间的优先级时。综合模拟结果，可以看出，在面向EV消费者的V2V匹配算法中，能量消费者的偏好具有更高的优先级，从而导致更优的匹配结果。相反，在面向EV提供者的V2V匹配算法中，能量提供者的偏好被优先考虑，从而也得到了相对最优的匹配结果。

3. 整体网络社会福利对比

在图4-31中，对传统的电动汽车充电协议与基于合作型车对车充电的能量管理协议进行了网络社会福利性能的比较。为了确保比较的公平性，传统EV充电协议下的网络社会福利被定义为EV作为能量消费者和充电站的效用之和。需要注意的是，所得到的网络社会福利是在仿真场景中随机初始化的EV经过10000次模拟后的平均值，且从平均值的标准偏差来看，误差很小。

从图4-31中可以明显看出，与传统的EV充电协议相比，V2V能量管理协议在网络社会福利方面能实现显著的改善。对于三种V2V匹配算法，最大权

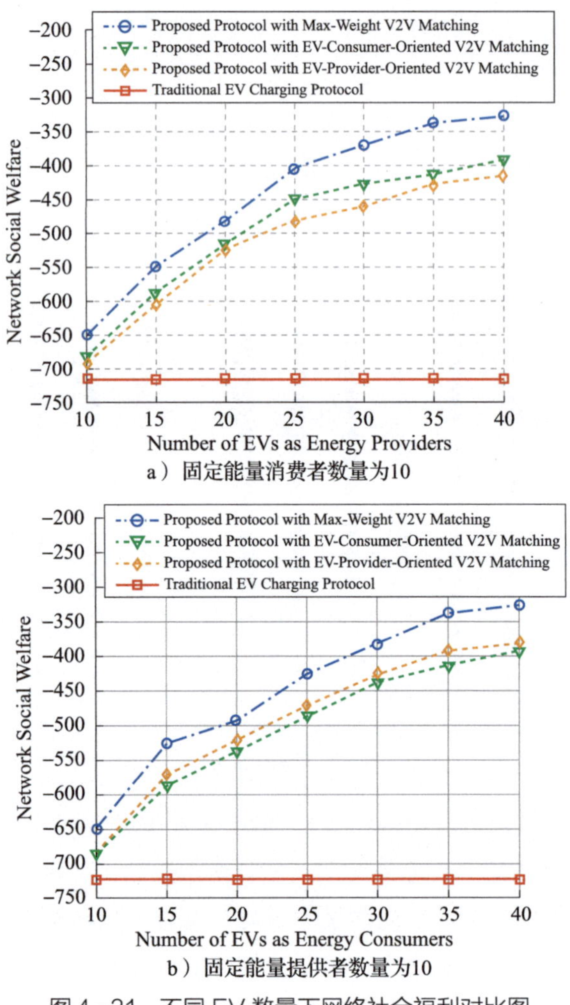

a）固定能量消费者数量为10

b）固定能量提供者数量为10

图4-31 不同 EV 数量下网络社会福利对比图

重 V2V 匹配算法始终能达到最高的网络社会福利，但所得匹配并未考虑个体合理性，因此是不稳定的匹配。此外，当作为能量提供者的 EV 数量大于作为能量消费者的 EV 数量时，面向 EV 消费者的 V2V 匹配算法相对于面向 EV 提供者的匹配算法具有更好的网络性能。这是因为在这种情况下，作为能量消费者的 EV 有更多的可用能量交易候选者（即作为能量提供者的 EV）可供选择，而面向 EV 消费者的 V2V 匹配算法总是导致面向 EV 消费者的最优稳定 V2V 匹配，这样就可以更充分地利用作为能量消费者的 EV 侧的机会选择收益来获得更好的网络性能。相似地，当作为能量提供者的 EV 数量小于作为能量消费者的 EV 数量时，面向 EV 提供者的 V2V 匹配算法比面向 EV 消费者的算法具有更好的网络性能。

4. 能量消耗减少

在图 4-32 中，通过与传统的电动汽车充电协议（其中所有作为能量消费者的 EV 选择在最近的充电站进行充电）的比较，模拟了使用不同的 V2V 匹配算法的基于合作型车对车的能量管理协议对所有参与 EV 的能量消耗减少效果。实际上，能量消耗减少是计算网络能量成本（即最终参与能量交易的 EV 作为

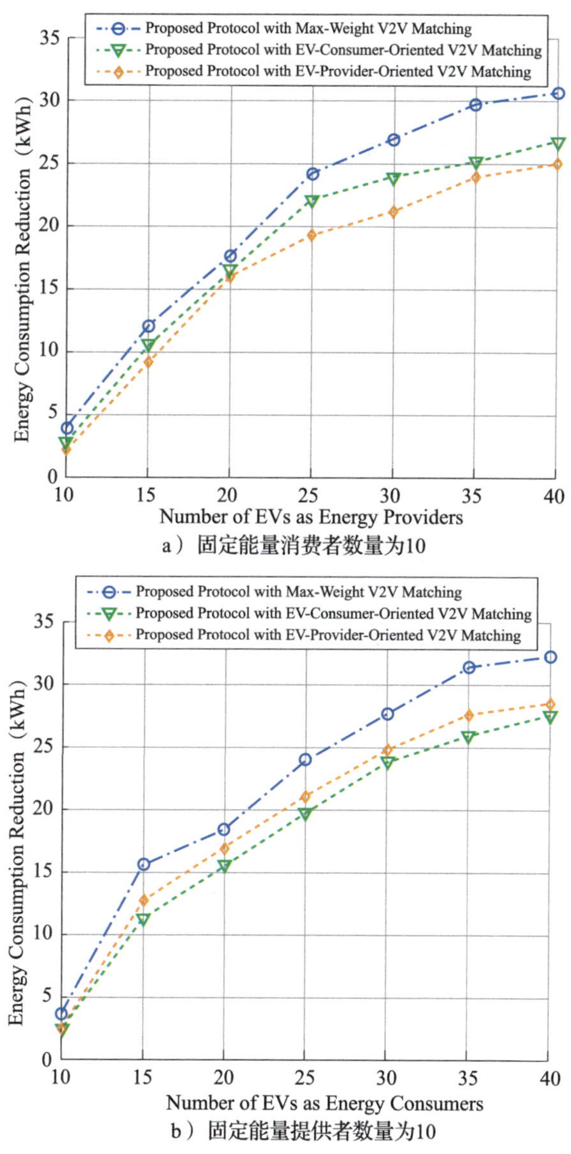

图 4-32　不同 V2V 匹配算法下能量消耗减少效果对比图

能量消费者和能量提供者的能量成本之和）在能量管理协议和传统 EV 充电协议之间的差异。从图 4-32 中可以清晰地看出，通过使用所有三种 V2V 匹配算法的能量管理协议，参与的 EV 的能量消耗可以有效地减少。这导致了 EV 系统更灵活和更智能的能量管理。可以预见，在迅速发展的 EV 系统中，通过使用基于合作型车对车充电的能量管理协议，每天都能节省大量的能量。

5. 复杂度分析

在图 4-33 中，比较了使用不同的车对车匹配算法的基于合作型车对车充电的能量管理协议的计算时间，这里的计算时间是基于 1000 次具有随机初始化 EV 的模拟场景的实现来计算的。由于最大权重 V2V 匹配算法与其他两种 V2V 匹配算法之间有很大的计算时间差异，因此图 4-33 中的 y 轴设置为对数轴。从图 4-33 中可以看出，最大权重 V2V 匹配算法的计算时间明显高于面向 EV 消费者和面向 EV 提供者的 V2V 匹配算法，这可以视为在网络社会福利方面实现最优 V2V 匹配的成本。而面向 EV 消费者和面向 EV 提供者的 V2V 匹配算法具有类似的计算时间，这与此前的复杂度理论分析结果相一致。

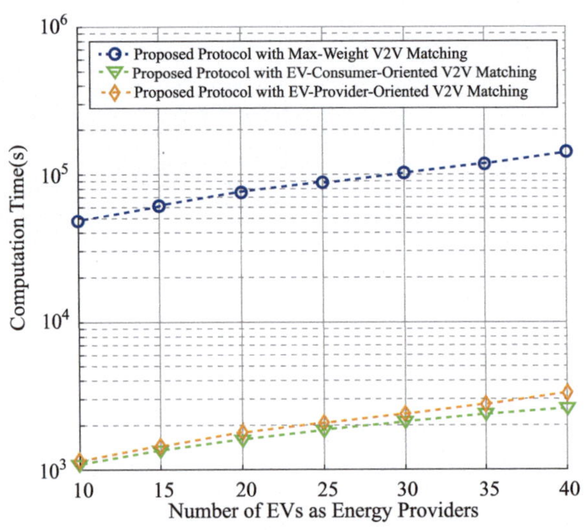

图 4-33　不同 V2V 匹配算法的时间复杂度对比

最后，考虑到实际操作中可能存在通信延迟和数据不一致等问题，这些因素也可能影响算法的实时性和准确性。因此，在选择适当的 V2V 匹配算法时，不仅要考虑计算复杂性，还要考虑通信开销和实时性。

4.3 交叉路口多车协作通行决策

4.3.1　无信号灯交叉路口管理介绍

交通拥堵在全球范围内都是一个非常严重的问题，每年都会伴随着大量的资源和能源的浪费，而在交通拥堵问题中，交叉路口成为影响安全和通行效率的重要节点。随着智能网联汽车（Connected And Autonomous Vehicle，CAV）和智能交通系统（Intelligent Transportation System，ITS）技术的迅速发展，对交叉路口进行智能化管理已经成为可能。此外，近年来车辆网络（Vehicular Network）和通信技术同样发展迅速，这些网络技术可以给网联车辆提供高可靠低延时的信息传输能力，可以在一定范围内完成车与车（V2V）、车与道路单元（Road Side Unit，RSU）等基础设施（V2I）乃至非机动车用户（V2X）低延时高可靠的通信，这为交叉路口的智能化管理提供了技术上的支撑。

智能化路口管理大致上可分为有信号灯和无信号灯两种管理方式，相比于以控制实体信号灯为主的有信号灯方案，无信号灯的智能路口（图 4 – 34）更具备场景挑战性，也更需要高效利用智能网联汽车和车辆网络相关技术。对于在无信号灯交叉路口处针对智能网联汽车的多车协作通行管理解决方案，即无信号灯交叉路口管理（Autonomous Intersection Management，AIM），不仅要保证通行延时，还要保证路口安全性，以尽可能提供高可用、高性能的交叉路口通行方案为目标。

图 4 – 34　无信号灯交叉路口管理示意图

4.3.2 无信号灯交叉路口车辆通行建模

无信号灯交叉路口管理概念最早由 Dresner 和 Stone 等人[166]提出，指通过在无信号灯的交叉路口处，引入自动驾驶、网联技术以及智能交通系统技术优化交叉路口处的交通流的方式。其核心是将交叉路口纳入智能化网络中，引导出更加协调的交通流，实现更加高效且安全的交通管理。

为了达到以上目的，智能化交叉路口中引入了路口控制单元和网联车辆的车载单元两类计算模块执行多车协同决策任务。其中，路口控制单元一般为道路侧的计算单元以及负责进行计算的服务器，主要负责收集进入路口的车辆相关信息，包括但不限于车辆的速度、当前位置坐标以及目的位置坐标等，通过对信息的收集和处理，让决策单元生成具体到每辆自动驾驶车辆的相关车辆动作（如加速，减速等）并通过车联网发送给车辆，从而决定车辆在路口的通行顺序。

而智能网联汽车的车载单元视网联车辆种类而异，其结构如图 4-35 所示。对于有自动驾驶功能的 CAV，其车辆控制模块可以由车载单元中的决策部分进行决策；而对于没有自动驾驶功能，但具有实时通信能力的网联车辆，控制模块由驾驶员负责。同时，两种类型的车辆在路口中，都会通过数据模块进行车辆运行数据采集，以及通过网络通信模块进行信息传递。

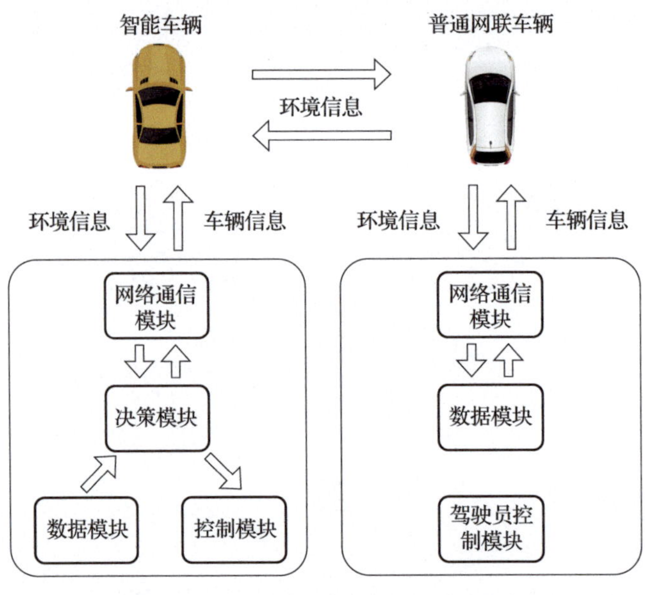

图 4-35 网联车辆车载单元结构图

根据路口处是否存在路口控制单元，可以将无信号灯交叉路口管理分类为中心式架构和分布式架构。在中心式架构中（图4-36左），智能网联汽车将信息传递给路口控制单元，此时该单元充当中心节点的作用，汇总进入路口每辆车的信息，通过计算服务器进行相关的决策计算，最后通过V2I网络将决策动作传回给智能车辆，通过车载单元的控制模块负责执行。

在没有路口控制单元时，则采取分布式架构（图4-36右），仅通过智能网联汽车之间的V2V网络进行数据交换，由智能车辆的决策模块负责处理信息和进行决策，并将决策直接下发给控制模块进行执行。两种架构各有优劣：中心式结构，对于中心节点而言，可以利用全局信息获得相比于分布式而言更可靠的决策，但是服务器和道路侧计算单元的成本较高；分布式架构，利用智能车辆本身的计算与通信能力，通过信息交换进行决策，相比于中心式，获得的信息是局部的而非全局的，决策可能无法准确应对全局状态，但却极大降低了智能交叉路口的成本。

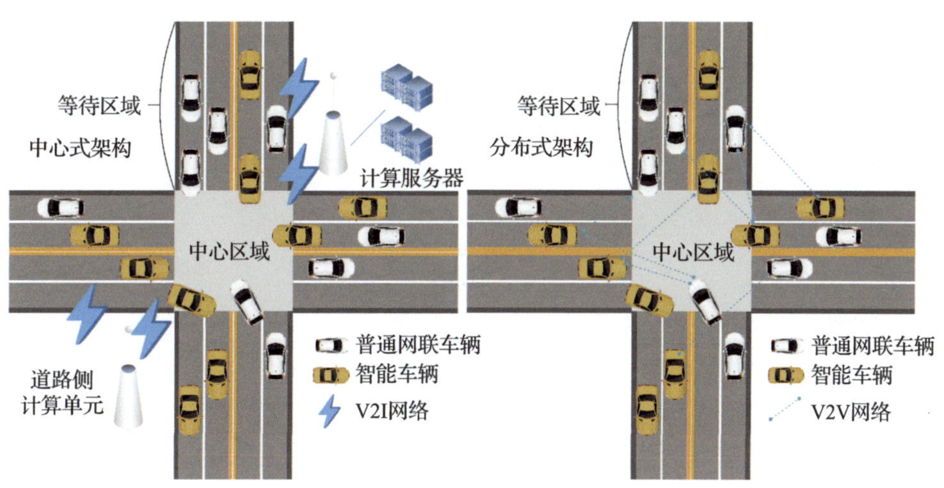

图4-36　AIM的中心式架构与分布式架构

于是，在智能交叉路口中，问题可以建模成一个优化问题：在保证车辆安全性的前提下，利用智能单元之间的实时通信以及每个计算模块的计算结果，优化智能单元策略来最小化各个车辆通过交叉路口的通行延时。

在大多数方案的建模中，路口被划分为等待区域（进入路口前的直道部分，供车辆间交换位置信息、控制车速等）以及中心区域，其中后者由于存在许多车辆轨迹交汇的公共区域，很容易发生事故，车辆能否快速且安全地通过整个交叉路口很大程度上取决于该区域的通行情况。因此早期的许多算法，如传统的协议和车辆模型预测控制算法，主要是针对中心区域进行建模，防止车辆发生碰撞。这种建模方式称为路口冲突模型。

常见的建模方式主要有基于整个中心区域的建模方式、基于网格的建模方式、基于中心区域冲突点的建模方式，以及基于车辆自身的建模方式，如图4-37所示。

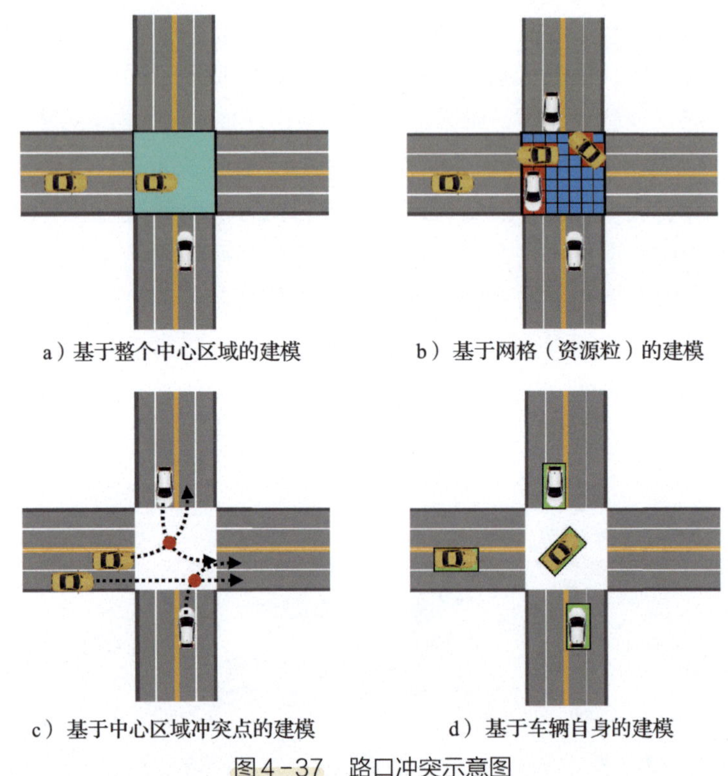

a）基于整个中心区域的建模　b）基于网格（资源粒）的建模

c）基于中心区域冲突点的建模　d）基于车辆自身的建模

图4-37　路口冲突示意图

1）基于整个中心区域的建模：以避免车辆冲突为首要目标，要求路口中心区处只允许固定数量车辆通行。与这种建模方式相关的工作如Malikopoulos、Cassandras等人的工作[167]，他们要求不同车辆不能同时进入路口区域，然后再根据待通行车辆可达到路口的时间确定车辆通行次序和车辆的通行时间，最后再采用Hamiltonian函数实现对车辆的优化控制，有效地实现无信号灯智能交叉路口管理并保证车辆之间的冲突达到最小化。但该种建模在路口时空资源上的利用率较低，使得车辆的通行效率受到限制。

2）基于网格（资源粒）的建模：对路口的中心区域进行网格式划分，并参考车辆体积使得汽车可以占据相应网格数，在每一个时刻，只允许一辆车占有指定网格区域。这种建模方式由Dresner和Stone等人[166]提出，在他们的工作中，采用保留区算法将路口划分为多个资源粒，通行车辆需提前通过无线通信对资源粒的时空资源进行申请，算法核心是保证资源粒不会同时被多辆车占用。

该方案的通行效率远高于传统的交通信号灯管理方案。此外，Au 和 Fok 等人[168]在该种建模方式下，聚焦于交叉道口处的车辆避让，在车辆进入路口时预先计算对常见故障的规避方案，以进一步提升网格建模下交叉道口的安全性。这种建模方式允许路口中心处存在多辆待通行的车辆，但也对网格数有较为严格的要求，过低的网格数容易使得建模不准确，而过高的网格数则大大提高了计算负担。

3）基于中心区域冲突点的建模：考虑车辆在路口处变道时可能采取的所有路线的交点，通过这些交点描述车辆可能发生冲突的位置，并确保任何时候交点处只允许一辆车通行。吉林大学的一项研究[169]采用该种方式的模型，要求当前后跟驰车辆的时间间隙大于一定值时，有潜在冲突的车辆才能利用时间间隙通过路口，优化控制算法为寻找最优的时间间隙，并基于间隙理论提出了安全－效率的控制模型。这种建模方法相比基于网格的方式，在保证路口的时空利用率的同时也降低了计算负担，但也存在需要提前预测位点，以及对交点的建模无法高度贴合实际冲突场景的问题。

4）基于车辆自身的建模：以车辆本身为考虑目标，车辆本身即为优化与控制的主体。在四种冲突模型中，虽然基于车辆自身的模型和其他三种相比，与实际情况最为接近，其他三种建模方式限制条件较多，相比之下模型的鲁棒性更高，但是，以传统的控制方法进行该种建模方式时，由于对车辆位置的表征较其他建模方式精确得多，故同时也带来极高的计算复杂度。随着机器学习、深度学习等技术的发展，将路口的快速通行问题按照深度学习或强化学习框架进行建模，并进行网络的训练与调优，可以在一定程度上降低计算复杂度，达到路口的时空利用率和计算复杂度保持均衡。在基于车辆自身的建模中，智能网联汽车进入路口后，就会通过车辆网按照已定义的通信协议进行信息收集和交换，车辆会根据通信模块获得的信息，通过控制模块来改变车辆的运行状态。故需要定义车辆的运动模型以及通信协议。

对于车辆控制模型，在智能交叉路口中，包括智能车辆与普通网联车辆的行驶都可以抽象为由 Polack 等人提出的基础运动模型[170]。该工作提出的运动学自行车模型（kinematic bicycle model）如下：

$$
\begin{aligned}
\dot{x} &= v\cos(\psi+\beta) \\
\dot{y} &= v\sin(\psi+\beta) \\
\dot{v} &= a \\
\dot{\psi} &= \frac{v}{l}\sin\beta \\
\beta &= \tan^{-1}\left(\frac{1}{2}\tan\delta\right)
\end{aligned}
\tag{4-62}
$$

式中，$(\dot{x}, \dot{y})$表示车辆的位置；$\dot{v}$ 表示前向速度；a 表示加速度；$\dot{\psi}$ 表示转向角；β 和 δ 分别表示车辆重心的偏移角和前轮用于转向的转向角。并且在行驶控制上，路口中的每一辆车使用由 Treiber 和 Hennecke 等人[171]提出的智能驾驶模型（Intelligent Driver Model，IDM），该模型主要控制车辆的加速度以改变其纵向的实际速度：

$$\begin{aligned} \dot{v} &= a\left[1 - \left(\frac{v}{v_0}\right)^e - \left(\frac{\hat{d}}{d}\right)^2\right] \\ \hat{d} &= d_0 + T_g v + \frac{v\Delta v}{2\sqrt{ab}} \end{aligned} \tag{4-63}$$

式中，v_0 表示期望达到的目标速度；T_g 表示期望的时间差；d_0 表示制动距离；a 和 b 分别代表最大加速度和最大减速度；e 表示车辆的速率系数。

4.3.3 中心式多车协作通行方案

在中心式多车协作通行方案中，需要在通信的单位时间内通过优化求解得到智能车辆下一时刻的目标速度以及位置，使得智能车辆和网联车辆都可以快速且安全地通过交叉路口。此时的无信号灯交叉道口以 V2I 网络为通信方式，以路口计算单元为中心节点，将进入路口的每辆车的车辆信息进行汇总，并且通过计算服务器计算求解得到决策信息，发送给智能车辆，由车载单元计算出相应的车辆控制信息，控制模块负责执行。该方案可以获得路口的全局车辆信息，通信效率和计算能力相比于车辆计算单元更高，在进行优化时，路口的计算服务器可以获取全局信息，因此十分适用于车流量大、车辆数量较多的关键交叉路口区域。

1. 中心式多车协作方案

中心式多车协作通行方案的相关工作，大体可以分类为基于规则、基于优化，以及基于学习的方法。同时，在建模上也往往采取以车流为单位的方式。

1）基于规则（rule-based）的方案：将中心化多车协同场景根据固定的交通规则对车辆进行调度。如 Dresner 和 Stone 等人[166]在最早的工作中采取了先到先服务（First Come First Serve，FCFS）的机制，在中心式协议中简单地采取了一个预约系统（reservation system），对将要通过路口的车辆发送包含抵达时的物理信息（抵达时间、抵达速度、抵达时车辆方向）和车辆硬参数（最大速率与加速度、汽车长宽），模拟出车辆的未来轨迹，计算出其轨迹以及占用的网格资源粒，并仅允许车辆在资源粒完全没有被其他车辆轨迹占用时通过路口，即只有最先占用资源的车辆才能最先通过。这一做法在效率上有显著的缺陷，并且基于规则的方案对路口建模的要求较为苛刻。

2）基于优化的方案：通过将中心化多车协同道口问题建模为可解的优化函数进行求解，要求建模的函数一般为凸函数。如 Riegger 和 Carlander 等人[172]提出的一种中心化的模型预测控制（Model Predict Control，MPC）方法，对于每辆汽车，建立离散的状态空间模型：

$$\boldsymbol{\kappa}_i(p+1)=\begin{pmatrix}1 & d_s\\ 0 & 1\end{pmatrix}\boldsymbol{\kappa}_i(p)+\begin{pmatrix}0\\ d_s\end{pmatrix}z'_i(p) \tag{4-64}$$

式中，$\boldsymbol{\kappa}_i=\left(t_i(p),\ \dfrac{1}{v_i(p)}\right)^{\mathrm{T}}$是车辆的状态向量，是要到达距离当前位置 p 所需的时间；$v_i(p)$是该位置的车辆速度；d_s 是采样的间隔。在该优化问题中，引入车辆的通行限制作为优化的约束：

$$\boldsymbol{\kappa}_i(p)\in[k_{i\min}(p),\ k_{i\max}(p)] \tag{4-65}$$

$$\boldsymbol{\kappa}_i(0)=\boldsymbol{\kappa}_{i0}=(0,\ 1/v_{i0})^{\mathrm{T}} \tag{4-66}$$

$$\boldsymbol{\kappa}_i(p_{if})=\boldsymbol{\kappa}_{if}=(\text{free}\ 1/v_{if})^{\mathrm{T}} \tag{4-67}$$

式（4－65）~式（4－67）分别表示对于车辆状态向量、初始状态以及终止状态的约束。而对于碰撞的约束，需要保证每辆车只有在前一辆车离开路口中心区域后才可进入路口。则安全性约束表示为

$$s_j=t_k(H_k)-t_l(L_l),\ s_j\geqslant 0 \tag{4-68}$$

式中，H_k 为车辆 k 离开路口时的位置；L_l 为车辆 l 进入路口时的位置。为了允许车辆之间存在一定的间隔，松弛变量 s_j 的存在可以在后续的代价函数优化中作为调节车辆间距的变量。

对于第 i 辆车待优化的代价函数，可以设置为

$$J_i=w_{i1}\bar{v}_{ir}^3\int_0^{p_{if}}\left(z_i(p)-\frac{1}{v_{ir}(p)}\right)^2\mathrm{d}p+w_{i2}\bar{v}_{ir}^5\int_0^{p_{if}}u_i^2(p)\mathrm{d}p+w_{ie}\bar{v}_{ir}^7\int_0^{p_{if}}u_i'^2(p)\mathrm{d}p \tag{4-69}$$

表示在权重集$[w_{ij}]_{j=1,2,3}$，第 i 辆车当前速度均值$[\bar{v}_{ir}]$，以及第 i 辆车最终离开道口时的位置 p_{ir} 下，该车的代价函数，其中第一项惩罚了当前速度与平均速度的偏差，第二项惩罚了过高的水平加速度，第三项惩罚了紧急制动，以保证汽车行驶的速度平稳与安全性。在总的代价函数中，引入期望的时间差 Δt，使得相距很远的车辆对不会在十字路口有预设的时差，于是整个问题被建模为一

个凸优化问题，即在满足式(4-65)~式(4-68)的约束下，优化以下目标：

$$\min_{u_i,s_j}\sum_{i=1}^{N_v}J_i(\cdot)+\sum_{j=1}^{N_v-1}w_j\max(0,\ \Delta t-s_j)^2 \tag{4-70}$$

该建模方式将无信号灯道口的通信问题转化为二次凸优化问题。这种方法可以将问题较为精确地求解，具有较高的可解释性。但当车辆的数目增多时，在大规模的环境下，达不到实时求解的路口需求。

3）基于车流模型：在中心化的方案中，由于路口的计算服务器可以获取到所有车辆的位置信息，因此，将车辆分组为车流，进行基于车流组的管理也是一种解决问题的方式。如 Englund 和 Chen 等人[173]提出了一种交叉路口处合作性速度协调的方法，其中 V2I 通信被用于为车辆进行通行速度的计算。该方法首先对路口处所有的车辆进行速度的估计，并根据速度情况组织成若干组车流，以车流为单位进行路口的调度。

具体地，中央服务器计算出车辆距离前方最近的车流的距离 d_w：

$$d_w=l_w\lfloor d_t/l_w\rfloor-(v_w t\bmod l_w) \tag{4-71}$$

式中，l_w 为车流长度；d_t 为车辆当前位置到交叉口中心的距离；v_w 是车流接近交叉口的速度；t 是系统时间。上式的第一部分描述了车辆到前方的静止车流的距离，第二部分描述了车流已经移动的距离。此时从车辆当前位置到最近的车流的位置误差 e_t 为

$$e_t=\begin{cases}d_t-d_w, & \text{到某个车流的距离比前方车流更近}\\ d_t-d_w+l_w, & \text{其他}\end{cases} \tag{4-72}$$

由此计算车辆的估计速度为

$$v_{\text{vehicle}}=\max\left\{Pe_t+I\sum_{i=0}^{T}e_{t-i}+D(e_t-e_{t-1}),v_{\min}\right\} \tag{4-73}$$

式中，T 代表车辆的样本总量；P、I、D 分别为关于时间的因子。

通过对速度的估计，车辆可以找到并加入一个最有关联的车流，并通过中央服务器的速度控制保持与车流一致的速度，在车流内通过标准自动巡航控制程序（automatic cruise control）防止碰撞。由此实现以车流为单位对路口的优化。

4）基于学习：深度强化学习以及多智能体强化学习的应用是近期中心化交互方案研究中的新趋势，其利用强化学习求解多车交互决策问题，可以解决传统方法计算开销大、灵活性较差的问题，且 4.3.2 节中提及的基于车辆自身的建模方式可以直接应用于强化学习中对决策者 Agent 的建模，可以使建模更加

精确。基于强化学习的中心式路口管理方案，首先将问题建模成强化学习模型，将道路计算单元定义为可以训练的 Agent，通过设计智能车辆和道路计算单元的协同通信数据，定义其状态空间、动作空间和奖励函数，利用多智能体强化学习算法对智能体的策略进行训练和优化，最后让算法收敛，得到训练完成的模型。最后，将模型部署到道路计算单元。以下内容将介绍一种基于深度强化学习的多车协同方案，包含强化学习建模以及算法本身。

2. 强化学习建模

1）状态空间：为了对状态空间进行建模，在基于车辆的冲突模型下，可以使用特征列表（List-of-Features）的表示方法，利用最小数量的必要信息来表示环境信息，同时使环境的表示更接近于真实情况。特征列表一般使用表示空间信息的坐标变量 x，y 以及其他特征变量 f 表示，即 $\{s_i=(x_i, y_i, f_i)\}_{i\in[0, N]}$，其中 i 表示路口中车辆的索引。按照前文中对车辆建模的定义，可以将每辆车的状态进行如下的向量表示：

$$s_i = [x_i\ y_i\ v_i^x\ v_i^y\ \cos\psi_i\ \sin\psi_i\ d_i^x\ d_i^y] \tag{4-74}$$

该向量包含车辆的位置信息、车辆的速度、车辆的转向角以及车辆的目的地坐标。其中，x_i，y_i，d_i 分别表示的是第 i 辆车在当前路口中的位置坐标，v_i，ψ_i 分别表示第 i 辆车当前的速度和转向角。s_i 表示第 i 辆车的状态空间。因此在整个路口，所有智能网联汽车的联合状态空间可以表示为

$$S=(s_i)^{\mathrm{T}},\ i\in[0, N] \tag{4-75}$$

式中，N 表示交叉路口中全部智能网联汽车的总数。由于该方案属于中心式架构，因此此处的联合状态空间就表示了整个路口全局的状态信息。

2）动作空间：假定在路口中的车辆可以进行左转/右转/直行但不能掉头。针对离散动作空间，使用一个四维向量的离散值来表示，即

$$a_i=(\text{keep}, \text{slow}, \text{right}, \text{left}) \tag{4-76}$$

式中，keep 表示加速或者维持速度不变；slow 表示减速；right 表示右转；left 表示左转。离散值表示存在一个设定范围，从本质上而言，就是车辆的加速、制动以及转向角会在一个单位时间只发生设定的离散值的变化。因此，针对连续的动作空间，可以用一个三维的连续值来表示：

$$a_i=(\text{throttle}, \text{brake}, \text{steer}) \tag{4-77}$$

式中，throttle 表示加速，区间值为[0, 1]；brake 表示制动，区间值为[0, 1]；steer 表示转向角度，区间值为[-1, 1]（表示转向角弧度值的归一化映射）。因

此，整个交叉路口所有智能车辆的联合动作空间可以表示为：

$$A = (a_i)^{\mathrm{T}}_{i \in [0, N_e]} \tag{4-78}$$

式中，N_e 表示路口中智能车辆的数量。

3）奖励函数：对于无信号灯交叉道口多车协同的优化问题，主要关注点有两个：第一是和通行延时有关的车辆速度，第二是和车辆安全相关的一些代表性事件，如车辆是否碰撞、车辆是否成功到达指定目的地等。一般地，希望车辆可以有更快的速度以及更高的安全性通过路口。因此，可以设计出如下的奖励函数：

$$R(S, A) = \eta_1 \frac{v - v_{\min}}{v_{\max} - v_{\min}} - \eta_2 \times \text{collision} + \eta_3 \times \text{arrived} \tag{4-79}$$

式中，v、$v_{\min}$、$v_{\max}$分别表示车辆的当前速度、最小速度和最大速度；collision、arrived 分别表示车辆是否发生碰撞以及是否到达目的地；η_1、η_2、η_3 分别表示系数。针对上述三项，一共设置了三种奖励：碰撞奖励，高速奖励以及到达奖励。如果一辆车发生了碰撞，将会获得 -5 的奖励值，如果车辆行驶速度达到设定的高速阈值，会获得 1 的奖励值，如果车辆到达目的地，也会获得 1 的奖励值。除此之外，未达到速度阈值且没有到达目的地不会获得奖励值，为 0。

3. 自注意力渐进策略优化算法

针对前文提到的强化学习建模方式，其主要的潜在问题在于：

1）交叉道口环境的复杂性。在交叉道口处，优化的最终目标不仅是每辆汽车最快通过路口的方案，更重要的是整个交叉路口的通行效率。这使得智能体之间的关系并不一定是恒定的合作或竞争关系，当车辆在不同等待区域通行时，它们往往是协作关系，而在路口发生冲突时，由于只能先后通过，又成为竞争关系。在部分观测的前提下，这对如何整合车辆的信息提出了比较高的要求。

2）全局状态空间状态顺序问题。全局状态空间的表示还会随着每辆车状态表示的排列顺序不同而不同，假如有 N 辆车在路口中，对于全局状态空间而言，会产生 $N!$种 S，但实际上这 $N!$种的联合状态空间对于当前环境下的表示都是等价的。

3）全局状态空间可变维度。全局的状态空间表示和车辆数量有关，而使用深度强化学习时，会使用到深度神经网络，对于深度神经网络而言，一般都是要求网络的输入维度不变。

为了解决以上问题，针对中心式智能交叉路口系统架构，可采取基于自注意力机制[174]的渐进策略优化算法（Self-Attention based Proximal Policy Optimization，SAPPO），以解决状态空间和动作空间双连续所带来的问题。算法整体架构如图 4-38 所示。

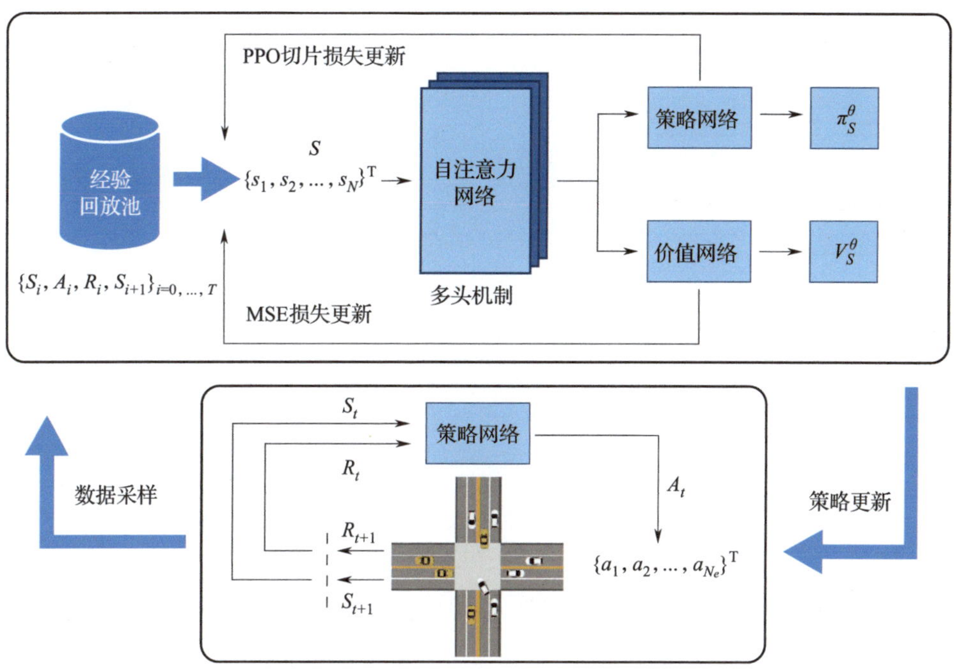

图 4-38　自注意力渐进策略优化算法流程

初始策略为随机策略，使用该策略在交叉路口进行仿真采样，取得对应的训练数据放在经验回放池中。由于使用的是渐进策略优化算法，所以通过采样取得的数据可以重复使用，当回放池中达到一定的数量时，利用池中采集的数据对当前策略进行学习更新。在这一步中，采样的状态涉及路口处所有车辆的状态，为了更好地提取车辆之间的高层次关系，以及缩小搜索的策略空间，采取了自注意力多头机制网络，用于对路口处所有车辆状态的矩阵进行特征提取。

学习更新时，将(S_i, A_i, R_i)送入图 4-39 所示架构的自注意力网络中。网络的输入为当前路口的联合状态 $S \in R^{N \times F}$，每一辆车单独状态为 $s_i \in R^{F \times 1}$，其中 N 代表车辆数量，F 代表状态的特征维度。需要计算的是智能车辆也就是 Ego 车辆和其他车辆的注意力机制，因此在计算注意力值时，作为查询的 Query 值只包含当前需要进行动作决策的智能车辆。之后再经过一个线性的编码层，网络结构为$[d_k, d_k]$，分别得到编码之后的 $L_{q_1} \in R^{1\times F}$、$L_k \in R^{N\times F}$以及 $L_V \in R^{N\times F}$，这三个输出用来计算基于当前智能车辆的注意力权重，计算公式如下：

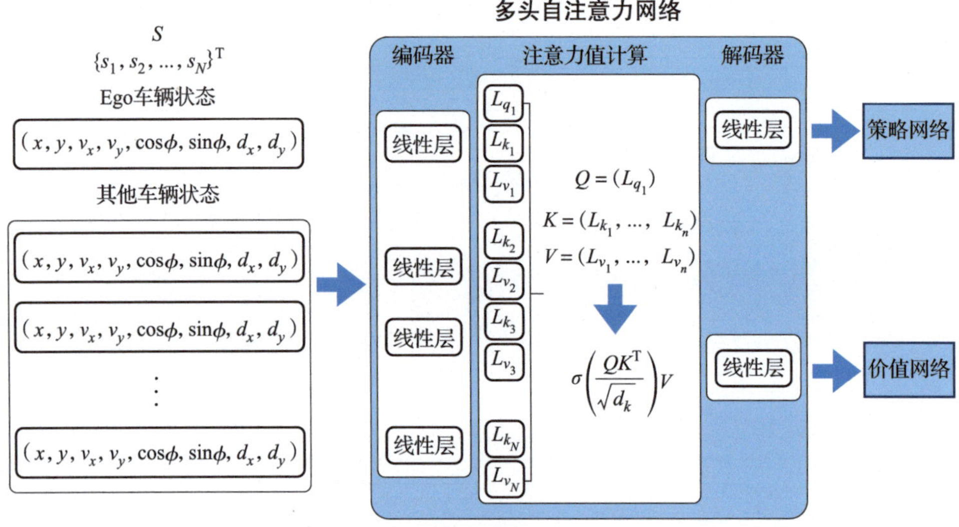

图4-39　自注意力网络架构图

$$\sigma\left(\frac{QK^{\mathrm{T}}}{\sqrt{d_k}}\right)V \tag{4-80}$$

式中，$Q=L_{q_1}$；$K=L_K$；$V=L_V$；σ 表示 softmax 函数，公式为

$$\mathrm{softmax}(z_i) = \frac{e^{z_i}}{\sum_{c=1}^{C} e^{z_c}} \tag{4-81}$$

其用来将输出值转换到[0, 1]且和为 1 的概率分布；QK^{T} 表示利用点乘计算相似度；d_k 表示描述符维度。由于该网络由多个头组成，因此还需要连接多头的输出得到 $O \in R^{N\times F}$，然后将该输出送入两组网络结构均为$[d_k, d_k]$的线性解码器中，分别将解码后的值输出到策略网络以及价值网络进行策略评估和值评估。

算法训练时，将近端策略优化（Proximal Policy Optimization，PPO）算法[175]与演员 - 评论家算法的思想结合，使用策略网络和价值网络进行策略优化。传统的策略梯度算法可以解决动作空间连续的问题，此时输出的动作是一个连续的向量。但是其存在一个问题，由于策略会更新，每次采样的数据只能使用一次，下一次进行策略更新时，必须重新采样，采样时间相对于模型学习时间本身就比较长，每一次学习都需要采样，大大降低了算法收敛的速度，因此为解决这个问题就提出了渐进策略梯度算法。

PPO 的思想为使用两个 Actor 进行学习，一个 Actor 用于和环境进行交互获取采样数据，参数为 θ_k，另一个 Actor 负责学习，参数为 θ。这里使用重要性采样的方法，使得 π_{θ_k} 的经验让 π_θ 能够学习。而重要性采样的前提是两个 Actor 不能相差太远，于是此时目标就变为让这两个 Actor 尽可能相似，因此待优化目标函数表示为

$$J^{\text{PPO}}(\theta) = \mathrm{E}_{s,a}[\min(\rho_\theta A^{\pi_{\theta_k}}, \operatorname{clip}(\rho_\theta, 1-\varepsilon_1, 1+\varepsilon)A^{\pi_{\theta_k}})] \tag{4-82}$$

式中，$\rho_\theta = \dfrac{p_\theta(a_t \mid s_t)}{p_{\theta_k}(a_t \mid s_t)}$；$A^{\pi_{\theta_k}}$为优势函数(advantage function)，表示为

$$A^{\pi_{\theta_k}}(s_t, a_t) = r_t + \gamma V^\pi(s_{t+1}) - V^\pi(s_t) \tag{4-83}$$

式中，r_t 表示在状态 s_t 执行动作 a_t 后获得的即时奖励。当更新策略网络时，就是利用上式更新切片损失。更新价值网络时，需要使用均方误差损失函数(mean squared error，MSE）进行更新，主要用来计算实际的累积奖励 $\sum_{l_t}^{\infty}\gamma^{l-t}r_l$ 和通过估计价值网络得到的 $V^\pi(s_t)$之间的误差，通过最小化该误差，使得价值网络的估计越来越准确。价值网络的更新公式表示为

$$J^{\text{Value}}(\phi) = -\mathrm{E}[(\hat{R}_t - V_\phi(s_t))^2] \tag{4-84}$$

式中，ϕ 为价值网络的参数。整体的训练流程如算法 4-6 所示。

算法 4-6　自注意力渐进策略优化算法

自注意力渐进策略优化算法
1. 初始化
1-1　随机初始化策略网络 π_θ、价值网络 $V_\phi^{\pi_\theta}(s)$，权重分别为 θ、ϕ
1-2　设置超参数 ϕ 折扣因子和贪婪搜索参数 γ、ϵ，总迭代次数为 T，数据批大小为 B
2. 重复：迭代 $k=1:T$
2-1　在仿真环境中，通过当前策略 ϕ_θ 收集轨迹 $D_k=\{\tau_i\}$，每一次 $\tau_i=(s_i, \alpha_i, r_i, s_{i+1})$ 放入经验回放池
2-2　计算每一次轨迹的累积奖励 $R_t = \sum_{l=t}^{\infty}\gamma^{l-t}r_l$
2-3　当经验回放池中数据容量大于等于 B 时，随机选取数量为 B 的数据进行策略学习
2-4　通过自注意力网络计算对应的注意力权重解码输出 s'_{t+1} 和 s'_t
2-5　基于当前的价值函数 $V_\phi^{\pi_\theta}$ 计算优势函数 $A_t=r_t+\gamma V^\pi(s'_{t+1})-V^\pi(s'_t)$
2-6　通过最大化 PPO 切片损失更新策略网络：$\theta \leftarrow \theta+\eta\nabla_\theta J^{\text{PPO}}(\theta)$
2-7　通过最小化均方误差函数更新价值网络：$\phi \leftarrow \phi+\eta\nabla_\phi J^{\text{Value}}(\phi)$
2-8　利用 Adam 对$\nabla_\theta J^{\text{PPO}}$进行随机梯度上升更新参数 θ
2-9　利用 Adam 对$\nabla_\theta J^{\text{Value}}$进行随机梯度上升更新参数 ϕ
3. 直到：T 时间步迭代完成

4. 中心式多车协作通行方案仿真结果分析

仿真环境的示意图如图 4－40 所示。整个环境设置包括道路和车辆两部分。道路设置中，整个路口为一个典型的四个方向、单车道的无信号灯控制路口，等待区域长度设置为 150m，路口区域设置为 50m，车辆主要有智能车辆和网联车辆构成。为了验证本节提出算法的性能和优势，在基于强化学习的算法中，选取不采用注意力机制的渐进策略优化算法、适用于离散动作的 D3QN（Double Dueling DQN，D3QN）算法以及使用了注意力机制的 D3QN（ego-D3QN）算法[176]作为基线进行比较。

图 4－40　无信号灯交叉路口多车协同仿真环境示意图

为了测试算法在一般和复杂场景下的性能，在以下的场景组合中进行训练与部署。

1）车辆行驶方向随机：初始化仿真环境时，包括 CAV 以及其他车辆在路口中的行驶方向随机生成左转、直行、右转三种。

2）车辆数量不同：为若干个场景组合，即增加初始化时路口处 CAV 与其他车辆的数量，数量越多，路口中央节点的计算与优化难度越大。

在以上场景下，通过以下若干指标反映训练与部署中多车协同的通行效果。

1）总体奖励：根据前文的奖励函数综合考虑通行效率与安全性，定量描述通行的结果。

2）平均速度：通过在一个情节（episode）中车辆行驶的平均速度，描述通行效率。

3）情节长度：每个情节结束（车辆成功通行或发生碰撞）时的平均步长，如果车辆过快发生碰撞，则情节长度较短。

在第一个场景即车辆行驶方向随机中，训练过程中的总体奖励、平均速度、情节长度如图 4-41 所示。由总体奖励图线（图 4-41a）可知，SA-PPO 总累积奖励最大，相比于 ego-D3QN 和 PPO，有约 33% 的性能提升，相比于传统的 D3QN 有约 50% 的性能提升，说明了 SA-PPO 算法在车辆行驶方向随机的场景中，取得了最好的性能。观察平均速度训练图（图 4-41b），四个算法在训练结束时，速度的最大值相近，SA-PPO 算法的值略微更大。从整个曲线的走势可以发现，未采用注意力机制的 PPO 算法和 D3QN 算法相比，对应的初速度差别很大，原因在于 PPO 算法动作空间是连续的，在同样没有附近车辆的关注信息情况下，采样的数值相比于离散的 D3QN 而言，随机性更大，这点可以由采用了注意力机制后，SA-PPO 算法的初始速度就会明显变小相互佐证，而同样采用

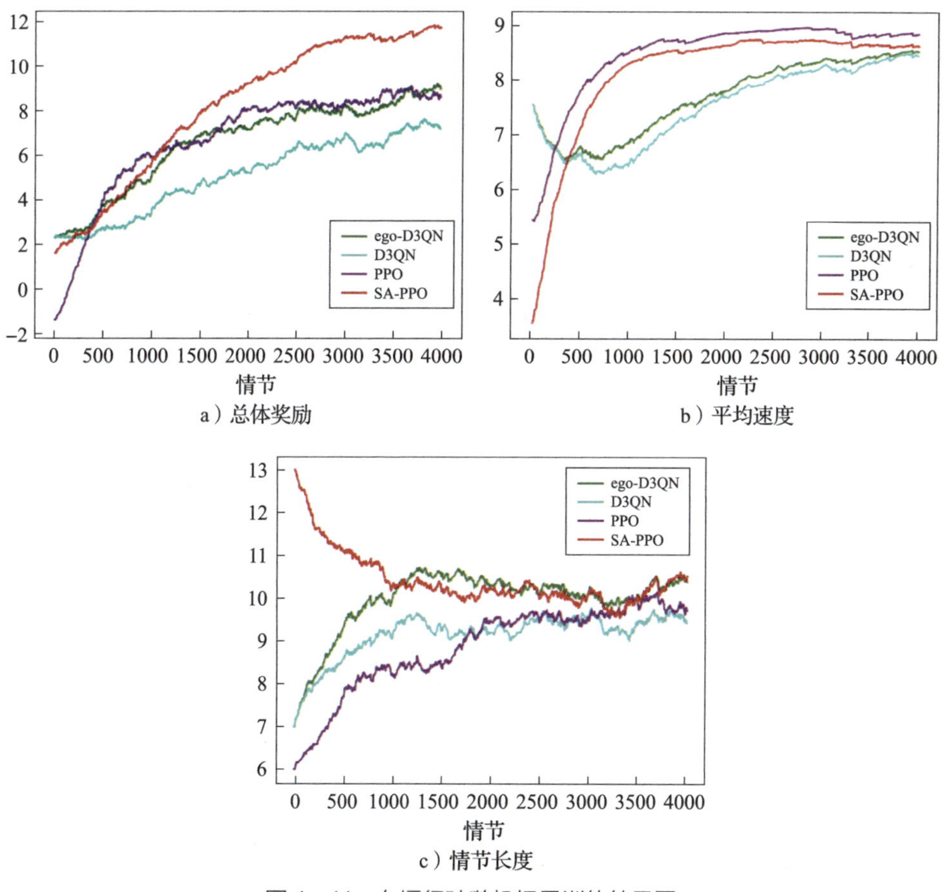

图 4-41　车辆行驶随机场景训练结果图

了注意力机制的 D3QN 和未采用该机制的 D3QN 相比，可以发现曲线相近，此时由于智能车辆离散动作空间有限，即使具有高级的语义特征，在输出时，受限于离散动作空间，策略提升空间也有限。观察情节长度训练图（图 4－41c），依然是 SA-PPO 算法较大，说明在保证速度较高时，仍能安全地通过路口，发生的碰撞次数最少，而没有使用注意力机制的 PPO 算法，长度最小，且整个训练过程中，其长度几乎不变，这进一步说明，采用注意力机制提取的特征有利于策略梯度算法收敛和优化。D3QN 和 ego-D3QN 相比于 PPO，长度更长，说明离散情况相比于连续情况，策略更容易优化和控制。

第二个场景主要验证车辆数量增加时，算法的鲁棒性如何，该实验中智能车辆行驶方向固定为最难以优化的左转。车辆数量增加一方面会带来状态空间的维度增加导致计算复杂度增加，另一方面车辆之间是否进行协作也成为性能优化的重点所在。在算法基线上，选取了同样使用自注意力结构的 ego-D3QN 作为比较对象，实验结果如图 4－42 所示，一共进行了 3 组实验，车辆总数 N 和智能车辆总数 N_e 分别设置为（15，4），（20，6），（30，8）。可以发现，在车辆数量增加后，车辆平均速度没有显著提升，原因在于随着车辆数增加，逐渐达到了整个路口的最大容量，因此如何进行车速的控制以避免发生碰撞成为关键点所在。可以发现，在车辆总数 $N=20$ 和 $N=30$ 的情况下，ego-D3QN 的情节长度相比 SA-PPO 更小，说明有更多的碰撞次数，而碰撞发生时，相应的惩罚奖励比较大，会扣除较多的奖励，造成最后获得的总累积奖励减少。而对于 SA-PPO 而言，可以在每个仿真间隔时间内，对车速进行更加细粒度的加减速控制，减少碰撞次数增加情节长度，从而取得比 ego-D3QN 更高的总体奖励值。从算法的鲁棒性分析，通过比较 $N=15$ 和 $N=20$ 的情况，对于 SA-PPO 算法，在增加车辆数量后带来的性能损失相比 ego-D3QN 更少，后者有较为明显的性能损失，这证明了在车辆数量增加、计算复杂度增大的情况下，SA-PPO 算法比 ego-D3QN 更加鲁棒。

在模型与部署测试环境中，基于学习的模型写入环境的中心节点。在与上述训练场景相同的测试场景下，统计每一个测试 Epoch 下，智能车辆出发至到达目的地的通行时间。如果通行时发生了碰撞，则该通行时间取最大值记录，最大值设为 350s，测试次数为 1000 次，对结果取平均。由于仿真间隔为 50ms，保留小数点后 3 位有效数字，主要记录碰撞次数、平均速度和通行耗时，对安全性和快速通行这两部分进行分析比较。

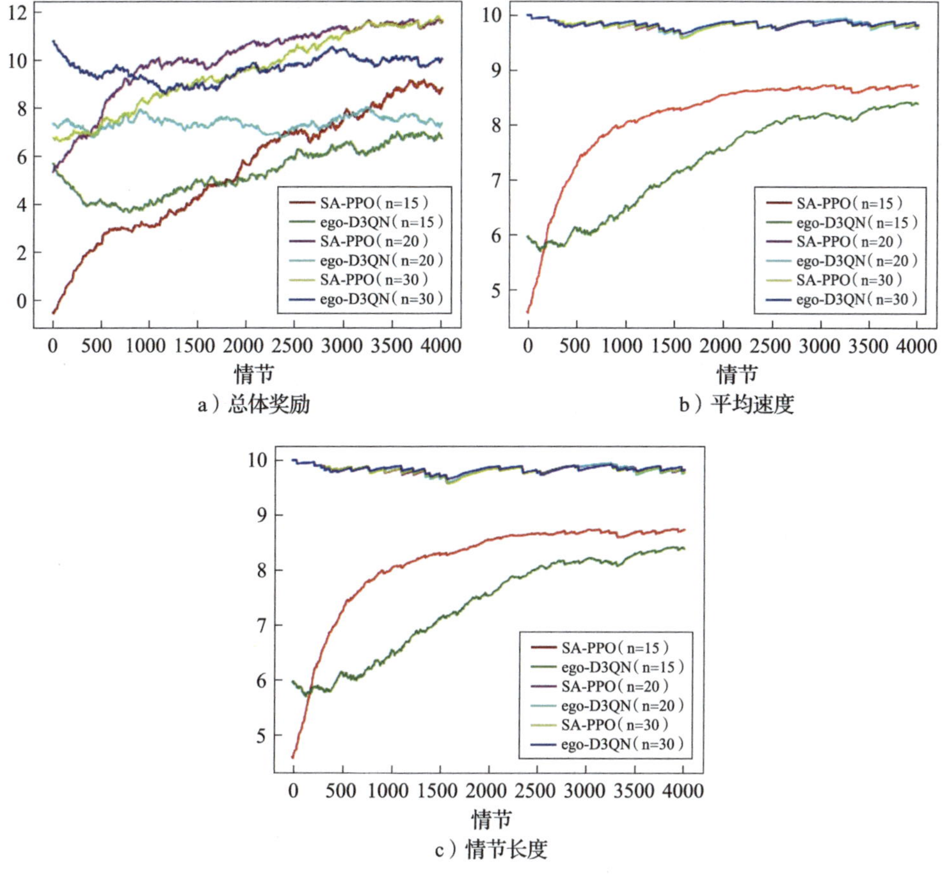

图 4-42　车辆数量增加训练结果图

车辆行驶方向随机的场景测试结果见表 4-4。可以发现，基于 FCFS 算法的碰撞总次数最少，最多的是 PPO 算法。在平均速度方面，FCFS 由于每次路口中只能进入一辆车，因此其他车辆会经常减速，导致平均速度最小，其他四种平均速度大致接近，PPO 算法的平均速度最大。通行延时最少的为 SA-PPO 算法，原因在于其保持高速度的同时，碰撞次数也较少。

表 4-4　场景一：车辆行驶方向随机（$N=15$　$N_e=4$）

算法	碰撞总次数/次	平均速度/(m/s)	通行耗时/s
FCFS	**5**	3.145	275.135
D3QN	132	8.221	152.175
PPO	305	**8.625**	205.484
ego-D3QN	35	8.547	98.475
SA-PPO	20	8.598	**89.691**

车辆行驶方向固定为左转，车辆数量增加的场景测试结果见表4-5。当车辆数增加时，车辆平均速度变大，碰撞次数增加，通行延时也随之增加。每种场景下，两种算法倾向于让车辆速度增加使车辆尽快通过路口，以便后续车辆通行。通过场景横向对比，碰撞次数的增加幅度有所区别，随着车辆数增加，SA-PPO算法碰撞次数增加的幅度要小于ego-D3QN，因此可以说明在车速控制上，SA-PPO优于ego-D3QN，这也是其通行延时更少的原因所在，在鲁棒性和性能方面，SA-PPO都要更优。

表4-5　场景二：车辆行驶方向固定左转（$N=15/20/30 \quad N_e=4/6/8$）

算法	车辆数/辆	CAV数/辆	碰撞总次数/次	平均速度/(m/s)	通行耗时/s
ego-D3QN	15	4	50	8.341	128.749
	20	6	73	9.245	198.854
	30	8	89	9.232	231.686
SA-PPO	15	4	**35**	8.617	**109.947**
	20	6	61	9.197	182.415
	30	8	76	**9.268**	210.746

4.3.4　分布式多车协作通行方案

和中心式架构相比，分布式架构（图4-36右）中智能网联汽车之间通过V2V网络进行信息接收和转发，每辆智能车的车载单元作为决策中心，直接产生决策信息传输给车辆控制模块负责执行。该方案可以充分利用每辆智能网联汽车的计算能力，大大降低建造道路计算单元等中心节点的成本，但是每辆车作为决策节点时，基于该车的观测能力获得的路口状态信息是局部的，一般在车辆较少、局部状态和全局状态相差不大的情况下影响较小，因此非常适用于在车流量较小或者乡镇等较为偏僻的交叉路口区域。

1. 分布式多车协作通行主流解决方案

在分布式多车协同的方案中，存在诸如基于图节点、基于树搜索等方法，同时基于学习的方法更受到广泛关注。

1）基于图节点：在分布式的方案中，需要通过通信等方式获取额外的信息作为决策依据，而对通信图的建模手段不失为一种有效的方式。如由Xu和Biao等人[177]提出的分布式解决方案，对从交叉口四个方向驶入中心的车辆左转、直行、右转等方式（即入口-行驶方向对）的所有组合冲突进行考虑，总结出交叉（两辆车的进入与退出车道不相同，但轨迹在路口中央区域交叉）、汇聚

（两辆车的进入车道不同，但退出车道相同，即轨迹在最后相交于一点）、分叉（两辆车进入车道相同，退出车道不同，即轨迹由相同起始点发散）、无冲突四种可能的冲突状态。由此，每辆车 i 具有自己的入口 – 行驶方向对 S_i，以及在当前入口和行驶方向下，所有可能和自己发生冲突的车辆的入口 – 行驶方向对的集合 C_{S_i}。同时，对于所有要进入路口的车辆，根据车辆到路口处的距离，将车辆投射到一个虚拟队列上，车辆总数 N 即为队列的长度。对于第 i 辆车（$i \leqslant N$），所有可能与其发生冲突的车辆集合为

$$P_i = \{j \mid j < i, \ S_j \in C_{S_i}\} \tag{4-85}$$

即相比该车更靠近路口，且其入口 – 行驶方向对 S_j 属于第 i 辆车的冲突范围内的车辆。基于每辆车的冲突集，路口的冲突关系可以建模为一个有向图 $G_{N+1} = \{V_{N+1}, \ E_{N+1}\}$，其中第 i 个节点对应虚拟队列中排在第 i 位的车辆，从该节点出发的每条边指向 P_i 集的每个节点。需要注意的是，有部分车辆不存在冲突对象，则该图设置了一个 0 节点，从 0 节点出发的每条边指向所有不存在冲突对象的车辆节点。可以证明，对于该有向图 G_{N+1}，可以找到一个以 0 为根节点深度优先的最小生成树。对于该最小生成树，靠近中心区域的车辆节点深度往往较低（即靠近 0 节点），每辆车通过回溯父节点找到冲突车辆，并与前方的车保持车距。同时，根据该最小生成树，可以指定以相同深度节点的车辆为通信目标，和以父节点子节点车辆为通信目标的通信协议以减小通信负担。

在车辆的分布式控制上，每辆车 i 的动力学（dynamics）可以建模为如下的线性表达：

$$\dot{x}_i(t) = \begin{pmatrix} 0 & 1 & 0 \\ 0 & 0 & 1 \\ 0 & 0 & -\tau_i^{-1} \end{pmatrix} \begin{pmatrix} -p_i \\ v_i \\ a_i \end{pmatrix} + \begin{pmatrix} 0 \\ 0 \\ \tau_i^{-1} \end{pmatrix} u_i(t) \tag{4-86}$$

式中，p_i、v_i 和 a_i 分别是该车到交叉路口中心的距离、速度和加速度；τ_i 代表时间延迟；u_i 是期望的加速度，通过与其他可通信车辆的速度 – 距离关系求解而得。在实际执行时，该方案在维护通信拓扑方案方面需要一定的计算开销。

总体而言，优化、树搜索等传统方案在分布式方案中的应用需要比中心式方案更大的计算开销，优化难度也更大，因此通过神经网络、强化学习等方式进行求解的基于学习的方法也成为分布式多车协同中更受关注的方案。

2）基于神经网络：如 Li 等人[178]采用了一种基于学习的方式，通过分层对

抗学习指导 CAV 的长短期行为。首先，该方法预定义了每辆 CAV 通过路口的轨迹$\{r_1, r_2, \cdots, r_j, \cdots\}$，其中某条轨迹 r_j 的所有冲突点（与其他轨迹相交的点）集合记为 $C_{rj}:=[c_{j1}, c_{j2}, \cdots, c_{ji}, \cdots]$，当前所有的有冲突的轨迹集合为 $R_{cj}=[r_{j1}, r_{j2}, \cdots, r_{ji}, \cdots]$。当发生冲突时，冲突被认为是优先通行一方的被动冲突（passive conflict），靠后通行一方的主动冲突（active conflict）。而在神经网络架构上，该分层对抗学习模块包括一个 Actor 网络、一个即时交互鉴别器（immediate interaction discriminator）和一个最终轨迹鉴别器。

对于 Actor 网络，其输入为环境的全局观察 G_t（包含其余车辆的轨迹信息，即其他每辆车的一个关于轨迹不同位置以及该位置上的车辆状态信息的元组序列）和该车辆的动态状态表示 $x_t(H_i)=[x_r(H_i), x_d(H_i), x_v(H_i)]$（为 3 个向量，分别表示车辆 H_i 的轨迹编号、距离出口的距离，以及当前速度）。输入在经过两层 MLP 网络以及激活层后，输出为该车辆在该时刻 t 的加速度 a_t（在$[a_{\min}, a_{\max}]$的范围内）。

Actor 网络生成的状态 - 动作对(s_t, a_t)作为即时交互鉴别器和最终轨迹鉴别器的输入。其中交互鉴别器根据特定的规则，判断在该时刻下的该动作是否引起冲突，若引起冲突，则输出其为主动或被动冲突的两个概率值$\widehat{L_{\mathrm{AC}}}$，$\widehat{L_{\mathrm{PC}}}$（在[0, 1]的区间范围内）。之后，由最终轨迹鉴别器在 CAV 进入路口之前，进一步预知潜在的冲突（与即时交互鉴别器的输出相区分），输入状态 - 动作对序列$\{(s_i, a_i)\}_{i=0,1,2,\cdots,m}$，输出是否含有潜在冲突的表示$\hat{\delta}_c$。

最后，在训练阶段定义 Actor 网络的损失函数：

$$l=\beta(1-\widehat{L_{\mathrm{PC}}})(1-\widehat{L_{\mathrm{AC}}})(a_{\max}-a_t)+(1-\beta)\hat{\delta}[(a_{\max}-a_t)\widehat{L_{\mathrm{PC}}}+(a_t-a_{\min})\widehat{L_{\mathrm{AC}}}] \tag{4-87}$$

其中第一项鼓励 CAV 在无冲突时加速，而第二项鼓励 CAV 通过加速或减速的方式避免冲突，权重 β 是一个关于车辆抵达终点的距离的线性系数，随着车辆持续行驶，第二项的权重将越来越高。

3）基于强化学习：在基于强化学习的分布式方案中，有由 Wu 和 Chen 等人提出的分布式 AIM 协调方案[179,180]，它采用分散学习和 Q-learning 来降低模型求解中维度的影响，同时采用协调学习来减轻分散多智能体学习中环境非平稳性问题的影响。具体地，交叉道口以网格资源粒方式建模，每一辆车在某个速度下，将占据一定的缓冲期望单元（desired cells, DC），出于安全考虑，必须保持一个安全的停车距离，则车辆在移动时所占据单位前方期望单元为

$$\mathrm{DC}=\begin{cases}\max\left(\dfrac{v^2}{2a},\ v\Delta t+0.5a\Delta t^2\right), & v<v_m\\ \max\left(\dfrac{v^2}{2a},\ v\Delta t\right), & v=v_m\end{cases} \tag{4-88}$$

式中，a 是汽车加速度值（以 cell/step^2 为单位）；v_m 为汽车限速（以 cell/step 为单位）；$v^2/2a$ 是避免潜在碰撞所需的安全停车距离。而在协调学习的过程中，通过车辆是否占用相同的期望单元，判断车辆是否需要进行协同以协调冲突，或是独立执行动作。每个智能体 i 维护两个 Q 函数表，分为独立行动值表 $Q_i(s_i,\ a_i)$和联合行动值表 $Q^i(s_K,\ a_K)$，前者在车辆独立执行动作时作为决策依据，后者则在协调状态下发挥作用。

训练包含探索和最佳策略学习的过程。探索时，为了保证序列 Q 表收敛到最优，智能体以非零概率不断尝试所有状态下的所有行动，即以 ò-greedy 的贪婪搜索策略进行。最佳策略学习时，在时间步 t 下，如果智能体 i 处于独立状态，并从一个独立状态 s_i 移动到另一个独立状态 s'_i，设 $r_i(s,\ a)$与 $r(s,\ a)$分别代表环境预设的关于单个智能体以及关于整个路口处与通行延时有关的奖励函数（即以最小化通行延时为优化目标，此处不具体阐述奖励函数的表达式），则通过标准的 Q-learning 更新独立行动值表：

$$Q_{i,e+1}(s,\ a)=Q_{i,e}(s,\ a)+\alpha[r(s,\ a)+\gamma\max_{a\in A}Q_{i,e}(s',\ a')-Q_{i,e}(s,\ a)] \tag{4-89}$$

式中，α 是学习率；e 代表当前迭代时所处的回合数。该公式对于从一个协调状态 s_K 移动到另一个协调状态 s'_K 的情况依旧成立。如果智能体 i 的协作状态在下一个状态中发生改变，情况又有所不同。令 K 表示在时间步 t 与智能体 i 协调的所有 h 个智能体的子集，当智能体 i 从一个协调状态 s_K 移动到一个独立状态 s_i，则对联合行动值 Q 表更新如下：

$$Q^I(s_K,a_K)\ =\ (1\ -\ \alpha)Q^I(s_K,a_K)\ +\alpha\ \sum_{i=1}^{h}[r_i(s_K,a_K)+\gamma\ \max_{a_i'}Q_i(s_i,a_i)] \tag{4-90}$$

当智能体 i 从一个独立状态 s_i 移动到协调状态 s_K，此时对联合行动值 Q 表更新如下：

$$Q_i(s_i,\ a_i)=(1-\alpha)Q_i(s_i,\ a_i)+\alpha[r_i(s_i,\ a_i)+\gamma\frac{1}{h}\max_{a'_K}Q^I(s_K,\ a'_K)] \tag{4-91}$$

也就是说，每个智能体从所产生的协调状态中获得相同部分的预期未来折扣奖励，这实际上是认为每个智能体对协调的贡献是平等的。通过协调和独立状态下对 Q 函数的区别处理，可以实现对路口处相比基于规则的方法更加有效的通行效率和更低的通行延时。不过，基于 Q-learning 的方法维护的 Q 表存储的是道路口处有限的状态 – 动作对，需要一定的表格存储空间和训练开销。为了减小该开销，一般需要牺牲对路口处建模的精度，故该方法只适用于网格建模的条件下，在较为复杂的交通情况的表达上仍有较多改进空间。

2. 多智能体强化学习建模

与中心式方案中以路口处单个决策单元为智能体不同，分布式方案的算法框架为每辆进入路口的智能车。因此，需要将原问题拓展建模成多智能体强化学习模型[181]，遵循部分可观测的马尔可夫决策过程[182]，通过设计智能网联汽车之间的协同通信数据，定义其局部状态空间、局部动作空间和奖励函数，通过多智能体强化学习算法对每辆智能车的策略进行训练和优化，最后将策略部署至智能车辆中。总体的问题描述为：在每一个决策间隔内，通过求解出路口中每一辆智能车的决策动作，在保证网联车辆和智能车辆安全的前提下，快速通过交叉路口。

因此决策优化目标仍然为最大化累积奖励，主要变化的因素在于缺失中心式方案中的中心节点后，全局状态空间相对于每一个智能体而言，在大部分的情况下是隐式的，智能体仅能获取自身能力范围内的部分可观测值，而在动作空间和奖励函数方面大致一致，因此需要定义局部观测空间、动作空间和奖励函数。

1）状态空间：对于路口中每辆车的状态，依旧采取式（4 – 74）的特征列表式建模，但由于车辆对路口的感知能力有限，只能获取到一定范围内附近车辆的状态，而全局状态空间对于每一个智能体而言是隐式的。假设每辆车的感知能力均是相同的，每辆车可以感知到周围 N_c 辆车的信息，因此对于第 i 辆车而言，它及其周围的 N_c 辆车构成一个集合，定义这个车辆集合为 V_{neighbor}。于是第 i 辆车的局部观测空间可以定义为

$$O_i = (s_i)^{\mathrm{T}},\ i \in V_{\text{neighbor}} \tag{4-92}$$

考虑到分布式架构中不存在第三方中心节点，在通信协议中，会对车辆目的地信息加密处理后进行发送。此外，对于第 i 辆车而言，它自身的状态表示 s_i 会放在局部观测空间 O_i 矩阵的第一行，附近的车辆信息会放在第二行及其之后。

2）动作空间：分布式架构的动作空间与中心式架构一致，即式（4-76）、式（4-77）两种建模方式，整个路口的联合动作空间依然以式（4-78）表示。

3）奖励函数：对于分布式架构，每一个智能体有自己对应的奖励函数，需要在最大化每个智能体奖励值的同时，最大化路口中全部智能体的奖励。对于单独智能体的奖励函数，可以进行更加细分的奖励与惩罚项。

对于惩罚项，首先应该尽可能地避免车辆与前方的汽车相撞，在已有状态空间设计的基础上，车速与前车距离的位置关系是需要考虑的状态，此处相关的惩罚项为

$$\begin{aligned} \text{penalty}_1 &= \tanh(v)(\beta_1(d_{\text{now}} - d_{\text{last}})) \\ d &= \frac{1}{N}\sum_{i=1}^{N} \sqrt{(x_i - x_0)^2 + (y_i - y_0)^2} \end{aligned} \tag{4-93}$$

式中，v 为当前自身的车速；d 为该车辆周围的邻居车辆与该车的平均距离，记 (x_0, y_0) 为自身坐标，$(x_i, y_i)_{i=1,2,\cdots,N}$ 为 N 个邻居车辆的位置坐标；下标 now 与 last 分别代表当前该时间步与上一个时间步（下文中相同下标含义同此处）；β_1 为人为设定的系数（下文中 β 亦代表不同惩罚内容的系数）。可见当车辆与邻居车辆的平均距离较之前缩短时，惩罚值较大，此时为了减小惩罚项，应该降低车速，或使其他车辆与自身的距离拉大。

其次，对于车辆发生车祸等行为进行较大值的惩罚。根据关键事件的设定，记录为

$$\text{penalty}_2 = \begin{cases} \beta_2, & \text{车辆碰撞或偏离道路} \\ \beta_3, & \text{车辆停靠时间过长} \\ 0, & \text{其他} \end{cases} \tag{4-94}$$

再次，由于路口处的限速，车辆不可以为了快速到达目标而超过限速 v_{limit}，此时的惩罚项为

$$\text{penalty}_3 = \beta_5\ (\beta_4 \times \max(v - v_{\text{limit}},\ 0) \times \text{steering})^2 \tag{4-95}$$

式中，steering 为汽车的制动系数，如果高速下不制动，则惩罚值较大，考虑到超速对路口安全的较大影响，将此惩罚项设置为平方。

对于奖励项，除了在超速或即将碰撞需要减速慢行时，为提高通行效率应该鼓励车辆适当提速通过该路口。同时对于汽车到达目的地的行为应予以奖励，故奖励项设置为

$$\text{bonus} = a_1\left(\frac{v - v_{\min}}{v_{\max} - v_{\min}}\right) + a_2 \tag{4-96}$$

式中，v_{max}、v_{min}是仿真环境下汽车的最大最小速度；a_1、a_2 为设定的奖励系数。

综上，该时间步下第 i 辆智能车的奖励值 R_i 以及总共的累积奖励值 R 可表示为

$$R = \sum_{i=1}^{N_e} R_i = \sum_{i=1}^{N_e} \left(\text{bonus}_i - \sum_{n=1}^{3} \text{penalty}_{i,n}\right) \tag{4-97}$$

3. 多智能体 - 自注意力渐进策略优化算法

分布式多车协同 AIM 所面临的挑战相比起中心式框架，具有以下核心的问题。

1）环境不稳定性（Non-stationary Environment）问题：理想情况下，路口中智能车辆数目越多，路口中可利用计算能力也会增加，智能车辆的通行策略可以更快优化，但是由于环境的改变和所有智能车的动作相关，而智能车辆的动作会随着策略变化动态调整，每辆车仅知道局部可观测空间前提下，当其他智能车辆的策略发生改变时，环境就会发生不在自己意料之内的变化。为此，可以采取信息聚合模型的方式，将其他智能体的信息结合单智能体的观察进行信息聚合，提高智能车辆的环境观测能力。

2）原理性缺陷：单一智能体强化学习中用于存储训练数据的经验回放池[181]，在环境下存放着 $<S, A, R, S'>$一系列四元组，但由于状态转移过程$(S, A) \rightarrow S'$仅有单智能体的动作，而在多智能体环境下，由于其他智能体的动作可能发生变化，使得同样的(S, A)在实际中几乎无法转移到 S'，这导致经验回放池的数据无法用于训练和梯度下降，这直接影响了依赖梯度下降的强化学习算法在多智能体环境的应用。

这种情况下，可以采取中心化训练 - 分布式执行（Centralized Training Decentralized Execution，CTDE）的 Actor-Critic 框架，在训练阶段对评论家进行中心化处理，使得评论家接受每个智能体的部分观察以及动作，从而对策略进行合理的优化评估。

3）信息聚合模型：在中心式多车协作通行部分中，讨论了多头注意力机制在多车协同问题中的应用。在分布式无信号灯交叉口场景下，中心式方案中诸如全局状态空间向量顺序问题、向量可变维度问题依然为分布式场景中的核心问题，因此多头注意力机制也可以运用于分布式场景中解决上述问题。在本节中，对于每一个智能体，采取了图 4 - 43 所示的加入门控机制的注意力机制模块，输入一个结合了智能体自身观察和通过 V2V 网络收集到的 N 辆其他车状态的向量，维度为$(N+1, \dim(O_i))$。

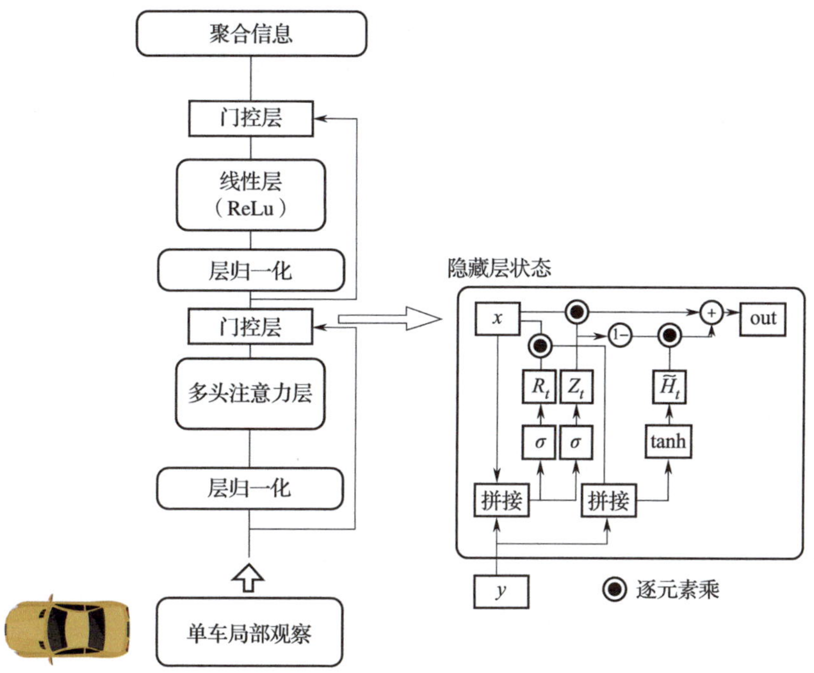

图 4－43　分布式场景下智能车的信息聚合模型架构图

此处在注意力层与 MLP 层前加入了残差连接层归一化机制，并在初始化时设置参数使得其输出期望值接近于 0，从而使得在学习初期，注意力机制受经过层归一化的状态编码影响较小，使得网络框架相当于通过残差连接直接将状态向量输入智能体的策略网络与评论家网络，最小化注意力机制初始随机参数化对环境不准确性的影响。在智能体通过马尔可夫策略学习到恰当的短时反应动作后，注意力机制对长期记忆的学习权重进行提升，使得智能体开始更好注意具有时序关系的长时动作。注意力层的公式同式（4－80）。

为了更好地捕捉智能车辆在路口处观察的时序信息，可采用门控（GRU）层加以实现。由图 4－43 可知，门控层以经过注意力层解码后的向量为输入，计为 y，同时经过残差输入的状态编码 O_i 作为门控层的隐藏特征输入 x。GRU 层的处理公式如下：

$$r_t = \sigma(W_r^t y + U_r^t x + b_r^t) \tag{4-98}$$

$$z_t = \sigma(W_z^t y + U_z^t x + b_z^t) \tag{4-99}$$

$$\hat{h}_t = \tanh(W_h^t y + U_h^t (r_t x)) \tag{4-100}$$

$$g^t(x, y) = (1 - z_t)x + z_t \hat{h}_t \tag{4-101}$$

式中，下标 t 指代某一时间步的训练；r 为重置门，反映是否以当前智能体观察为主，以全连接层的形式实现；权重参数为 W_r^t、U_r^t；线性偏置参数为 b_r^t。式（4－98）的操作结合了注意力输出以及当前观察的结果，并以即时观测为侧重（即 x），通过 Sigmoid 激活函数 σ 作为开关。式（4－99）中的 z_t 为更新门，实现方式类似重置门，权重参数为 W_z^t、U_z^t，线性偏置参数为 b_z^t。$\hat{h}_t$ 为候选的隐藏层，权重参数为 W_h^t、U_h^t，在信息加权和阶段即式（4－100），通过重置门 r_t 的值选择是否对当前信息进行加权。$g^t(x, y)$ 为 GRU 的最终输出，由更新 z_t 决定输出即时观察 x 或结合了注意力与即时观察的结果 $\hat{h}_t$。经过门控单元的时序信息筛选后，由线性层对信息进行提取，最终得到信息聚合的结果。

4）中心式训练－分布式执行 Actor-Critic 架构：本文采取的整体架构如图 4－44 所示。车辆的每个智能体都有自己的 Actor 和 Critic 网络，Actor 网络用于输出行动策略，Critic 网络用于输出动作的质量评估。在中心化评论家下，每个智能体将其自身的观测信息和其他智能体的信息汇集到一起，得到一个全局的状态表示。该全局状态传递到中心化评论家神经网络中，并输出一个全局评估值。Actor 输出的动作或动作分布送入 Critic 网络中计算价值函数，再

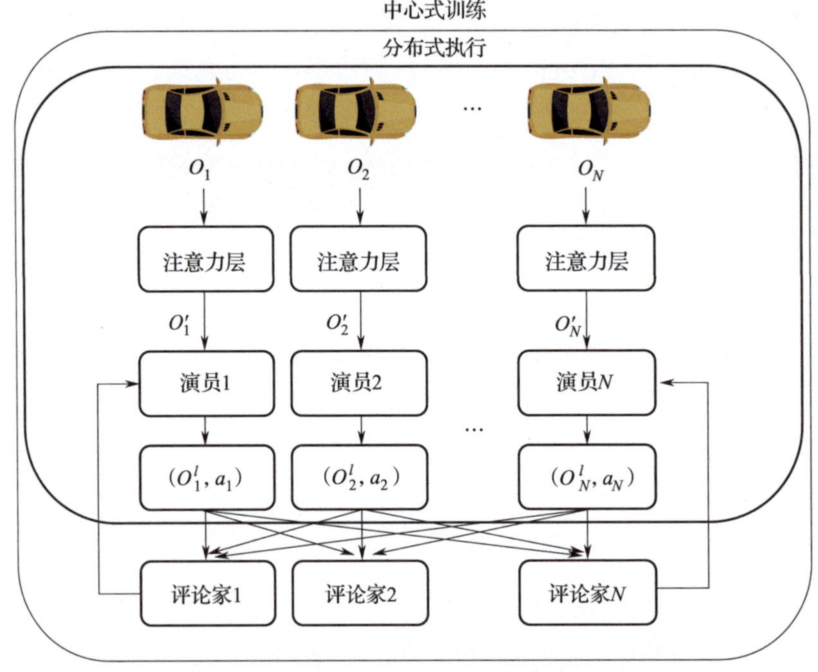

图 4－44　基于 Actor-Critic 的 CTDE 算法框架图

通过中心化评论家的全局评估值作为目标函数进行优化。在训练过程中，每个智能体都会根据自身的经验和中心化评论家的全局评估值进行策略更新，直到策略收敛或达到环境终止条件为止。参照 CTDE 框架，算法分为训练阶段和执行阶段。在训练阶段中，信息聚合模型，智能体策略和智能体中心评论家皆参与训练。在执行阶段中，智能体中心评论家不需要参与，仅由注意力模块和策略模块进行观测与执行判断。

智能体的训练仍然分为采样、训练策略两部分。采样时，每个智能体根据各自的 Actor 网络输出策略，执行不同的操作并与环境交互，得到新的状态、奖励和信息。此时每个时间步中，智能体自身的局部观测，连同其他智能体的局部观测作为全局信息，以在训练阶段作为智能体自身的中心化评论家的输入。策略网络输入为信息聚合过后的观测信息 m_i，其结构为多层感知机（MLP），由三层全连接层组成，激活函数为 ReLu 函数，输出为智能体的动作 A_i。对中心式评论家，输入为所有智能体的观测 $S=(O_1, O_2, \cdots, O_N)$（即全局状态），同样经过由三层线性全连接层组成的 MLP 后，输出对当前全局状态的评分，记为 $V(S)$。参数更新时，仍然采取和中心式多车协同中相似的 PPO 框架，不同的是需要对每个智能体单独执行更新，以及在公式中的价值网络为全局状态的价值[183]。

经过改动后的 Actor 网络的训练目标可以由式（4－82）改写为以下多智能体形式：

$$J^{\text{mappo}}(\theta)=\left[\sum_{k=1}^{n}\min(\rho_{\theta,i}^{(k)}A_i^{(k)},\text{clip}(\rho_{\theta,i}^{(k)},1-\varepsilon,1+\varepsilon)A_i^{(k)})\right]+\delta\sum_{k=1}^{n}S[\pi_\theta(o_i^{(k)})] \tag{4-102}$$

式中，$\rho_{\theta,i}^{(k)}=\dfrac{\pi_{\theta^i}(a_i^{(k)}\mid o_i^{(k)})}{\pi_{\theta^i_{\text{old}}}(a_i^{(k)}\mid o_i^{(k)})}$；$A_i^{(k)}$ 为 Generalized Advantage Estimation 函数[184]；S 为智能体策略的熵，该优化目标兼顾所有智能体的策略网络，在具体实现中，还需考虑批次采样。

经过改动后的 Critic 网络在式（4－84）的基础上改动为

$$\begin{aligned}J^{\text{Value}}(\phi)=\sum_{k=i}^{n}\max[&(V_\phi(s_i^{(k)})-\hat{R}_i)^2,(\text{clip}(V_\phi(s_i^{(k)}),V_{\phi_{\text{old}}}(s_i^{(k)})+\\&\varepsilon,V_{\phi_{\text{old}}}(s_i^{(k)})-\varepsilon)-\hat{R}_i)^2]\end{aligned} \tag{4-103}$$

则该分布式多车协同方案的框架如算法 4－7 所示。

算法 4-7　注意力-中心式训练分布式执行渐进策略优化算法

注意力-中心式训练分布式执行渐进策略优化算法
1　初始化
1-1　随机初始化每个智能体策略网络 π_θ、价值网络 $V_\phi^{\pi_\theta}(s)$，权重分别为 θ、ϕ，初始化注意力网络
1-2　初始化最大 Episode 数量 $E_{\max}$，最大 Episode 长度 $l_{\max}$，智能体数量 N，回放池 B，采样更新频次 P
2　**重复**：迭代 episode $=1:E_{\max}$
2-1　**重复**：迭代 step $=1:l_{\max}$
2-1-1　对 N 个智能体观测到 o_i(全局观察 O)，分别生成动作 $a_i=\pi_{\theta_i}(o_i)$
2-1-2　执行所有智能体动作 $A=\{a_i\}_{i=1,\cdots,N}$，分别得到奖励 $R=\{r_i\}_{i=1,\cdots,N}$
2-1-3　将元组(O, A, R)放入回放池 B，环境生成新全局观察 O'
2-1-4　$O \leftarrow O'$
2-2　**直到**：step 迭代到最大 Episode 长度 $l_{\max}$
2-3　**重复**：迭代 $i=1:N$
2-3-1　从回放池中取出一定批次的(O, A, R)元组
2-3-2　令 $Q=o_i$，$K=V=\{o_{\text{other}}\}$(所观测的数据)，根据自注意力公式得到自注意力表达 C
2-3-3　更新智能体 PPO 策略网络梯度值：$\theta \leftarrow \theta+\eta\nabla_\theta J^{\text{mappo}}(\theta)$
2-3-4　更新智能体 PPO 目标网络梯度值：$\phi \leftarrow \phi+\eta\nabla_\phi J^{\text{Value}}(\phi)$
2-4　**直到**：每个智能体更新完毕
2-5　当 Episode% $P=0$ 时，更新采样用 Actor 网络参数：$\theta' \leftarrow \theta$
3　**直到**：迭代完所有 Episode

4. 分布式多车协作通行方案仿真结果分析

仿真模拟下的多智能体无信号灯交叉路口环境如图 4-45 所示，为双车道十字路口，不允许掉头。主要优化目标是图中的红色自动驾驶车辆，智能体数目为 4。在初始设定的任务中，位于北边的智能车辆距离路口 40m，将直行到达南边路口车道，距离中心路口 40m 处；位于南边的智能车辆距离路口 40m，将左转到达西边路口车道，距离中心路口 40m 处；位于西边的智能车辆距离路口 40m，将直行到达东边路口车道，距离中心路口 40m 处；位于东边的智能车辆距离路口 40m，将直

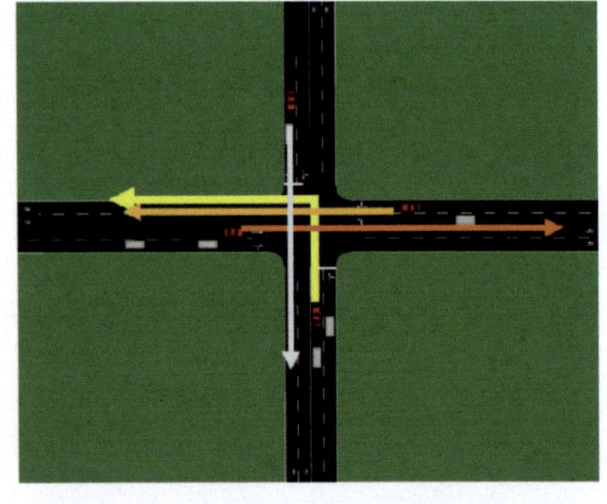

图 4-45　分布式多车协同仿真实验图

行到达西边路口车道，距离中心路口 60m 处。同时，道路中会有一定数量随机配置的灰色的普通网联车，拥有预设好的路线。车与车之间通过 V2V 网络进行通信。

与中心式多车协同的评价指标类似，采取总体奖励、单车平均速度、单车行驶里程等指标进行算法训练评估。为防止过拟合或训练时间过长，达到预设的截断平均奖励均值，或训练时间步数超过最大阈值时停止训练。作为算法基线选取了单智能体直接拓展到多智能体的 DQN 算法[185]，以 Actor-Critic 为基本框架、由 OpenAI 于它们的 baseline 实现中提出的 Advantage Actor Critic 算法（A2C）[186]，以中心式评论家为框架的多智能体 CTDE 深度确定性策略梯度算法（Multi-Agent Deep Deterministic Policy Gradient，MADDPG）[187]。

1）训练总体奖励：每个 episode 的累积奖励均值曲线如图 4－46 如示。从传统的单智能体拓展到多智能体的 DQN 在初始化时有较好的采样结果，但由于其对多智能体环境的观察能力不足，经过一千万个时间步的训练后并没有很好的提升效果，在奖励值上最低。A2C 算法虽然对每个智能体加入了 Actor-Critic 模块，但本质上还是完全分布式的多智能体算法，在结果上仅仅略微比 DQN 高。基于中心式评论家的 MADDPG 由于在训练阶段有中心式的观察，相比完全分布式的算法有一定的提升。而加入了注意力机制的 MAPPO 算法对冲突的识别能力有所提升，在最终的累积奖励值上有较高的结果。

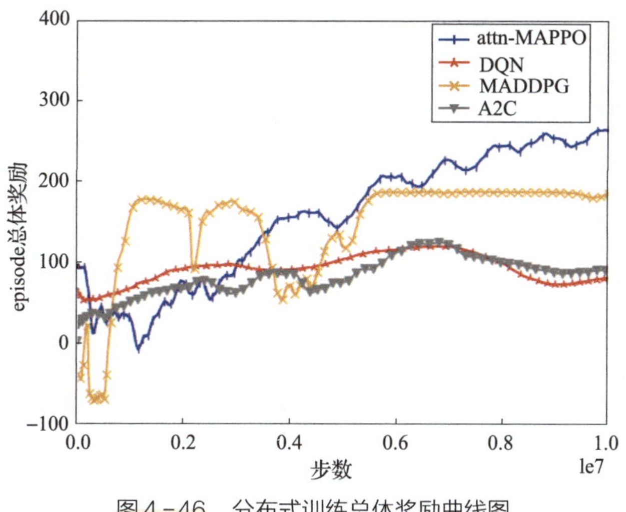

图 4－46　分布式训练总体奖励曲线图

2）部署单车平均速度与行驶里程：综合图 4－47 可以从车辆的运动学特征推测各个算法的训练情况。对于单智能体直接扩展到多智能体的 DQN 与 A2C 算法，可以发现在优化上存在较大的问题。其中 DQN 模型对智能体 0、3 的优化远高于智能体 1、2，在冲突调度处理中牺牲了后两者的成功通行率；A2C 模型则仅有智能体 1 的平均行驶里程超过 40 m，其他智能体行驶里程与平均速度皆处于较低水平。在 CTDE 框架下的 MADDPG 算法相比 DQN 与 A2C，由于结合了中心式价值网络，使得整体行驶里程与平均速度较高，但对于路口处左转，涉及冲突最多的智能体 0 仍存在低行驶里程、低平均速度的情况。而基于注意力的 MAPPO 算法对四辆车的优化效果最好，可以保持在较高速度下以较高成功率通过路口的情况。

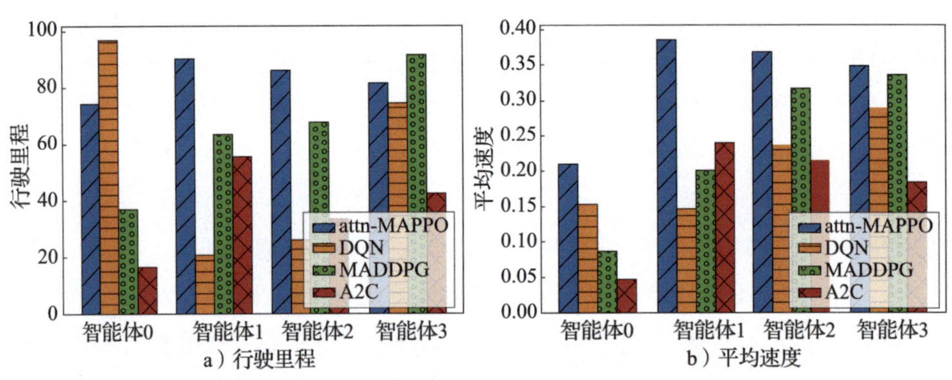

图 4-47　单智能体行驶里程与平均速度柱状图

3）部署仿真场景碰撞率、平均通行时间：评估时，所有的算法在相同的初始条件（智能体数量、初始位置、初始速度）下进行 10 个回合的模拟，记单车碰撞率 = 智能车辆发生碰撞总次数/回合数。（当两辆智能车相撞，二者各记入一次碰撞次数；当智能体碰撞普通车辆，该智能体记入一次碰撞次数）。通过表 4-6可以发现，DQN 与 A2C 的效果最差，且由于较多的碰撞，平均回合时间较短。而 MADDPG 与基于注意力的 MAPPO 能保持较低的碰撞率，而后者在通行时间上有更高的效率。

表 4-6　10 轮模拟中车辆碰撞率与平均回合时间表

算法	车 0 碰撞率	车 1 碰撞率	车 2 碰撞率	车 3 碰撞率	平均回合时间
DQN	0.2	0.6	0.6	0.1	89.0
A2C	0.6	0.7	0.6	0.7	70.5
MADDPG	0.2	0.1	0	0	183.5
attn-MAPPO	0.1	0	0	0.1	145.1

4.4　基于协作强化学习的多车协作路径规划

多车协作导航能力是多车协作决策的基本问题。导航的总体目标是在二维（2D）或三维（3D）环境中，为多个无人车辆分别从起点到终点确定一条最优或次优路径，同时避免障碍物和车辆间的碰撞。配送机器人、仓库自动导航车辆和室内服务机器人都需要在其动态环境中具有强大的多车导航协作能力。

在过去的五十年间，来自世界各地的研究者一直专注于解决多车协作导航问题。一种流行的方法是结合一系列不同的算法。如图 4-48 所示，传统的导航框架使用 SLAM 技术来构建未知环境的地图，然后使用定位算法确定机器人的当前位置，并使用路径规划模块将其移动到目的地[188]。

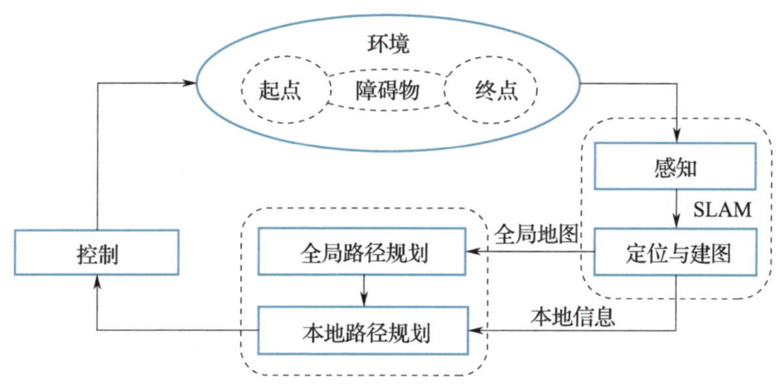

图 4-48　一种传统的多车协作导航框架

路径规划是传统导航框架中的一个关键模块。根据获得的不同环境信息量，该模块可以分为全局和局部路径规划。全局路径规划涉及基于已知的环境地图选择完整路径。常用的方法包括 A^* 算法、蚁群优化和快速探索随机树[189]，这些方法依赖于已知的静态地图，因此在动态环境中难以使用。局部路径规划方法，如人工势场（Artificial Potential Field，APF）[190]和动态窗口方法[191]，用于处理环境中的动态变化和重新规划局部路径。传统路径规划算法遇到的瓶颈包括基于网格的地图表示与其精度和内存要求之间的矛盾，以及在动态环境中实时重新规划导航路径所需的密集计算，这在某种程度上限制了其在大规模场景下的部署和应用能力。

近年来，随着多智能体集群的自动化技术方案的兴起，以及具有嵌入式传感和计算能力的无人车辆的快速发展，利用深度网络和协作强化学习的多车协作导航方法应运而生。本节将介绍多智能体系统与协作学习，及其在多车协作路径规划方面的应用。

4.4.1 协作强化学习介绍

强化学习（Reinforcement Learning，RL）是机器学习的一个重要分支，起源于20世纪80年代，受到心理学中动物学习的启发。它的核心思想是通过智能体与环境的交互来学习最优的决策策略。由于深度学习技术的强大表示能力，已经引入了使用强化学习框架直接从原始传感器输入中学习导航策略的新思路。2013年，Mnih等人[192]首次提出了深度强化学习（Deep Reinforcement Learning，DRL）的概念。他们提出了深度Q网络（Deep Q-Network，DQN），仅通过图像输入学习玩Atari 2600游戏，并超越了人类专家的水平。从那时起，研究者们提出了许多使用DRL算法处理自主导航任务的方法。这些方法将导航描述为马尔可夫决策过程，将传感器的观测作为状态，最大化决策动作的预期回报，从而找到引导机器人到达目标位置的最佳策略。基于DRL的导航具有无地图、强大的学习能力和对传感器精度依赖性低的优点。自2016年以来，将DRL应用于移动机器人导航的趋势增加，取得了巨大的成功[193]。

协作强化学习是一种多智能体系统中的学习方法，它不仅可以用于车辆之间的协同决策和优化，还能够帮助车辆在复杂的交通环境中做出更加智能和迅速的响应。在智能网联的背景下，协作强化学习可以为车辆提供更好的决策支持，例如协同路径优化、协同避障等。随着车联网技术的不断进步，车辆之间的通信和协作变得越来越重要。而协作强化学习正是为这种高度协同的环境量身定制的，它能够帮助多个车辆共同学习和决策，实现更高效、安全和智能的交通系统。

1. 多智能体系统与强化学习介绍

多智能体系统（Multi-Agent System，MAS）由一个环境和多个执行决策的智能体组成，这些智能体在环境中互动以实现特定的目标。

多智能体环境是一个物理或虚拟的世界，其状态随时间演变，并受到环境中智能体的行动的影响。环境指定了智能体在每一时间步中可采取的行动，以及单个智能体关于环境状态的观察。环境的状态可以被定义为离散或连续的量，亦或是两者的组合。多智能体环境的一个特点是智能体通常只有对环境的有限且非完美的感知，这意味着单个智能体可能只观察到关于环境状态的部分信息，不同的智能体可能收到关于环境的不同观察。

智能体是一个实体，它接收关于环境状态的信息，并可以选择不同的行动来影响状态。智能体可能对环境有不同的先验知识，例如环境可能处于的状态以及智能体的行动如何影响状态。智能体通常是目标导向的，它们有明确的目标，并通过选择它们的行动以实现它们的目标。这些目标可以是达到某个环境状态，也可以是最大化某些数值指标。在多智能体强化学习中，这些目标由奖励函数定义，这些函数指定了智能体在某些状态中采取某些行动后收到的标量奖励信号。

在强化学习中，马尔可夫决策过程（Markov Decision Process，MDP）是描述单一智能体与环境交互的经典模型，其核心由五个元素组成：S，A，R，P，γ。状态空间 S 表示系统可以处于的所有可能的情况，动作空间 A 表示智能体在每个状态下可能采取的行动集合，奖励 R 表示智能体在某个状态下采取某个行动后获得的即时回报，转移概率 P 表示从当前状态采取某个行动后转移到下一个状态的概率，折扣因子 γ 表示未来奖励的当前价值的折扣系数。智能体的策略 π 为从状态空间到动作空间的映射。在状态 $s_t \in S$ 下，智能体采取行动 $a_t \in A$，并根据状态转移概率 P 转移到下一个状态 $s_{t+1} \in S$，并通过环境收到即时奖励 $r_t \in R$。

强化学习的目标为学习从环境状态到动作的映射（即行为策略），记为策略 π：$S \to A$ 或者 $a = \pi(s)$。奖励函数（回报函数）$R_a(s_i,\ s_j)$ 只能描述一个策略的瞬间回报，瞬间回报无法正确评估策略的价值. 而强化学习是一个序列化决策的过程，因此需要考量当前决策的预期回报。

强化学习使用效用函数（状态 – 值函数）$V^{\pi}(s)$ 来描述在状态 $s \in S$ 下，采用策略 π 的长期影响。对于一般的 MDP，可以形式化地定义 $V^{\pi}(s)$：

$$V^{\pi}(s) = E_{\pi}\{R_t \mid s_t = s\} = E_{\pi}\left\{\sum_{k=0}^{\infty} \gamma^k r_{t+k+1} \mid s_t = s\right\} \tag{4-104}$$

式中，$E_{\pi}\{\}$ 表示在任意的时间步 t 下，智能体跟随给定的策略 π 所能得到的预期回报。在式（4 – 104）中，状态 – 值函数 $V^{\pi}(s)$ 考虑了未来回报相对于当前回报的重要程度，γ 趋近于 0 时表示不考虑长期回报，状态 – 值函数 $V^{\pi}(s)$ 退化成下一步预期的回报 $\sum_{s' \in S} R_{\pi(s)}(s,s')P_{\pi(s)}(s,s')$。$\gamma$ 为 1 时表明长期回报与当前回报同等重要，即 $V^{\pi}(s) = E_{\pi}\left\{\sum_{k=0}^{\infty} r_{t+k+1} \mid s_t = s\right\}$。

有时视任务目标不同，也可采用不同的状态 – 值函数，如 $V^{\pi}(s) =$

$E_\pi\left[\sum_{i=0}^{h} r_i \mid s_0 = s\right]$，即采用策略 π 的情况下未来有限 h 步的期望立即回报总和；$V^\pi(s) = \lim_{h\to\infty} E_\pi\left[\frac{1}{h}\sum_{i=0}^{h} r_i \mid s_0 = s\right]$，即采用策略 π 的情况下未来有限 h 步的期望平均回报。MDP 的终极目标为找到最优策略 π^*：

$$\pi^* = \underset{\pi}{\operatorname{argmax}} V^\pi(s) \tag{4-105}$$

但当涉及多个智能体的协作和交互时，MDP 就无法胜任了，此时分布式部分可观察马尔可夫决策过程（Decentral Partially Observable Markov Decision Process，Dec-POMDP）成为一种更合适的描述和建模方式。Dec-POMDP 由 MDP 泛化而来，它用于建模多智能体间面对观测和通信不确定性时的决策和协调问题。

一个 Dec-POMDP 模型可以被定义为一个七元组（S，$\{A_i\}$，T，R，$\{\Omega_i\}$，O，γ），其中 S 为状态的集合，A_i 为智能体 i 的行动集合，其中 $A = \times_i A_i$ 是联合行动的集合，T 是状态间条件转移概率的集合，$T(s, a, s') = P(s' \mid s, a)$，$R$：$S \times A \to \mathbb{R}$ 是回报函数，Ω_i 是智能体的观察集合，其中 $\Omega = \times_i \Omega_i$ 是联合观察的集合，O 是一组条件观察概率 $O(s', a, o) = P(o \mid s', a)$，$\gamma \in [0, 1]$ 是衰减因子，表明了未来的回报相对于当前回报的重要程度。

在每一时间步，每个智能体使用下一个状态和联合动作根据观察函数 $O(s', a, o)$ 观测一个观察，随后采取一个行动 $a_i \in A_i$，根据转换函数 $T(s, a, s')$ 使用当前状态和联合动作更新状态，并根据奖励函数 $R(s, a)$ 为整个团队生成一个即时奖励。目标是在一个有限或者无限的时间步中最大化预期的累积奖励。

多智能体系统的关键特征是智能体必须协调它们的行动以实现它们的目标。在完全合作的场景中，智能体的目标完全一致，因此智能体需要合作以实现共同的目标。在竞争场景中，智能体的目标可能完全相反，因此智能体直接与彼此竞争。在这两种极端之间，智能体的目标在某些方面可能是一致的，而在其他方面可能是不同的，这可能导致涉及不同程度的合作和竞争的复杂多智能体互动问题。

多智能体系统的研究在人工智能中有着悠久的历史，并涵盖了广泛的技术问题。这些问题包括如何设计算法使智能体选择达到其指定目标的最佳行动；如何设计环境以激励智能体的某种长期行为；信息如何在智能体之间传播；如何在智能体集群中训练得到领导或者教师智能体，以指导其他智能体的协作等。

2. 多智能体强化学习介绍

协作强化学习又称多智能体强化学习（Multi-Agent Reinforcement Learning, MARL），是多智能体系统中的一种智能体策略学习范式，它关注于如何在一个包含多个智能体的环境中通过互动进行学习和决策。每个智能体都有自己的策略，这些策略定义了在给定状态下应该采取的行动，这些行动合并在一起被称为联合行动。联合行动根据环境动态改变环境的状态，智能体因此受到奖励，并观察到新的环境状态。这个循环持续进行，直到满足终止条件。从初始状态到终止状态的完整循环被称为一个情节（episode）。多个独立情节产生的数据用于不断改进智能体的策略。智能体的目标是通过与环境和其他智能体的互动来最大化其预期的累积奖励。

综上所述，多智能体强化学习的特点在于：

1）多智能体互动：在多智能体强化学习中，智能体不仅与环境交互，还与其他智能体互动。这种互动可能是合作的、竞争的或是混合的。

2）非静态环境：由于多个智能体同时学习和调整其策略，因此对于任何一个智能体来说，环境都是非静态的，这增加了学习的复杂性。

3）共享与私有信息：智能体可能有共享的全局信息，也可能有私有的局部信息。如何有效地利用这些信息是协同学习的关键问题之一。

4）通信与协调：为了实现更好的协同效果，智能体之间可能需要进行通信。如何设计有效的通信机制，以及如何在有限的通信带宽下进行高效的协调，是多智能体强化学习的另一个关键问题。

深度多智能体强化学习结合了深度学习和多智能体强化学习的技术，旨在处理更复杂、高维度的多智能体问题。近年来，由于深度强化学习在多个领域的成功应用，如 Atari 游戏、机器人技术和电网管理等，研究者们开始将其应用于多智能体系统。

4.4.2 多智能体路径规划问题

不同的多智能体路径规划研究针对不同的任务目标，以及应用场景的一些约束，可能会考虑不同的假设。但一般来说，一个基于离散格点的 MAPF 问题实例包含如下几个部分：一个给定的有限的无向连通图 $G=(V, E)$，其中顶点 V 代表了地图中的每个位置或者定点，而它们之间的边 E 代表了智能体能在各个位置之间移动所经过的路径；一个给定的包含 M 个智能体的集合 $\{a_i \mid i \in$

$[M]\}$，$[M]$表示正整数集合$\{1, \cdots, M\}$。每个智能体 a_i 都有一个初始顶点 $s_i \in V$ 和一个目标顶点 $g_i \in V$。所有智能体的初始顶点和目标顶点都是唯一的。

假定时间是离散化的，在每一个时间步中每个智能体都正好位于无向图的一个顶点中，并且可以执行单个动作。在基于离散格点的 MAPF 问题中，动作指的是一个函数 $a: V \to V$，而 $a(v) = v'$指的是如果一个当前位于顶点 v 的智能体执行了一次动作 a，那么它将在下一个时间步中移动到顶点 v'。每个智能体有两种动作：等待或移动。一个等待动作指的是智能体在下一个时间步中停留在当前所在的位置，而一个移动动作指的是智能体在下一个时间步会从它当前的位置 v 沿着路径$(v, v') \in E$ 移动到相邻的顶点 v'。

不妨假设 $\pi_i(t)$表示被智能体 a_i 在时间步 $t=0, \cdots, \infty$ 占据的顶点。智能体 a_i 的一条路径 $\pi_i = \langle \pi_i(0), \pi_i(1), \cdots, \pi_i(T_i), \pi_i(T_i+1), \cdots \rangle$应当满足以下四个条件：

1）智能体 a_i 从它的初始顶点开始出发，即 $\pi_i(0) = s_i$。

2）智能体 a_i 在到达时间 T_i 时抵达目标顶点，T_i 是对于所有满足条件 $t = T_i, \cdots, \infty$，$\pi_i(t) = g_i$ 的时间步中最小值。

3）智能体 a_i 在任意一个时间步中均不与任何其他智能体或者地图上的障碍产生路径冲突或者碰撞，冲突的定义在下文给出。

4）智能体 a_i 在两个连续的时间步中总是要么移动到一个相邻的顶点，要么停留在原地，即对于所有的时间步 $t=0, \cdots, \infty$，$(\pi_i(t), \pi_i(t+1)) \in E$ 或者 $\pi_i(t+1) = \pi_i(t)$。

在本节中，路径 π_i 被写作它最短的形式$\langle \pi_i(0), \pi_i(1), \cdots, \pi_i(T_i) \rangle$，而智能体在到达既定终点之后继续占据它路径中的最后一个顶点。

多智能体路径求解器的首要目标是找到一个求解方案，即每个智能体都需要一个单独的无冲突执行的计划。为了实现这一点，MAPF 求解算法需要明确给出冲突的定义，如果任何两个智能体之间没有冲突则称 MAPF 求解程序给出了有效的解。经典的 MAPF 文献中定义了不同的冲突类型，本节采用最常见的两种定义，这两种冲突的图形化表示如图 4-49 所示。

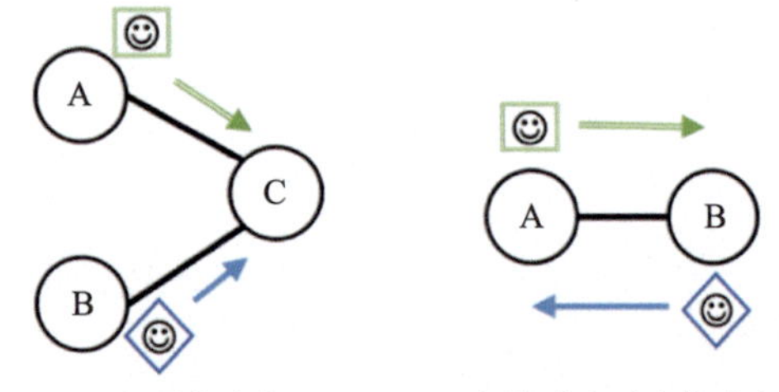

a）顶点冲突　　b）边冲突（交换冲突）

图 4-49　两种冲突类型的图形化表示

不妨假设 π_i 和 π_j 是一对不同智能体的计划。一个顶点冲突可以用一个元组 $\langle a_i, a_j, v, t\rangle$ 来表示，其中智能体 a_i 和 a_j 在时间步 t 中试图去占据相同的顶点 $v=\pi_i(t)=\pi_j(t)$。一个边冲突（交换冲突）可以用元组 $\langle a_i, a_j, u, v, t\rangle$ 来表示，其中智能体 a_i 和 a_j 在时间步 t 和 $t+1$ 之间以相反的方向穿越相同的边 (u, v)，其中 $u=\pi_i(t)=\pi_j(t+1)$ 而 $v=\pi_j(t)=\pi_i(t+1)$。

在 MAPF 问题中，计划是由为每个智能体 a_i 规划的路径 π_i 所构成的，一个有效的 MAPF 解决方案是指，其中所有的路径都不会发生冲突，并且可以在有限的时间步骤内得到解答。在实际应用中，某些 MAPF 的解决方案相对于其他方案具有更高的优越性。为了验证这一观点，传统的 MAPF 研究引入了目标函数来评估解决方案的质量。在这些研究中，最常采用的两个评价指标是完成时间和总体成本（或称为流程时间）。

完成时间：所有智能体抵达它们的目标的到达时间最大值 $\max_{i\in[M]} T_i$。

流程时间（总体成本）：所有智能体抵达它们终点的到达时间之和 $\sum_{i\in[M]} T_i$。

现有的研究表明，最优化地求解 MAPF 问题，无论是针对完成时间最小化[194]，还是流程时间的最小化[195]，都是 NP-hard 问题。

图 4-50 呈现了一个在二维 4 邻居格点上的 MAPF 问题示例。其中，白色的格子代表可以通行的区域，而黑色的格子则表示不可通行的障碍。彩色的圆形标识了智能体的初始位置，而与之对应颜色的阴影圆则标记了每个智能体的目标位置。考虑两个智能体：智能体 a_1 的起始位置为 $s_1=\mathrm{B}$，目标位置为 $g_1=\mathrm{D}$；智能体 a_2 的起始位置为 $s_2=\mathrm{A}$，目标位置为 $g_2=\mathrm{E}$。一个最佳的路径解决方案为：$\{\pi_1=\langle \mathrm{B}, \mathrm{C}, \mathrm{D}\rangle, \pi_2=\langle \mathrm{A}, \mathrm{A}, \mathrm{C}, \mathrm{E}\rangle\}$，此解决方案的完成时间为 3 个时间步，而流程时间则为 7 个时间步。

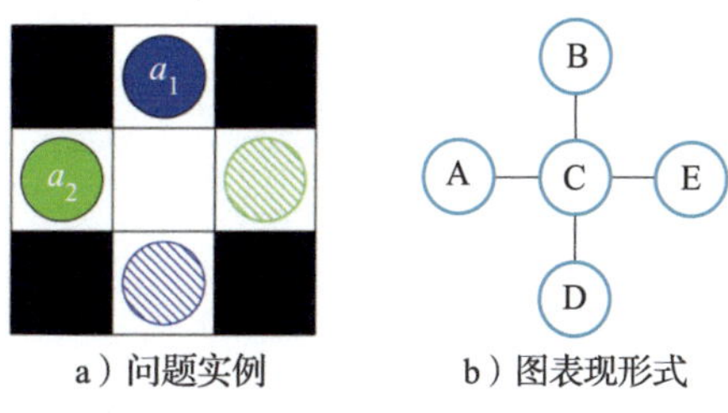

a）问题实例　　b）图表现形式

图 4-50　一个 MAPF 问题的例子

4.4.3　基于模仿学习的多车协作路径规划

在现代计算机科学和人工智能的研究领域，模仿学习已经证明是一种非常有力的工具。DeepMind 所开发的 AlphaGo 是这方面的杰出代表，其背后的机制和技术为许多复杂问题提供了新的解决思路[196]。AlphaGo 的初步训练采用了模仿学习方法，通过分析数百万盘围棋的专业对局数据，尝试模拟专家级的决策过程。这一阶段为 AlphaGo 奠定了一个坚实的基础，使其能够理解和执行复杂的棋局策略。然而，仅仅模仿并不足以使 AlphaGo 达到超越人类的表现。此后，通过与自己的对弈并配合蒙特卡洛树搜索，AlphaGo 采用了强化学习技术，进一步优化了其策略和决策能力。

寻路算法的传统研究主要侧重于确定性或者启发式的方法，如 A* 算法和 Dijkstra 算法。然而，AlphaGo 的成功提供了一种新的思考方式，即从数据中学习最佳策略，而非仅仅依赖固定的规则。与静态、预设的规则相比，从数据中学习策略的方法在面对环境变化时展现出更高的适应性和灵活性。模仿学习可以为寻路策略提供初步的、经验丰富的基线。之后，通过强化学习，该策略可以被进一步优化，以达到更高的效率和准确性。自从 PRIMAL 算法[197]首次提出结合模仿学习和强化学习来学习和优化寻路策略，这种范式就被广泛应用和持续优化，如 PRIMAL2 针对一些迷宫场景进行特殊的约束学习[198]，PICO 在此基础上引入了多智能体通信学习[199]等，这些算法极大地拓宽了多智能体搜索问题研究的边界，提高了算法的性能。下文对基于模仿学习的多车协作路径规划的介绍将以 PRIMAL 算法作为基准。

1. 观察空间设计

通常基于学习的寻路算法设定的环境是一个部分可观察的格点网络，其中每个智能体只能获取到以自身为中心的有限视野内的周围环境的状态。这种部分可观察的假设，相比起智能体能够实时地获取到全局的信息的设定，能够更加贴合真实生产环境部署的情况。而对于一些可以获取到整个环境地图的场景，算法也能通过使用一个足够大的视野在获取到全局信息的情况下训练智能体。除此之外，设定一个固定的视野也能够让训练出来的策略泛化到任意的生产环境设置，同时也能帮助降低神经网络的输入尺寸。在这有限的视野中，信息被分散到不同的频道中来辅助网络训练。如图 4-51 所示，PRIMAL 算法使用了四个二维矩阵来提供障碍的信息、其他可观察的智能体的位置、其他可观察的智能体的目标和当前智能体的目标（如果该目标在智能体的视野中）。图中智能体使用彩色矩形来表示，它们当前的目标使用相同颜色的圆圈来表示，障碍使用灰色的矩形来表示。每个智能体只能访问以其位置为中心的有限视野，其中信息被分解为四个通道：障碍物位置、附近智能体的位置、附近智能体的目标和该智能体目标的位置（如果在视野内）。可以注意到，当视野范围超过了世界的边界，则边界外的格子会被障碍物填充。除此之外，智能体还应能够获取到关于它的目标的信息，而智能体的目标经常在它的视野范围之外，因此还需提供一个指向智能体的目标的单位向量及到其目标的绝对距离，这是为了让智能体能够学习选择它的运动方向。

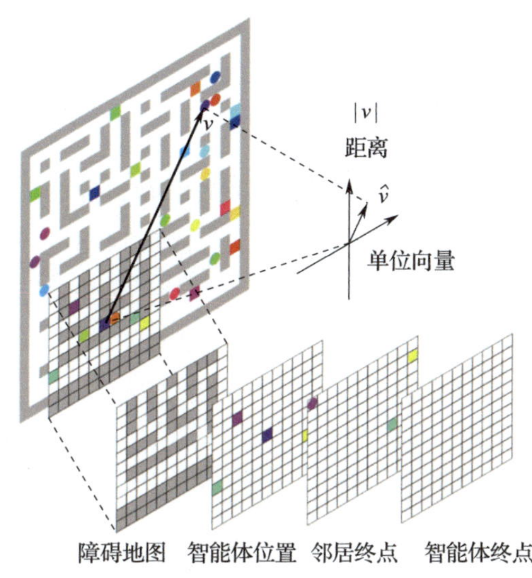

图 4-51　PRIMAL 算法采用的观察空间

2. 动作空间设计

在绝大多数 4 邻居格点网络 MAPF 问题的动作集中，智能体在每个时间步中被允许执行以下五种离散的动作：以四个主方向（上下左右）移动到它邻居的四个格子之一，或者停留在原地。在训练期间，智能体的动作从一系列合法的动作中采样得到，并且智能体不允许采取非法的动作，比如说运动到一个障碍物格点上去或者与其他智能体发生冲突，这是一种非法动作屏蔽的优化方法，能够降低分布式执行过程中非法动作被采样的概率。而 DHC[200] 和 DCC[201] 等算法采取了另一种手段：给非法动作一个比较大的负反馈，以让智能体学习到这种动作的危害性。除此之外，PRIMAL 等算法为了避免智能体在两个格点之间来回摆动，不允许智能体返回到它们在上一个时间步中占用的顶点，而只允许在连续的时间步中停留在本地，以此来激励智能体进行积极探索，而不是将学习到的策略收敛到停止探索并在原地打转。

3. 奖励函数设计

一般情况下，基于学习的方法在设计回报函数时，会在每个时间步中对智能体不在目标上的行为进行惩罚，同时对智能体在原地停留的行为的惩罚会大于其移动行为，以此激励智能体尽快赶到它们的目标。一旦智能体抵达它们的目标，就会收到一个较大的正向回报，这能够有效增强它们直奔目标的倾向。除此之外，尽管有些方法提到智能体的一些非法动作不被采样，但是在更多的一些方法中，智能体在彼此碰撞或碰到障碍物时会受到一个碰撞惩罚，以此来降低危险行为在执行过程中的被采样概率。

4. 网络结构设计

由于 PRIMAL 及其衍生算法需要大量的样本进行训练，因此其网络依赖于一种异步并行采样的 Actor-Critic 算法——异步优势演员 - 评论家算法（Asynchronous Advantage Actor-Critic，A3C）[202]，来支持多个智能体在共享的环境中并行地采样和训练。它采用一个深度神经网络来拟合智能体的策略，如图 4-52 所示，这个网络将智能体对它周边环境的观察映射到下一步要采取的行动。网络采取图 4-51 中提到的观察空间（4 个包含对周围环境观察编码的二维数组，和 3 个表示终点方位和距离的值）作为输入，并有多个输出。其中一个输出为实际的策略，其他的则是一些为了训练这个策略所需的值。

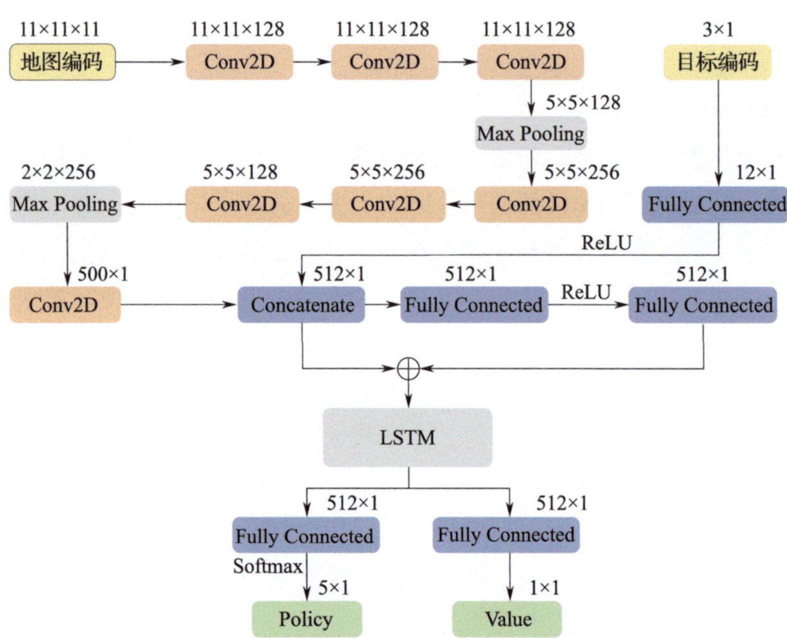

图 4-52　一种典型的基于 CNN 的处理多智能体输入和决策网络结构

神经网络的两个输入——本地的观察和目标的位置在独立地预处理后才被中途连接进了神经网络。智能体本地的观察，即一个 4 通道的二维矩阵（11 ×

11×4 张量)，经过三个卷积层和一个池化层后，重复这一步骤，随后再经过一个卷积层。与此同时，目标的单位向量和距离通过一个全连接层后，与上述预处理后的观察信息连接起来。连接后的预处理输入随后被传入两个全连接层，最终被传入一个长短期记忆网络（Long Short-Term Memory，LSTM）中。LSTM 的输出层包含了用 softmax 激活的策略神经元和输出值。

在训练阶段，网络使用一个标准的 L2 损失函数L_{value}，不断地更新输出值 V 以匹配最近的一组动作中每个访问状态的总的长期累计折扣回报 $R_r=\sum_{i=0}^{k}\gamma^i r_{t+i}$。

$$L_{\text{value}}=\sum_{t=0}^{T}\left(V(o_t;\theta)-R_t\right)^2 \tag{4-106}$$

网络在训练演员（actor）的输出策略 π 时，策略梯度损失函数为

$$L_{\text{actor}}=\frac{1}{T}\sum_{t=1}^{T}\sigma_H H(\pi(o_t))-\log(\pi(a_t\mid\pi,o;\theta)A(o_t,a_t;\theta)) \tag{4-107}$$

式中，熵 $\sigma_H H(\pi(o_t))=-\sigma_H\pi_t(a_t)\sum_{i=1}^{5}\log(\pi_t(a_i))$，用来鼓励智能体探索并防止网络过早收敛；$A(o_t,\ a_t;\ \theta)$是对势函数的极大似然估计。作为势函数演员－评论家算法的一个标准，本节使用了值函数（即评论家网络的输出）引导的优势函数的近似值：

$$A(o_t,\ a_t;\ \theta)=r_t+\gamma V(o_{t+1};\ \theta)-V(o_t;\ \theta) \tag{4-108}$$

除了策略损失函数，PRIMAL 依赖一个额外的损失函数 L_{valid}，通过降低智能体选择无效动作的对数可能性，来加速演员网络的训练。

$$L_{\text{valid}}=\frac{1}{T}\sum_{t=1}^{T}\sum_{i=1}^{5}\log(v_i(t))\tilde{\pi}_t(a_i)+\log(1-v_i(t))(1-\tilde{\pi}(a_i)) \tag{4-109}$$

式中，$v_i(t)$表示在时间步 t 动作 i 的有效性的真值；$\tilde{\pi}$ 则表示策略 π 经 Sigmoid 函数激活后得到的结果。

$$\tilde{\pi}=\sigma(\pi)=\frac{1}{1+e^{-\pi}} \tag{4-110}$$

最后，将以上三个损失函数结合起来，整合成演员网络和评论家网络输出的最终的损失函数

$$L_{\text{final}}=\alpha L_{\text{value}}+\beta L_{\text{actor}}+\zeta L_{\text{valid}} \tag{4-111}$$

式中，$(\alpha,\ \beta,\ \zeta)\in\mathbb{R}^3$，三者均为手动调整的参数。

PRIMAL 及其衍生算法在每一组训练开始前都会随机地选择采用强化学习

还是模仿学习的策略（设置采用强化学习或模仿学习的切换逻辑见图 4-53 中间的开关）。模仿学习采用的专家数据由中心化算法基于冲突的算法（Conflict-Based Search，CBS）给出，对于每个智能体，调用 CBS 算法采集一系列的观测和动作的集合 $T \in (\mathrm{O} \times \mathrm{A})^n$，PRIMAL 算法的目标为最小化行为克隆（Behavior Cloning，BC）的损失函数：

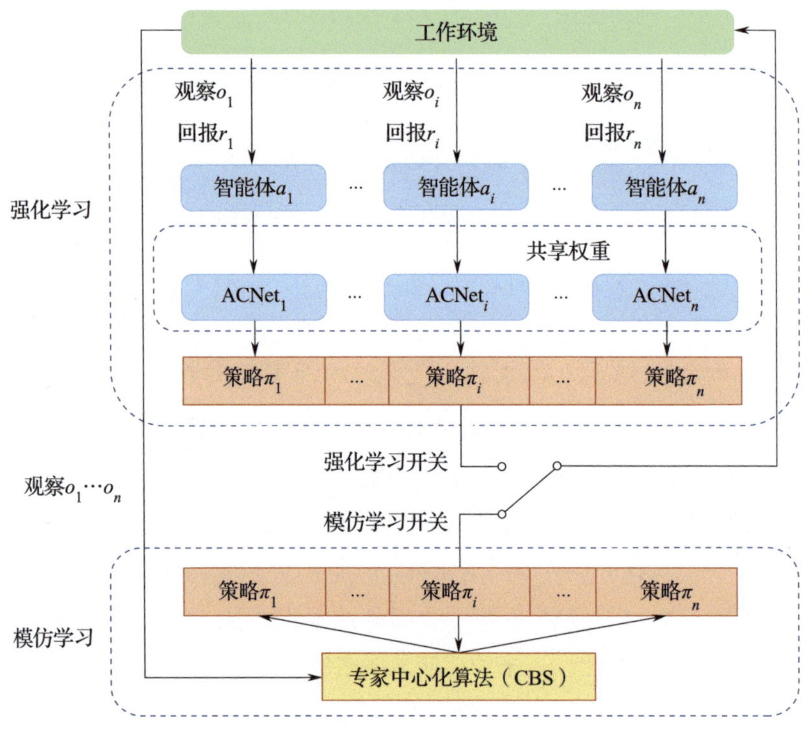

图 4-53　混合强化学习/协作学习方法结构

$$L_{\mathrm{bc}} = -\frac{1}{T}\sum_{t=0}^{T}\log(P(a_t \mid \pi, o_t; \theta)) \tag{4-112}$$

4.4.4　基于分层协作学习的多车协作路径规划

尽管基于模仿学习和通信学习的多车协作路径规划算法取得了巨大成功，但在大规模情境中实施基于学习的 MAPF 算法面临着由于样本低效性而产生的巨大障碍。强化学习中的数据收集过程依赖于智能体与其环境之间的交互，这通常遵循一个 ϵ-greedy 探索策略。因此，积累的数据可能包含重复且低效的样本，为策略和价值学习提供极少的引导，导致训练时间长且效果不佳。在大多数基于学习的 MAPF 方法中，每个智能体在完成寻路任务前都必须进行大量尝试，以确定到目标的可行路径，才能得到积极的奖励，从而使上述问题被进一步放大。这种奖励的延迟性和稀疏性加剧了样本的低效性，特别是当训练场景的大小放大时。此外，部分可观察性限制了智能体的感知能力，导致强化学习模型收敛于波动或次优策略，进一步降低了训练效率。鼓励更有效的探索策略，并解决延迟和稀疏的奖励，是提高大规模情境中基于学习的 MAPF 规划器的整体性能和效率方面的关键步骤。

1. 分层强化学习框架

HELSA(Hierarchical Reinforcement Learning with Spatiotemporal Abstraction)方法[203]提出了一种分层多智能体路径搜索决策方案，以应对大规模 MAPF 中由于延迟和稀疏的奖励，以及部分可观察性导致的受限感知的问题。该框架将强化学习任务分解为一个子问题的层次结构，如图 4-54 所示。上层策略学习如何在长时间内将任务划分为几个较短期限的子目标，这通常被称为时间抽象[204]。具体来说，地图顶点被划分为互相连接的矩形区域，上层控制器为较长的时间范围生成最优子目标作为宏观行动。子目标代表每个智能体将导航到的后续区域，包括空间维度扩展的动作序列，称为空间抽象。时空抽象促进了更结构化的探索，并以相对较低的成本扩展了智能体的感知范围。下层控制器优化宏观路径，规划无碰撞具体路径，在较短的时间范围内实现各个子目标。每个子任务都被构建为一个多目标、多智能体寻路问题，智能体的临时目标沿着区域边

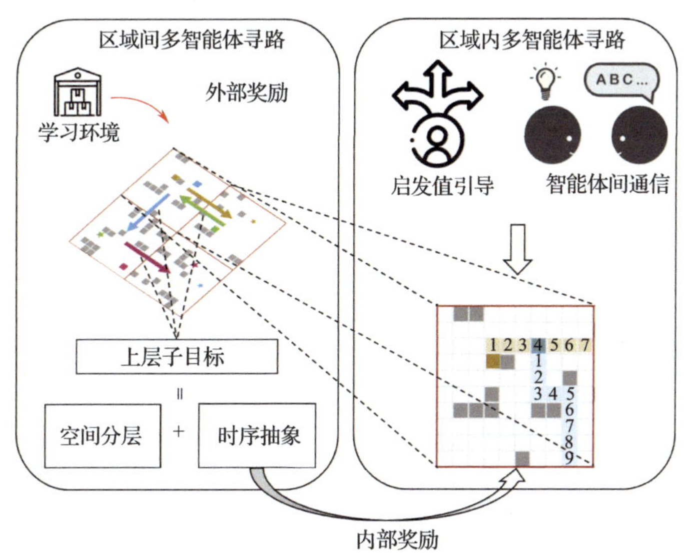

图 4-54　HELSA 算法分级寻路框架

界聚集，而不是随机分散在地图上。HELSA 方法包含了两个层次的 MARL 模型。分层控制器在不同的粒度共同规划智能体的行动，并获取中间奖励以增强智能体在探索过程中的反馈，从而产生更具远见的策略。

HELSA 引入了一个分解的分布式部分可观察马尔可夫决策过程（Factored Decentralized Partially Observable Markov Decision Model，Factored Dec-POMDP）模型，该模型扩展了传统的 Dec-POMDP 模型，来接纳不同转换时间的长时序任务。所有区域 r 的集合记作$\mathcal{R}$，连通图$\tilde{G}=(\mathcal{R}, \tilde{E})$中每个节点都是一个区域，边表示相邻区域之间存在关联。每个区域可以容纳多个智能体，并允许智能体在区域中穿梭而不造成碰撞。同标准的 MAPF 一样，智能体 i 有一个初始区域 r_0^i 和一个终点区域 r_g^i，多个智能体可能会拥有相同的起点和终点区域。

2. 区域间路径优化算法

上层控制器的观察特征可以用一个三元组$\langle\mathcal{N}, \mathcal{T}, \tilde{\mathcal{H}}\rangle$来表示，其中$\mathcal{N}$表示当前和相邻区域的现有智能体个数，$\mathcal{T}$表示当前和相邻区域中下个目标区域为该区域的智能体数目，$\tilde{\mathcal{H}}$包含了一个四层的启发式地图的独热编码，如图 4－55 所示。值得注意的是，尽管在按区域划分的地图上没有障碍物，但上层启发式地图考虑了两个相邻区域之间没有有效路径连接的情况。这是因为启发式地图是基于最短的有效单智能体路径计算的。上层控制器的感知是有限的，比如智能体只能从其当前区域为中心的附近 5×5 区域获取信息。

HELSA 采用子目标（或宏观行动）的概念来表示对行动的概括，以包括时间上扩展的行动序列。它假设$\mathcal{G}_i$代表每个智能体 i 的一个有限的子目标集合，其中$\mathcal{G}=\times\mathcal{G}_i$构成了联合子目标的集合。智能体 i 的局部子目标可以通过一个三元组来表示：

$$\mathcal{G}_i=\langle\mathcal{I}_{\mathcal{G}_i}, \beta_{\mathcal{G}_i}, \pi_{\mathcal{G}_i}\rangle \tag{4-113}$$

包括一个启动集合$\mathcal{I}_{\mathcal{G}_i}\subseteq\mathcal{S}_i$，一个随机终止条件$\beta_{\mathcal{G}_i}$：$\mathcal{S}_i\rightarrow[0, 1]$，以及一个策略$\pi_{\mathcal{G}_i}$：$\mathcal{S}_i\times\mathcal{A}_i\rightarrow[0, 1]$。在 HELSA 框架内，一个子目标可以被描述为确定智能体打算导航到的下一个区域。在这种情境下，一个子目标包括一个下层路径规划策略，即一个用于确认智能体已到达下一区域边界的终止条件，以及一个包含智能体在新到达区域中的位置的启动状态集合。上层控制器监控下层行动的终止，特别是当智能体到达新的区域或其目标顶点时，这正是智能体需要选择新宏观行动的确切时刻。

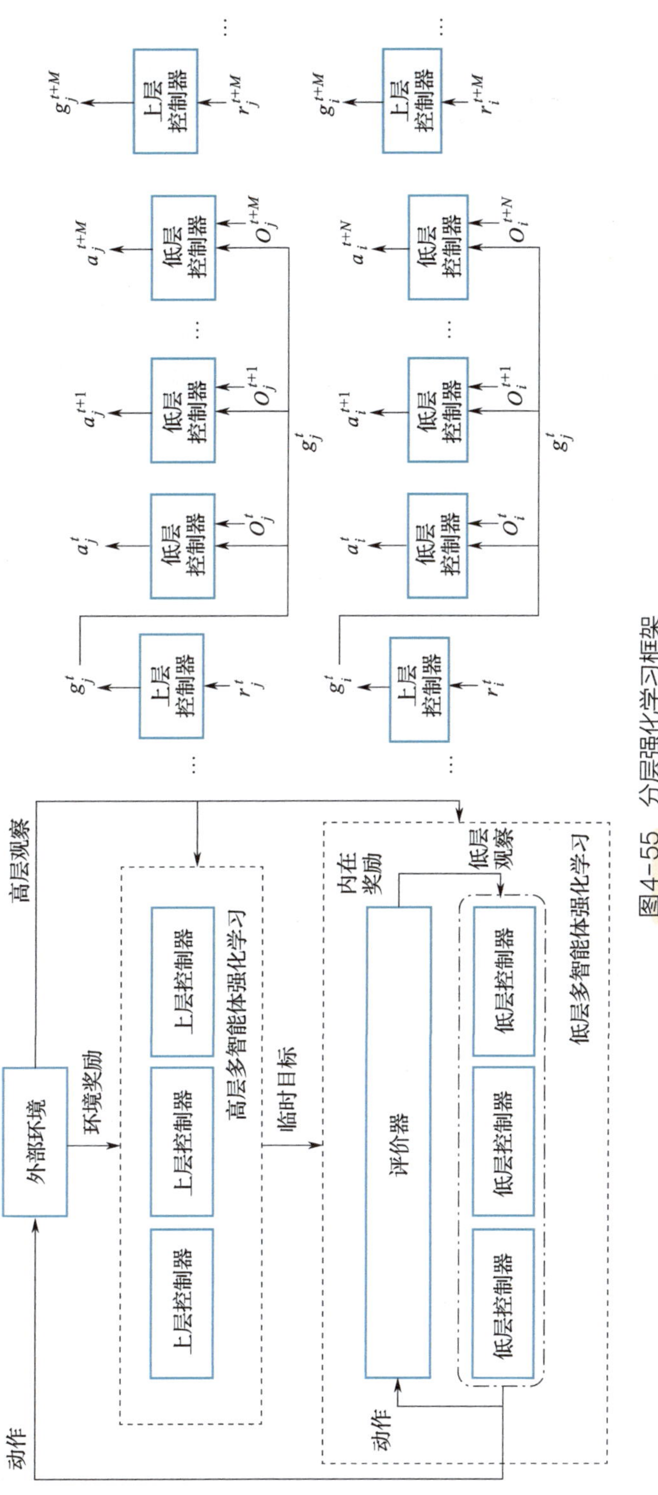

图 4-55　分层强化学习框架

HELSA 定义外部奖励函数为 $F: R \times G \rightarrow [0, 1]$。仅当智能体到达其目标顶点时，从环境获得的外部奖励信号才为正值。上层控制器的目标是在扩展的时间框架内优化累积的外部奖励。

考虑到上层子目标规划子问题的离散动作空间，HELSA 采用 dueling DQN 来为每个智能体解决子问题，确保快速收敛。基于 IQL 的子目标规划算法在算法 4－8 中展示。

算法 4－8　基于 IQL 的子目标规划算法

基于 IQL 的子目标规划算法	
1. 初始化： 共享经验重放缓冲区 M 和探索概率 $\epsilon = 1$	
2. 分别为评估 DQN $Q(\boldsymbol{r}, \boldsymbol{g}; \theta)$ 和目标 DQN $\tilde{Q}(\boldsymbol{r}, \boldsymbol{g}; \tilde{\theta})$ 初始化随机参数 $\{\theta, \tilde{\theta}\}$	
3. 重复：迭代每一个情节	
3-1	**初始化：** 下层状态描述 s_i^0 和 t_i 作为起始和终止状态
3-2	**初始化：** 上层状态描述 r_i 和终止条件 β_i
3-3	**重复：** 对于每一个时间步 t，每一个智能体 i
3-3-1	**判断：** 如果 $s_i^t \in \beta_i$
3-3-1-1	获得外部奖励 $f_i(r_i, g_i, r_i')$，并在全局重放缓冲区 M 中存储转换 (r_i, g_i, f_i, r_i')
3-3-1-2	使用 $\tilde{\theta}$ 计算 TD 目标，并对 θ 进行梯度下降，以最小化多步 TD 误差
3-3-1-3	逐渐减小 ϵ，并定期用 θ 替代 $\tilde{\theta}$
3-3-2	**判断：** 如果 $t_i \notin \beta$
3-3-2-1	$g_i \leftarrow \text{EpsGreedy}(r_i, G_i, \epsilon, Q)$
3-3-2-2	β_i，$r \leftarrow \text{ExpandGoal}(g_i)$
3-3-3	通过下层控制器采样一个原始行动 a_i^t
3-3-4	执行 a_i^t 并观察下一个状态 s_i^{t+1}
3-3-5	获取内部奖励 $\tilde{f}_i(s_i^t, a_i^t, s_i^{t+1})$，并更新低层的 Actor 和 Critic 网络参数

为了避免与下层状态混淆，使用术语 r 来表示上层状态。独立 Q 学习（Independent Q-Learning，IQL）旨在估计以下的最优 Q 值函数：

$$Q^*(r,g) = \max_{\pi_g} \mathrm{E}\left[\sum_{t'=t}^{t+N} f_{t'} + \gamma \max_{g'} Q^*(r_{t+N}, g')\right] \tag{4-114}$$

式中，N 代表在当前目标下低层控制器停止前的时间步数。需要特别注意的是，子目标不是前面提到的三元组，而是在基本方向上的移动动作，表示下一个区域的相对方向。

为了提高样本效率，采用多步引导方法，其中损失函数是多步 TD 误差：

$$L(\theta) = \text{Huber}(y_i(t) - Q_i(r_i(t), g_i(t); \theta_i)) \tag{4-115}$$

其中多步 TD 目标：

$$y_i(t) = \sum_{j=0}^{m-1} \gamma^j f_i(t+j) + \gamma^m \max_{g_i} \tilde{Q}_i(r_i(t+m), g_i; \tilde{\theta}_i) \qquad (4-116)$$

式中，j 从 0 到 $m-1$ 的 $\gamma^j f_i(t+j)$ 表示第 i 个智能体在接下来的 m 步中的预期外部回报；$r_i(t)$ 和 $g_i(t)$ 表示第 i 个智能体在第 k 个时间步的上层状态和子目标；$\tilde{\theta}$ 表示目标网络参数，这些参数定期从评估网络参数 θ 复制过来。

为了提高学习高奖励稀疏行为的可能性，HELSA 框架结合了分散的优先经验回放（Prioritized Experience Replay，PER）方法[205]。PER 不是随意地从全局经验重放缓冲区选择状态 - 动作对，而是在优先树中保存过去的经验，其中具有更大步骤奖励的状态 - 动作对有更高的被采样的机会。这种技术有助于提高算法的样本效率。

3. 区域内路径优化算法

下层的子任务是完成上层提供的子目标，这涉及尽快移动到当前区域和下一个区域之间的边界，同时避免与其他智能体和障碍物发生碰撞。如果智能体位于目标区域内，子目标就是智能体的最终目标顶点，这是只存在一个子目标顶点的特殊情况，并且该子目标顶点不一定位于区域的边界。HELSA 使用 Dec-POMDP 模型来制定下层的内部区域路径规划问题。

1）下层观察表示：智能体在其视野内观察环境。观察信息被分为三个部分，由三元组 $\langle \mathcal{A}, \mathcal{O}, \mathcal{H} \rangle$ 表示。具体来说，$\mathcal{A}$ 和 $\mathcal{O}$ 是两个二进制矩阵，分别表示视野内其他智能体和障碍物的位置。此外，HELSA 引入了 4 层启发式表示 $\mathcal{H}$ 到观察编码器中，如图 4 - 56 所示，这与 PRIMAL 中代表智能体目标的标准化向量不同。启发式地图更简洁，并提供宝贵的目标方位的认知。

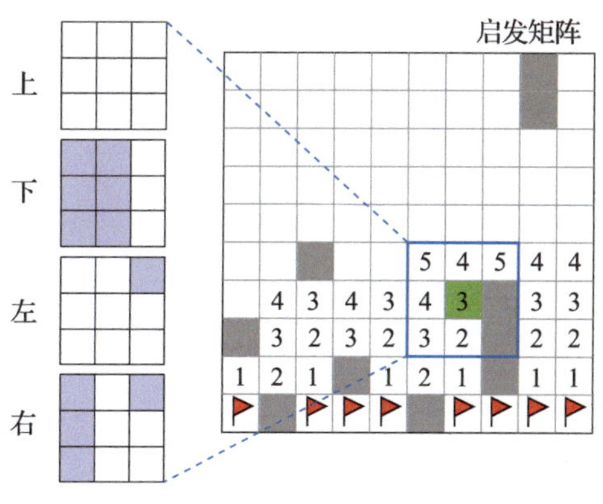

图 4 - 56　启发式地图的计算

2）原子动作：智能体在每一个离散的时间步长内在网格世界中向基本方向移动，或保持静止。它可能在训练和执行过程中偶尔遇到障碍或与其他智能体发生碰撞，这在现实世界的实施中可能是灾难性的。鉴于相对较小的动作空间，HELSA 选择不屏蔽无效的动作，而是在训练过程中为这些无效的动作分配负奖励。当发生碰撞时，迭代地将受影响的智能体恢复到它们之前的状态，直到不再发生碰撞。

3）内部奖励：智能体每一个不在其指定的目标顶点停留的时间步长都会受到一个较小的惩罚。这鼓励智能体追求更短的路径到达它们的目标。只有在实现子目标时，智能体才会获得一个较大的正奖励，激励它们努力实现中间目标。为了避免碰撞，当智能体与障碍物或其他智能体发生碰撞时，会获得较大的负奖励。

HELSA 采用了为多目标场景引入的启发式指导，如图 4－56 所示。在地图上没有障碍物的情况下，总是有一条最短的路径通往区域的边界。但是，考虑到障碍物的存在，智能体可能有多个潜在的最优选择。为了得到直观的启发式信息，算法进行广度优先搜索，以获取从每个顶点到指定子目标的最短路径长度。因此，生成了图 4－56 中显示的四个通道，其中每个元素代表一个布尔值，表示在执行候选动作后从子目标到当前智能体位置的距离会缩短。

由于在划分地图后可以确定所有可能的子目标，上层和下层的启发式地图都可以预先计算。在执行过程中，可以根据智能体的位置和视野采样这些地图的一部分。HELSA 将启发式通道与障碍物地图和智能体地图堆叠在一起，然后使用基于 CNN 的编码器提取特征。跳跃连接在堆叠的残差块之间的块之前和之后连接了特征。这种架构极大地增强了特征提取器的泛化能力。

每个智能体都拥有图卷积层的一个局部部分，并与其通信半径内的邻近智能体共享其观察编码 e_i^t。这个过程扩展了智能体的感知范围，并加强了与其他智能体之间的联系。接着，将融合的观察特征输入到下一个模块中，以利用增强的信息进行分散决策。

HELSA 采用了一个双阶段的注意力机制来模拟智能体之间的交互，其中每个智能体不需要与所有附近的智能体合作，每对智能体之间的关联程度也各不相同。如图 4－57 所示，HELSA 使用一个图来模拟智能体之间的关系，每个智能体作为一个顶点，每对邻近智能体之间的关系作为一条边。对于每一个智能体 i，HELSA 使用 LSTM 模型合并智能体 i 和 j 的嵌入：

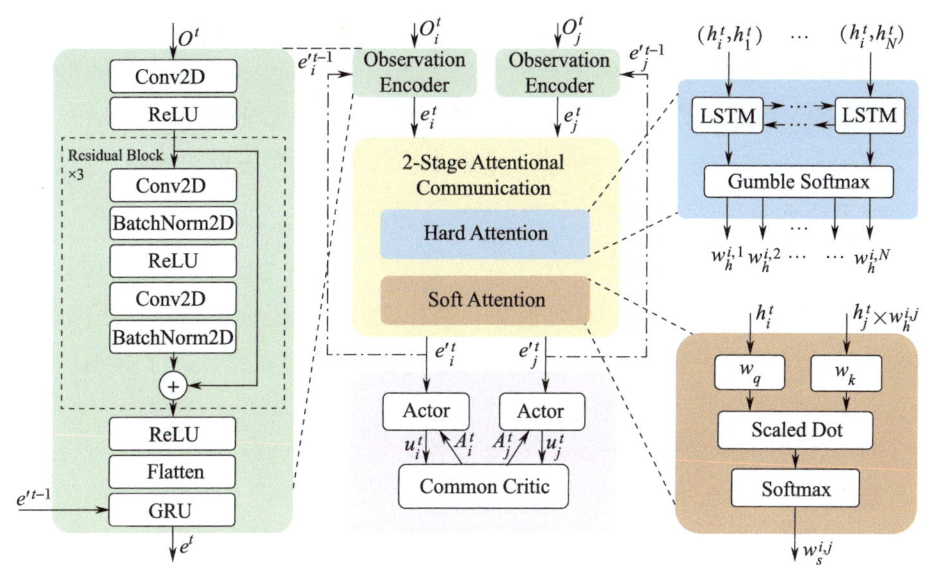

图 4-57　HELSA 算法采用的低层网络结构

$$h_{i,j} = \mathrm{FC}(\mathrm{LSTM}(h_i,\ h_j)) \tag{4-117}$$

式中，FC(·)表示一个全连接层。此外，HELSA 使用一个 BiLSTM 模型来消除输入顺序的影响，并平等地捕获所有智能体的信息。

HELSA 使用了一个硬注意力模型，即一个二进制运算符，用于确定每个智能体应与哪些智能体互动，并完全丢弃与关联性较低的智能体的连接。通过这种方式，智能体可以专注于关键元素，从而可以实现初步的博弈抽象。

$$W_h^{i,j} = \mathrm{Gumble}(h_{i,j}) \tag{4-118}$$

式中，Gumble(·)表示用于启用反向传播的 gumble-softmax 函数。

HELSA 同时也使用了一个软注意力模型，使用查询 - 键机制确定图 G 中每条边的权重 $W_s^{i,j}$，代表其他智能体对学习智能体 i 的贡献。

$$W_s^{i,j} \propto \exp(e_j^T W_k^T W_q e_i W_h^{i,j}) \tag{4-119}$$

式中，W_k 将 e_j 转换为一个键，而 W_q 将 e_i 转化为一个查询；最后的项 $W_s^{i,j}$ 表示每条边的权重。

尽管独立的 Q 学习简单且具有适应性，但它缺乏智能体之间的明确协调，这可能导致在 MAPF 任务中收敛到次优策略、解决方案，以及冲突或死锁。此外，在多智能体设置中，环境本质上是非静态的，因为一个智能体的行为会影响其他智能体的观察和奖励。由于每个智能体都独立学习，而不考虑其他智能体的行动和策略，IQL 可能难以适应这种非静态性。

HELSA 因此引入了一个集中训练和分散执行（Centralized Learning and

Decentralized Training，CTDE）学习范式——COMA[206]。这种方法采用一个集中的 Critic 来评估每个智能体的行动对整个团队全局回报的贡献，从而促进全局最优策略。COMA 算法对于每个智能体 i 都会计算一个优势函数，通过从计算当前联合动作的预期回报中减去一个反事实的基线，该基线边缘化了智能体 i 的当前动作 a_i：

$$A_i(\boldsymbol{s},\boldsymbol{a}) = Q(\boldsymbol{s},\boldsymbol{a}) - \sum_{a'_i} \pi_i(a_i \mid \tau_i) Q(\boldsymbol{s},(\boldsymbol{a}_{-i},\boldsymbol{a}'_i)) \tag{4-120}$$

式中，$\boldsymbol{s}$ 和 $\boldsymbol{a}$ 分别表示所有智能体的联合动作和状态；τ_i 表示观察-动作轨迹。被减数形成反事实的基线，迭代所有可能的智能体 i 的动作，除了其当前的动作，同时保持所有其他智能体的动作不变。

利用优势函数，集中的 Critic 对每个智能体对团队成功的贡献进行合理的多智能体信用分配，同时避免可能的高成本模拟。为了进一步压缩网络的输出空间，采用了 Critic 的表示，它随着智能体和动作的数量线性地增长，允许进行高效的基线评估和出色的泛化。

4.4.5 多车协作路径规划性能分析

1. 评估指标

在本节中，针对多智能体路径规划框架的评估指标如下：

1）成功率（Success Rate，SR）：成功案例在总测试案例中的占比。当所有智能体在超过规定的最大步数之前达到其目标时，该案例被视为成功案例。

2）平均步数（Average Steps，AS）：所有智能体达到各自目标所需的平均时间步数，即所有智能体路径的平均长度。

3）完成时间（Makespan，MS）：所有智能体达到其目标所需的最大时间步数，即所有智能体中路径最长的长度。

4）与智能体的碰撞（Collision with Agents，CA）：与其他智能体发生冲突的次数。

5）与障碍物的碰撞（Collision with Obstacles，CO）：与障碍物发生碰撞的次数。

这些指标为多智能体路径规划算法的性能提供了全面的评估。

2. 多智能体路径规划环境设置

仿真中使用的所有方法都是在随机生成的场景上进行训练的，保持了恒定的地图大小、智能体数量和障碍物密度。障碍物在地图上随机分布，智能体的起始和目标位置被任意分配。因此，可能会在一些情况下，智能体无法找到通往其目标的可行路径。为了解决这个问题，需要反复检查无向图中的连通子图，并重新定位障碍物，以保证所有非障碍物的网格单元的连通性和可达性。

在包含八个智能体、障碍物密度恒定为 20% 的 40 × 40 地图上进行了训练，然后在更大的地图和更多智能体的场景下进行仿真实验验证。

HELSA 的低层规划器以及所有其他算法都使用 11 × 11 的视野（Field of View，FOV），智能体位于其视野的正中心。在训练期间，最大允许的步长设置为 256。每个区域大小为 10 × 10，区域大小的不同影响在接下来的消融实验中探讨。

3. 基准测试结果

图 4 – 58 展示了基于模仿学习的 PRIMAL 算法、基于多智能体通信学习的 DHC 和 DCC 算法，以及基于分层协作框架的 HELSA 算法，在不同规模测试场景中的性能比较。在所有测试案例中，无论是成功率、平均步数还是最大跨度，PRIMAL 算法的性能都是最差的，特别是在较大的地图中。这一比较表明，在 PRIMAL 中，模仿学习和强化学习的融合在探索和利用之间达到平衡是很难实现的，这使得 PRIMAL 难以扩展到大规模和长期任务。两种基于通信的方法在相对小规模的场景中产生了出色的结果，主要是由于智能体之间的充分信息交换和信息丰富的观测编码。考虑到问题分解造成的不可避免的信息损失，基于分层协作框架的 HELSA 导致智能体到达其目标需要更长的时间。值得注意的是，尽管 DCC 在较小的场景中由于其关注重要关系而比 DHC 和 HELSA 表现得更好，但随着场景变得更大，其性能迅速恶化。这表明，在大规模规划中，充足的信息交换是一个关键因素。通过分层决策框架，每个智能体都根据超出其低级感知和通信范围的信息做出决策，并通过区域内合作以间接方式与更远的智能体合作。策略的分层更加稳健，并且随着场景的大小线性扩展，这可以从较大规模场景的模拟结果中推断出来。

Model	8 agents, 40-sized map, 0.2 density					32 agents, 80-sized map, 0.2 density					128 agents, 160-sized map, 0.2 density				
	SR ↑	AS ↓	MS ↓	CA ↓	CO ↓	SR ↑	AS ↓	MS ↓	CA ↓	CO ↓	SR ↑	AS ↓	MS ↓	CA ↓	CO ↓
PRIMAL[4]	**1.0**	56.49	98.90	0.42	**0.0**	0.88	164.39	305.73	4.12	**0.0**	0.07	356.51	1007.08	113.06	4.27
DHC[6]	**1.0**	31.40	55.77	0.38	**0.0**	0.98	69.18	139.77	3.20	**0.0**	0.87	132.31	399.19	29.38	0.06
DCC[7]	**1.0**	**28.84**	**50.49**	0.40	**0.0**	0.98	**64.47**	**134.34**	5.91	0.01	0.67	149.50	567.41	37.48	**0.0**
HELSA	**1.0**	29.71	52.29	**0.21**	**0.0**	**1.0**	65.85	136.17	**0.54**	**0.0**	**0.97**	**126.51**	**296.14**	**3.69**	**0.0**
Model	288 agents, 240-sized map, 0.2 density					512 agents, 320-sized map, 0.2 density					800 agents, 320-sized map, 0.2 density				
	SR ↑	AS ↓	MS ↓	CA ↓	CO ↓	SR ↑	AS ↓	MS ↓	CA ↓	CO ↓	SR ↑	AS ↓	MS ↓	CA ↓	CO ↓
PRIMAL[4]	0.0	530.06	1536.0	593.59	34.48	0.0	736.50	2048.0	1498.20	173.49	–	–	–	–	–
DHC[6]	0.70	193.13	804.55	99.52	**0.01**	0.53	252.62	1304.48	236.22	0.30	0.40	315.08	1906.36	468.61	0.71
DCC[7]	0.19	235.32	1375.04	151.88	12.97	0.04	300.78	2020.76	423.40	57.41	–	–	–	–	–
HELSA	**0.93**	**175.56**	**629.58**	**49.41**	0.03	**0.87**	**221.17**	**935.99**	**101.78**	**0.04**	**0.74**	**268.83**	**211.15**	**269.67**	**0.37**

图 4 – 58　不同算法在基准测试集上的总体性能比较

4. HELSA 算法的消融实验

在 HELSA 算法中，区域大小的配置是一个重要的超参数，需要进行权衡：较小的区域大小会给上层控制器带来过多的负担，加剧了问题分解造成的性能下降；而较大的区域大小可能会使解决方案逐渐退化为一个没有分层协调的解决方案。在不同范围的测试场景中进行实验，以探索不同的区域大小，结果如图 4-59 所示。可以发现，当执行阶段的区域大小接近于训练阶段的大小时，算法会产生最高的成功率。相反，当粒度变得更细或更粗，即区域大小变得更小或更大时，解决方案会变得更差，从而形成一个山谷分布。

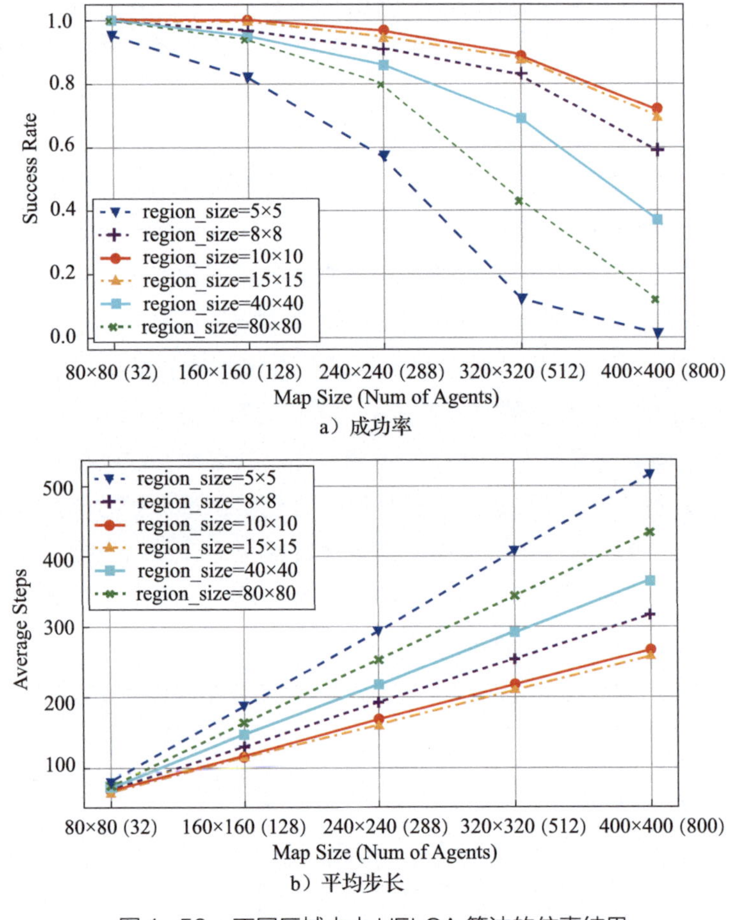

a）成功率

b）平均步长

图 4-59　不同区域大小 HELSA 算法的仿真结果

通过引入两个简化版 HELSA 低层网络结构的模型，可以评估 HELSA 中低层控制器中的两阶段通信机制的有效性。如图 4-60 所示，HELSA 采用双层注意力通信机制在所有测试场景中都大大提高了成功率。然而还可以观察到，尽管两阶段的注意力机制可以在相对较小的场景中促进合作决策，但会在较大的场景中丢弃一些消息或连接，可能会损害协调，这与前面基准测试结果讨论相符。还需要注意到，无论选择哪种低层控制器，分层框架都能在很大程度上提高成功率。

Method	w/ hierarchy?	80-sized map		160-sized map		240-sized map		320-sized map		400-sized map		Avg.	
		SR ↑	AS ↓	SR ↑	AS ↓	SR ↑	AS ↓	SR ↑	AS ↓	SR ↑	AS ↓	SR ↑	AS ↓
COMA + Comm + Attention	√	**1.0**	**65.85**	**0.97**	**126.51**	**0.93**	**175.56**	**0.87**	221.17	0.74	268.83	**0.90**	**171.58**
		0.98	67.25	0.76	141.95	0.41	219.03	0.07	287.99	0.0	347.63	0.44	212.77
COMA + Comm	√	**1.0**	66.78	0.95	130.20	0.90	182.13	0.86	**219.75**	**0.77**	**245.00**	0.90	172.97
		0.98	69.89	0.72	147.77	0.35	233.98	0.09	311.93	0.0	387.54	0.43	230.22
COMA	√	0.95	96.30	0.83	193.39	0.44	323.95	0.04	433.73	0.0	615.19	0.45	332.51
		0.90	139.13	0.43	248.67	0.12	477.53	0.01	633.55	0.0	883.10	0.29	476.40

图 4-60　HELSA 采用的低层控制器与其他消融方式在成功率和平均步骤方面的评估

参考文献

[1] WIN M Z, CONTI A, MAZUELAS S, et al. Network localization and navigation via cooperation [J]. Communications Magazine, IEEE, 2011, 49(5): 56 – 62.

[2] LU Y, MA H, SMART E, et al. Real-time performance-focused localization techniques for autonomous vehicle: a review [J]. IEEE Transactions on Intelligent Transportation Systems, 2021, 23(7): 6082 – 6100.

[3] JOSE E, ADAMS M, MULLANE J S, et al. Predicting millimeter wave radar spectra for autonomous navigation[J]. IEEE Sensors Journal, 2010, 10(5): 960 – 971.

[4] DISSANAYAKE G, SUKKARIEH S, NEBOT E, et al. The aiding of a low-cost strapdown inertial measurement unit using vehicle model constraints for land vehicle applications [J]. IEEE Transactions on Robotics and Automation, 2001, 17(5): 731 – 747.

[5] GIM J, AHN C. IMU-based virtual road profile sensor for vehicle localization[J]. Sensors, 2018, 18(10): 3344.

[6] YANG L Q, CHENG X, et al. wireless toward the era of intelligent vehicles[J]. IEEE Internet of Things Journal, 2019, 6(1): 188 – 202.

[7] LIU K, LIM H B, FRAZZOLI E, et al. Improving positioning accuracy using GPS pseudorange measurements for cooperative vehicular localization [J]. IEEE Transactions on Vehicular Technology, 2013, 63(6): 2544 – 2556.

[8] XU Z, DENG H, ZHANG R, et al. An efficient multi-sensor fusion protocol in a vehicle-road collaborative system[C]//2021 IEEE/CIC International Conference on Communications in China (ICCC). New York: IEEE, 2021: 1161 – 1165.

[9] YUKUN C, XICAI S, ZHIGANG L. Research on Kalman-filter based multisensor data fusion[J]. Journal of Systems Engineering and Electronics, 2007, 18(3): 497 – 502.

[10] GAO J, LI P, CHEN Z, et al. A survey on deep learning for multimodal data fusion[J]. Neural Computation, 2020, 32(5): 829 – 864.

[11] AULINAS J, PETILLOT Y, SALVI J, et al. The SLAM problem: a survey [J]. Artificial Intelligence Research and Development, 2008(1): 363 – 371.

[12] KAPLA N E D, HEGARTY C. Understanding GPS/GNSS: principles and applications [M]. Boston: Artech House, 2017.

[13] TAN H S, HUANG J. DGPS-based vehicle-to-vehicle cooperative collision warning: engineering feasibility viewpoints[J]. IEEE Transactions on Intelligent Transportation Systems, 2006, 7(4): 415 – 428.

[14] HOFMANN-WELLENHOF B, LICHTENEGGER H, COLLINS J. Global positioning system: theory and practice[M]. Berlin: Springer Science & Business Media, 2012.

[15] VAN DIGGELEN F S T. A-GPS: Assisted GPS, GNSS, and SBAS [M]. Boston: Artech

House,2009.

[16] WALTER T. Satellite-based augmentation systems (SBASs) [C]//MORTON Y T J, VAN DIGGELEN F,SPILKER J J J,et al. Position,Navigation,and Timing Technologies in the 21st Century:Integrated Satellite Navigation,Sensor Systems,and Civil Applications,Volume 1. [S. l.:s. n.],2020.

[17] BRAFF R, SHIVELY C. A method of over bounding ground based augmentation system (GBAS) heavy tail error distributions[J]. The Journal of Navigation,2005,58(1):83 - 103.

[18] DURRANT-WHYTE H. Where am I? a tutorial on mobile vehicle localization[J]. Industrial Robot: An International Journal,1994,21(2):11 - 16.

[19] DISSANAYAKE M W M G, NEWMAN P, CLARK S, et al. A solution to the simultaneous localization and map building (SLAM) problem[J]. IEEE Transactions on Robotics and Automation,2001,17(3):229 - 241.

[20] LEVINSON J,THRUN S. Robust vehicle localization in urban environments using probabilistic maps[C]//2010 IEEE International Conference on Robotics and Automation. New York: IEEE, 2010:4372 - 4378.

[21] PARKER R, VALAEE S. Vehicular node localization using received-signal-strength indicator [J]. IEEE Transactions on Vehicular Technology,2007,56(6):3371 - 3380.

[22] CACERES M,SOTTILE F,SPIRITO M A. WLAN-based real time vehicle locating system[C]// VTC Spring 2009-IEEE 69th Vehicular Technology Conference. New York: IEEE,2009: 1 - 5.

[23] ALAM N,BALAEI A T,DEMPSTER A G. Range and range-rate measurements using DSRC: facts and challenges[Z]. 2009.

[24] ALAM N, KEALY A, DEMPSTER A G, et al. Hybrid CFO-RSS cooperative positioning for environments with limited GNSS visibility [C]//2012 International Conference on Indoor Positioning and Indoor Navigation (IPIN). New York: IEEE,2012: 1 - 6.

[25] ALAM N, KEALY A, DEMPSTER A G. Cooperative inertial navigation for GNSS-challenged vehicular environments[J]. IEEE Transactions on Intelligent Transportation Systems,2013,14 (3):1370 - 1379.

[26] DRAWIL N M, BASIR O. Intervehicle-communication-assisted localization [J]. IEEE Transactions on Intelligent Transportation Systems,2010,11(3):678 - 691.

[27] BULUSU N,HEIDEMANN J,ESTRIN D. GPS-less low-cost outdoor localization for very small devices[J]. IEEE Personal Communications,2000,7(5):28 - 34.

[28] MOSES R L,KRISHNAMURTHY D,PATTERSON R M. A self-localization method for wireless sensor networks[J]. EURASIP Journal on Advances in Signal Processing,2003(1):1 - 11.

[29] GUSTAFSSON F, GUNNARSSON F. Mobile positioning using wireless networks: possibilities and fundamental limitations based on available wireless network measurements[J]. IEEE Signal Processing Magazine,2005,22(4):41 - 53.

[30] PATWARI N,ASH J N,KYPEROUNTAS S,et al. Locating the nodes: cooperative localization in wireless sensor networks[J]. IEEE Signal Processing Magazine,2005,22(4):54 - 69.

[31] WYMEERSCH H, LIEN J, WIN M Z. Cooperative localization in wireless networks [J]. Proceedings of the IEEE,2009,97(2):427 - 450.

[32] CONTI A, GUERRA M, DARDARI D, et al. Network experimentation for cooperative localization [J]. IEEE Journal on Selected Areas in Communications, 2012, 30(2): 467 – 475.

[33] DAS K, WYMEERSCH H. Censoring for Bayesian cooperative positioning in dense wireless networks[J]. IEEE Journal on Selected Areas in Communications, 2012, 30(9): 1835 – 1842.

[34] WANG T, SHEN Y, MAZUELAS S, et al. Distributed scheduling for cooperative localization based on information evolution[C]//2012 IEEE International Conference on Communications (ICC). New York: IEEE, 2012: 576 – 580.

[35] DAI W, SHEN Y, WIN M Z. Distributed power allocation for cooperative wireless network localization[J]. IEEE Journal on Selected Areas in Communications, 2014, 33(1): 28 – 40.

[36] DAI W, SHEN Y, WIN M Z. Energy-efficient network navigation algorithms[J]. IEEE Journal on Selected Areas in Communications, 2015, 33(7): 1418 – 1430.

[37] CHEUNG K W, SO H C, MA W K, et al. Least squares algorithms for time-of-arrival-based mobile location[J]. IEEE Transactions on Signal Processing, 2004, 52(4): 1121 – 1130.

[38] DENIS B, PIERROT J B, ABOU-RJEILY C. Joint distributed synchronization and positioning in UWB ad hoc networks using TOA [J]. IEEE Transactions on microwave Theory and Techniques, 2006, 54(4): 1896 – 1911.

[39] CASTILLO-EFFEN M, MORENO W A, LABRADOR M A, et al. Adapting sequential Monte-Carlo estimation to cooperative localization in wireless sensor networks[C]//2006 IEEE International Conference on Mobile Ad Hoc and Sensor Systems. New York: IEEE, 2006: 656 – 661.

[40] IHLER A T, FISHER III J W, MOSES R L, et al. Nonparametric belief propagation for self-localization of sensor networks[J]. Journal on Selected Areas in Communications, 2005, 23(4): 809 – 819.

[41] WYMEERSCH H, LIEN J, WIN M Z. Cooperative localization in wireless networks [J]. Proceedings of the IEEE, 2009, 97(2): 427 – 450.

[42] SHANG Y, RUML W. Improved MDS-based localization [C]//IEEE INFOCOM 2004. New York: IEEE, 2004: 2640 – 2651.

[43] HADZIC S, RODRIGUEZ J. Utility based node selection scheme for cooperative localization [C]//2011 International Conference on Indoor Positioning and Indoor Navigation. New York: IEEE, 2011: 1 – 6.

[44] ZHANG R, ZHAO Z, CHENG X, et al. Overlapping coalition formation game based opportunistic cooperative localization scheme for wireless networks [J]. IEEE Transactions on Communications, 2017, 65(8): 3629 – 3642.

[45] SAAD W, HAN Z, DEBBAH M, et al. Coalitional game theory for communication networks[J]. IEEE Signal Processing Magazine, 2009, 26(5): 77 – 97.

[46] WEI Z, LI B, ZHANG R, et al. OCVC: an overlapping-enabled cooperative vehicular fog computing protocol[J]. IEEE Transactions on Mobile Computing, 2022, 22(12): 7406 – 7419.

[47] ZHANG Z, SONG L, HAN Z, et al. Coalitional games with overlapping coalitions for interference management in small cell networks[J]. IEEE Transactions on Wireless Communications, 2014, 13(5): 2659 – 2669.

[48] LU X, WANG P, NIYATO D. A layered coalitional game framework of wireless relay network

[J]. IEEE Transactions on Vehicular Technology, 2013, 63(1): 472 – 478.

[49] XIAO Y, CHEN K C, YUEN C, et al. A Bayesian overlapping coalition formation game for device-to-device spectrum sharing in cellular networks [J]. IEEE Transactions on Wireless Communications, 2015, 14(7): 4034 – 4051.

[50] WANG T, SONG L, HAN Z, et al. Distributed cooperative sensing in cognitive radio networks: an overlapping coalition formation approach[J]. IEEE Transactions on Communications, 2014, 62(9): 3144 – 3160.

[51] IEEE. IEEE Standard for Information Technology-Telecommunications and Information Exchange Between Systems-Local and Metropolitan Area Networks-Specific Requirement Part 15. 4: Wireless Medium Access Control (MAC) and physical layer (PHY) Specifications for Low-Rate Wireless Personal Area Networks (WPANs)[Z]. 2007.

[52] LIEN J, FERNER U J, SRICHAVENGSUP W, et al. A comparison of parametric and sample-based message representation in cooperative localization[J]. International Journal of Navigation and Observation, 2012(1): 281592.

[53] CACERES M A, SOTTILE F, SPIRITO M A. Adaptive location tracking by Kalman filter in wireless sensor networks [C]//2009 IEEE International Conference on Wireless and Mobile Computing, Networking and Communications. New York: IEEE, 2009: 123 – 128.

[54] KITAGAWA G. Monte Carlo filter and smoother for non-Gaussian nonlinear state space models [J]. Journal of Computational and Graphical Statistics, 1996, 5(1): 1 – 25.

[55] CISCO. Cisco annual internet report (2018—2023) white paper[Z]. 2020.

[56] NISHA A C V, LAVANYA R. Fog computing and its role in the internet of things[M]. [S. l.]: Advancing Consumer-Centric Fog Computing Architectures, 2019.

[57] FANG Y, MIZUKI M, MASAKI I, et al. TV camera-based vehicle motion detection and its chip implementation[C]//Proceedings of the IEEE Intelligent Vehicles Symposium 2000 (Cat. No. 00TH8511). New York: IEEE, 2000: 134 – 139.

[58] ENKELMANN W, GENGENBACH V, KRUGER W, et al. Obstacle detection by real-time optical flow evaluation[C]//Proceedings of the Intelligent Vehicles' 94 Symposium. [S. l. : s. n.], 1994: 97 – 102.

[59] GHIASI S, MOON H J, NAHAPETIAN A, et al. Collaborative and reconfigurable object tracking [J]. The Journal of Supercomputing, 2004, 30: 213 – 238.

[60] BENEDETTI A, PERONA P. Real-time 2-D feature detection on a reconfigurable computer [C]//Proceedings of 1998 IEEE Computer Society Conference on Computer Vision and Pattern Recognition (Cat. No. 98CB36231). New York: IEEE, 1998: 586 – 593.

[61] MANDELBAUM R, HANSEN M, BURT P, et al. Vision for autonomous mobility: image processing on the VFE-200[C]//Proceedings of the 1998 IEEE International Symposium on Intelligent Control (ISIC) held jointly with IEEE International Symposium on Computational Intelligence in Robotics and Automation (CIRA). New York: IEEE. 1998: 671 – 676.

[62] LI Q, LI R, JI K, et al. Kalman filter and its application[C]//2015 8th International Conference on Intelligent Networks and Intelligent Systems (ICINIS) [S. l. : s. n.], 2015: 74 – 77.

[63] WAN E A, MERWE R V D. The unscented Kalman filter for nonlinear estimation [C]//

Proceedings of the IEEE 2000 Adaptive Systems for Signal Processing, Communications, and Control Symposium (Cat. No. 00EX373). New York: IEEE, 2000: 153 – 158.

[64] KALMAN R E. A new approach to linear filtering and prediction problems[Z]. 1960.

[65] LANEURIT J, BLANC C, CHAPUIS R, et al. Multisensorial data fusion for global vehicle and obstacles absolute positioning[C]//IEEE IV2003 Intelligent Vehicles Symposium, Proceedings (Cat. No. 03TH8683). New York: IEEE, 2003: 138 – 143.

[66] FORESTI G L, REGAZZONI C S. Multisensor data fusion for autonomous vehicle navigation in risky environments[J]. IEEE Transactions on Vehicular Technology, 2002, 51(5): 1165 – 1185.

[67] ALAM F, MEHMOOD R, KATIB I, et al. Data fusion and IoT for smart ubiquitous environments: a survey[J]. IEEE Access, 2017, 5: 9533 – 9554.

[68] GODHA S, CANNON M. GPS/MEMS INS integrated system for navigation in urban areas[J]. GPS Solutions, 2007, 11(3): 193 – 203.

[69] TOLEDO-MOREO R, ZAMORA-IZQUIERDO M A, UBEDA-MINARRO B, et al. High-integrity IMM-EKF-based road vehicle navigation with low-cost GPS/SBAS/INS[J]. IEEE Transactions on Intelligent Transportation Systems, 2007, 8(3): 491 – 511.

[70] JO K, CHU K, SUNWOO M. Interacting multiple model filter-based sensor fusion of GPS with in-vehicle sensors for real-time vehicle positioning[J]. IEEE Transactions on Intelligent Transportation Systems, 2011, 13(1): 329 – 343.

[71] LI Q, CHEN L, LI M, et al. A sensor-fusion drivable-region and lane-detection system for autonomous vehicle navigation in challenging road scenarios[J]. IEEE Transactions on Vehicular Technology, 2013, 63(2): 540 – 555.

[72] WANG X, XU L, SUN H, et al. On-road vehicle detection and tracking using MMW radar and monovision fusion[J]. IEEE Transactions on Intelligent Transportation Systems, 2016, 17(7): 2075 – 2084.

[73] DURAISAMY B, GABB M, NAIR A V, et al. Track level fusion of extended objects from heterogeneous sensors[C]//2016 19th International Conference on Information Fusion (FUSION). [S. l. : s. n.], 2016: 876 – 885.

[74] AEBERHARD M, SCHLICHTHARLE S, KAEMPCHEN N, et al. Track-to-track fusion with asynchronous sensors using information matrix fusion for surround environment per-ception[J]. IEEE Transactions on Intelligent Transportation Systems, 2012, 13(4): 1717 – 1726.

[75] ZHANG Y, SONG B, DU X, et al. Vehicle tracking using surveillance with multimodal data fusion[J]. IEEE Transactions on Intelligent Transportation Systems, 2018, 19(7): 2353 – 2361.

[76] KIM J, CHOI Y, PARK M, et al. Multi-sensor-based detection and tracking of moving objects for relative position estimation in autonomous driving conditions[J]. The Journal of Supercomputing, 2020, 76(10): 8225 – 8247.

[77] LI Q, QUERALTA J P, GIA T N, et al. Multi-sensor fusion for navigation and mapping in autonomous vehicles: accurate localization in urban environments[J]. Unmanned Systems, 2020, 8(03): 229 – 237.

[78] ZHANG J, SINGH S. LOAM: Lidar odometry and mapping in real-time[J] Robotics: Science and systems. 2014, 2(9): 1 – 9.

[79] SCHMUCK P, CHLI M. Multi-UAV collaborative monocular SLAM[C]//2017 IEEE International Conference on Robotics and Automation (ICRA). New York: IEEE, 2017: 3863 - 3870.

[80] ZOU D, TAN P. CoSLAM: collaborative visual SLAM in dynamic environments[J]. IEEE Trans Pattern Anal Mach Intell, 2013. 35(2): 354 - 366.

[81] ZHANG J, SINGH S. Visual-LIDAR odometry and mapping: low-drift, robust, and fast[C]// 2015 IEEE International Conference on Robotics and Automation (ICRA). New York: IEEE, 2015.

[82] JANG Y, OH C, LEE Y, et al. Multirobot collaborative monocular SLAM utilizing rendezvous [J]. IEEE Transactions on Robotics, 2021, 37(5): 1469 - 1486.

[83] LAJOIE P Y, RAMTOULA B, CHANG Y, et al. DOOR-SLAM: distributed, online, and outlier resilient SLAM for robotic teams[J]. IEEE Robotics and Automation Letters, 2020. 5(2): 1656 - 1663.

[84] LI Z, WANG L, JIANG L, et al. FC-SLAM: federated learning enhanced distributed visual-LiDAR SLAM in cloud robotic system[C]//2019 IEEE International Conference on Robotics and Biomimetics (ROBIO). New York: IEEE, 2019.

[85] MELL P M, GRANCE T. The NIST Definition of Cloud Computing[M]. [S. l.: s. n.], 2011.

[86] HU Y C, PATEL M, SABELLA D, et al. Mobile edge computing—a key technology towards 5G [R]. Nice ETSI White Paper, 2015: 1 - 16.

[87] ETSI. Multi-access edge computing starts second phase and renews leadership team[R]. Nice: ETSI, 2019.

[88] SATYANARAYANAN M. The emergence of edge computing[J]. Computer, 2017, 50(1): 30 - 39.

[89] MAO Y, YOU C, ZHANG J, et al. A survey on mobile edge computing: the communication perspective[J]. IEEE Communications Surveys & Tutorials, 2017, 19(4): 2322 - 2358.

[90] JALALI F, HINTON K, AYRE R, et al. Fog computing may help to save energy in cloud computing[J]. IEEE Journal on Selected Areas in Communications, 2016, 34(5): 1728 - 1739.

[91] ALRAWAIS A, ALHOTHAILY A, HU C, et al. Fog computing for the internet of things: security and privacy issues[J]. IEEE Internet Computing, 2017, 21(2): 34 - 42.

[92] DENG R, LU R, LAI C, et al. Optimal workload allocation in fog-cloud computing toward balanced delay and power consumption[J]. IEEE Internet of Things Journal, 2016, 3(6): 1171 - 1181.

[93] DASTJERDI A V, BUYYA R. Fog computing: helping the Internet of Things realize its potential [J]. Computer, 2016, 49(8): 112 - 116.

[94] CHIANG M, ZHANG T. Fog and IoT: an overview of research opportunities[J]. IEEE Internet of Things Journal, 2016, 3(6): 854 - 864.

[95] MOURADIAN C, NABOULSI D, YANGUI S, et al. A comprehensive survey on fog computing: state-of-the-art and research challenges[J]. IEEE Communications Surveys & Tutorials, 2017, 20(1): 416 - 464.

[96] Waqas M, Niu Y, Ahmed M, et al. Mobility-aware fog computing in dynamic environments: understandings and implementation[J]. IEEE Access, 2018, 7: 38867 - 38879.

[97] WANG D, LIU Z, WANG X, et al. Mobility-aware task offloading and migration schemes in fog computing networks[J]. IEEE Access, 2019, 7: 43356 - 43368.

[98] BITTENCOURT L F, DIAZ-MONTES J, BUYYA R, et al. Mobility-aware application scheduling in fog computing[J]. IEEE Cloud Computing, 2017, 4(2): 26 – 35.

[99] HOU X, LI Y, CHEN M, et al. Vehicular fog computing: a viewpoint of vehicles as the infrastructures[J]. IEEE Transactions on Vehicular Technology, 2016, 65(6): 3860 – 3873.

[100] HOQUE M A, HASAN R. Towards an analysis of the architecture, security, and privacy issues in vehicular fog computing[C]//2019 SoutheastCon. New York: IEEE, 2019: 1 – 8.

[101] HUANG C, LU R, CHOO K-K R. Vehicular fog computing: architecture, use case, and security and forensic challenges[J]. IEEE Communications Magazine, 2017, 55(11): 105 – 111.

[102] GAO J, AGYEKUM O B O, XIA H, et al. A blockchain-SDN-enabled Internet of vehicles Environment for fog computing and 5G networks[J]. IEEE Internet of Things Journal, 2020, 7(5): 4278 – 4291.

[103] NING Z, HUANG J, WANG X. Vehicular fog computing: enabling real-time traffic management for smart cities[J]. IEEE Wireless Communications, 2019, 26(1): 87 – 93.

[104] RAHMAN F H, MUHAMMAD A Y, NEWAZ S H S, et al. Street parked vehicles based vehicular fog computing: TCP throughput evaluation and future research direction[C]//2019 21st International Conference on Advanced Communication Technology (ICACT). New York: IEEE, 2019: 26 – 31.

[105] ZHANG Y, WANG C, WEI H. Parking reservation auction for parked vehicle assistance in vehicular fog computing[J]. IEEE Transactions on Vehicular Technology, 2019, 68(4): 3126 – 3139.

[106] DEWANTA F, MAMBO M. A mutual authentication scheme for secure fog computing service handover in vehicular network environment[J]. IEEE Access, 2019, 7: 103095 – 103114.

[107] MA M, HE D, WANG H, et al. An efficient and provably secure authenticated key agreement protocol for fog-based vehicular ad-hoc networks[J]. IEEE Internet of Things Journal, 2019, 6(5): 8065 – 8075.

[108] DEWANTA F, MAMBO M. BPT scheme: establishing trusted vehicular fog computing service for rural area based on blockchain approach[J]. IEEE Transactions on Vehicular Technology, 2021, 70(2): 1752 – 1769.

[109] YAO Y, CHANG X, MIŠIĆ J, et al. BLA: blockchain-assisted lightweight anonymous authentication for distributed vehicular fog services[J]. IEEE Internet of Things Journal, 2019, 6(2): 3775 – 3784.

[110] LI M, ZHU L, LIN X. Efficient and privacy-preserving carpooling using blockchain-assisted vehicular fog computing[J]. IEEE Internet of Things Journal, 2019, 6(3): 4573 – 4584.

[111] IQBAL S, MALIK A W, RAHMAN A U, et al. Blockchain-based reputation management for task offloading in micro-level vehicular fog network[J]. IEEE Access, 2020, 8: 52968 – 52980.

[112] BOUSSELHAM M, BENAMAR N, ADDAIM A. A new security mechanism for vehicular cloud computing using fog computing system[C]//2019 International Conference on Wireless Technologies, Embedded and Intelligent Systems (WITS). [S.l.: s.n.], 2019: 1 – 4.

[113] KANG J, YU R, HUANG X, et al. Privacy-preserved pseudonym scheme for fog computing supported internet of vehicles[J]. IEEE Transactions on Intelligent Transportation Systems, 2018, 19(8): 2627 – 2637.

[114] TANG C, ZHU C, WEI X, et al. Integration of UAV and fog-enabled vehicle: application in post-disaster relief[C]//2019 IEEE 25th International Conference on Parallel and Distributed Systems (ICPADS). New York: IEEE, 2019: 548 – 555.

[115] HE X, REN Z, SHI C, et al. A novel load balancing strategy of software-defined cloud/fog networking in the Internet of Vehicles[J]. China Communications, 2016, 13(2): 140 – 149.

[116] LAI Y, YANG F, ZHANG L, et al. Distributed public vehicle system based on fog nodes and vehicular sensing[J]. IEEE Access, 2018, 6: 22011 – 22024.

[117] ZHOU Z, LIAO H, WANG X, et al. When vehicular fog computing meets autonomous driving: computational resource management and task offloading[J]. IEEE Network, 2020, 34(6): 70 – 76.

[118] SORKHOH I, EBRAHIMI D, ASSI C, et al. An infrastructure-assisted workload scheduling for computational resources exploitation in the fog-enabled vehicular network[J]. IEEE Internet of Things Journal, 2020, 7(6): 5021 – 5032.

[119] DE SOUZA A B, et al. Computation offloading for vehicular environments: a survey[J]. IEEE Access, 2020, 8: 198214 – 198243.

[120] HAMDI A M A, HUSSAIN F K, HUSSAIN O K. Task offloading in vehicular fog computing: State-of-the-art and open issues[J]. Future Generation Computer Systems, 2022, 133: 201 – 212.

[121] WEI Z, LI B, ZHANG R, et al. OCVC: an overlapping-enabled cooperative vehicular fog computing protocol[J]. IEEE Transactions on Mobile Computing, 2022, 22(12): 7406 – 7419.

[122] PHUNG K H, TRAN H, NGUYEN T, et al. VFC—a vehicular fog computation platform for artificial intelligence in internet of vehicles[J]. IEEE Access, 2021, 9: 117456 – 117470.

[123] ZHOU Z, LIAO H, ZHAO X, et al. Reliable task offloading for vehicular fog computing under information asymmetry and information uncertainty[J]. IEEE Transactions on Vehicular Technology, 2019, 68(9): 8322 – 8335.

[124] XIE J, JIA Y, CHEN Z, et al. Efficient task completion for parallel offloading in vehicular fog computing[J]. China Communications, 2019, 16(11): 42 – 55.

[125] ZHU C, TAO J, PASTOR G, et al. Folo: latency and quality optimized task allocation in vehicular fog computing[J]. IEEE Internet of Things Journal, 2018, 6(3): 4150 – 4161.

[126] LIU Z, DAI P, XING H, et al. A distributed algorithm for task offloading in vehicular networks with hybrid fog/cloud computing[J]. IEEE Transactions on Systems, Man, and Cybernetics: Systems, 2021, 52(7): 4388 – 4401.

[127] SHI J, DU J, WANG J, et al. Priority-aware task offloading in vehicular fog computing based on deep reinforcement learning[J]. IEEE Transactions on Vehicular Technology, 2020, 69(12): 16067 – 16081.

[128] WANG J, LV T, HUANG P, et al. Mobility-aware partial computation offloading in vehicular networks: A deep reinforcement learning based scheme[J]. China Communications, 2020, 17(10): 31 – 49.

[129] LIU C, LIU K, GUO S, et al. Adaptive offloading for time-critical tasks in heterogeneous internet of vehicles[J]. IEEE Internet of Things Journal, 2020, 7(9): 7999 – 8011.

[130] CHEN X, LENG S, ZHANG K, et al. A machine-learning based time constrained resource allocation scheme for vehicular fog computing[J]. China Communications, 2019, 16(11): 29 – 41.

[131] LEE S S, LEE S. Resource allocation for vehicular fog computing using reinforcement learning combined with heuristic information[J]. IEEE Internet of Things Journal, 2020, 7(10): 10450 - 10464.

[132] WANG Y, WANG K, HUANG H, et al. Traffic and computation co-offloading with reinforcement learning in fog computing for industrial applications[J]. IEEE Transactions on Industrial Informatics, 2018, 15(2): 976 - 986.

[133] 3rd Generation Partnership Project. Technical specification group radio access network; study LTE-based V2X services; (Release 14)[Z]. 2016.

[134] ZHAO J, LI Q, GONG Y, et al. Computation offloading and resource allocation for cloud assisted mobile edge computing in vehicular networks[J]. IEEE Transactions on Vehicular Technology, 2019, 68(8): 7944 - 7956.

[135] 肖硕,黄珍珍,张国鹏,等. 基于 SAC 的多智能体深度强化学习算法[J]. 电子学报,2021, 49(9):1675 - 1681.

[136] FOERSTER J, FARQUHAR G, AFOURAS T, et al. Counterfactual multi-agent policy gradients [C]//Proceedings of the AAAI conference on artificial intelligence. [S. l. :s. n.], 2018.

[137] HOU Y, WEI Z, ZHANG R, et al. Hierarchical task offloading for vehicular fog computing based on multi-agent deep reinforcement learning[J]. IEEE Transactions on Wireless Communications, 2023, 23(4):3074 - 3085.

[138] WEI Z, LI B, ZHANG R, et al. Many-to-many task offloading in vehicular fog computing: a multi-agent deep reinforcement learning approach[J]. IEEE Transactions on Mobile Computing, 2023, 23(3):2107 - 2122.

[139] HOU X, LI Y, CHEN M, et al. Vehicular fog computing: A viewpoint of vehicles as the infrastructures[J]. IEEE Transactions on Vehicular Technology, 2016, 65(6): 3860 - 3873.

[140] NAKAMOTO S. Bitcoin: a peer-to-peer electronic cash system[Z]. 2008.

[141] BUTERIN V. A next-generation smart contract and decentralized application platform [Z]. 2014.

[142] 袁勇,王飞跃. 区块链技术发展现状与展望[J]. 自动化学报,2016,42(4):481 - 494.

[143] CHANDRA S, PAIRA S, ALAM S S, et al. A comparative survey of symmetric and asymmetric key cryptography[C]//2014 International Conference on Electronics, Communication and Computational Engineering (ICECCE). New York: IEEE, 2014: 83 - 93.

[144] WANG Y, SU Z, ZHANG N. BSIS: blockchain-based secure incentive scheme for energy delivery in vehicular energy network[J]. IEEE Transactions on Industrial Informatics, 2019, 15 (6): 3620 - 3631.

[145] LI L, LIU J, CHENG L, et al. Creditcoin: a privacy-preserving blockchain-based incentive announcement network for communications of smart vehicles[J]. IEEE Transactions on Intelligent Transportation Systems, 2018, 19(7): 2204 - 2220.

[146] PU Y, XIANG T, HU C, et al. An efficient blockchain-based privacy preserving scheme for vehicular social networks[J]. Information Sciences, 2020, 540: 308 - 324.

[147] KANG J, YU R, HUANG X, et al. Blockchain for secure and efficient data sharing in vehicular edge computing and networks[J]. IEEE Internet of Things Journal, 2018, 6(3): 4660 - 4670.

[148] YANG Z, YANG K, LEI L, et al. Blockchain-based decentralized trust management in vehicular networks[J]. IEEE Internet of Things Journal,2018,6(2):1495-1505.

[149] SHARMA V. An energy-efficient transaction model for the blockchain-enabled internet of vehicles (IoV)[J]. IEEE Communications Letters,2018,23(2):246-249.

[150] SHRESTHA R,NAM S Y. Regional blockchain for vehicular networks to prevent 51% attacks [J]. IEEE Access,2019,7:95021-95033.

[151] YANG W,DAI X,XIAO J,et al. LDV: a lightweight DAG-based blockchain for vehicular social networks[J]. IEEE Transactions on Vehicular Technology,2020,69(6):5749-5759.

[152] SHAFER G. Dempster-Shafer theory[J]. Encyclopedia of Artificial Intelligence,1992,1: 330-331.

[153] 钟子发,罗明. 多传感器数据融合中基于目标识别的 DS 算法研究[J]. 电讯技术,2000, 40(4):57-60.

[154] 刘永安,程哲,徐保国. 信息融合的 D-S 证据理论综述[C]// 2007 中国控制与决策学术年会论文集. 沈阳:东北大学出版社,2007.

[155] HUANG A Q,CROW M L,HEYDT G T,et al. The future renewable electric energy delivery and management (FREEDM) system: the energy internet[J]. Proceedings of the IEEE,2010, 99(1):133-148.

[156] NGUYEN H K,SONG J B. Optimal charging and discharging for multiple PHEVs with demand side management in vehicle-to-building[J]. Journal of Communication Networks,2012,14 (6):662-671.

[157] YU R,DING J,ZHONG W,et al. PHEV charging and discharging cooperation in V2G networks: A coalition game approach[J]. IEEE Internet of Things Journal,2014,1(6):578-589.

[158] RAHBARI-ASR N,CHOW M-Y. Cooperative distributed demand management for community charging of PHEV/PEVs based on KKT conditions and consensus networks[J]. IEEE Transactions on Industrial Informatics,2014,10(3):1907-1916.

[159] TAN Z,YANG P,NEHORAI A. An optimal and distributed demand response strategy with electric vehicles in the smart grid[J]. IEEE Transactions on Smart Grid,2014,5(2):861-869.

[160] KANG Q,WANG J,ZHOU M,et al. Centralized charging strategy and scheduling algorithm for electric vehicles under a battery swapping scenario[J]. IEEE Transactions on Intelligent Transportation Systems,2016,17(3):659-669.

[161] BASHASH S,FATHY H K. Cost-optimal charging of plug-in hybrid electric vehicles under time-varying electricity price signals[J]. IEEE Transactions on Intelligent Transportation Systems,2014,15(5):1958-1968.

[162] WANG M,SHEN X S,ZHANG R. Mobile electric vehicles[M]. Cham, Switzerland: Springer,2016.

[163] GERDING E H,STEIN S,CEPPI S,et al. Online mechanism design for vehicle-to-grid car parks[C]//25th International Joint Conference on Artificial Intelligence 2016. Hong Kong: AAAI Press,2016:286-293.

[164] BEER S,GÓMEZ T,DALLINGER D,et al. An economic analysis of used electric vehicle batteries integrated into commercial building microgrids[J]. IEEE Transactions on Smart

Grid,2012,3(1):517 – 525.

[165] ZHANG R,CHENG X,YANG L. Flexible energy management protocol for cooperative EV-to-EV charging[J]. IEEE Transactions on Intelligent Transportation Systems,2018,20(1):172 – 184.

[166] DRESNER K, STONE P. Multiagent traffic management: a reservation-based intersection control mechanism [C]//Autonomous Agents and Multiagent Systems, International Joint Conference on IEEE Computer Society. New York: IEEE,2004: 530 – 537.

[167] MALIKOPOULOS A A, CASSANDRAS C G, ZHANG Y J. A decentralized energy-optimal control framework for connected automated vehicles at signal-free intersections [J]. Automatica,2018,93: 244 – 256.

[168] AU T C, FOK C L, VISHWANATH S, et al. Evasion planning for autonomous vehicles at intersections [C]//2012 IEEE/RSJ International Conference on Intelligent Robots and Systems. New York: IEEE,2012: 1541 – 1546.

[169] 梁晶伟. 车路协同条件下交叉口优化控制方法[D]. 长春:吉林大学,2019.

[170] POLACK P, ALTCHÉ F, D'ANDRÉA-NOVEL B, et al. The kinematic bicycle model: A consistent model for planning feasible trajectories for autonomous vehicles? [C]//2017 IEEE intelligent vehicles symposium (IV). New York: IEEE,2017: 812 – 818.

[171] TREIBER M,HENNECKE A,HELBING D. Congested traffic states in empirical observations and microscopic simulations[J]. Physical Review E,2000,62(2): 1805.

[172] RIEGGER L, CARLANDER M, LIDANDER N, et al. Centralized MPC for autonomous intersection crossing [C]//2016 IEEE 19th International Conference on Intelligent Transportation Systems (ITSC). New York: IEEE,2016: 1372 – 1377.

[173] ENGLUND C, CHEN L, VORONOV A. Cooperative speed harmonization for efficient road utilization[C]//2014 7th International Workshop on Communication Technologies for Vehicles (Nets4Cars-Fall). New York: IEEE,2014: 19 – 23.

[174] VASWANI A, SHAZEER N, PARMAR N, et al. Attention is all you need[J]. Advances in neural information processing systems,2017,30;5999 – 6009.

[175] SCHULMAN J, WOLSKI F, KLIMOV O, et al. Proximal policy optimization algorithms [Z]. 2017.

[176] LEURENT E, MERCAT J. Social attention for autonomous decision-making in dense traffic [Z]. 2019.

[177] XU B, BIAN Y, LI S et al. Distributed conflict-free cooperation for multiple connected vehicles at unsignalized intersections[J]. Transportation Research Part C: Emerging Technologies 2018 (93): 322 – 334.

[178] LI G Z, WU J P, HE Y J. D-HAL: distributed hierarchical adversarial learning for multi-agent interaction in autonomous intersection management[Z]. 2023.

[179] WU Y Y, CHEN H P, ZHU F. DCL-AIM: decentralized coordination learning of autonomous intersection management for connected and automated vehicles[J]. Transportation Research Part C: Emerging Technologies,2019(103): 246 – 260.

[180] WATKINS, CJCH, DAYAN P. Q-learning[J]. Machine learning,1992(8);279 – 292.

[181] LIN L J. Reinforcement learning for robots using neural networks[D]. Pittsburgh: Carnegie

Mellon University, 1992.

[182] LITTMAN M L. Markov games as a framework for multi-agent reinforcement learning[C] // Machine Learning Proceedings 1994. Amsterdam: Elsevier, 1994: 157 – 163.

[183] CHAO Y, et al. The surprising effectiveness of PPO in cooperative multi-agent games[J]. Advances in Neural Information Processing Systems, 2022(35): 24611 – 24624.

[184] SCHULMAN J, MORITZ P, LEVINE S, et al. High-dimensional continuous control using generalized advantage estimation[Z]. 2015.

[185] MNIH V, KAVUKCUOGLU K, SILVER D, et al. Playing Atari with deep reinforcement learning[Z]. 2013.

[186] MNIH V, BADIA A P, MIRZA M, et al. Asynchronous methods for deep reinforcement learning [C]//International Conference on Machine Learning. [S. l.]: PMLR, 2016.

[187] LOWE R, WU Y, HARB J, et al. Multi-agent actor-critic for mixed cooperative-competitive environments[Z]. 2017.

[188] GRISETTI G, STACHNISS C, BURGARD W. Improved techniques for grid mapping with Rao-Blackwellized particle filters[J]. IEEE Transactions on Robotics, 2007, 23(1): 34 – 46.

[189] ELBANHAWI M, SIMIC M. Sampling-based robot motion planning: a review[J]. IEEE Access, 2014, 2: 56 – 77.

[190] VADAKKEPAT P, TAN K C, MING-LIANG W. Evolutionary artificial potential fields and their application in real time robot path planning[C]//Proceedings of the 2000 Congress on Evolutionary Computation, CEC00 (Cat. No. 00TH8512). New York: IEEE, 2000: 256 – 263.

[191] FOX D, BURGARD W, THRUN S. The dynamic window approach to collision avoidance[J]. IEEE Robotics & Automation Magazine, 1997, 4(1): 23 – 33.

[192] MNIH V, KAVUKCUOGLU K, SILVER D, et al. Human-level control through deep reinforcement learning[J]. Nature, 2015, 518(7540): 529 – 533.

[193] BANINO A, BARRY C, URIA B, et al. Vector-based navigation using grid-like representations in artificial agents[J]. Nature, 2018, 557(7705): 429 – 433.

[194] SURYNEK P. An optimization variant of multi-robot path planning is intractable[J]. Proceedings of the AAAI Conference on Artificial Intelligence, 2010, 24(1): 1261 – 1263.

[195] YU J, LAVALLE S. Structure and intractability of optimal multi-robot path planning on graphs [J]. Proceedings of the AAAI Conference on Artificial Intelligence, 2013, 27(1): 1443 – 1449.

[196] SILVER D, HUANG A, MADDISON C J, et al. Mastering the game of Go with deep neural networks and tree search[J]. Nature, 2016, 529(7587): 484 – 489.

[197] SARTORETTI G, KERR J, SHI Y, et al. Primal: pathfinding via reinforcement and imitation multi-agent learning[J]. IEEE Robotics and Automation Letters, 2019, 4(3): 2378 – 2385.

[198] DAMANI M, LUO Z, WENZEL E, et al. PRIMAL $ _2 $: pathfinding via reinforcement and imitation multi-agent learning-lifelong[J]. IEEE Robotics and Automation Letters, 2021, 6 (2): 2666 – 2673.

[199] LI W, CHEN H, JIN B, et al. Multi-agent path finding with prioritized communication learning [C]//2022 International Conference on Robotics and Automation (ICRA). New York: IEEE, 2022: 10695 – 10701.

[200] MA Z, LUO Y, MA H. Distributed heuristic multi-agent path finding with communication [C]//2021 IEEE International Conference on Robotics and Automation (ICRA). New York: IEEE, 2021: 8699 - 8705.

[201] MA Z, LUO Y, PAN J. Learning selective communication for multi-agent path finding [J]. IEEE Robotics and Automation Letters, 2021, 7(2): 1455 - 1462.

[202] MNIH V, BADIA A P, MIRZA M, et al. Asynchronous methods for deep reinforcement learning [C]//International Conference on Machine Learning. [S. l.]: PMLR, 2016: 1928 - 1937.

[203] SONG Z, ZHANG R, CHENG X. HRLSA: hierarchical reinforcement learning with spatiotemporal abstraction for large-scale multi-agent path finding [C]//2023 IEEE/RSJ International Conference on Intelligent Robots and Systems (IROS). New York: IEEE, 2023.

[204] SUTTON R S, PRECUP D, SINGH S. Between MDPs and semi-MDPs: a framework for temporal abstraction in reinforcement learning [J]. Artificial Intelligence, 1999, 112(1 - 2): 181 - 211.

[205] HORGAN D, QUAN J, BUDDEN D, et al. Distributed prioritized experience replay [C]// International Conference on Learning Representations. [S. l. : s. n.], 2018.

[206] FOERSTER J, FARQUHAR G, AFOURAS T, et al. Counterfactual multi-agent policy gradients [C]//Proceedings of the AAAI Conference on Artificial Intelligence. [S. l. : s. n.], 2018.